U0840254

黄宝生
语言学文集

李宜蓬　黄大宏　编

重庆
西南大学出版社
SWUP
国家一级出版社　全国百佳图书出版单位

图书在版编目(CIP)数据

黄宝生语言学文集 / 李宜蓬, 黄大宏编. -- 重庆 : 西南大学出版社, 2022.4

ISBN 978-7-5697-0975-9

Ⅰ. ①黄… Ⅱ. ①李… ②黄… Ⅲ. ①古汉语 - 文集 Ⅳ. ①H109.2-53

中国版本图书馆CIP数据核字(2022)第052612号

黄宝生语言学文集

HUANG BAOSHENG YUYANXUE WENJI

李宜蓬　黄大宏　编

责任编辑: 秦　俭
责任校对: 赖晓玥
装帧设计: ○◡起源
排　　版: 陈智慧
出版发行: 西南大学出版社(原西南师范大学出版社)
地址:重庆市北碚区
邮编:400715
经　　销: 全国新华书店
印　　刷: 重庆俊蒲印务有限公司
幅面尺寸: 170mm×240mm
印　　张: 25
字　　数: 400千字
版　　次: 2022年4月 第1版
印　　次: 2022年4月 第1次印刷
书　　号: ISBN 978-7-5697-0975-9

定　　价: 198.00元(精装)

黄宝生，1965年，摄于汉中

• 北京师大中文系古汉语研究班毕业照（1963）

• 师生合影（坐中为陆宗达先生）1982年，摄于苏州

• 黄宝生与许嘉璐、余国庆的合影

序言

王宁

读了黄宝生教授的文集，见书如见其人，六十年前共同学习的生活仿佛就在眼前。

1961年，文化部和教育部为了培养学有专长的高校文科教师，在全国启动了文科研究生培养计划。北京师范大学好几个专业列入招生简章。那年10月，我和王玉堂师兄都在工作三年后考入陆宗达教授主持的古汉语研究班，与我们同时入学的还有北师大1961届本科的6位毕业生，黄宝生是其中的一位。几十年没有过文科研究生制度，尤其不曾招收古代汉语专业研究生，居然都让我们赶上了，我们成了同门师兄弟，不能不说是天大的缘分。

古代汉语研究班的课程设计非常特别，本科四年我们从来没有这样学习过。我们点读段玉裁的《说文解字注》，一遍不过关，再点第二遍甚至第三遍。我们作《说文》大徐本系联，就是在大致读懂《说文解字》时，把《说文》甲条中与乙、丙、丁诸条有关的各种形、音、义材料，全部抄到乙、丙、丁诸条下，九千多条一一如此处理，毫无例外。我们填上古韵韵表，在不允许查任何工具书的情况下，先把《说文》的非形声字（包括象形、指事、会意）全部填入表格作字头，再把所从的形声字按照声符一个个系联到字头上，九千来个字一个也不能遗漏。我们读元典，老师一开始指定的书是刘宝楠的《论语正义》和焦循的《孟子正义》，要连注疏一起读。这两部书的注疏引证丰富，很多引书从未见过，很多人名、地名也闻所未闻，陌生的词义要翻《说文》，典故要查出处，考据和论辩必须理出头绪完全弄懂。之后，陆先生亲自带着我们读杜预注、孔颖达疏的《春秋》《左传》，萧璋先生带着读《毛诗笺》，刘盼遂先生带着读《四库全书总目提要》，俞敏先生带着读《马氏文通》。再以后，郑玄注《礼记》、李善注《昭明文选》……

一部部压了下来。每部书老师们最多选几篇示范一下方法，文字学、音韵学、训诂学和文献学的理论通论也只讲一点概要，要我们在实际语言材料里去思考。我们这些在批判“厚古薄今”和炮轰“封资修”的大背景下读完本科的学生，从来没有下过这样的功夫，文言文语感没有形成，古代文化知识的积累单薄，语言文字理论都是碎片式的。这种章黄门内的传统训练大家几乎是从零开始。一年以后，我们深深体会到这种训练的独到之处。章黄门内的基本功训练可以概括为四个阶段：先扎根——熟练掌握第一手材料，初步形成语感；再建构——经过系联，从大量字词关系里把握整体系统；“得其法”——踩着前人的脚印把那些有效的方法重复一遍、体验一回；最后才是“明其理”——从已知的当然，通过思考知其所以然。经受了这种训练，大家有了不同程度脱胎换骨的感觉，越到后来越自觉、自如，重视第一手材料不事空谈的务实学风，从中国语言文字实际出发对“全盘西化”的抵御能力，不知不觉注入我们的心里，形成我们一众师兄弟共同的治学特点。

看到宝生的论文集，我觉得非常亲切，那种文风和学风我太熟悉了。每篇文章都从教学实际出发提出问题，平易而不雕饰；非常重视第一手材料，没有空论；熟练运用《说文》，讨论问题形音义并重；辞达而已，大方简朴，论据得当。那些论文并非鸿文巨作，却从中看到他在坚守师承。宝生在汉中一待就是几十年，我们毕业分别后见面次数寥寥，他的来信也很简练，但因为专业一致，我们的交集是很多的。我们都知道他的教学非常出色，学科建设工作十分认真，是个优秀的老师，殷勤传学可称典范。

宝生有这样的工作成绩，我们这些和他同窗三载的师兄弟是毫不奇怪的。60年代初在研究班里，宝生是以稳重、踏实、忠厚著称的。他完成各种作业不紧不慢，保持中速；读书的进度不前不后，以达到要求为原则。颖明师要求高了、急了，他暗中抓紧却不动声色，从未听他叫苦；颖明师也有放松的时候，他照旧加班加点并不就此懈怠。他非常坐得住，常常在书堆里一坐就是一整天。他不爱交际，时间都用来读书。年轻人总会有点娱乐，不是集体组织的活动他从不参加。他的认真是我们都赞赏的。最难忘的是他写得一笔好字，笔记和书上的手批一丝不苟，干净利落。有一件事我印象非常深：二年级的时候，颖明师请王力先生来作学术报告，恰好宝生母亲身体有恙，他请假没有到场。事后，他借了我的笔记去转抄，不小心在我的一页笔记上洒了一小片水。其实没有伤到多少字，可是他还回来的时候连连道歉，打开笔记我吃了一惊，他居然用同样的纸和写得跟我一样大小的字把那页重新抄了一遍换了上去。这件事让我非常过意不去，知道他为此花了很多时间；可他却很不在意地说："你笔记记得那么详细清楚，好借好还，再借不难嘛！"

他性格中的忠厚也给我留下深刻的印象。那时研究生已经不少，因为与本科生待遇不同，有单独的食堂，吃饭时我们古汉语班总坐在一起，经常的话题是互相打听作业和读书的进度。几位性格活泼的师弟时常拿出《说文》或元典里的一些话语互相打趣。宝生不是喜欢张扬的人，在饭桌上是不太说话的，可是当玩笑开得有点过头的时候，他怕伤害人，总是第一个文绉绉又友好地劝阻，连说："噤声！噤声！"

在他的文集出版之际，我在这里记下我们同窗的深厚情谊，也记下我对宝生为人为学的敬佩。他大学毕业能选择留在母校做古汉语研究生，入学后一步一步扎扎实实毫无功利思想地完成学业，毕了业带着母亲离开北京长留汉中没有思迁之心，这些都是合乎他的性格的。他身上既有新中国早期大学生甘于平凡的奉献精神，又存着中国传统家庭培养出的"君子之风"。现在，他的长子继承了家学，很多学生也都已成才，他的努力已有回报，应当感到很欣慰了！

2020年4月于北京师范大学

《黄宝生语言学文集》序

王 晖

黄宝生老师的语言学文集即将付梓，我接到黄老师的长公子，现西南大学教授黄大宏的电话，请我给这部集子写个序。学生为老师的集子作序，不免有点为难，但恩师的学问、人品又是作为学生的我甚为熟悉的，而且早就想写点文字以作留念，所以就痛快地答应了。

我是1978年9月进入原汉中师范学院中文系（今陕西理工大学人文学院）就学的。在入学的第二年，黄宝生老师给我们班上了一年的古代汉语课。七八级学生是“文革”结束恢复高考制度后招的第二届学生，与七七级仅差半年。那时的我们处在“文革”之后人才极度缺乏的年代，对学问的渴望，就像饿汉见了盛宴一般。在这种情况下，我们遇到了黄老师，他给我们带来了精美的盛餐。黄老师的课极具艺术魅力，他本就一口正宗的京腔，讲起课来字正腔圆、抑扬顿挫，精气神十足，加上富于感染力的手势语，一下子就吸引住了那时的我。我成了黄老师的“粉丝”，自然也就完全喜欢上了古代汉语课，不但害怕落下任何一节课，而且唯恐有什么内容没有记下来！——许多年之后的2009年，黄老师被评为陕西省教育工作先进个人，真可谓实至名归！

我们崇拜黄老师，不仅仅是因为黄老师的讲课艺术，更重要的是因为他深厚的学问。黄老师是北京师范大学中文系六一届本科生，毕业后随即留校，随著名训诂学大家陆宗达教授读研究生。陆先生是乾嘉学派的殿军章黄学派黄侃先生的入门弟子，学问正宗醇厚，享誉国内学术界。当时给黄老师授课的老师还有萧璋、俞敏、刘盼遂等学术大家。这样的老师在地处秦岭之南的汉中师范学院，还真是可遇而不可求。黄老师给我们带了一年的古汉语课，到三四年级虽然不给我们班带课了，但我受黄老师的影响，由喜欢古汉语而开始研究古汉语中的问题。那时的我利用两个假期把王力主编的《古代汉语》中所列的1000多个常用词的各种词义一一熟记于心，还写下了关于古汉语判断句的系词“是”、被动句等问题的研究论文。又在黄老师和王缃老师的鼓励下，写信给著名语言学大师北京大学中文系教授王力先生，以先秦古汉语中的实例，就他所说东汉之前“是”并非系词的看法提出质疑。令我感动的是，八十多岁高龄的王力先生竟然给一个尚在大学三年级就读的大学生回了信，没有反驳我的例证，还对我的研究精神给予了肯定。后来我就其中一个问题写成《先秦时期系词“是”字的作用初探》，发表在辽宁省《语文教学与研究》1982年第2期上。我因写《古汉语被动句新论》一文，也得到中国语言学会秘书处的邀请，参加了1985年夏在昆明召开的第三届中国语言学会年会，并在大会上宣读了该文，引起与会代表的热烈讨论。这些成绩都是在黄老师的培养和影响下取得的。

1986年9月，我考入陕西师范大学中文系，随郭子直先生读古文字学专业研究生。后来由古文字学转入与甲骨文、金文密切相关的先秦史研究，到北京师范大学历史学院就读先秦史专业方向的博士研究生。在我看来，从研究文字、音韵、训诂的“小学”领域转入上古史研究是很自然的。清末张之洞在《书目答问》中就说：“由小学入经学者，其经学可信；由经学入史学者，其史学可信。”此语诚是。研究古代的学问，“小学”是最基础的功夫。我在先秦史、文化史等方面的许多重要突破，都是借助文字、音韵、训诂的“小学”功底取得的。因为“小学”基本功比较扎实，就更为敏感地觉察到别人所看不到的“矿藏”与“宝物”，常常可以幸运地勘察到一些“大矿”，挖到一些“富矿”。我的“小学”功夫正是由黄老师领入门的。

我在汉中师范学院就读四年，又留校担任古汉语教师四年，因为请教并讨论古汉语中的学术问题，所以经常出入黄老师家，与黄老师及其家人接触甚多。我不仅和师母傅老师，就是和黄老师的两个公子大宏、大亮以及黄老师之母黄奶奶，也很熟悉。我认为黄老师一家体现了中国传统文化的孝道美德。黄奶奶待人和善，笑口常开，见人问寒问暖，每次见到我都说“你这人多好啊，多好啊！”使我如沐春风。黄老师也是校园里有名的大孝子，出入家门、校园总是搀扶着黄奶奶。孝敬母亲的情景，可以追溯到他的学生时期。我们从他在

1962年10月5日(这是黄老师上研究生的第二年)所写的《自由诗·假日陪母随感录》中可见一斑:“时将午,帮母把饭煮。东买酱油西买醋,奔波不知苦。”“日已晚,挽母闲逛街巷间。”“夜星稀……陪母谈笑将衣洗。”假日里从上午到晚上,黄老师一直在帮助母亲,陪伴着母亲;“华发今添几缕银?孝母心志不悖忤”,因见母亲已有几缕银发,更不愿违逆母亲的心愿,孝子之情溢于言表!师母傅老师也是有名的孝顺儿媳。在黄奶奶九十多岁高龄、卧床不起后,傅师母常常为她擦洗身体……黄奶奶能活到百岁高龄,与黄老师一家的孝道是分不开的。

这本《黄宝生语言学文集》反映了黄老师在训诂学领域功力深厚而平实稳妥的风格特征,也彰示了他在古汉语语法方面的造诣。这些特征和造诣既体现在他写的古汉语学术论文中,也体现在他写的大中学校文言文教材语词考释之中。黄老师的训诂学语词考释往往以《说文》为本,从古文字形结构入手,追溯其本义;在对引申义的探寻中注意语义发展的相互环节,特别留意以古代注疏为佐证,环环紧扣,步步为营,把每一个字的本义、近引申义、远引申义之间的脉络关系和时间线索叙述得清清楚楚、明明白白。黄老师对古代学者注释体例的研究用力甚勤,如对《楚辞·九歌·湘夫人》王逸章句体例的研究,特别是对《史记》“三家注”的词汇、语法、考证、校勘等方面的注释体例做了系统而详细的研究。黄老师对古代学者注疏体例的研究以训诂学为主,又远远超过训诂学的范畴。如《〈史记〉“三家注”的语法注释浅析》涉及古代汉语语法范畴,《〈史记〉“三家注”的考证注释浅析》涉及人、事、史地考证及历史学范畴,《〈史记〉“三家注”校勘注释浅析》的“校勘”又涉及版本校勘学范畴,等等,但对训诂学又功莫大焉。这种现象也从侧面反映了我国古代从事古书注疏的学者没有今日壁垒森严的学科意识,其注释体例本来就不限于词语一类。黄老师注意到古代学者触类旁及的注释特征,挖掘出超越训诂学范畴的种种内容,是值得庆幸和大力肯定的。

特别值得一提的是黄老师在20世纪70年代末到80年代写的一些论文,有些就在我们古代汉语课的课堂上讲过,至今记忆犹新。《试论上古时期的“再”字义》和《古汉语定语分置中心词前后例析》就是黄老师在那时期写的两篇论文。前文以先秦秦汉文献中所见的实例，指出王力主编的《古代汉语》所说上古汉语中“再”只有“两次”或“第二次”的词义是不对的。王力主编的《古代汉语》断然否定旧《辞海》训“再”为“重也，仍也”（实际上新修订《辞海》仍然如此），其实这也是王力先生本人的看法，他在《王力古汉语字典》中辨析“再”“复”之义时，仍然说“二字不同义”，“直到近代‘再’才当‘复’字讲，‘再来’等于‘复来’”（《王力古汉语字典》，中华书局，2000年版，第60—61页）。而黄老师以《左传》和《孟子》等书中的例证说明，在先秦汉语中“再”字就是有“重复”义的。此文得到萧璋先生的首肯（见本书附录），后发表在《语言文学》1984年第5期上。黄老师的《古汉语定语分置中心词前后例析》一文得到其业师陆宗达先生的大力肯定，认为其文“举例精审，辨析清晰，堪称语法论文之杰作”（见本书附录）。得到训诂学大师的充分肯定，是值得欣慰的，也表明这篇论文的重要价值与作用。

自1963年北京师范大学中文系研究生毕业后，黄老师就一直扎根于汉中，其间任汉中师范学院中文系副主任、主任长达十二年，对汉中师范学院中文系乃至陕西理工大学人文学院的发展作出了重要的贡献。我要感谢陕西理工大学人文学院资助黄老师出版这部集子，它是黄老师一生心血的结晶，也是体现母校学科发展的一份财富！进入2022年，黄宝生老师年届八十有五，已入古人所说的耄耋之年，我衷心感谢黄老师对我的培养，祝愿黄老师健康长寿！

2022年1月13日于陕西师范大学雁塔校区

自序

我于1937年出生于天津市宝坻县，八岁时随父到北平，小学、中学、大学、研究生都在北京就读。1963年北京师范大学古汉语研究生毕业，1964年分配到汉中大学（汉中师范学院、陕西理工大学前身）。1985年加入中国共产党。1986年晋升为副教授，1991年晋升为教授。1986—1988年任中文系副主任，1988—1998年任中文系主任。1998年被评为汉中市优秀共产党员。

我在教学中总结出十六字方针："深钻细研，吃透于心，脱之于口，上下交流。"我就是这样对待教学的。

我编撰的著作有《中学古文注释考释》（与张庆绵共同编著）、《新编标准高中文言文注释》（参编）、《陕南文化概览》（主编）、《人文科学概论》（参编），先后发表《史记》"三家注"的相关论文及其他论文共有20多篇。2002年北京师范大学百年校庆时，母校给我这个远在西北的学生授予了荣誉证书，我深深感谢母校对我的厚爱。

我钟爱教育事业，常以备课讲课为乐，以撰写点滴心得体会为快。我授某门课时总是先编写讲义，如《训诂学讲义》《诗词格律讲义》等。

1990年汉中市老干部活动中心办起来诗词学习班，我被老领导推荐去任教。1992年办起汉中老年大学，我仍被聘请为诗文班教师，直到2014年。我有二十四年的教学工作经历，讲课深受老年学员的喜爱。2009年9月，我被评为陕西省教育工作先进个人，受到表彰奖励。

我概要总结一生，借此机会写于此。

感谢陕西理工大学人文学院对我的厚爱，让我把讲义和论文汇集在一起，编成一部专集，资助我出一本书。我把打印出来的文字，一一进行考核，错字很少。人文学院给年已80多岁的我出一本文集，作为一生学术研究的纪念，我心满意足了！谢谢人文学院的领导和同志们！

黄宝生

2021年11月4日

一、"一·动词+再·动词+三·动词"类型及其省变

举例：

《左传·昭公七年》："一命而偻，再命而伛，三命而俯。"

《孟子·告子下》："一不朝则贬其爵，再不朝则削其地，三不朝则六师移之。"

《史记·平原君列传》："一战而举鄢郢，再战而烧夷陵，三战而辱王之先人。"

以上数例，"再"字夹在表动量的数词"一""三"之间，实际上代替了表动量的数词"二"，可当"两次"（或"第二次"）解。

这种类型有省变者，即省略动词，但所省的动词必须在第一次出现。

《左传·庄公十年》："夫战，勇气也，一鼓作气，再而衰，三而竭。"

《公羊传·成公二年》："一战不胜，请再；再战不胜，请三。"

二、"再·动词"类型

这种类型的"再"字，虽然都位于动词之前，却不都当作表动作的量"两次"（或"第二次"）解，有相当数量的例句表示更多的次数，应看作是行动的重复。

（1）当"两次"讲的。

《左传·成公十六年》："韩厥曰：'不可以再辱国君。'"

这个"再"字当作"第二次"讲，因为在《左传·成公二年》齐晋鞍之战中，"韩厥执絷马前，再拜稽首，奉觞加璧以进"时，已经辱过齐君（实则逢丑父）。

《穀梁传·僖公二十八年》："二十有八年，春，晋侯侵曹。晋侯伐卫。再称晋侯，忌也。"

晋范宁集解云："郑嗣曰：曹卫并有宿怨于晋，君子不念旧恶，故再称晋侯以刺之。"

"再称"即"第二次宣称"。

(2)当“不止两次”即“重复”讲的。

《左传·成公十六年》:“楚师薄于险。叔山冉谓养由基曰:‘虽君有命,为国故,子必射!’乃射。再发,尽殪。叔山冉搏人以投,中车,折轼。晋师乃止。”

这段话描写了春秋时期晋楚两国交战鄢陵的一个场面。当时晋国处于优势,楚国处于劣势,晋军乘胜大举进攻,楚军被迫退居险地。这时楚国勇士叔山冉向射手养由基说:“楚王虽然有命令,但是为了国家的缘故,你一定要射退晋军。”下面便通过寥寥数字,展现出一场惊心动魄的生死决战。养由基面对潮水般涌来的晋军,在战争决定成败的紧急关头,已把楚王“诘朝尔射死艺”的警告置之度外,开始向晋军射击。“再发,尽殪”只四个字,不但生动地描绘出养由基“为国故”,向凶猛的敌人一再地、不停顿地、一箭接一箭地射去,而且从“尽殪”的效果上看,一个表统括的范围副词“尽”字,便充分证明晋军被射死的人数不少。尽管如此,晋人并未停止进攻,紧接着便由近战变成肉搏战。叔山冉见养由基的射箭已不发生作用,便顺手抓过冲在前面的晋人,力举投向晋军,乃至砸折车前的横木,这才迫使晋师中止前进。试问,像这样一场残酷的战斗,“再发”的“再”能着眼在动作的量——“两次”上吗?能固定指“两次”吗?绝不能。而应当着眼在“更多的次数”即“行为的重复”上,当“一再”“连续”“重复”讲。

《庄子·外物》:“宋元君夜半而梦人被发窥阿门,曰:‘予自宰路之渊,予为清江使河伯之所,渔者余且得予。’元君觉,使人占之,曰:‘此神龟也。’君曰:‘渔者有余且乎?’左右曰:‘有。’君曰:‘令余且会朝。’明日,余且朝。君曰:‘渔何得?’对曰:‘且之网得白龟焉,其圆五尺。’君曰:‘献若之龟。’龟至,君再欲杀之,再欲活之,心疑,卜之,曰:‘杀龟以卜吉。’乃刳龟,七十二钻而无遗筴。”

唐人成玄英疏云:“心疑犹预,杀活再三,乃杀吉,遂刳龟也卜之。”

我们认为,落网的神龟托梦给宋元君,宋元君在决定神龟生死之际,唐人疏用“犹预”“杀活再三”解释“心疑”,而这个“心疑”正是宋元君“再欲杀之,再欲活之”的心理活动情状。这就最清楚不过地表明宋元君对待杀死还是释放神龟,一直犹豫不定,反复思考。用“再三”两个衔接的数字连言解释“再”字,分明不是“两次想杀它,两次又想放它”,而是剖析当时宋元君反复思索的心理状态，唐代训诂学家的这个注释是值得我们重视的。

我们再用前人的注释看“再”有“复”义的例子。

《左传·昭公二十三年》：“楚太子建之母在郹，召吴人而启之。冬十月甲申，吴太子诸樊入郹，取楚夫人与其宝器以归。楚司马薳越追之，不及。将死，众曰：‘请遂伐吴以徼之。’薳越曰：‘再败君师，死且有罪。’”

从上下文意和注释看，明明“再败”为“第二次败”，可是杜预用“复败”训“再败”，可见“再”有“复”义。

《孙子·作战篇》：“善用兵者，役不再籍，粮不三载。”

曹公注曰：“籍犹赋也。言初赋民便取胜，不复归国发兵也。始载粮，后遂因食于敌，还兵入国，不复以粮迎之也。”

唐人杜佑注曰：“籍犹赋也。言初赋人便取胜，不复归国发兵也。始载粮遂因食于敌。还方入国，因衅而动，兼惜人力舟车之运，不至于三也。”汉末曹操和唐人杜佑两家注《孙子》，均将“再”以“复”训，足见“再”有“复”义。

《逸周书·大开武》：“无再失。”

“再失”晋人孔晁注为“复失”，更足见“再”有“复”义。

《礼记·儒行》：“过言不再。”

汉人郑玄注：“不再犹不更也。”唐人孔颖达疏云：“过言不再者，再更也。言儒者有愆过之言，不再为之。”汉唐注疏皆用“更”训“再”，“不更”犹“不再”。何谓“不更”？清朝文字学家段玉裁注《说文》“更”下云：“更训改，亦训继。不改为继，改之亦为继。”这也再清楚不过地表明，汉人用“不更”训“不再”，意思即为“有愆过之言不再重犯”。

此外，我们还可以从不同角度的注释中，看“再”有“复”义。

《尚书·大禹谟》：“禹拜稽首，固辞。”注云：“再辞曰固。”

近人杨树达先生在《词诠》“固”下引此文，并训“表坚确之意”。“坚确”与“再辞”有关系否？从舜决意让帝位给禹，禹固辞来看，汉人用“再辞”训“固”，是从行为重复角度着眼的，近人用“坚确”训“固”，是从意志坚决之情状着眼的。我们认为意志坚定与否常跟行为的重复多少有关。所以尽管角度不同，意思一致。因此汉人的“再辞”即“屡次地辞却”，用行为的重复频繁表示意志十分坚定。

三、"再三·动词"类型

这种类型是用两个衔接的数词连言而置于动词前,来表示不确指行为重复的虚数,绝不能看作实际的两次三次的确指动量。如果是表示两次或三次的确指动量的话,便把"再三"拆分开说。如《尚书·周书·多方》:"至于再,至于三。"汉人孔安国注:"再,谓三监淮夷叛时;三,谓成王即政又叛。"如所指不是确数,便"再三"叠用。

《左传·昭公二十五年》:"初,臧昭伯如晋,臧会窃其宝龟偻句,以卜为信与僭,僭吉。臧氏老将如晋问,会请往。昭伯问家故,尽对。及内子与母弟叔孙,则不对。再三问,不对。"

臧昭伯有事到了晋国,其从弟臧会主动代替家臣亲往晋国看望昭伯。当昭伯问及家里的事情时,臧会一一做了回答,当问及昭伯的妻子及家中亲人情况时,臧会却不回答。于是昭伯心疑,急切想知道内情。这个"再三问"就逼真地把昭伯在国外关怀妻子及亲人的急迫心情表现出来了。我们不应把它当作实际动量再次三次地问,而应看成"一再地""屡次地""多次地问",才符合昭伯当时着急的动问情状。

《左传·襄公二十三年》:"孟氏之御驺丰点好羯也,曰:'从余言,必为孟孙。'再三云,羯从之。"

《左传》记载的这段,是说鲁国孟氏的御者驺丰点喜爱孟庄子的庶子羯,不喜爱嫡子孺子秩,为了帮助羯继孟庄子之位,对羯说:"只要听从我的话,你一定能做孟氏的接班人。""再三云"就是上面"从余言,必为孟孙"这句话的多次重复而已。

《文选·古诗十九首·西北有高楼》:"清商随风发,中曲正徘徊。一弹再三叹,慷慨有余哀。"林庚和冯沅君主编的《中国历代诗歌选》解释"再三叹"为"再三反复咏叹";北京大学中国文学史教研室选注的《两汉文学史参考资料》注释此诗句云:"弹奏了一个基调后,再反覆重奏或用泛声和奏。"1979年出版的《辞源》修订本亦用"屡次"注释"再三"词条。我们同意上面几家注释。

根据上面所引上古时期"再"字的三种类型的例句,不难看出,第一种类型可以确认为"两次"(或"第二次"),其理由是"再"已夹在表动量数词"一""三"

之间，所以毫无疑义地当固定指“两次”讲。第二种类型，根据文意和注疏，有的当“两次”讲，有的却不止两次，可看作“更多的次数”，即“一再”“屡次”“重复”义。第三种类型“再三”两数字连言表动量时，不必当实际数，而应看作不确的虚数，一概当“行为的重复”可也。总之，上古“再”字是个多义词，既可训“两次”（或“第二次”），也可训“不止两次”，当“屡次”“一再”“重复”讲。

既然上古时期“再”字可训“两次”，又可训“屡次”，那么如何理解许慎《说文》“再，一举而二也”呢？鉴于上引两汉以前的古文“再”例，看王力先生主编的《古代汉语》解说成“同一的动作进行两次”，就有些不够全面了。朱骏声在《说文通训定声》“再”下云：“再，一举而二也。从一从冓省。会意。按：‘冓’者，加也。对耦之词曰‘二’，重叠之词曰‘再’。”重叠本身就有“加”义，所以段玉裁在《说文解字注》中便对“一举而二”有精湛的解释。他说：“凡言再者，重复之词。一而又有加也。”段氏用“又有加”释“一举而二”的“二”，是很值得我们思考的。“又有加”即“续增一次”“又加一次”之谓也。因此，“再”既可以表示“两次”或“第二次”（即行为重复的最低限），又可以表示“多次”（即在“一”的基础上加一次又一次，以至一次一次连续不已），所以“再”又可以引申为“复”“固”义。按段玉裁的理解，我们可以这样说：倘若我们把动量的“一”作为基数，那么“一加一”即清代文字学家王筠在《文字蒙求》一书中所谓“合两为一”之意，亦即王力先生主编《古代汉语》“同一的动作进行两次”之谓，可表动作的量“两次”解。其实，解成“同一的动作进行两次”，本身就包含着重复之意，不过是重复的最低限、最下限罢了。我们可以从《左传·僖公五年》“宫之奇谏假道”一文中得到证明：“晋侯复假道于虞以伐虢，宫之奇谏曰：‘虢，虞之表也。虢亡，虞必从之。晋不可启，寇不可玩，一之谓甚，其可再乎？’”杜注：“为二年假晋道灭下阳。”这段文字中的“复”和“再”是一个意思，所指都是“第二次”。所以张世禄先生所著《古代汉语》一书中，曾举此文作例，把“复”译成“第二次”（见张世禄《古代汉语》，上海教育出版社，1978年版第165页），亦把“再”同样译成“第二次”（见该书214页）。

——《语言文学》1984年第5期

古汉语定语分置中心词前后例析

在古汉语中，有相当数量的定语（不包括领属性和同一性定语）置于中心词之后。一些语法书从后置定语同中心词的关系上进行分析，或认为这是"使中心词突出"，或认为"较长的形容语加在中心词之上是不习惯的"，等等。在古文句子中，倘光有后置定语，那么我们从后置定语同中心词的关系上分析出"使中心词突出"，这是无可置疑的。倘若中心词前后都有定语，是否可抛开前定语不论，仍然认为后置定语之所以后置仅在于突出中心词呢？是否就是"较长的形容语加在中心词之上是不习惯的"才后置的呢？对此，语法书中未见专门分析。然而这种句式在古文中大量存在，教学中经常碰到，需要分析清楚。我认为，在中心词前后都有定语出现的句式里，应该首先确定中心词这个前提。中心词确定之后，再分析前后定语各自与中心词的关系。从分析前后定语与中心词的关系进而搞清前后两个定语之所以分置的道理。只有这样，我们才能认识古汉语中这种特殊语法现象，进一步加深理解古文的句意。如果不搞清前后定语分置的道理，仅从后置定语对中心词的关系而论，就不够全面了。

现就这种特殊句式举出例句，谈谈我的看法。

"有一言而可以终身行之者乎？"（《论语·卫灵公》）

"老而无妻曰鳏，老而无夫曰寡，老而无子曰独，幼而无父曰孤。此四者，天下之穷民而无告者。"（《孟子·梁惠王下》）

"驱而之薛，使吏召诸民当偿者采来合券。"（《战国策·齐策》）

"婴乃言袁盎、栾布诸名将贤士在家者进之。"（《史记·魏其武安侯列传》）

"巫行视人家女好者。"（褚少孙《史记·滑稽列传补》）

"其石之突怒偃蹇，负土而出，争为奇状者，殆不可数。"（柳宗元《永州八记》）

"村中少年好事者驯养一虫。"(《聊斋志异·促织》)

以上七个例句,第一例中"言"是中心词,"一"为前定语,"而可以终身行之者"为后置定语。第二例句"穷民"是中心词,"天下"是前定语,"无告"是后置定语。第三例中"民"为中心词,"诸"是前定语,"当偿者"是后置定语。第四例中"名将贤士"是中心词,"诸"是前定语,"在家者"是后置定语。第五例中"女"是中心词,"人家"是前定语,"好者"是后置定语。第六例中"石"是中心词,"其"是前定语,"突怒偃蹇,负土而出,争为奇状者"为后置定语。第七例中"少年"是中心词,"村中"为前定语,"好事者"是后置定语。

中心词一经确定,前后定语各自与中心词的关系,乃至前后定语分置中心词前后的道理,我是从三个方面进行分析的。从意义上看,中心词前面的定语是泛指的,而后置定语则是特指的;前面泛指的定语不是修饰和限制中心词的重点,而后面特指的定语则是修饰和限制中心词的重点。从结构上看,用来表示事物的范围、数量、性状等的前定语,有用结构助词"之"作为标志的,亦有不用的;而后置定语一般是用结构助词"者"煞尾,间或有在中心词与后置定语中间加"之"、加"而"的。从语调上看,重音应落在表特指的后置定语上。

下面试举几例浅析。

"村中少年好事者驯养一虫。"这是一个主谓宾基本成分齐全的单句。主语是"少年",动词谓语是"驯养",宾语是"一虫"。在主语部分中,"少年"是名词性偏正结构的中心词。"村中"是它的前定语,表范围的。从意义上看,"村中"虽是修饰和限制中心词"少年"的定语,但不是"驯养一虫"的"少年"的重点所指,这是显而易见的,所以是泛指。而中心词后面的"好事者",则是用结构助词"者"煞尾的后置定语,在范围宽泛的前定语"村中"之后点出"好事者",就把限定范围从泛指确定到特指上面了。这就是说,"驯养一虫"这件事不是村中少年的全部,而是特有的一部分,这特有的一部分恰恰是"好事者"。这特指的后置定语便确定了对中心词"少年"的限制性。后置的原因,不是"使中心词突出",而是为了区别泛指的前定语,突出这个特指限制中心词的重点。在朗读时,重音便自然要落在后置定语"好事者"三个字上。

又如"天下之穷民而无告者",是"此四者"的谓语。在这个谓语中,"穷民"

是中心词。"天下"是前定语，亦表范围。在前定语和中心词中间加一"之"字，标志着它们的关系是名词性的修饰和被修饰的偏正关系。试问，是不是天下所有的穷民都能称之为上文所列举的"鳏、寡、孤、独"此四种人呢？从句意分析，显然不是。天下的穷民各式各样，绝非只有上面所指四种，所以是泛指。那么，天下什么样的穷民才可称为"此四者"呢？中心词后面的"无告者"(意指无依无靠的意思)便确定了特指的范围。也就是说，只有上面的四种人才是天下无依无靠的穷苦老百姓。这也是在结构上用"者"煞尾的后置定语，助词"而"的作用是舒缓语气，兼提示修饰重点在于中心词后面的限制词语上。

再如"巫行视人家女好者"一句，中心词是"女"，"人家"是表范围的前定语，"好"字是后置定语。一个形容词"好"字，位在中心词之后，便简明地区别开前定语所泛指的"人家"，而限定了"巫行视"中所要为河伯选择的特指范围对象。

最后，再谈谈《论语·卫灵公》一章中"子贡问曰：'有一言而可以终身行之者乎？'子曰：'其恕乎！……'"子贡所问，中心词是"言"，"一"是前定语，"一言"在这个特定的语言环境中当"一个字"讲。子贡问孔子，一个什么样的字可作为"终身行之"的准则呢？孔子用一个"恕"字，高度概括地回答了子贡的问话，亦即确定了"可以终身行之者"的准则。由此看来，中心词前的"一"，便是泛指的前定语，"而可以终身行之"的后置定语，才是子贡要孔子回答的特指问。

通过上面定语分置中心词前后例析，可以看到，在有泛指和特指定语的情况下，古人为了突出修饰和限制重点，一般都将泛指定语和特指定语分隔开来，并把修饰和限制重点置于中心词之后，这是古文行文不可忽视的一种语法特点。

——《陕西师大学报(哲学社会科学版)》1979年第3期

古汉语中两动一宾的语法分析

——读《史记》札记

两个动词共具一个宾语，在古代汉语中是常见的语法现象。两个以上的动词共具一个宾语，在浩瀚的古籍中亦大量地存在着。这种语法现象的特点是使语法简洁，句意凝练。从形式上看，虽然都是一个模式——几个动词共具一个宾语（名词、代词或名词性词组），但是，从内容上分析，却是很复杂的。古文大家把这种丰富多彩的语法关系熔炼在一种共同的形式之中，这就需要我们在读古书的时候，好好推敲、玩味和辨析，才能加深对它的理解。司马迁的《史记》一书，大量地运用了这种语法句式。现在，我们仅就这部史书，试着加以分析。

一、两个动词中有一个是使动动词，或者两个动词都是使动动词，表示各种关系

1.“动词+使动动词+宾语”句式

《郦生陆贾列传》：“君何不交欢太尉？”这是陆贾向陈平建议时说的话。刘邦刚死，诸吕擅权，刘家天下大有被吕氏篡夺的危险，于是陆贾向右丞相陈平建议，应该交欢太尉周勃，共诛诸吕。此句动词有两个，“交”是“交结”，一般动词，“欢”是“欢心”，使动动词。从两个动词和宾语的关系上看，宾语“太尉”是动词“交”的接受对象，却不是动词“欢”的接受对象，主语“君”才使宾语“太尉”具有欢心这个动作。从两个动词和主语的关系上来看，动词“交”是主语“君”直接发出来的，而动词“欢”却不是。这种错综的语法关系，使得句意复杂而丰富。综合起来分析，这种句式多表目的关系。此句句意是，君应该结交太尉，这是措施，其目的是使太尉欢心。

2. “使动动词+动词+宾语”句式

《韩信卢绾列传》:“沛公引兵击阳城,使张良以韩司徒降下韩故地。”句中“降”是“使……投降”,使动动词。“下”是“攻克”的意思,一般动词。两个动词对一个宾语“韩故地”,具有时间上先后相继,事理上先后相承的连贯关系。意即刘邦派张良以韩司徒的身份劝使韩故地投降,而后便占领了韩故地。“降下”不是一个词,而是两个动词临时的组合,临时组合的意义比原来任何一个单个动词的意义都丰富。在《史记》一书中这两个动词有分有合。分着有独立性且意义单纯。如《绛侯周勃世家》:“高祖之为沛公初起,勃以中涓从攻胡陵,下方与。……还军留及萧。复攻砀,破之。下下邑,先登。”句中的“下方与”“下下邑”,均是攻下方与,攻下下邑,没有“降”的意味在里面。又如《绛侯周勃世家》:“转攻韩信军铜鞮,破之。还,降太原六城。”其中,“降太原六城”意即使太原郡的六座城都投降了。“降”与“下”合起来为“降下”,其词义却不像分开那样单纯,即先诱降,继则以武力解决。再如《绛侯周勃世家》:“以将军从高帝击反韩王信于代,降下霍人。”句中的“降下”就应如此理解。

3. “使动动词+使动动词+宾语”句式

《范雎蔡泽列传》:“唯君死生之。”这句话是魏国使者须贾向范雎请罪的话。“死”是不及物动词,“生”亦是不及物动词,它们对宾语“之”(代指须贾)皆表使动。这两个动宾之间的关系是并列关系。此句句意为:只有您能使我死,使我活着。又如《陈丞相世家》:“今日大王尊官之。”刘邦器重陈平,一席话后便拜他做典护军,致使绛侯周勃和灌婴很不满意地说了这句牢骚话。“尊”是“使……地位高”,形容词用如使动。“官”是“使……做大官”,名词用如使动。这两个动宾之间的关系亦是并列关系。此句句意为:大王您今日使他的地位很高,使他做了大官。再如《范雎蔡泽列传》:“‘秦安得王?秦独有太后、穰侯耳。’欲以感怒昭王。”“欲以感怒昭王”表明上面的话是范雎对秦昭王的激将语。“感”是“使……心动”,使动动词。“怒”是“使……愤怒”,亦是使动动词。这两个动词与宾语之间的关系亦属并列关系。此句句意为:范雎想用这种激将语使秦昭王心动,使秦昭王发怒。

二、两个动词中有一个是意动动词，或者两个动词都是意动动词，表示各种关系

1."动词+意动动词+宾语"句式

《孙子吴起列传》："田忌信然之。"句中"信"是"信任"，一般动词。"然"是"认为……是正确的"，指示代词活用为动词，表意动。从两个动词和宾语的关系上看，宾语"之"(代指孙膑说的话)是动词"信"的接受对象，却不是"然"的接受对象。主语"田忌"主观上认为宾语"之"(孙膑谈的话)是正确的。从两个动词和主语的关系上看，动词"信"是主语"田忌"直接发出来的，而动词"然"却不是。这种句式多表进层关系。此句句意是：田忌不但信任孙膑的话，而且认为他的话是正确的。再如《陈丞相世家》："张负既见之丧所，独视伟平。""独视伟平"即"独视而伟之"。此句的"视"是"看中""看上"，一般动词。"伟"是"认为……人才出众"，形容词用如意动。这两个动词与宾语之间的关系亦为进层关系，意为张负在治丧处所不但看上了陈平，而且认为他人才出众。

2."意动动词+动词+宾语"句式

《卫将军骠骑列传》："天子为治第，令骠骑视之，对曰：'匈奴未灭，无以家为也。'由此上益重爱之。""重爱之"即"重而爱之"。"重"是"认为……高尚"，形容词用如意动。"爱"是"宠爱"，一般动词。这种句式多表连贯关系。此句句意为：从这件事情上，汉武帝就越发认为霍去病品格高尚，而后更为喜欢他。又如《汲郑列传》："上贤而释之。"此句中，"贤"是"认为……贤"，形容词用如意动，"释"是"赦免"，一般动词。这两个动词与宾语的关系亦为连贯关系，意即汉武帝认为汲黯有道德、有才能，就把他释放了。再如《陈丞相世家》："燕王卢绾反，上使樊哙以相国将兵攻之。既行，人有短恶哙者。"句中"短"是"认为……有短处"，形容词用如意动，"恶"是"憎恶""讨厌"，一般动词。这两个动词与宾语之间的关系亦是连贯关系。此句句意为：有人认为樊哙有短处，于是憎恶他。实际上就是有人说樊哙坏话。再如《佞幸列传》："孝文帝梦欲上天，不

能，有一黄头郎从后推之上天，顾见其衣裻带后穿。觉而之渐台，以梦中阴目求推者郎，即见邓通，其衣后穿，梦中所见也。召问其名姓，姓邓氏，名通，文帝说焉，尊幸之日异。”句中“尊”是“认为……尊贵”，形容词用如意动，“幸”是“宠爱”，一般动词。这两个动词与宾语之间的关系亦属连贯关系。“尊幸之日异”意即孝文帝认为邓通很尊贵，于是很宠爱他。

3.“意动动词+意动动词+宾语”句式

《魏其武安侯列传》：“（灌夫）又复请将军曰：‘吾益知吴壁中曲折，请复往。’将军壮义之。”句中“壮”是“认为……雄壮”，形容词用如意动，“义”是“认为……有道理”，名词用如意动。这两个动词是并列关系。“将军壮义之”意为灌何将军认为灌夫的豪言很雄壮，认为他的请求有道理。又如《魏其武安侯列传》：“今我在也，而人皆藉吾弟，令我百岁后，皆鱼肉之矣。”“皆鱼肉之”的“鱼”和“肉”皆是名词用如意动，两个同类名词连用，比喻任人宰割。这两个动词与宾语之间的关系亦是并列关系。“皆鱼肉之”意即把他们当作鱼、当作肉一样宰割、欺凌。

三、两个一般动词共一宾，表示并列关系

两个动词属于一般动词，后面的宾语都是它们的接受对象，这两个动宾之间的关系多为并列关系。如《韩信卢绾列传》：“乃诏徙韩王信王太原以北，备御胡。”句中的“备”是“防备”，一般动词，“御”是“抵御”，一般动词，“胡”是它们共同的接受对象，而这两个动宾之间的关系属并列关系。“备御胡”句意是防备和抵御胡人。又如《季布栾布列传》：“季布许之。乃髡钳季布。”句中“髡”与“钳”是古代的两种刑罚，“髡”是剃去头发，“钳”是给颈上戴枷锁。这两个动词共有接受对象季布，属并列关系。“乃髡钳季布”意即给季布剃去头发，戴上枷锁。又如《吴王濞列传》：“能斩捕大将者，赐金五千斤，封万户。”这是吴楚七国反叛汉朝廷时，吴王濞致诸侯信中的话。“能斩捕大将者”，就是能加两个动词，意即能逮捕杀死大将军的人。再如《儒林列传》：“故孔子闵王路废而邪道兴，

于是论次《诗》《书》，修起礼乐。”句中的“论”和“次”是并列的两个动词，就是说孔子研究和编排《诗经》和《尚书》。

在并列的两个动词中，有同义词、近义词相连者，意义比较单纯，却加强了语势。这就是后代同义复音词的发端。如《吴王濞列传》：“擅变更律令。”又《吴王濞列传》：“征求滋多，诛罚良善。”又《郦生陆贾列传》：“使一偏将将十万众临越，则越杀王降汉，如反覆手耳。”又《三王世家》：“诚见陛下忧劳天下，哀怜百姓以自忘。”再如《郦生陆贾列传》：“汉诚闻之，掘烧王先人冢，夷灭宗族……”以上诸例中的“变更”“诛罚”“反覆”“忧劳”“哀怜”“夷灭”，都属于这种情况，值得我们注意。

四、两个一般动词共一宾，表示连贯关系

这种情形的两个动词也属于一般动词，后面的宾语都是它们的接受对象，而这两个动宾之间的关系不是并列关系而属连贯关系。如《黥布列传》：“又使布等夜击坑章邯秦卒二十余万人。”“击坑”便是如此，因为“夜击坑章邯秦卒”的行动是事先预谋好的。在《项羽本纪》中这样记载着：“项羽乃召黥布、蒲将军计曰：‘秦吏卒尚众，其心不服，至关中不听，事必危，不如击杀之，而独与章邯、长史欣、都尉翳入秦。’”由此可见，“坑”是“击”的连续性动作，意即袭击之后，便把章邯秦卒二十余万人全部活埋了。又如《陈丞相世家》：“高帝豫具武士，见信至，即执缚之。”“执缚”者，即捉住韩信之后把他捆绑起来。“执缚”对宾语“之”（指韩信）亦是连续性的动作。又如《郦生陆贾列传》：“陆生因进说他曰。”“进说他”，即先上前而后说南越王尉他。《韩信卢绾列传》：“信乃徙治马邑。”“徙治马邑”即先迁徙马邑而后治理马邑。《袁盎晁错列传》：“于是上乃说，召语慎夫人。”“召语慎夫人”即先把慎夫人叫来，而后告诉她。《陈丞相世家》：“汉王疑之，召让魏无知。”“召让魏无知”即先把魏无知叫来，而后责备他。再如《梁孝王世家》：“梁孝王城守睢阳。”颜师古注《汉书》云：“据睢阳城而自守。”通过师古注《汉书》，我们更可以认识到“城守睢阳”是连续性动作，意即梁孝王攻占了睢阳城而后亲自防守之。

五、两个一般动词共一宾，表示进层关系

这种情形的两个动词亦属于一般动词，后面的宾语都是它们的接受对象，而这两个动词之间的关系不是并列与连贯关系，而是进层关系。如《黥布列传》："楚兵常胜，功冠诸侯。诸侯兵皆以服属楚者。"句中的"服"和"属"两个动词有进一层的关系。"诸侯兵皆以服属楚者"意即诸侯兵不但信服楚，而且都归属它管辖。《万石张叔列传》："太初二年中，丞相庆卒，谥为恬侯。庆中子德，庆爱用之。""爱用"者，进层关系。"庆爱用之"意即不但宠爱德，而且重用他。又如《韩信卢绾列传》："今上病，属任吕后。""属任吕后"即不但把政事交付给吕后，而且任用她。又如《范雎蔡泽列传》："守者乃请出弃箦中死人。"这是范雎不忍蒙受魏相魏齐对他的凌辱，乞求看守者把他偷偷地放出去的时候，看守非常同情范雎的遭遇而向魏齐发出的请求："出弃箦中死人。""出弃"有进层关系，意即不但请求把箦中的死人抬出去，而且把他扔掉。又《吴王濞列传》："济北王城坏未完，其郎中令劫守其王，不得发兵。""劫守"者，即不但把济北王劫持起来，而且严密看守他，使他不得出兵进攻朝廷。又《陈丞相世家》："陈平既多以金纵反间于楚军，宣言诸将钟离眛等为项王将，功多矣，然而终不得裂地而王，欲与汉为一，以灭项氏而分王其地。""分王其地"的"分"是"瓜分"，"王"是名词用如动词，作"当大王"讲。"以灭项氏而分王其地"句意即不但瓜分项氏统治的地盘，而且给这些地方当大王。

六、两个一般动词共一宾，表示主次关系

这种情形的两个动词亦属一般动词，后面的宾语都是它们的接受对象，但其中有的动词是主要的，有的则是次要的。如《梁孝王世家》："孝景中六年，为济川王，七岁，坐射杀其中尉，汉有司请诛。"《梁孝王世家》："梁王怨袁盎及议臣，乃与羊胜、公孙诡之属阴使人刺杀袁盎及他议臣十余人。"《梁孝王世家》："二十九年，彭离骄悍，无人君礼，昏暮私与其奴、亡命少年数十人行剽杀人。"《项羽本纪》："秦吏卒尚众，其心不服，至关中不听，事必危，不如击杀之。"《郦生陆贾列传》："项王迁杀义帝。"《李将军列传》："上讳云鹿触杀之。"以上六例

中的“射杀”“刺杀”“剽杀”“击杀”“迁杀”“触杀”与宾语都构成了两动共一宾的语法关系。“射杀”即“射而杀之”,“刺杀”即“刺而杀之”,“剽杀”即“剽而杀之”,“击杀”即“击而杀之”,“迁杀”即“迁而杀之”,“触杀”即“触而杀之”。细玩文意,这些两个动词的词组与其宾语的关系是有主有次的,其相同的“杀”是主要动词。怎么杀?方式各种各样,有“射”,有“刺”,有“剽”,有“击”,有“迁”,有“触”。既然“杀”是主要的,那么作为杀的不同方式的诸动词便居于次要地位,构成两个动宾之间的主次关系。再如《绛侯周勃世家》:“袭取宛朐,得单父令。夜袭取临济。”句中两个“袭取”,它们与宾语的关系亦有主有次,“取”是主要的,“袭”是“取”的方式。它们的关系亦构成了主次关系。

七、两个以上的动词共一宾,表示各种关系

如《儒林列传》:“及高皇帝诛项籍,举兵围鲁,鲁中诸儒尚讲诵习礼乐,弦歌之音不绝。”句中有三个动词“讲诵习”连用者,它们共有的宾语是“礼乐”。这三个动词之间的关系是并列关系,即在大兵压境的形势下,鲁中诸儒还一直在讨论、讲述和演习礼乐,处处弦歌之声不断。又如《吴王濞列传》:“宗正以亲故,先入见谕吴王使拜受诏。”句中亦有三个动词“入见谕”连用者,它们共有的宾语是“吴王”。这三个动词与宾语之间的关系是连贯关系,即宗正凭靠亲戚的缘故,先进去拜谒而后告谕吴王。又如《万石张叔列传》:“建为郎中令,事有可言,屏人恣言,极切;至廷见,如不能言者,是以上乃亲尊礼之。”句中的“亲尊礼”亦是三个动词。“亲”是“亲爱”。“尊”是“使……地位高”,形容词用如使动。“礼”是“以礼节待之”,名词用如动词。玩味文意,“亲”表因,而“尊”与“礼”表果。正因为景帝很亲爱石庆,所以才使他地位高,才礼貌对待他。表果的“尊”与“礼”两个动词却是并列关系。为此,三个动词在层次上有区别:因果关系包含着并列关系。又如《陈丞相世家》:“项王为人,恭敬爱人。”这是评价项王的为人。三个动词有两个层次,“恭”与“敬”作为同义词可作一个层次表并列,而“爱”则是另一个层次,这两个层次构成进层关系。三个动词的关系是进层关系包含着并列关系。此句句意是项王在为人方面,不但尊敬人,而且爱护人。

又如《袁盎晁错列传》:“梁刺客后曹辈果遮刺杀盎安陵郭门外。”句中的“遮刺杀”三个动词共一个宾语“盎”,在层次上亦有两个:“遮”与“刺杀”构成连贯关系,即梁刺客先在道路上遮住袁盎,而后“刺杀”他。这在事理相承上合乎逻辑。而“刺杀”这两个动词又有主次关系。三个动词的层次是连贯关系包含着主次关系。这句话意即刺客们先拦住袁盎,然后用刺的方式把他杀死在安陵城门外。又如《黥布列传》:“汉二年,齐王田荣畔楚,项王往击齐,征兵九江,九江王布称病不往,遣将将数千人行。汉之败楚彭城,布又称病不佐楚。项王由此怨布,数使使者诮让召布,布愈恐,不敢往。”句中的“诮让召”三个动词,亦有两个层次:“诮让”是同义词并列关系,都是责备的意思;“召”是“使……来”,使动动词。“诮让”与“召”构成连贯关系。为此,三个动词是连贯关系包含并列关系。再如《吴王濞列传》:“诸吴使来,辄系责治之。”句中的三个动词“系责治”表连贯关系。因吴王濞的儿子被太子打死,吴王怨恨,故称病不朝。经朝廷实地调查,吴王未病,矛盾益深。所以吴王使者来京师,就被朝廷逮捕、责问、惩处。这一系列的动作是具有连续性的,因此属连贯关系。再如《魏其武安侯列传》:“匈奴遮狭绝道,陵食乏而救兵不到,虏急击招降陵。”三个动词“击招降”,亦分两个层次,一是“击”与“招”属连贯关系,而后“击招”与“降”表目的。三个动词是目的关系包括连贯关系。“虏急击招降陵”意即胡虏急切地攻击、招呼李陵,其目的是使李陵投降。这种两个以上的动词叠用竟有达六个者。如《吴王濞列传》:“以汉有贼臣,无功天下,侵夺诸侯地,使吏劾系讯治以僇辱之为故。”句中“劾系讯治以僇辱之”竟叠用六个动词,前四个动词属连贯关系,通过连词“以”连接了后两个动词。这六个动词与宾语“之”(指代诸侯王)的关系,可以看作前四个动词的连贯性动作,通过“以”连接,达到后两个并列的动词关系的目的。此句意即派遣官吏对诸侯王进行弹劾、囚禁、审问、惩治来达到侮辱之目的。

以上七点分析,还不是很全面,很可能还有些类型漏掉了,加上分析可能有很多错误,希望得到同志们的指正。

《语言研究与教学》1986年总6号

古代汉语“所字结构”图示语法分析

所字结构中的“所”是古代汉语中比较特殊的代词。王力先生主编的《古代汉语》称之为“特别的指示代词”，郭锡良先生主编的《古代汉语》称之为“特殊的代词”。这个特殊代词的特点是，有指代作用，但不能独立作句子成分，必须将它放在别的词语前面，构成“所字结构”，才能充当句子中的一个成分。所字结构是一个名词性词组，表示“所……的人”，或是“所……的事物”。

一

所字结构的成因。古代汉语中，动词或动词性词组要想作定语，一般不在它们的后面加连词“之”，而要在它们的前面加代词“所”。

如：

不知道的事情（现代汉语句法）

不知之事（古代不用的句法）

所不知（古代习用的句法）

“所不知”就是所字结构，即在动词性词组“不知”的前面加“所”，使之成为一个名词性词组，表示“所不知道的事情”。

例1：“君子于其所不知，盖阙如也。”《论语·子路》

图示分析：

分析：“所”字指代动词“知”后面的未出现的中心词，即指代“不知”这个行为动作的对象“事情”。因此，这时的“所”是一个代词。我们用箭头①表示出它所指代的是行为的对象,即表示它具有指代作用。而这时动词性词组“不知”和未出现的中心词,即“所”所指代的行为对象之间是什么关系呢?从语意上可以知道是修饰与被修饰的语法关系,而这种语法关系也是由句中代词“所”字体现出来的。我们又用箭头②表示它们之间的语法关系,即表示“所”在句中的指示作用。而这两种作用都是从“所”字本身发出来的,这就形成了古汉语句法中的“所字结构”。

结论:凡是“所字结构”,都是代词“所”黏附在及物动词或动词性词组之前而形成的名词性词组。“所”字包含有两种作用:其一,指代动词或动词性词组后面没有出现的行为对象即中心词;其二,指示出动词或动词性词组是未出现的行为对象即中心词的修饰定语。

例2:“粟者,民之所种。”《汉书·食货志》

图示分析:

“所”所指代的就是动词“种”后没有出现的行为对象“粟”。而句中“种”和没有出现的行为对象“粟”,从句意中可以知道不是动宾关系“种粟”,而是名词性偏正关系“种的粟”。表示动词“种”和后面没有出现的“粟”是定语和中心词的关系,即修饰和被修饰的语法关系。

例3:“今齐王甚憎仪,仪之所在,必兴师伐之。”《史记·张仪列传》

图示分析:

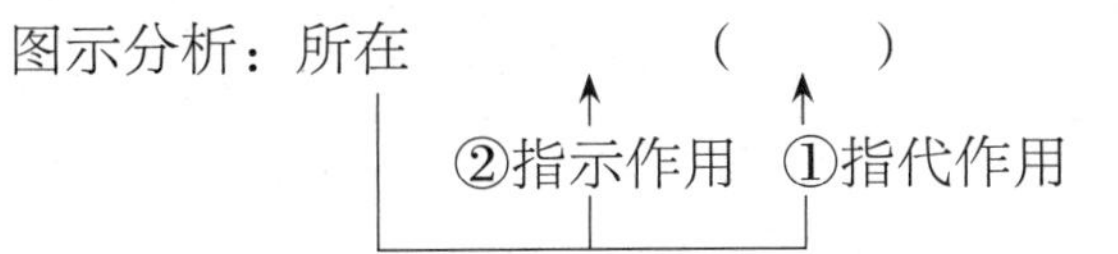

“所”既指代动词“在”后未出现的中心词“地方”,又指示出动词“在”和后面未出现的中心词是定语和中心词的关系。

以“所”字后黏附的动词或介词划分,可以分为两类:一类是“所”加动词格式的所字结构,一类是“所”加介词再加动词格式的所字结构。下面用图示进行语法分析。

“所+动词(或动词性词组)”格式的所字结构。这是所字结构最基本的格式,由这种格式所形成的所字结构是一个名词性词组,可以充当句子中一个成分。

(1)“所+动词”格式的所字结构。

既然是名词性词组,它就可以被定语修饰,一般在定语和所字结构之间要加连词“之”。值得注意的是,这定语往往是所字结构中动词动作的施事者,而“所”所指代的动词后未出现的中心词恰恰又是所字结构中动词动作的受事者。

例4:“此虎,武松之所打。”(参见刘景农编著《汉语文言语法》)

图示分析:

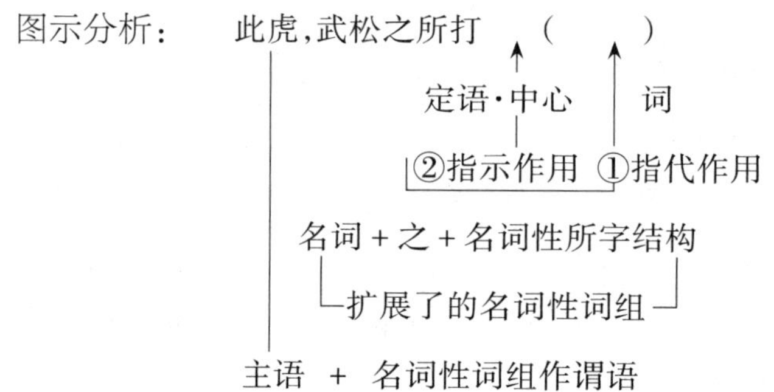

第一步分析:全句是判断句。

此虎,武松之所打。

第二步设问:此虎是什么虎?

此虎是打的虎。(把第一层定语确定)

第三步再问:此虎是谁打的虎?

此虎是武松打的虎。(把第二层定语确定)

第四步结论:判断句谓语是一个名词性词组,是以“虎”为中心词而逐步扩展了的名词性词组。为什么要这样一步一步地扩展呢?其一,体现出了“所打”这个所字结构中,“所”字所指代的动词“打”后面未出现的中心词“虎”是被动者、受事者。其二,既然表示被动性质的所字结构是一个名词性词组,那么,通过连词“之”这个媒介，名词性所字结构前面的主动者、施事者“武松”就是受语法关系的支配，处于定语位置上的修饰者了。

名词性所字结构被定语修饰的格式有三种：

“名词+之+所字结构”格式；

“名词+所字结构”格式；

“其+所字结构”格式。

第一种是典型的句式，第二种是在名词作定语修饰所字结构中间省略连词“之”。如：

例5：“独籍所杀汉军数百人。”《史记·项羽本纪》

句中“籍所杀”即“项籍之所杀”的省略。

第三种是第一种的变式，人称代词“其”在古汉语中等于“名词+之”，在句中只能作定语，所以“其”仍是修饰所字结构的定语成分。

例6：“夺其所憎而与其所爱。”《战国策·赵策》

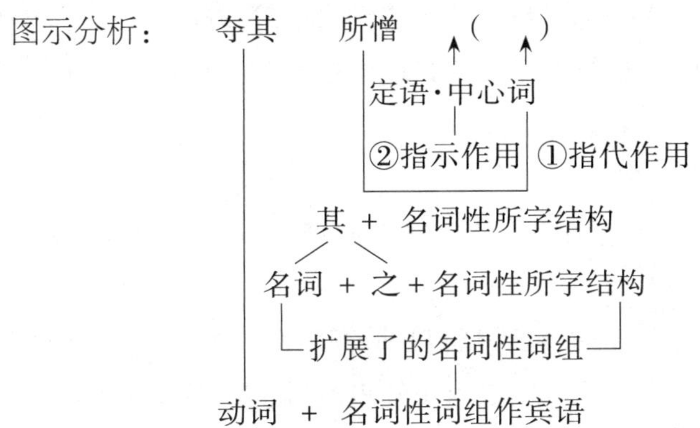

全句是动宾词组，宾语是“其”修饰的“所憎”这个所字结构，“其”字等于“名词+之”，因此在定语后没有出现连词“之”字。

（2）由于“所”字是指代动词行为动作对象的，有指代作用，但是离开上下文，所指代的对象就比较抽象、含混，不能确指什么人、什么事，因此可以在所字结构后面再加上表示具体事物的名词。这样，这个所加的名词便成了中心词，而所字结构则成为修饰这个名词的定语了。

例7:“秦王谓轲曰:‘取舞阳所持地图。’”《史记·刺客列传》

图示分析:

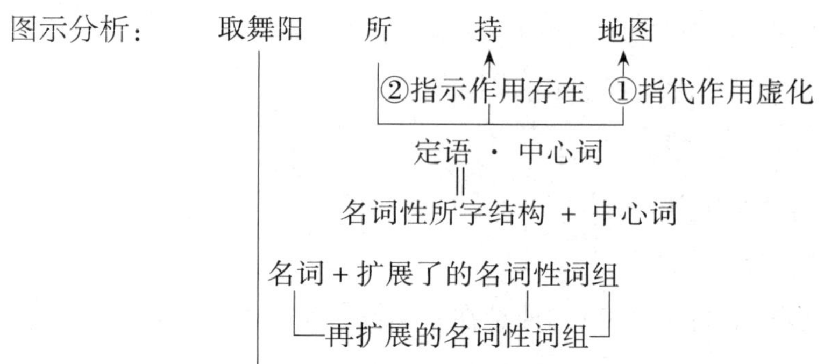

“所”字所指代的动词“持”的动作对象“地图”已经出现,那么它的第一个指代作用已不复存在,我们用箭头①表示它的指代作用虚化。然而它的第二个指示作用,即标志动词“持”和已出现的中心词“地图”的语法关系即修饰和被修饰的关系是存在的,我们仍用箭头②表示。这样,从反面也可证明,所字结构中“所”字所指代的和已出现的中心词是一个事物。因此,句中“所持”这个所字结构便成为定语来修饰已出现的中心词“地图”了。

名词性所字结构作定语修饰后面的名词的格式有两种:

“所字结构+之+名词”格式

“所字结构+名词”格式

第一种句式即在所字结构和名词中间加有连词“之”,修饰与被修饰的关系则更明显。

例8:“仲子所居之室,伯夷之所筑与?抑亦盗跖之所筑与?所食之粟,伯夷之所树与?抑亦盗跖之所树与?是未可知也。”《孟子·滕文公下》

图示分析:

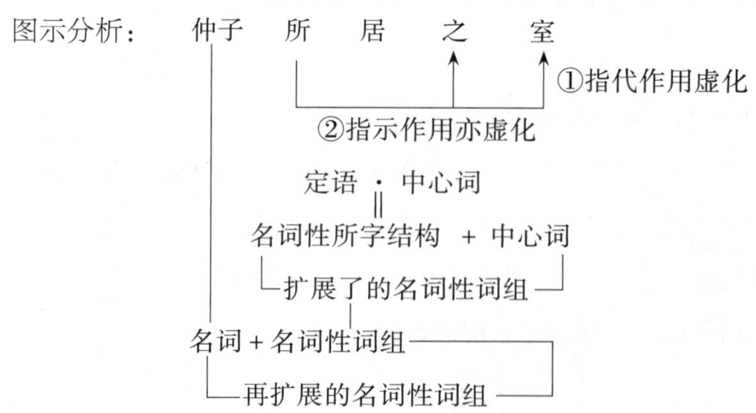

值得注意的是，我们知道“所居”是一个所字结构，“所”字既指代动词“居”的对象，又指示出动词“居”和未出现的中心词是定语和中心词的语法关系。但是在本句中，即在“所居”的后面，既出现了它指代的中心词“室”，又出现了“居”和中心词“室”的关系词“之”。这就是说，“所”字的两种作用都已通过文字表现出来了，证明它的两种功能全部虚化。这就又从反面证明了“所”字在“所字结构”中正包含有这两种作用、功能。

(3)“所+动词”的所字结构包括“所……者”格式，即及物动词前有“所”，后有“者”，这就牵涉到“所”与“者”各自的语法功能。现在撇开所字结构，先就“者”单独和及物动词结合时的情况加以简述。

“者”也是一个比较特殊的代词，有指代作用但不能独立作句子成分，必须将它放在别的词语后面，构成“者字结构”，才能充当句子中的一个成分。者字结构也是一个名词性词组。但是值得注意的是，“者”字放在动词、形容词(或动词性词组、形容词性词组)后面构成者字结构，这时“者”指代的是动词、形容词的主动者、施事者。如“负者歌于途，行者休于树”(欧阳修《醉翁亭记》)。“负者”即背东西的人，“行者”即走路的人。而“所见”“所闻”，恰恰和者字结构相反，“所”指代的是动词“见”“闻”的对象，即被动者、受事者。这就是者字结构和所字结构中“所”与“者”的本质区别。

如果“所……者”结合运用，根据文意，不论“所”还是“者”这时都指代动作行为的对象，绝非指代动词动作的主动者、施事者，它们的作用同于“所+动词”。

例9:“孟尝君曰：‘视吾家所寡有者。’”《战国策·齐策》

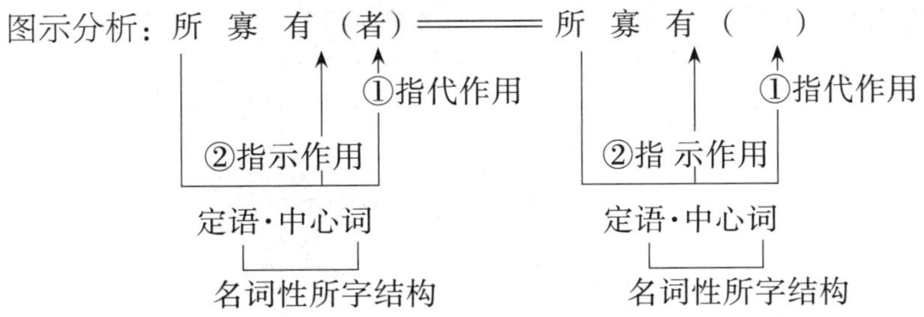

“所寡有者”等于“所寡有”，指缺少的东西，而不是指缺少东西的人。从句意看，“寡有”后面的中心词恰恰是动词行为的受事者、被动者，而不是主动者、施事者。看来“所”字在起着决定性作用，“者”是“所”字指代动词动作的对象，这时的“者”已不执行本身的指代职能，它完全屈从于“所”字的指代功能，等于形同虚设了。

(4)“所”字后面是形容词或名词，必须活用作动词才构成所字结构。

例10:“毛嫱、丽姬，人之所美也。”(《庄子·齐物论》)“美”，形容词在这里活用为动词，当“认为是最漂亮的”讲，“人之所美”意即“人们认为最漂亮的人”。图示分析省略。

例11:“乃丹书帛曰：‘陈胜王。’置人所罾鱼腹中。”(《史记·陈涉世家》)“罾”本义是渔网，名词，这里活用为动词，当“用渔网捕捉”讲。“置人所罾鱼腹中”意即“放置在人们用渔网捕捉来的鱼腹之中”。图示分析省略。

(5)与“所”字经常连用的“有所……”、“无所……”和“何所……”格式，前两种其实就是“有”“无”动词后面加上“所字结构”而形成的动宾词组。后一种“何所……”是主谓倒装的疑问句式，所字结构作主语，疑问代词“何”作谓语。

例12:“女亦无所思，女亦无所忆。”(《木兰辞》)

图示分析：

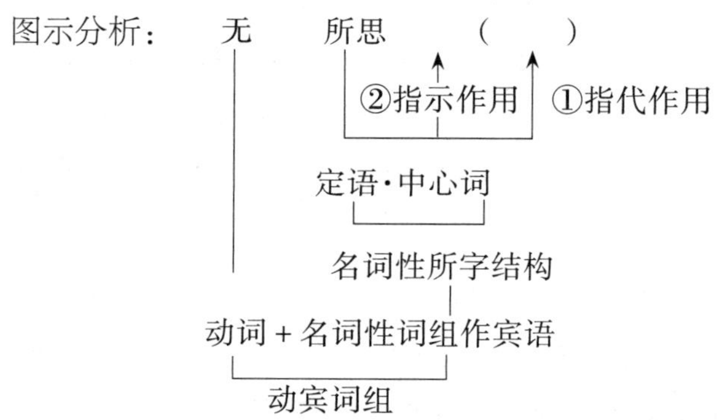

例13:“问女何所思？问女何所忆？”(《木兰辞》)

图示分析：

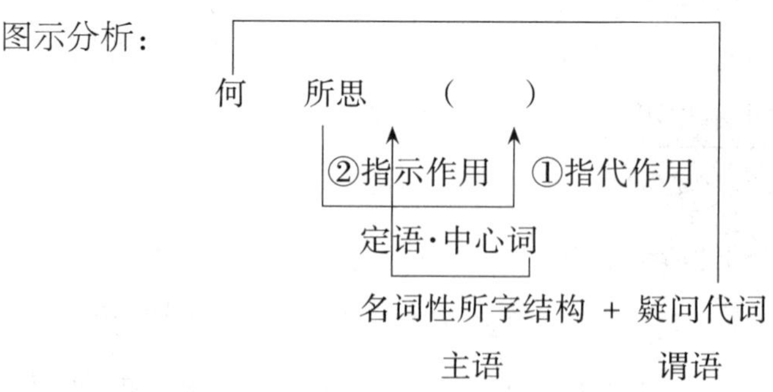

“何所思”意即“所思念的事情是什么？”

三

“所+介词+动词(动宾词组)”格式的所字结构。所字不但可以放在动词前，构成“所+动词”式的所字结构，还可以放在介词前，构成“所+介词+动词(动宾词组)”式的所字结构。这时“所”指代的不是动词动作行为的对象，而是介词所介绍的对象：包括行为发生的处所，行为赖以实现的工具手段和方式方法，产生某种行为的原因，以及与行为有关的人物，等等。所加介词以及介词后面的动词相结合构成名词性的所字结构。

(1)“所+介词+动词(动宾词组)”格式的所字结构。

例14：“公输盘诎，而曰：‘吾知所以距子矣，吾不言。’”(《墨子·公输》)

图示分析：

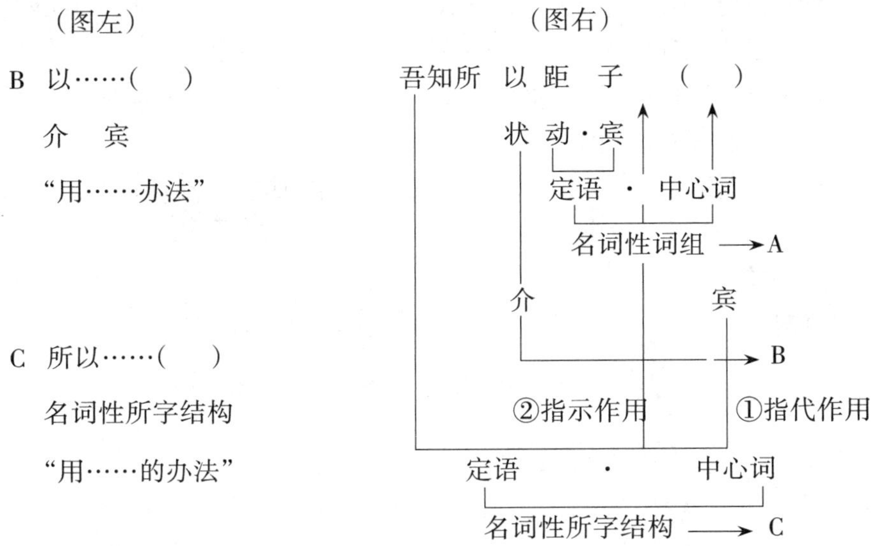

这是一个“所以……()”式的所字结构，所字指代介词“以”(用)介绍的行为赖以实现的方式手段，即介绍的对象(办法)恰恰是“距子”动宾词组后面未出现的中心词，由“距子”和后面未出现的中心词(办法)构成了一般性的名词性词组。我们用图右“A”表示该句第一个层次的语法分析。而这一般性名词性词组的中心词又恰恰是介词“以”(用)的宾语，意思是“用……办法”。于是形成了图右“B”表示该句的第二个层次的语法分析。第三个层次就是该句“所”字的两种作用。第一是指代作用。“所”字指代介词介绍的对象就是行为赖以实现的“办法”，而这介词所介绍的对象就是第一层次中一般性名词性词组的中心词，也是第二层次中介宾词组的宾语。第二是指示作用。“所”字指示介词以及介词后面的动宾词组同后面没有出现的中心词是定语和中心词的关系，亦即修饰与被修饰的语法关系。由于这两种作用都存在，所以我们皆用箭头①②表示。这就构成了图右C——名词性所字结构。而图左的B和C，是从图示分析中抽出来的，表示介宾词组是怎样演变成所字结构的。

(2)“所+介词+动词(动宾词组)”格式的所字结构既然是名词性词组，则可当名词看待。名词可以被定语修饰，所以这名词性的所字结构也可以被别的词语修饰，通常在定语跟所字结构之间要加连词“之”。

这种所字结构被定语修饰的格式也有三种：

“名词+之+所字结构”格式、“名词+所字结构”格式、“其+所字结构”格式。下面各举一例。

例15：“此鲁仲连所以义不帝秦。”(《胡铨·戊午上高宗封事》)此例属省略连词“之”的第二种格式。图示分析省略。

例16：“其妻问其所与饮食者，则尽富贵也。”(《孟子·离娄下》)此例属用“其”的第三种格式。图示分析省略。

例17：“楚人有涉江者，其剑自舟中坠于水，遽契其舟，曰：‘是吾剑之所从坠。’”(《吕氏春秋·察今》)

图示分析：

(图左)

B 从……(　　)

介　　宾

“从……地方”

C 所从……(　　)

名词性所字结构

“从……的地方”

(图右)

是吾　剑之所　从　坠　(　)

状　动

定·中心词

名词性词组——→A

介——宾——→B

②指示作用　①指代作用

定语·中心词

名词词组+之+名词性所字结构——→C

扩展了的名词性词组

这是一个“所从……( )”式的所字结构，“吾剑”是名词性词组作定语，通过连词“之”作媒介，修饰所字结构“所从坠”。

（3）“所+介词+动词（动宾词组）”格式的“所字结构”是名词性词组，可当名词看待。其中“所”字指代介词介绍的对象比较含混，所以可以在“所字结构”的后面再加上具体的名词，使“所字结构”成为这个具体名词的定语，通常要在定语和中心词之间加连词“之”。

例18：“将军过听，以与寡人有郄，遂捐燕而归赵。将军自为计则可矣，而亦何以报先王之所以遇将军之意乎？”（《战国策·燕策》）

图示分析：

（图左）

B　以……意

介　宾

“用……心意”

C　所以……之意

名词性所字结构

“用……的心意”

（图右）

先王之所　以　遇将军　之　意

②指示作用虚化　①指代作用虚化

状　动·宾

定　·　之·中心词

名词性词组 → A

介 —— 宾 → B

定语　·　之 · 中心词

名词性所字结构 + 之 + 中心词 → C

这是一个“所以……之意”式的所字结构，“意”是已出现的具体名词，即“所”指代介词所介绍的对象已出现，所以“所”字的指代作用虚化，我们用箭头①表示。由于连词“之”也出现，所以“所”指示介词以及介词后面的动宾词组和已出现的中心词“意”是定语和中心词的关系，即修饰与被修饰的关系，也虚化，我们用箭头②表示。

（4）“所+介词+动词（动宾词组）”格式的所字结构包括“所……者”格式。这种“所……者”结合运用，根据句意分析，“所”字起着决定性作用，而这时的

“者”字完全屈从于“所”,不执行本身的指代职能,只起一个陪衬作用。这时的“所+介词+动词(动宾词组)+者”格式等同于“所+介词+动词(动宾词组)”格式。

例19:“古之人所以大过人者无他焉,善推其所为而已矣。”(《孟子·梁惠王上》)

图示分析:

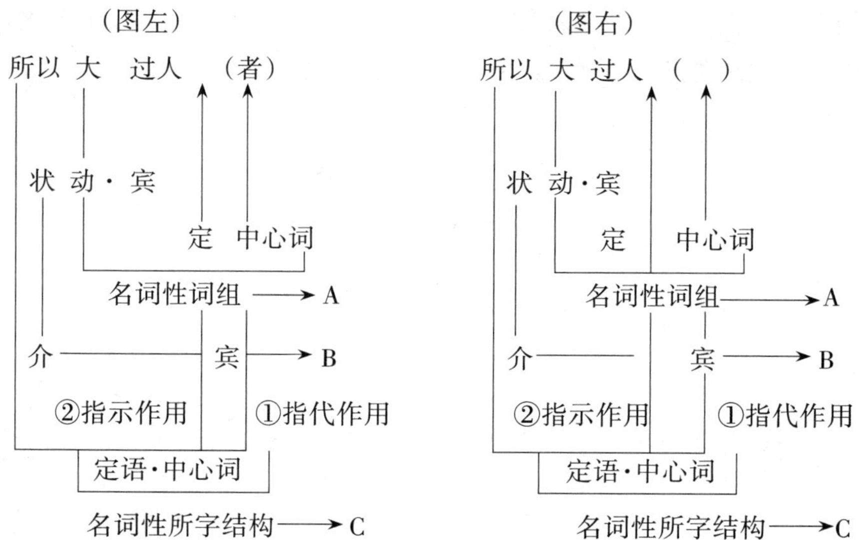

“所以大过人者”就是“所以大过人”,意即“大大超过今人的原因”。“者”字不再指代动作行为的主动者、施事者,在该句中只起陪衬作用。这时“所”字的两种作用同时存在,所以我们仍用箭头①②表示。

——《汉中师院学报(哲学社会科学版)》1990年第2期

工具名词用作状语、动词谓语句探源

词有定类,类有定词,古今汉语相同。但在古汉语中,有些词可以按照一定的语言习惯灵活运用,这是很特殊的情况,却又是很常见的语言现象。训诂学家在注疏中,往往随文注明它在句中的语法关系。一些语法专著将这种特殊的语言现象,或称曰"实字活用例"(俞樾《古书疑义举例》卷三),或称为"假借"(马建忠《马氏文通》卷五),或称作"变性"(见王力《汉语史论文集》中《中国文法学初探》)。叫法虽异,其宗旨都是阐明这种特殊的语言现象,但是对这种现象的由来及它们之间的关系则很少涉及。本文不打算对全部词类的活用进行探源,仅就带有工具性质的名词用作状语、用如动词谓语现象做初步探索。见例:

《左传·成公二年》:"从左右,皆肘之。"孔疏:"《说文》云'肘,臂节也'。谓左右为凶处,故以肘排退之。"

《左传·定公十年》:"士兵之。"杜预注:"以兵击莱人。"

《汉书·高帝纪》:"范增数目羽击沛公。"师古注:"动目以谕之。"

《史记·司马相如传》:"手熊罴,足野羊。"集解:"手足谓拍蹴杀之。"

《公羊传·庄公十二年》:"手剑而叱之。"何休注:"手剑,持拔剑叱骂之。"

《史记·张释之冯唐传》:"五日一椎牛。"索隐:"椎音直追反,击也。"

从以上所引诸例中可以看到,名词用如动词时,有径直以动词相释(如"椎,击也")的,有在该名词前加介词"以"字,而于其后加动词(如"以兵击莱人")的。我从大量同类型的注解中细揣文意,觉得注疏加介词"以"字,是把名词当介词"以"(用)的对象即宾语看待,表明这个名词所代表的事物可以充当工具来使用。而注疏加动词,则是表示带有工具性质的名词在特定的语言环境中所表现出来的功用。如孔疏《左传》"皆肘之"的"肘"字,先引《说文》"肘,臂节也",这是说明"肘"的本来意义是人身体上的一个器官。而这名词在正常的情况下，只作主语、定语、宾语，而现在于文中已占据了动词谓语的位置，表明它已经活用为动词，作谓语。韩厥为了不让綦毋张立在车的左右凶处，所以想排退他。用什么工具、器物排退？在战争形势十分紧张的情况下只能用“肘”了，所以“肘”是这特殊语言环境中韩厥动作的工具，而“排退”这动作性的动词则是这特殊语言环境中工具“肘”的功用。又如，司马贞仅用“击”训“五日一椎牛”的“椎”，如何解释？段玉裁《说文解字注》“椎”下云：“所以击也。”段云：“所以二字今补。器曰椎，用之亦曰椎。”我认为段玉裁补得正确，注得精当。他首先认为“椎”本身是器物，所以补“所以”二字，肯定它的本义是器物，名词。这个器物可用来刺物，可引申为动词，又显示出它应发挥的功用。这就把“椎”这个工具的器物属性及其功用都阐发出来了。经段玉裁这么一注，我们便悟出司马贞用“击”训“椎”，是径用这工具的功用训释。这样我们对何休用“持拔剑”训释“手剑”，就不难理解了。《说文》“持，握也”，“握，搤(è)持也”，“搤，捉也”。可见“持”、“握”、“搤”与“捉”是同义词。该句意即以手握住拔出鞘的剑。原来何休未解释“手”这个本义，仅用“手”所显示出来的功用“持拔”训释，以此突出训释的重点。按此，颜师古用“动目以谕之”训“范增数目羽”的“目”，也就很好理解了。“动目”即“以目”，因为“以”字本来就是动词，引申虚化为介词。虽则引申虚化为介词，究其实仍包含有动作的意思。“动目”是表明这个名词“目”所代表的事物可以充当工具来使用，而“谕”(暗示使明白)则表示其功用。通过对例句的分析，可以归纳、概括出两点：(一)带有工具性的名词用如动词时，它仍保存着名词所代表的工具本身的性质；(二)特定的语言环境可显示出这一名词所表示的工具的功用。

这便是工具性的名词活用为动词谓语时所包含的全部意义。杜预用“以兵击莱人”注“兵之”，孔颖达用“以肘排退之”释“肘之”，就体现出名词性质及功用这两点。但是训诂家未必全是如此注法，如司马贞仅用“击”训“椎”，何休仅用“持拔剑”训“手剑”，则是捕捉住人与物的特点，着重于这个名词的功用而训释的。有侧重点的训释值得我们注意，因为它体现出工具性名词作动词用的特点；但尤其应注意的是体现出名词性质及其功用这两方面的注释，它反映出临时活用为动词的名词在这里的全部意义。有趣的是，如果我们把正文中用作动词的名词换成体现名词性质及其功用两点的注释，该句立刻就变成工具状语的叙述句而意义不变。如：

皆肘之——皆以肘排退之。

手熊罴、足野羊——以手拍杀熊罴，以足蹁杀野羊。

左右欲刃相如——左右欲以刀杀相如。

火其书——以火烧其书。

蹄之——以蹄踢之。

皆坑之——皆以坑活埋之。

这种工具状语的叙述句是古汉语中最常见的句式，通常的格式是“以+名词+动词”或是“动词+以+名词”。这时的名词没有活用，它在句中所承担的宾语职务是正常的职务。可是这种格式的名词前的“以”字经常省略，这时的名词在句中的职务发生了变化，由原来它同介词“以”先构成介宾词组，而后作动词谓语的工具状语，变成现在径由它的本身直接承担动词谓语的工具状语了。在上古，工具状语放在动词前面或后面都可以，不过放在动词后面可称作后置工具状语。训诂家见到这种句式，唯恐读者误认为名词是主语或宾语，往往加介词“以”字来注释。如：

《诗经·大雅·抑》：“匪手携之，言示之事。”郑笺云：“我非但以手携挈之，亲示以其事之是非。”

《诗经·周南·关雎》：“窈窕淑女，琴瑟友之。”毛传云：“宜以琴瑟友乐之。”

《左传·桓公元年》：“目逆而送之。”孔疏云：“未至则目逆，既过则目送，俱是目也，故以目冠之。”

《史记·仲尼弟子列传》：“冠雄鸡，佩猳豚。”集解：“冠以雄鸡，佩以猳豚。”

有趣的是，如果我们把正文中用作状语的名词换成加介词“以”字的注释，该句立刻就变成工具状语的叙述句而意义不变。如：

吾囊者目摄之——吾囊者以目摄之。

手持宝刀——以手持宝刀。

火焚其彝器——以火焚其彝器。

口报曰——以口报曰。

综上所述，我们从传统训诂中发现这么一个情况：省略介词“以”的名词用作工具状语和带有工具性的名词活用为动词谓语的叙述句，都可以用带介词“以”的工具状语叙述句表述。换言之，两种活用的句式都可以统一到带介词“以”的工具状语叙述句之中而意义不变。如果我们以传统训诂兼包名词性质及其功用这两点的注释作为桥梁，似乎可以把这古汉语中三种并存的叙述句沟通起来。

请看下表：

以＋名词＋动词	名词状语＋动词	名词活用为动词
以戈逐子犯（《左传·僖公二十三年》）	臣请剑斩之（《汉书·霍光传》）	左右欲刃相如（《史记·廉颇蔺相如列传》）
以戈杀之（《左传·文公十一年》）	即钺杀王（《史记·东越列传》）	士兵之（《左传·定公十年》）
以戈击王（《左传·定公四年》）	椎杀晋鄙（《史记·魏公子列传》）	左右欲兵之（《史记·伯夷列传》）
以斗摮而杀之（《公羊传·宣公六年》）	函封之（《史记·刺客列传》）	五日一椎牛（《史记·张释之冯唐列传》）
以刀劈狼首（《聊斋志异·狼》）	刀砍不入（《三元里抗英》）	皆坑之（《史记·项羽本纪》）
以局杀湣公于蒙泽（《史记·宋微子世家》）	秦惠王车裂商君以徇（《史记·商君列传》）	子胥鸱夷（《史记·邹阳列传》）
以杖叩其胫（《论语·宪问》）	家人车载欲往就医（《三国志·华佗传》）	驴不胜怒，蹄之（《黔之驴》）
以革裹之归宋（《史记·宋微子世家》）	船载以入（《黔之驴》）	决荥泽而水大梁，大梁必亡矣（《战国策·魏策》）
许子以釜甑爨，以铁耕乎？（《孟子·滕文公上》）	囊括四海　（《过秦论》）	策蹇驴，囊图书（《中山狼传》）
以草火烧（《梦溪笔谈》）	火焚其彝器（《国语·周语》）	火其书（《原道》）
以火攻也（《公羊传·桓公七年》）	火烧令坚（《梦溪笔谈》）	再火（《梦溪笔谈》）

（续表）

以＋名词＋动词	名词状语＋动词	名词活用为动词
以焚石投之(《周礼·秋官》)	箕畚运于渤海之尾(《列子·汤问》)	李佑、李忠义镬其城为坎以先登(《资治通鉴·唐纪》)
臣以神遇而不以目视(《庄子·养生主》)	吾曩者目摄之(《史记·刺客列传》)	范增数目项王(《史记·项羽本纪》)
以手拂之 (《梦溪笔谈》)	手持宝刀(《三元里抗英》)	子手弓而可 (《礼记·檀弓》)
以手共搏之(《史记·刺客列传》)	臣左手把其袖,右手揕其胸(《史记·荆轲列传》)	曹子手剑而从之(《公羊传·庄公十三年》)
以肱击之(《左传·成公二年》)	口报曰(《史记·吴王濞列传》)	吾为子口隐矣(《公羊传·隐公四年》)
以身翼蔽沛公(《史记·项羽本纪》)	肩举驴上(《中山狼传》)	从左右,皆肘之(《左传·成公二年》)
以面掩地而谢(《史记·苏秦列传》)	我何面目见之(《史记·项羽本纪》)	马童面之 (《史记·项羽本纪》)
请以剑舞(《史记·项羽本纪》)	使舍人笞击睢(《史记·范睢列传》)	尉果笞广(《史记·陈涉世家》)
以弓梏华弱于朝(《左传·襄公六年》)	布囊其口(《童区寄传》)	吾目之(《童区寄传》)
以俎、壶投杀人(《左传·襄公二十八年》)	目逆而送之(《左传·桓公元年》)	非能水也 (《荀子·劝学》)
以莽草熏之(《周礼·秋官·翦氏》)	琴瑟友之(《诗经·关雎》)	必矩其阴阳(《周礼·考工记》)

根据三种句式的排列比较,可归纳几点:

第一,它们并存于古汉语中,皆为叙述句。

第二,它们的共同点是都具有工具性的名词,或作工具状语的介词“以”的宾语(词有定类,类有定词),或省略介词“以”,径作工具状语,或活用为动词谓语(词类活用)。

第三,凡活用为工具状语或动词谓语的叙述句,凭借训诂家兼包名词性质及其功用这两点的注释，皆可把活用现象统一在带介词“以”的工具状语的叙述句之中而意义不变。从中可以启发人们这样去认识：仅在意义的表达上，三种句式可以互置，即工具状语可以省去介词“以”，变成工具性名词径作状语，再省去表示功用意义的动词就变成名词用如动词谓语；反之亦可。但万变不得取消工具性的名词。为什么同一意义可用三种不同句式表述？除了用古人的语言习惯来解释外，古人的修辞手法也是化一为三的重要原因。如果说带介词“以”的工具状语叙述句为一般表述的正常句式，那么省略共用的词语介词“以”，用工具性名词作状语，或再省略工具名词所包含的功用在内的动作性的动词谓语，丝毫不影响意义的表达，只是一种语言习惯或语句上的省略，我们可称这种修辞手法为“凝练”。

第四，既然两种凝练后的活用可统一在带介词“以”的正常句式之中而意义不变，我们不妨根据“词有定类，类有定词”的原则，把带介词“以”的工具状语叙述句式当作“源”，而把经过“凝练”后不带介词“以”的工具状语和名词活用为动词谓语叙述句当作“流”。源流的演变过程应该是以工具性名词用为状语为演变的第一步骤，而工具性名词用如动词谓语为演变的第二步骤。

以上看法妥否，诚望广大读者和专家批评指正。

——《汉中师范学报（哲学社会科学版）》1984年第1期

“可使足民”之“使”

《论语·先进》篇子路对孔子说：“由也为之，比及三年，可使有勇。”冉有说：“求也为之，比及三年，可使足民。”这里的两个“使”字意义不同，“可使足民”之“使”当训为“以”。魏何宴集解引孔曰：“求自云能足民而已。”清刘宝楠《论语正义》：“足民者，谓使民财用足也。”“足民”已含有致使义，故其前之“使”不应再是令、叫、让之类的意思。

“使”可训“以”，“可以”为一词，即何宴所谓“能足民”之“能”。“使”与“以”上古皆属“之”部；“使”在“山”母，“以”在“余”母，舌齿音相近。音近则义通，故古书多用为互文。如《荀子·君道》篇：“故人主必将有便嬖左右足信者，然后可；其知惠足以使规物，其端诚足使完物，然后可。”“故人主必将有卿相辅佐足任者，然后可；其德音足以填抚百姓，其知虑足以应待万变，然后可。”同篇所举文例相同，“使”与“以”同义。又《楚辞·九章·惜诵》：“俾山川以备御兮，命咎繇使听直。”王逸注：“使，一作‘以’。”同书对校，证明“使”“以”同义。又《墨子·非儒》：“博学不可使议世，劳思不可以补民。”而《晏子春秋·外篇》作“博学不可以仪世”。他书校勘，也证明“使”与“以”同义。

——《古汉语研究》1992年第2期

说“学”“习”

我给汉中老年大学诗文班学员讲授了两年训诂学课，在讲授训诂术语“谓”字时，举的是《论语·学而》中子曰“学而时习之，不亦说乎？”的例子。主讲内容讲过后，专门针对文句中“学”与“习”二字，从形体结构上探讨汉字的产生与神农氏结绳说、伏羲氏八卦说的渊源关系。

一、先从“学”字探讨汉字产生与神农氏结绳说的渊源关系，分五点剖析

1.查文献

《周易·系辞下》：“作结绳而为罔罟，以佃以渔。”马融注：“取兽曰佃，取鱼曰渔。”《盐铁论·刑德》：“罔疏则兽失。”文中“罔罟”“罔”，皆是编织绳索做成的网，用它捕获禽兽和鱼。文中之“罔”（网）是关键词。

2.审“学”与“网”

“网”字，甲骨文作“罓”形。两旁的竖道是插在地面的两根木棍，中间“㐅”是编成的网形。插在地面可捕捉兽类，放置水中可捕获鱼，这是网的功用。甲骨文的“网”即《周易》《盐铁论》文中的“罔罟”和“罔”也。

“学”字，甲骨文作“𦥯”形。像人在木制屋顶上用双手编织绳索做成一张网，好捕捉飞禽。

其中“㐅”形是关键。

3.析“㐅”形

繁体字“學”中“㐅”形，一从甲骨文字中可了解其形的功用：捕获禽兽和鱼。

二从古代文献中可明白是何物。可见它是上古渔猎时代民众生活中不可或缺的生存工具。

4.看旁证

甲骨文、金文中“十”(丨、十)的倍数字廿、廿、卅、卅、卌、卌形状与结绳说有关系。

5.学者观点

许多文字学家认为古汉字即肇始于上古“神农氏结绳”。

总结语:由原始渔猎时代“结绳为罔罟而引发出结绳记事,在初始的生产斗争的实践中产生出原始的文化形态”。[参见许嘉璐主编《古代汉语》(上册)第7页,1992年版]

二、再从"学"字探讨汉字产生与伏羲氏八卦说的渊源关系,分五点剖析

1.查文献

唐兰先生《中国文字学》中云:“照我的意见,八卦的起源,是用算筹(卜算子)来布成爻……古文‘學’字,也就像两手布爻的形状。”

“八卦”:《周易》中的八种基本图形,用“⚊”和“⚋”符号表示,每卦由三爻组成,以“⚊”为阳爻,以“⚋”为阴爻。名称是“乾、坤、震、巽、坎、离、艮、兑”。《易经》六十四卦皆由八卦两两相重组成。八卦起源于原始宗教的占卜。八卦主要象征天、地、雷、风、水、火、山、泽八种自然现象,被认为是自然界和人类社会一切现象的根源。(参见《辞海》“八卦”词条)

2.审古“学”字

小篆作“學”。像人在地面铺上一块布,用双手布成爻状。

3.析"爻"形

小篆"斅"字中"爻"，很像原始宗教给人占卦的爻象。可见汉字字形产生与伏羲氏八卦说也有渊源关系。但要注意：原始宗教的占卜与渔猎时代结绳而为罔罟，虽然其形皆为"爻"，但内涵已发生变化。

4.看旁证

罗君惕《六书说》中云："结绳与文字没有什么关系，而八卦与文字的关系则很密切。如：八卦的阳爻作'⚊'，即演为'一'字；两个阳爻作'⚌'，即演为'二'字；乾卦作☰，即演为'三'字；坎卦作☵，即演为巛（水）字。"

5.学者观点

《黄侃论学杂著·说文略说》中云："八卦为有限之符号，文字则为无限之符号，以八卦为文字起原，似也。"

三、看"习"字

1.查甲骨文

甲骨文中"习"作"习"。上部是两根羽毛，代表飞鸟的翅膀。下部是太阳，表示百鸟在阳光下练习飞翔。

2.查文献

《礼记·月令》："鹰乃学习。"《说文解字》："习，数飞也。"透过《说文》解释"习"字义，翻译《礼记》文意，即鹰掌握了飞的技艺后，反复练习飞翔。

结束语：综上分析，可以领悟到孔子为什么要将"学"与"习"分开阐述，因为"学"是获得、掌握、觉醒义，而"习"是在"学"的基础上，再反复地练习、熟习义。可见"学"是学子成才的基础，而"习"是提高技能的必须途径。掌握了知识、本领，再反复温习，便会达到熟练的目的，我们能不快乐、高兴吗？所以我们一定要牢记孔子的这句话："学而时习之，不亦说乎？"

《楚辞·九歌·湘夫人》王逸章句分析(上)

【原文】

帝子降兮北渚[1],目眇眇兮愁予[2]。嫋嫋兮秋风[3],洞庭波兮木叶下[4]。白薠兮骋望[5],与佳期兮夕张[6]。鸟萃兮蘋中[7],罾何为兮木上[8]?沅有茝兮醴有兰[9],思公子兮未敢言[10]。荒忽兮远望,观流水兮潺湲[11]。麋何食兮庭中[12],蛟何为兮水裔[13]?朝驰余马兮江皋[14],夕济兮西澨[15]。闻佳人兮召予[16],将腾驾兮偕逝[17]。

【章句分析】

〔1〕帝子降兮北渚。

章句云:“帝子,谓尧女也。降,下也。言尧二女娥皇、女英随舜不反,没于湘水之渚,因为湘夫人。”

按:章句先诠释词义,后用训诂术语“言”字点明句子言外之意。

在诠释词义中,用训诂术语“谓”,以“尧女”训释“帝子”,是诠释“帝子”一词在正文具体语言中的具体义、临时义和确指义。用“下”训“降”,是以词解词,属训诂的直训形式。《说文·十四下·阜部》:“降,下也。”段注云:“此下为自上而下,故厕于队、陨之间。《释诂》曰:‘降,落也。’”章句以“下”训“降”,属以本义生训的直训。在解释词义之后,继用训诂术语“言”字,阐微著隐,叙述了古代神话传说中的恋爱故事,即点明本篇题目的来源。

〔2〕目眇眇兮愁予。

章句云:“眇眇,好貌。予,屈原自谓也。言尧二女仪德美好,眇然绝异,又配帝舜,而乃没命水中。屈原自伤不遭值尧舜而遇暗君,亦将沉身湘流,故曰愁我也。予,一作‘余’。”

按:先诠释词义,继用“言”字点明句子言外之意,后用训诂术语“一作”进行文字校勘。

在诠释词义中,用训诂术语“貌”,以“好貌”训释“眇眇”,表明正文中“眇眇”是形容词的叠音词。“貌”与训释词语“好”结合在一起,形成一个整体,然后对被训释词“眇眇”进行解释,可以译作“……的样子”。用“屈原自谓”训“予”,乃是以义界形式训释正文“予”的具体义、临时义、确指义。章句在诠释词义之后,用“言”字解释句意,先解释句子实意,后点明句子言外之意。在解释句子实意中,用“仪德美好”训释“目眇眇”,属串讲句意中解词也。以“仪德”训“目”,不是“目”的概括义,而是具体义。凡人之传神器官在“目”,人外在的仪态和内在的美德,亦皆由“目”传出。章句用“仪德美好”训“目眇眇”,乃兼具“仪”与“德”两方面训“目”,乃重“德”也。由“屈原自伤”以下一大串文字,既表明“愁我”的原因,又点明句子言外之意:“屈原自伤不遭值尧舜而遇暗君,亦将沉身湘流。”至此,我们已可明白只有补足“愁我”之因,即点明句子言外之意,整句“目眇眇兮愁予”之意才能融贯一体。最后用训诂术语“一作”,以“我”校“予”,是从异文中见同义词也。

〔3〕嫋嫋兮秋风。

章句云:“秋风摇木貌。”

按:诠释词义。章句用“貌”这一训诂术语,以“秋风摇木貌”训“嫋嫋”,亦即用“被训释词+训释词+貌”的形式,表示“嫋嫋”是形容词的叠音词,形容秋风摇木的样子。

〔4〕洞庭波兮木叶下。

章句云:“言秋风疾则草木摇,湘水波而树叶落矣。以言君政急则众民愁,而贤者伤矣。或曰:屈原见秋风起而木叶堕,悲岁徂尽,年衰老也。”

按:解释句意。前“言”字者解释两句的句子实意,后“以言”以下者,阐微著隐,点明句子言外之意:“以言君政急则众民愁,而贤者伤矣。”前一个“言”在解释句子实意中,又诠释了词义:以“树”训“木”,以“落”训“下”,均属直训,皆以本义生训也。

〔5〕白薠兮骋望。

章句云:“薠草,秋生,今南方湖泽皆有之。骋,平也。薠,或作蘋。一本此句上有登字。皆非也。”

按:先诠释词义,后校勘文字。

章句训“蘋”,乃用义界形式训释。先以“草”释者,属以属训种。继训“秋生”,点明蘋草生之时间。后以“今南方湖泽皆有之”训释,则是点明蘋草生之地域。用“平”训“骋”者,直训也。《说文·十上·马部》:“骋,直驰也。”本义是马笔直地向前奔驰,引申为一马平川之地而无山峦所阻。故章句用“平”训“骋”,乃以引申义生训也。又“骋”与“平”皆在上古耕韵,乃声训也。综之,以“平”训“骋”,属以直训的形式、声训的方法,解释“骋”的引申义也。术语“或作”,乃用同义、近义或者同类事物进行版本校勘文字。“蘋”,生江泽中之草。“蘋”亦水草。皆属水草之类,故以同类事物校勘也。又“一本此句上有登字”,仍属校勘文字。章句认为“皆非也”,不妥。一则加“登”字后,使“登白蘋兮骋望,与佳期兮夕张”,皆成六字句,句式整齐;二则登高则可望远,与文意句义符合。

〔6〕与佳期兮夕张。

章句云:“佳,谓湘夫人也。不敢指斥尊者,故言佳也。张,施也。言己愿以始秋蘋草初生平望之时,修设祭具,夕早洒扫,张施帷帐,与夫人期歆飨之也。一本‘佳’下有‘人’字。一云与佳人兮期夕张。”

按:章句先诠释词义,继用“言”字解释句意,后则进行文字校勘。

在诠释词义时,首先用术语“谓”字解释了文句中“佳”的具体意义,继则用一串文字阐述称“佳”的缘由。所谓“不敢指斥尊者”,即“帝子”湘夫人,乃变言也,遵从古人习俗也。此训属义界形式的临时义训释。以“施”训“张”者,直训也。《说文·十二下·弓部》:“张,施弓弦也。”段注:“张弛,本谓弓施弦解弦,引申为凡作辍之称。”章句以“施”训“张”,正是以引申义生训,意为安排、陈设也。用“言”字解释句意的同时,又诠释了词义。最后“一本”“一云”,皆补“佳”为“佳人”。从语法角度讲,正文的“佳”,形容词名物化,即形容词用如名词。从修辞角度讲,乃以特征借代事物也。

〔7〕鸟萃兮蘋中。

章句云:“萃,集。一本‘萃’上有‘何’字。”

按:先诠释词义,后校勘文字。

在释词义中，以“集”训“萃”，直训也。《说文·一上·艸部》：“萃，草貌。”段注：“《易·彖传》曰：‘萃，聚也。’此引申之义。”许慎用术语“貌”训“萃”，表明“萃”本是形容词，形容草盛的样子。草盛必密集，聚集而生，故引申为集，动词也。章句以“集”训“萃”，乃以引申义生训也。在版本校勘时，所谓“一本‘萃’上有‘何’字”，而章句未采用，乃属因下而省例。两句“鸟萃兮蘋中，罾何为兮木上”，若均有“何”字，重复也。章句未采用而舍去前句之“何”字，为避免文字重复也。

〔8〕罾何为兮木上。

章句云：“罾，鱼网也。夫鸟当集木巅而言草中，罾当在水中而言木上，以喻所愿不得，失其所也。”

按：章句先诠释词义，后解释句意也。

在释词义中，以“鱼网”训“罾”，乃义界形式以本义生训也。《说文·七下·网部》：“罾，鱼网也。”“夫”字后先解释句子实意，并在串讲中释词。后用“以喻”以下文字阐微著隐，点明句子言外之意：“以喻所愿不得，失其所也。”同时阐释正文是比喻，用“喻”这一修辞术语点明之。

〔9〕沅有茝兮醴有兰。

章句云：“言沅水之中有盛茂之茝，澧水之内有芬芳之兰，异于众草，以兴湘夫人美好亦异于众人也。茝，一作‘芷’。醴，一作‘澧’。”

按：解释句意，校勘文字。

章句先用“言”字，在解释句子实意之后，又用“以兴”点明句子言外之意。在整个串讲句意中又诠释了词义：用“沅水”训“沅”，用“澧”训“醴”。用“沅水”训“沅”，乃本义生训。用“澧”训“醴”，乃以本字破假借之字也。《说文·十四下·酉部》：“醴，酒一宿孰也。”而《说文·十一上·水部》“澧，水，出南阳雉衡山，东入汝。”由此可知章句以“澧水”训“醴”，是用本字破假借字也。在校勘文字中，先用术语“一作”，以“芷”校“茝”。查《说文》“虈”（茝）下段注：“茝，《本草经》谓之白芷。茝、芷同字。臣声、止声同在一部也。”由此可见，茝、芷为同义词。而“醴”一作“澧”者，是以本字破假借字。术语皆是“一作”，内容不同：有的是文字异形而同义，有的是借另一版本之“本字”来破本版本之假借字耳。

〔10〕思公子兮未敢言。

章句云:“公子,谓湘夫人也。重以卑说尊,故变言公子也。言己想若舜之遇二女,二女虽死,犹思其神。所以不敢达言者,士当须介,女当须媒也。”

按:章句先诠释词义,后解释句意。

在释词中,以术语“谓”字,用“湘夫人”训“公子”,乃以义界形式、术语“谓”字训释“公子”的具体义、临时义、确指义也。本篇,始言“帝子”,继言“佳”,后言“公子”,皆指“湘夫人”而屡变称呼,章句探其因云:“重以卑说尊”,使文字不相重复也。继用“言”字阐微著隐,即屈原想向湘夫人申述己志,不敢达言者,因“士当须介,女当须媒”,点出了句子的言外之意。这涉及古人习俗,而这些礼制与习俗,正是我们理解正文的关键,所以王逸一一加以剖析。

〔11〕荒忽兮远望,观流水兮潺湲。

章句云:“言鬼神荒忽,往来无形。近而视之,仿佛若存;远而望之,但见水流而潺湲也。荒,一作‘慌’。忽,一作‘惚’。”

按:章句先用“言”字解释句意,后用“一作”校勘文字。

在解释句意中,用术语“言”字点明句子言外之意——“鬼神荒忽,往来无形”。继用两个“一作”,表示“荒忽”是双声联绵词。“荒忽”即“慌惚”也。

〔12〕麋何食兮庭中。

章句云:“麋,兽名,似鹿也。食,一作‘为’。”

按:章句先诠释词义,后校勘文字。

在释词中,首用义界形式,以“兽名”训“麋”,属于以属训种,次用义界的描写方法,又以“似鹿”解之,使人易晓也。“一作”者,版本校勘术语。王逸章句舍弃用“为”而选用“食”的版本,乃避免与下句“蛟何为兮水裔”的“为”重复,故采用变文手法,有异文互见之义。

〔13〕蛟何为兮水裔。

章句云:“蛟,龙类也。麋当在山林而在庭中,蛟当在深渊而在水涯。以言小人宜在山野而升朝庭,贤者当居尊官而为仆隶也。裔,一作‘裹’。”

按:章句先诠释词义,继则解释句意,最后校勘文字。

在释词义中,用“龙类”训“蛟”,乃以义界形式用属训种也。《说文·十三上·虫部》:“蛟,龙之属也。”王逸章句是以本义生训也。在解释句意中,章句先用一般叙述句形式解释了正文这个疑问。随后用“以言”阐微著隐，点明句子言外之意：“小人宜在山野而升朝庭，贤者当居尊官而为仆隶。”最后“一作”者，表明“裔”与“褎”为异文，《类篇》“裔”亦作“褎”，为一字而两形也。

〔14〕朝驰余马兮江皋。

章句云：“一云朝驰骋兮江皋。”

按：章句“一云”者，同“一作”也，校勘术语也。

〔15〕夕济兮西澨。

章句云：“济，渡也。澨，水涯也。自伤驱驰，不出湘潭之间。”

按：章句先诠释词义，后解释句意。

在释词义中，以“渡”训“济”者，直训也。《说文·十一上·水部》：“济，济水，出常山房子赞皇山，东入泜。”段注：“今字以为济渡字。”段注用“以为”者，乃假借也。又《说文·十一上·水部》：“渡，济也。”段注：“上文‘济’篆下无此义，此补。见《邶风》传曰：‘济，渡也。’”根据段玉裁注《说文》，许慎在“济”篆下应有“一曰”二字，即“一曰以为济渡也”，因为《诗经·邶风·匏有苦叶》毛传为“济，渡也”。按此分析，“济”本义是济水，假借作“渡”。自假借之后为常用义也。故《说文》于“渡”篆下训为“济”也。看来，“渡，济也”“济，渡也”，应是互训。以“水涯”训“澨”者，乃义界形式训释。《说文·十一上·水部》：“澨，埤增水边土人所止者。”意即凡从卑之字，皆取自卑加高之意，加高水边，为当地人居止之地。章句是用本义生训也。“自伤”之下文字，乃点明句子言外之意，如与下句章句结合起来，便看得清楚明了：“自伤驱驰，不出湘潭之间。”但“屈原幽居草泽，思神念鬼，冀湘夫人有命召呼，则愿命驾腾驰而往”，表示了屈原的向往与追求。

〔16〕闻佳人兮召予。

章句云：“予，屈原自谓也。”

按：诠释词义。章句以“屈原自谓也”训“予”，属用义界形式解释“予”的具体义、临时义、确指义。王逸章句两处训“予，屈原自谓也”，细寻其义，知有不同者，上文“帝子降兮北渚，目眇眇兮愁予”者，是“屈原自伤不遭值尧舜而遇暗君，亦将沉身湘流”，重在屈原自伤不遇尧舜而遇暗君。此处“闻佳人兮召予”者，乃“屈原幽居草泽，思神念鬼，冀湘夫人有命召呼，则愿命驾腾驰而往”，表明屈原希冀、向往深情。

〔17〕**将腾驾兮偕逝。**

章句云："偕，俱也。逝，往也。屈原幽居草泽，思神念鬼，冀湘夫人有命召呼，则愿命驾腾驰而往，不待侣偶也。"

按：诠释词义，解释句意。

章句用"俱"训"偕"，直训也。《说文·八上·人部》："偕，强也。从人皆声。《诗》曰：'偕偕士子。'一曰俱也。"又《说文·八上·人部》："俱，偕也。"依据《说文》，偕、俱乃互训也。同义词。以"往"训"逝"者，直训也。《说文·二下·辵部》"逝，往也。"乃以本义生训也。诠释词义之后，解释句子实意。并在串讲中解释词义：以"腾驰"训"腾"，以"召呼"训"召"，以"往"训"逝"。

——**《汉中师范学院学报(社会科学)》**1996 **第 3 期**

《楚辞·九歌·湘夫人》王逸章句分析(下)

【原文】

筑室兮水中,葺之兮荷盖。[1]荪壁兮紫坛,[2]匊芳椒兮成堂[3]。桂栋兮[4]兰橑[5],辛夷楣兮[6]药房[7]。罔薜荔兮为帷[8],擗蕙櫋兮既张[9]。白玉兮为镇[10],疏石兰兮为芳[11]。芷葺兮荷屋[12],缭之兮杜衡[13]。合百草兮实庭[14],建芳馨兮庑门[15]。

【章句分析】

〔1〕筑室兮水中,葺之兮荷盖。

章句云:"屈原困于世,愿筑室水中,托附神明而居处也。一本云:'以荷盖。'"

按:解释句意,校勘文字。

在串讲句意中阐微著隐:正因屈原困于世,所以"愿筑室水中,托附神明而居处"。点出"困于世"之因。在版本文字校勘中,用"一本"云。荷上增介词"以"字,表明"荷"是"以"的宾语,"以荷"作动词"盖"的状语。故五臣注云"用荷叶盖之"。如按王逸注本,"荷"上无"以"字,则"荷"为名词作状语。看来由于版本的不同,有"以"与无"以",涉及"荷"字语法问题。

〔2〕荪壁兮紫坛。

章句云:"以荪草饰室壁,累紫贝为室坛。荪,一作'荃'。"

按:解释句意,校勘文字。

章句在串讲句子实意中,同时解释了词义、词性和词法问题。串讲句意中"以荪草饰室壁"训"荪壁","荪壁"乃两个名词连用,既不是并列结构"荪"与

“壁”，也不是偏正结构“用荪草装饰的墙壁”，而是“以荪草饰室壁”，可见“荪壁”是动宾结构。前一个名词“荪”用如动词，后一个名词“壁”是宾语。这样，既保留了“荪”的名词性质，又增加了动词的意义。“紫坛”，章句训之以“累紫贝为室坛”，亦是动宾关系，不同于“荪草”者，正文未用“贝坛”，而用“紫坛”者，乃用“贝”的颜色特征代之。“荪，一作‘荃’”者，版本校勘文字。

〔3〕𦺇芳椒兮成堂。

章句云：“布香椒于堂上。一云：播芳椒兮盈堂。”

按：解释句意，版本文字校勘。

在解释句意时，章句用直译方式解释句子实意，同时训释词义：以“布”训“𦺇”，以“香”训“芳”，以“于”训“兮”。以“布”训“播”（古字“𦺇”）者，查《说文·十二上·手部》：“播，种也。一曰布也。”所谓“一曰”者，又一义也。《说文·七下·巾部》：“布，枲织也。”段注：“引伸之，凡散之曰布，取义于可卷舒也。”由此可见，“散布”“播撒”，皆为播的引申义。章句乃以“播”的引申义“布”训之。以“香”训“芳”者，《说文·一下·艸部》：“芳，香艸（草）也。”以草之香引申为一切物之香，因此，章句以“香”训“芳”仍是以“芳”的引申义生训。以“于”训“兮”者，属语法问题。正文“𦺇芳椒兮成堂”，“兮”字前后是两个动宾词组，表因果关系。而王逸章句用“于”训“兮”，是改变两个动宾词组为一个动词性词组，即形成动宾补结构。句法形式虽发生了变化，但表达的意义是一致的。“一云”者，亦属版本校勘文字。用“播”校“𦺇”，乃以今字释古字。以“盈”校“成”者，两词在上古叠韵，用古耕韵，从意义上有一个共同特征，即都从量的发展、积累到质的变化，因此为同源词。王逸章句引另一版本“播芳椒兮盈堂”，用“盈”校“成”乃以同源词训释。

〔4〕桂栋兮。

章句云：“以桂木为屋栋。”

按：章句用直译方式解释句子实意，串讲中又解释了词义，如用“屋栋”训“栋”，即指房屋上的脊檩。又解释了实词的特殊用法，如“桂”，“以桂木为……”训“桂”，指明了“桂”在正文中活用为动词。“桂栋”构成了动宾关系。

〔5〕兰橑。

章句云：“以木兰为榱也。”

按:章句用直译方式解释句子实意,串讲中又解释了词义,如用“榱”训“橑”。《说文·六上·木部》:“榱,椽也。”“椽,榱也。”“橑,椽也”。可见许慎《说文》橑、椽、榱三字递训,是同义词。又解释了实词的特殊用法。如“兰”,章句用“以木兰为……”训“兰”,指明了“兰”在正文中活用为动词,“兰橑”构成了动宾关系。

〔6〕辛夷楣兮。

章句云:“辛夷,香草,以作户楣。”

按:章句先诠释词义,后解释句意。

在释词时,以“香草”释“辛夷”,属义界形式训释。但根据洪兴祖补注,证明王逸章句训释有误。补注云:“《本草》云:‘辛夷,树大连合抱,高数仞。此花初发如笔,北人呼为木笔。其花最早,南人呼为迎春。逸云香草,非也。”补注是正确的。在解释句意中,又阐述了语法。章句用“以作户楣”串讲“辛夷楣”,用增加介词“以”字,省略宾语,而所省者正是“辛夷”。指明了“辛夷”在正文中活用为动词,“辛夷楣”构成了动宾关系。

〔7〕药房。

章句云:“药,白芷也。房,室也。”

按:诠释词义。

章句用“白芷”训“药”者,属以义界形式训释。以“室”训“房”者,直训也。《说文·十二上·户部》:“房,室在旁也。”段注:“凡堂之内,中为正室,左右为房,所谓东房西房也。”浑言之,房即室也。析言之,房室有别,正中为室,在室之旁曰房。属近义词相训。

〔8〕罔薜荔兮为帷。

章句云:“罔,结也。言结薜荔为帷帐。”

按:诠释词意,解释句意。

在释词时,以“结”训“罔”,直训也。《说文·七下·网部》:“网,庖牺所结绳以渔。”渔网是网的本义,引申为编结、连接。章句此训是以引申义生训的直训也。在解句意时,用直译的形式解释句子实意,并在串讲中解释了“罔”与“帷”。

〔9〕擗蕙櫋兮既张。

章句云:“擗,柎也。以柎蕙覆櫋屋。擗,一从木,一作‘擘’。柎,一作‘析’。櫋,一作‘槾’。”

按:诠释词义,解释句意,版本校勘。

在释词义时,章句以“柎”训“擗”,直训也。同义词也。继用以“柎蕙覆櫋屋”训“擗蕙櫋”,乃是解释句子实意。在释句意时,增加介词“以”,将“擗蕙”作为宾语,介宾结构作状语。“櫋”在正文中活用为动词,当“覆櫋屋”。最后校勘文字。《说文·十二上·手部》“擘,㧙也”,“㧙,裂也。”可见“擗”即“擘”,当裂开的意思。“柎”乃“析”的异体字。“櫋,一作‘槾’”者,考《说文·六上·木部》:“櫋,屋櫋联也。”段注:“《释名》曰:‘梠或谓之櫋。櫋,绵也。绵连榱头,使齐平也。”清人毕沅校《释名》“或谓之櫋”下云:“櫋,今本作槾,误也。”《说文》:“槾,杇也。”“杇,所以涂也。秦谓之杇,关东谓之槾。”槾、杇当涂饰义,与当屋檐板义的“櫋”无涉,故毕沅的校勘是正确的。

〔10〕白玉兮为镇。

章句云:“以白玉镇坐席也。镇,一作‘瑱’。一本为上有‘以’字。”

按:解释句意,校勘文字。

章句用“以白玉镇坐席”串讲“白玉兮为镇”,是用意译方式解释句子实意,故将名词“镇”,从原文宾语位置提到谓语动词位置。若用直译方式串讲,则应是“以白玉为压坐席之镇”。《说文·十四上·金部》:“镇,博压也。”段注:“博当作簙,局戏也。压当作厌,笮也,谓局戏以此镇压,如今赌钱者之有桩也,未知许意然否。引申之为重也、安也、压也。”从段注可知,原文之“镇”为压物之器具,本义,名词。章句之“镇”,当镇压,引申义,动词。章句是用“镇”的引申义生训也。在版本校勘文字中,“镇,一作‘瑱’”者,乃字形误所致。“一本为上有‘以’字”者,仍是版本校勘文字,而王逸章句未采用者,乃是精心选择版本时,将不符合选本原则的用字删之也。

〔11〕疏石兰兮为芳。

章句云:“石兰,香草。疏,布陈也。一本兮下有‘以’字。一云疏石兰以为芳。”

按：诠释词义，版本文字校勘。

在释词义时，以“香草”训“石兰”者，属义界形式训释。以“布陈”训“疏”者，属以义界形式用疏的引申义生训也。《说文·十四下·云部》：“疏，通也。”段注：“疏之引申为疏阔，分疏，疏记。”按段注析，疏为通，布为散，芳香之气散舒满屋，通室皆香，散之结果也。“一本兮下有‘以’字”“一云疏石兰以为芳”者，皆版本校勘文字也。

〔12〕芷葺兮荷屋。

章句云：“葺，盖屋也。一本‘葺’下有‘之’字。”

按：诠释词义，版本文字校勘。

在释词义时，以“盖屋”训“葺”者，乃属义界形式以本义生训。《说文·一下·艸部》：“葺，茨也。”又：“茨，以茅苇盖屋。”可见葺、茨同义，本义皆是以茅苇盖屋。所谓“一本‘葺’下有‘之’字”者，更证明“葺”是动词。根据五臣注“以芷草及荷叶葺以盖屋也”可知芷与荷均为覆盖之物，作状语。葺为动词，盖屋。屋为宾语。

〔13〕缭之兮杜衡。

章句云：“缭，缚束也。杜衡，香草。一本‘兮’下有‘以’字。衡，一作‘蘅’。”

按：诠释词义，版本文字校勘。

在释词时，以“缚束”训“缭”者，乃义界形式以本义生训。《说文·十三上·糸部》：“缭，缠也。”“缠，绕也。”“绕，缠也。”“缚，束也。”《说文·六下·束部》：“束，缚也。”综上缭、缠、绕、缚、束五字，同义也。以“香草”训“杜衡”者，仍属义界形式以属训种也。“一本‘兮’下有‘以’字”，分析同上文，不赘述。“衡，一作‘蘅’”者，《尔雅·释草》“杜土卤”也。郭璞注：“杜衡也。似葵而香。”邢昺疏：“香草也。一名杜，一名土卤。郭云杜衡也，似葵而香。”又《玉篇》：“蘅，杜蘅，香草。”按：香草属，乃以本字破假借字也。

〔14〕合百草兮实庭。

章句云：“合百草之华以实庭中。”

按：解释句意。章句以直译方式串讲句意，并在串讲中释词义：以“百草之华”训“百草”，以“庭中”解“庭”。

〔15〕建芳馨兮庑门。

章句云:“馨,香之远闻者。积之以为门庑也。屈原生遭浊世,忧思困极。意欲随从鬼神,筑室水中,与湘夫人比邻而处。然犹积聚众芳以为殿堂,修饰弥盛,行善弥高也。”

按:诠释词义,解释句意。

在释词义时,以“香之远闻者”训“馨”,乃以义界形式并本义生训。《说文·七上·香部》:“馨,香之远闻者。”次之解释句意,在解句意时,先以“积之以为门庑也”,解释句子实意,然后串讲第二段段意。并在串讲中释词义:用“积聚”训“建”。

【原文】

九嶷缤兮并迎,灵之来兮如云。[1]捐余袂兮江中[2],遗余褋兮醴浦。[3]搴汀洲兮杜若,将以遗兮远者。[4]时不可兮骤得[5],聊逍遥兮容与。[6]

【章句分析】

〔1〕九嶷缤兮并迎,灵之来兮如云。

章句云:“九嶷,山名,舜所葬也。嶷,一作‘疑’。”

按:诠释词义,版本文字校勘。

在解词义时,以“山名,舜所葬也”训“九嶷”者,属义界形式训释。《说文·九下·山部》:“嶷,九嶷山,舜所葬在零陵营道。从山疑声。”王逸章句,首以“山名”定属,继述“舜所葬”特指意义。章句依据《说文》训释也。“嶷一作‘疑’”者,看段注《说文》“嶷”下云:“其山九溪皆相似,故云九疑。”可知“嶷,一作‘疑’”乃探语源也。“嶷”音“疑”,上古“嶷”在疑母,“嶷”与“疑”皆在之韵,同音字。

章句云:“言舜使九嶷之山神缤然来迎二女,则百神侍送,众多如云也。如,一作‘若’。”

按:解释句意,版本文字校勘。

在解句意时,释句子实意。并在串讲中释词义:以“百神”训“灵”,以“缤然”训“缤”。以“缤然”训“缤”者,表示被训词是形容词,训释格式是“形容词+

词尾(然)”。“如,一作‘若’”者,版本校勘。

〔2〕捐余袂兮江中。

章句云:“袂,衣袖也。”

按:诠释词义。《说文·八上·衣部》:“袂,袖也。”“袖,袂也。”互训。章句以“衣袖”训“袂”,属“共名+义差”,乃训释形式义界,以本义生训也。

〔3〕遗余褋兮醴浦。

章句云:“褋,襜襦也。屈原托与湘夫人共邻而处,舜复迎之而去,穷困无所依,故欲捐弃衣物,裸身而行,将适九夷也。醴,一作‘澧’。”

按:诠释词义,解释句意,校勘版本。

章句以“襜襦”训“褋”,乃义界形式训释。《说文·八上·衣部》:“褋,南楚谓禅衣曰褋。”段注:“王逸云襜襦,殆非也。”王逸此训属以临时义相训。在解释句意中,阐微著隐,点明句子言外之意“将适九夷”,并在串讲中,以“弃”训“捐”,以“衣物”训“袂”与“褋”,盖以共名相训。“醴,一作‘澧’”者,以本字校假借字也。

〔4〕搴汀洲兮杜若,将以遗兮远者。

章句云:“汀,平也。远者,谓高贤隐士也。言己虽欲之九夷绝域之外,犹求高贤之士,平洲香草以遗之,与共修道德也。者,一作‘渚’。”

按:诠释词义,解释句意,校勘版本文字。

在释词义时,章句以“平”训“汀”者,乃直训也。《说文·十一上·水部》:“汀,平也。”段注:“谓水之平也。水平谓之汀,因之洲渚之平谓之汀。”可知王逸章句乃是以直训形式用本义生训也。以术语“谓”字,用“高贤隐士”训“远者”,乃是根据原文的语境训释的临时义、具体义。继用术语“言”字,点明句子言外之意——与高贤之士共修道德也。“者,一作‘渚’”者,版本文字校勘。根据洪兴祖补注曰:“旧本‘者’音‘渚’,《集韵》‘者’有‘睹’音。”据清人钱大昕《十驾斋养新录》“古无舌上音”的理论,应用“睹”之音读“者”也,非按“睹”之义理解也。

〔5〕时不可兮骤得。

章句云:“骤,数。”

按:诠释词义。章句以“数”训“骤”者,直训也,以“骤”之引申义生训也。

〔6〕**聊逍遥兮容与。**

章句云:“言富贵有命,天时难值,不可数得,聊且游戏以尽年寿也。与,一作‘冶’。”

按:解释句意,校勘版本文字。

在解释句意时,诠释词义:以“天时”训“时”,以“数”训“骤”,以“聊且”训“聊”,以“游戏”训“逍遥”。“与,一作‘冶’”者,双声叠韵,两字依上古余母、鱼韵。段注《说文》“冶”下云:“冶,今音羊者切,古音读如与。”章句“与,一作‘冶’”取其读音,不取义也。

——《汉中师范学院学报(社会科学)》1997年第3期

《史记》"三家注"的语法注释浅析

我国传统的语法学,除近代有专著,如清马建忠的《马氏文通》、近人杨树达的《词诠》等,较系统地阐述古汉语语法、详审地解释古籍中的虚词外,从上古至中古,都是大量地散见于古书的注释之中。自汉儒注经始,此后一切古籍的注释都对句子的语法解释颇为重视。一向被称为考据式的《史记》"三家注"——南朝宋裴骃集解、唐司马贞索隐和张守节正义,就对汉朝司马迁的《史记》做了大量的语法现象的注释。虽然汉唐时人对语法概念还不十分清晰,但在语言实践中,训诂学家已经理解了一些带有普遍性的语法规律,他们以多种方式注音、注字、注词、注句、注语法,从而明确词的虚、实,句子的内部结构,词性的确定,特别是依据对句子结构的理会,注出对应的句式,阐明句意,已成较普遍的现象。《史记》"三家注"训释体例完备,其语法注释对研究汉唐时期语法和语法学的发展情况,作用很大。今择其要而归纳八点说明之。

一、释字音以定词性

1."为"字例

例1《项羽本纪》:"吾闻汉购我头千金,邑万户,吾为若德。"

例2《项羽本纪》:"汉卒十余万人皆入睢水,睢水为之不流。"

例3《范雎列传》:"贵而为友者,为贱也;富而为交者,为贫也。"

例1中"吾为若德"的"为"字,正义云:"为,于伪反。"张守节用《切韵》注音,而宋朝的《广韵》、唐朝的《唐韵》和隋朝的《切韵》体系一致,所以查《广韵》便能明音,明音便能定词性。中古时,反切下字"伪"读去声,查《广韵·去声卷第四·五寘》:"为,助也。于伪切。"可明此去声"为"是介词。因此,"吾为若德"的"若"便是介词"为"的宾语,而"德"则是名词用如动词。大意是:"我给你们送个人情。"

例2中“睢水为之不流”的“为”字，正义亦注“为，于伪反”。知此“为”亦是介词，“之”便是宾语。“为之”这个介宾结构作动词“流”的状语。大意是“睢水由于这种情况而不能流动”。

例3中，索隐云：“上‘为’如字，下‘为’音于伪反。以言富贵而结交情深者，为有贫贱之时，不可忘之也。”依司马贞注音，即“富而为”和“贵而为”的两个“为”字“如字”，“为贱”和“为贫”的两个“为”字音“于伪反”。所谓“如字”，乃我国传统训诂学中的术语，意即这个字要按照它的本音去读。查《广韵·上平声卷第一·五支》：“为，《尔雅》曰：‘作、造、为也。……薳支切。’”明上两个“为”字是阳平声，动词。而下两个“为”字“于伪切”，仍是介词。索隐在释音后，紧接着将正文两句并作一句训释，以“结交”训两个动词“为”字，乃为区分介词“为”字之别。可见例3平原君所说的话是并列的两个因果倒置复句。大意是“人在富贵的时候结交好朋友，是为了在贫贱的时候求得帮助啊。”

2.“使”字例

《项羽本纪》：“项梁已破东阿下军，遂追秦军。数使使趣齐兵，欲与俱西。”正义云：“下‘使’，色吏反。”中古时期，“吏”读去声。查《广韵·去声卷第四·七志》下“使”字，又明《广韵·上声卷第三·六止》亦有“使”字：“使，役也，令也。疏士切，又踈事切。”明此句第一个“使”字读上声，动词，当“使令、派遣”讲。第二个“使”字读去声，名词，当“使者”讲。大意是：“项梁多次派遣使者催促齐国军队，想跟他们联合西追秦军。”

3.“食”字例

《项羽本纪》：“以恶食食项王使者。”正义：“上‘食’如字，下音寺。”张守节用“如字”和“音寺”将两个“食”字从音上区别开来，那就表明，“上食如字”是按“食”的本来读音读，名词，当“食物”“吃的东西”讲。“下音寺”是变读，动词，当“给……吃”讲。词性定，语法明。表明“以恶食”是介宾结构，作动词“食”的方式状语。大意是：“拿粗劣的食物给项王的使者吃。”

利用四声释音来区分词性、区别词义是汉语的特点。有的只是词义有差异而词性相同，如《项羽本纪》：“樊哙覆其盾于地，加彘肩上，拔剑切而啖之。”

索隐："啖，徒览反。凡以食喂人则去声，自食则上声。"此"啖之"是樊哙自食，应读上声。词义虽与读去声的以食喂人的"啖"有差异，但词性均是动词。又如《项羽本纪》："梁乃以八千人渡江而西。闻陈婴已下东阳。"索隐："下音如字。按：以兵威服之曰下，胡嫁反。彼自归服曰下，如字读。""下"在中古读去声，《广韵·去声卷第四·四十祃》韵："下，行下。又胡雅切。"此"下东阳"之"下"，如字读。在《广韵·上声卷第三·三十五马》韵："下，贱也，去也，后也，底也，降也。胡雅切。""下"读上声。词义虽别而词性相同，均是动词。有的不仅词义有差异，词性亦有别，这种情况最值得注意。如《孟尝君列传》："孟尝君在薛，招致诸侯宾客及亡人有罪者，皆归孟尝君。孟尝君舍业厚遇之。"索隐云："舍业者，舍弃其家产业而厚事宾客也。刘氏云：'舍音赦。谓为之筑舍立居业也。'"索隐将两解并存，头一解"舍"，用"舍弃"注释，应读上声，动词。"业"用"产业"注释，名词。那么"舍业"即动宾结构作动词"遇"的方式状语，而"之"代替上面的"诸侯宾客及亡人有罪者"，作"遇"的宾语。按：此解大意是"孟尝君舍弃他家的产业来优厚接待宾客"，后一解"舍音赦。谓为之筑舍立居业也"。中古"赦"读去声，查《广韵·去声卷第四·四十祃》："舍，屋也。""舍"下列有"赦、騇、捨、厍"四个同音字，表明音"赦"的"舍"应读去声，名词，当"房屋"讲。按：司马贞引刘伯庄音释，"舍业"均是名词用如动词，"舍"当"筑舍"，"业"当"立居业"，语法结构应为连动式作动词"遇"的方式状语。按：此解大意是"孟尝君给宾客建筑房舍、安排职业来厚待他们"。两解"舍业"以明音不同，词性亦不同，词义亦别，语法结构亦异。但总的说来，两解意思均通。又如《淮阴侯列传》："北首燕路。"正义云："首音狩，向也。""首"是名词，当"头"讲。按此意义很费解，于是给它变音读狩，引申为"向""朝着"，就成了动词了。"北首燕路"即"朝着北方燕国的方向摆开了进攻的架势"。

二、加虚词以定位次

1. 加介词"于"

《曹相国世家》："还击赵贲军尸北，破之。"正义云："破赵贲军于尸乡之北也。"注释在"军"与"尸北"之间加一介词"于"，以明"尸北"乃动词"击"的地位补语,“击赵贲军尸北”的语法结构是动宾补的结构。又《仲尼弟子列传》:“夫达者,质直而好义,察言而观色,虑以下人。”集解云:“马融曰:‘常有谦退之志,察言语,观颜色,知其所欲,其念虑常欲下于人。’”裴骃引马融注,将“下人”解成“下于人”,以明“下人”既不是名词性偏正词组,更不是动宾词组,而是动补结构。大意即“常想居于人之后”。

2.加介词“以”

《仲尼弟子列传》:“子路性鄙,好勇力,志伉直,冠雄鸡,佩豭豚。”集解:“骃案,冠以雄鸡,佩以豭豚。二物皆勇。子路好勇,故冠带之。”注释在“冠雄鸡”“佩豭豚”中间皆加介词“以”,表明它们皆不是动宾结构,而是动补结构。“以”和后面的“雄鸡”“豭豚”构成介宾结构,那么,“以”前的“冠”和“佩”,毫无疑问,已由名词用如动词。大意是:“子路拿雄鸡羽毛装饰帽子,用公猪皮装饰衣带。”

又《鲁仲连邹阳列传》:“权使其士,虏使其民。”索隐:“言秦人以权诈使其战士,以奴虏使其人民。言无恩以恤下。”注释在“权”与“虏”的上面各加介词“以”,表明“权”与“虏”不是主语,而是名词作状语修饰动词“使”的。再如《鲁仲连邹阳列传》:“彼即肆然而为帝,过而为政于天下。”索隐:“谓以过恶而为政也。”注释在“过”前加介词“以”,在其后加形容词“恶”,来注明不好懂的“过”意。这样在语法结构上“以”和“过恶”便构成介宾结构,通过连词“而”,作动词“为”的状语。此句大意是:“那秦国肆无忌惮地想称帝,就是想用暴政统治天下。”

3.加助词“之”

《曹相国世家》:“还击赵贲军尸北,破之。”正义云:“破赵贲军于尸乡之北也。”张守节在注释中加了介词“于”,表明“尸北”应是动词“击”的地位补语。进一步又在地位补语“尸北”一词语中,加了助词“之”字,则表明“尸北”不要当一个地名看待,“尸”是“尸乡”,地名。而“北”是“尸乡”的方位。此句意即“在尸乡的北面打败了赵贲军”。助词“之”标明“尸乡”和“北”是限制与被限制的关系。

又《曹相国世家》："击秦司马𫒀军砀东，破之，取砀、狐父、祁善置。"集解："文颖曰：'善置，置名也。'……孙检曰：'汉谓驿曰置。善，名也。'"索隐："善置，置名。汉为驿置馆。"正义："《括地志》云：'故祁城在宋州下邑县东北四十九里，汉祁城县也。'言取砀、狐父及祁县之善置。"集解、索隐和正义对"祁善置"都做了解释。集解和索隐对"善置"专门进行了剖析。古代的驿站，汉朝叫作"置"，共名也。而"善"则是汉置的一个专名。就是说汉朝在"善"这个地方建立了驿站，故名曰"善置"。所以裴骃引文颖、孙检注释云"善置，置名也"。张守节在前两家注释的基础上，又加助词"之"，以明"善置"是汉祁县的一个驿站名，故注"祁县之善置"。这就表明"祁"和"善置"是限制与被限制的关系。"取砀、狐父、祁善置"大意是"曹参夺取了砀县、狐父、祁县的善置驿"。

又《乐毅列传》："以天之道，先王之灵，河北之地，随先王而举之济上。"正义云："济上在济水之上。"此注不但通过助词"之"指出方位，表明"济上"是济水的上游，而且在语法结构上，指出"济水"和"上"是限制和被限制的关系。

又《乐毅列传》："蓟邱之植植于汶篁。"集解："徐广曰：'竹田曰篁。谓燕之疆界移于齐之汶水。'"索隐："蓟邱，燕所都之地。言燕之蓟邱所植，植齐王汶上之竹。徐注非也。"集解引徐广注"竹田曰篁"，此谓"篁"的本义。索隐用"竹"训"篁"，乃用其引申义。司马贞怕人们不理解"汶篁"为何解，故加助词"之"，训为"汶上之竹"，亦表明"汶篁"是限制与被限制的语法关系。

又《项羽本纪》："项王军壁垓下，兵少食尽。汉军及诸侯兵围之数重。夜闻汉军四面皆楚歌。"集解："应劭曰：'楚歌者，谓鸡鸣歌也。汉已略得其地，故楚歌者，多鸡鸣时歌也。"正义："颜师古云：'楚人之歌也，犹言吴讴越吟，若鸡鸣为歌之名，于理则可，不得云鸡鸣时也。高祖(令)戚夫人楚舞，自为楚歌，岂亦鸡鸣时乎？'按：颜说是也。"另见《高祖本纪》："项羽卒闻汉军楚歌。"索隐："应劭云：'楚歌，今鸡鸣歌也。'颜游秦云：'楚歌犹吴讴也。'按：高祖令戚夫人楚舞，自为楚歌，是楚人之歌声也。"索隐和正义于两文皆引颜师古注，皆用"楚人之歌"或"楚人之歌声"注"楚歌"，皆用助词"之"插入"楚歌"之间，说明"楚歌"不是一个词，而是一个名词性偏正词组，这个词组属于领属与被领属的关系。

三、注明定语关系

《廉颇蔺相如列传》:“李牧者,赵之北边良将也。常居代雁门,备匈奴。”正义:“今雁门县在代地,故云代雁门也。”张守节用一个“在”字,注明雁门归代地所属,故知“代”位居“雁门”前,表限制关系。

又《张仪列传》:“秦下甲据宜阳,断韩之上地,东取成皋、荥阳,则鸿台之宫、桑林之苑,非王之有也。”索隐:“此皆韩之宫苑。”司马贞唯恐“鸿台之宫、桑林之苑”的语法关系不明,便用一句“皆韩之宫苑”释之。注用一个“皆”字,说明“鸿台”和“桑林”都是韩国的宫苑。这就表明“鸿台”“桑林”是韩国宫苑的专有名称,而“宫”与“苑”则是共名。助词“之”前的“鸿台”“桑林”和后面的“宫”“苑”是同一性的修饰和被修饰的语法关系。

又《平原君虞卿列传》:“臣不幸,有罢癃之病。”集解:“徐广曰:‘癃音隆,病也。’”索隐:“罢音皮,癃音吕宫反。罢癃,背疾。言腰曲而背隆高也。”此例同上例类型,助词“之”前面的“罢癃”是“病”的专名,专指“背疾”,具体而言即“腰曲而背隆高”之残疾。而“之”后面的“病”是共名。它们亦属同一性的修饰和被修饰的语法关系。“臣不幸,有罢癃之病”的大意是“我不幸,得了罢癃这个病”。

四、增实词以补省略成分

1. 补出主语例

《曹相国世家》:“参以中涓从。将击胡陵、方与,攻秦监公军,大破之。东下薛,击泗水守军薛郭西。复攻胡陵,取之。徙守方与,方与反为魏,击之。”在“击之”下,张守节正义:“曹参击方与。”正文“击之”前省主语“曹参”,张守节怕读者误认“击”的主语是“方与”,故特补出省略主语以明之。

2. 补出宾语例

《曹相国世家》:“楚怀王以沛公为砀郡长,将砀郡兵。于是乃封参为执帛,号曰建成君，迁为戚公。"索隐："迁参为戚令。"正文将沛公与曹参连文，司马贞恐"迁"的对象不明，以致造成误会，特补出省略宾语"参"以明之。

又《白起王翦列传》："故不如因而割之。"正义："因白起之攻，割取韩、赵之地。"正文的"因"字，介词，当"趁着"讲。"因"后缺宾语，正义补出"白起之攻"，使之构成介宾结构，通过连词"而"，作动词"割"的时间状语。

又《项羽本纪》："成安君陈余弃将印去，不从入关。然素闻其贤，有功于赵。闻其在南皮，故因环封三县。"集解："骃案《汉书音义》曰：'绕南皮三县以封之。'"正文中"环封三县"一句很难解释，乍看字面，很容易将"三县"当成"封"的宾语。于是裴骃在注释中，加代词"之"于动词"封"之后，表明"三县"不是"封"的对象宾语，而代词"之"所指代的陈余才是"封"的对象宾语，因此补代词"之"以明之。同时又将"三县"前置于动词"环(绕)封"之间，用连词"以"隔开，表明"绕南皮三县"这个动宾结构，通过连词"以"作动词"封"的方位状语。"故因环封三县"大意是："于是项羽把围绕南皮的三个县封给陈余。"

五、释一词而全句明

《李将军列传》："广家世世受射。"索隐："案：小颜云'世受射法'。"正文"世世受射"是什么意思？很难理解。注释家深明这一点，便在"射"后添一个"法"字，使一个难理解的句子变得容易理解，使一个结构不清的句子，变成一个语法清晰的句子，使文意大白："李广家族世世代代私传的射箭技艺。"

又《鲁仲连邹阳列传》："今臣尽忠竭诚，毕议愿知。"集解："张晏曰：'尽其计议，愿王知之也。'"此句倘不加注释，人们很可能将"毕"当作统括副词，将"议"当作动词。裴骃引张晏注，用"其计议"解"议"，"议"前又加一同义词"计"，并添一指示代词"其"，这就把动词"议"名物化了，变成名词性的偏正词组，作"自己的考虑"讲，"议"既然名物化，"议"前的"毕"自然便成了动词，当"全部说出来"讲。"毕议愿知"意即"我把自己的考虑全部讲出来使您知道"。综观文意，"毕议"当动宾结构处理是十分恰当的，很符合谈话人的原意。

又《白起王翦列传》："王翦既至关，使使还请善田者五辈。"索隐："谓使者五度请也。"比较注文和正文，都是用数量词作谓语的叙述句。细揣注释和正文，只更换一个字，即用"度"训"辈"。此改一字之释而能使全句豁然贯通者，即"辈"在中古前罕用为动量词，而"度"到中古已发展成动量词，当"次"讲。如《周易·晋》："昼日三接。"孔疏："一昼之间，三度接见也。"所以司马贞用中古常用的动量词"度"训"辈"，表明此句之"辈"亦带有动量词义，亦可作"次"讲。"王翦既至关，使使还请善田者五辈"的大意是"王翦已经到函谷关，便派使者向秦始皇请求良田达五次之多"。

又《樗里子甘茂列传》："甘茂起下蔡闾阎，显名诸侯，重强齐楚。"集解："徐广曰：'恐或疑此当云"见重强齐"，误脱一字。'"正义："甘茂为强齐楚所重。"正文中"重强齐楚"是一个什么句式？怎么解释？裴骃的集解和张守节的正义从不同的形式作了同一内容的注释，即都把它当被动句看待。这是完全正确的。集解引徐广注，在"重"前加一"见"字，即从语法结构上用了"见+动词"格式的被动句解释"重强齐楚"，这就显示出了动词"重"的被动意义，因而使句意通晓。正义在集解注释的基础上，又从另一形式，即用"为……所+动词"格式的被动句进行了解释，不但使叙述句的主语"甘茂"显示出是谓语动词"重"所表示的行为的被动者，而且通过介词"为"，把行为的主动者"强齐楚"引出来了。此句大意是："甘茂出自下蔡民间，却能在各诸侯国间享有显赫的名声，被强大的齐国和楚国所敬重。"

又《穰侯列传》："王若欲讲，少割而有质，不然，必见欺。"索隐："谓与秦欲讲，少割地而求秦质子；恐不然必被秦欺也。"此例中"必见欺"是被动句，用"见+动词"格式的被动句式表示，而注解用"被+名词(施事者)+动词"格式的被动句表示。"被"字后引出行为主动者这一点，已同现在的被字句没有什么差别。

六、注明词性活用者

1. 名词用如动词例

《苏秦列传》："'诸侯有不如约者，以五国之兵共伐之。'六国从亲以宾秦。"

索隐："谓六国之军共为合从相亲，独以秦为宾而共伐之。"注释用"以秦为宾"释"宾秦"，表明"秦"是"宾"的宾语，名词"宾"已用如动词。"独以秦为宾而共伐之"意即"把秦国当作外人而共同讨伐之"。

又《鲁仲连邹阳列传》："魏王使客将军新垣衍令赵帝秦。"索隐："新垣衍欲令赵尊秦为帝。"注释用"尊秦为帝"释"帝秦"，亦表明"秦"是"帝"的宾语，名词"帝"已用如动词。"魏王使客将军新垣衍令赵帝秦"意即"魏王使客将军新垣衍令赵国尊秦王做皇帝"。

又《鲁仲连邹阳列传》："臣闻比干剖心，子胥鸱夷。"索隐："韦昭云'以皮作鸱鸟形，名曰"鸱夷"。鸱夷，皮榼也。'服虔云'用马革作囊以裹尸，投之于江'。"注中用"皮榼""马革作囊"释"鸱夷"，说明它本是名词。在此句中它位于主语"子胥"之后，是名词用如动词。服虔注最能说明问题。"子胥鸱夷"意即"子胥的尸体被装进鸱鸟形的革囊而投之江中"。

又《白起王翦列传》："赵军长平。"索隐："谓屯兵长平。"司马贞在注释中用"屯兵"训"军"，就更清楚它是活用了。

2.动词的使动用法例

《樗里子甘茂列传》："甘茂许公仲以武遂，反宜阳之民。"正义："武遂、宜阳，本韩邑也，秦伐取之，今欲还韩，令其民得反归居之。"注释用"令其民得反归居之"注"反宜阳之民"，是用使动的兼语式注使动的主谓宾式，表明不及物动词"反"本是不能带宾语的，此句带有宾语"宜阳之民"，因而具有使动用法。

又《萧相国世家》："上来以闻。"集解："应劭曰：'上来还，乃以所为闻之。'"注释用"闻之"注"闻"，表明正文的"闻"后虽没有带宾语，但从上下文的意思看，乃是使动用法，故在"闻"后加代词"之"以释之。"上来以闻"意即"等高祖来关中的时候，使他知道做的这些事"。

七、加关联词以明复句

《项羽本纪》："项王、范增疑沛公之有天下，业已讲解。"索隐："言虽有疑心，然事已和解也。”

《苏秦列传》：“其后齐大夫多与苏秦争宠者，而使人刺苏秦，不死殊而走。”集解：“此云‘不死殊而走’者，苏秦时虽不即死，然是死创，故云殊。”

以上两例均用关联词“虽……然……”相关联，表明正文都是转折复句。

《仲尼弟子列传》：“孔子谓‘子贱君子哉！鲁无君子，斯焉取斯？’”集解：“包氏曰：‘如鲁无君子，子贱安得此行而学？’”

《商君列传》：“宗室非有军功论，不得为属籍。”索隐：“谓宗室若无军功，则不得入属籍。”

以上两例中，第一例用关联词“如……”，第二例用关联词“若……则……”相关联，表明正文都是假设复句。

《苏秦列传》：“显王左右素习知苏秦，皆少之。”索隐：“谓王之左右素惯习知秦浮说，多不中当世，以为秦智说浅，故少之。”

《仲尼弟子列传》：“子路性鄙，好勇力，志伉直，冠雄鸡，佩豭豚。”集解：“骃案，冠以雄鸡，佩以豭豚，二物皆勇。子路好勇，故冠带之。”

以上两例均用关联词“故……”关联，表明正文都是因果复句。

八、改易句式以阐明句意

1.以一般叙述句释反问句例

《樗里子甘茂列传》：“今秦楚争强，而公党于楚，是与公孙奭、甘茂同道也。公何以异之？”正义：“苏氏云：‘向寿与公孙奭、甘茂皆有党，言无异也。’”

《仲尼弟子列传》：“而亦何常师之有？”集解：“孔安国曰：‘无所不从学，故无常师。’”

《孟子荀卿列传》：“持方枘欲内圜凿，其能入乎？”索隐：“按：方枘是笋也，圜凿是孔也。谓工人斲木，以方笋而内之圆孔，不可入也。”

《商君列传》：“公叔病甚，悲乎！欲令寡人以国听公孙鞅也，岂不悖哉？”索隐：“疾重而悖乱也。”

上面四例，正文都是反问句。所谓反问句即无疑而问，不需回答。如果是肯定的反问句,言外之意是否定的。前三例均属此类型。如果是否定的反问句,言外之意是肯定的,后一例是也。注释家醒悟出反问句的这个特点,所以都用它的言外之意进行注释。从句型上看,都改用一般的叙述句释反问句,点明了句子的含义。

2.以叙述句释一般疑问句例

《樗里子甘茂列传》:"公奚不以秦为韩求颍川于楚?"正义:"颍川,许州也。楚侵韩颍川,苏代令向寿以秦威重为韩就楚求索颍川,是亲向寿。"

《商君列传》:"君之危若朝露,尚将欲延年益寿乎?则何不归十五都?"索隐:"卫鞅所封商於二县以为国,其中凡有十五都,故赵良劝令归之。"

3.以一般叙述句释测度句例

《仲尼弟子列传》:"子贡曰:'夫子温良恭俭让以得之。夫子之求之也,其诸异乎人之求之也。'"集解:"郑玄曰:'言夫子行此五德而得之,与人求之异,明人君自与之。'"

改易句式相训,注释家只有对句子的意义完全理解,对句子的结构透彻理会,才能注出对应的句式。上面注文用叙述句注释疑问句的类型,充分证明"三家注"对语法规律掌握的准确性。这种注出的对应句式对我们理解原句的意义和感情色彩是大有帮助的。

以上八点浅述,对《史记》"三家注"的语法注释并未做到全面分析,不过,从这八点已可充分看出从南朝宋至唐代训诂学家在注释中对语法的重视程度和研讨的成果。在我们今天整理古籍、继承祖国文化遗产的工作中,这些古代的注释无疑是一份十分珍贵的资料。

——《汉中师院学报(哲学社会科学版)》1983年第2期

《史记》“三家注”的考证注释浅析

《史记》“三家注”对《史记》的词义、语法注释做了大量的工作，对古籍训诂作出了很大的贡献，这是人所共知的。但这些注释不是《史记》“三家注”的主干，它的主干放在了人名、地名的考证和史实的考核上。虽然“三家”——南朝宋裴骃、唐朝司马贞和张守节处在不同时代，但他们在考证方面都恪守着严谨的态度，其注释中出现许多“未详”“今阙”等字样便是明证。在该争辩处，后注又不断地对前注进行纠正、补充或从不同角度进行进一步的阐明和发挥。因此，作为考证注释，《史记》“三家注”在训诂学上放射出奇异的光彩。下面我们仅从六个方面做一些浅析。

一、地名的考证

1. 标明地理方位的“在”字例

这种考证是一般把被释词置于“在”字前，把解释词置于“在”字后。《春申君列传》：“王休甲息众，三年而后复之；又并蒲、衍、首、垣。”索隐：“此蒲在卫之长垣蒲乡也。衍在河南，与卷近。”《鲁仲连邹阳列传》：“昔者九侯、鄂侯、文王，纣之三公也。”正义：“九侯城在相州滏阳县西南五十里。”有时不仅注明一个方位，还从不同的地理位置注出两个方位，以求精确。《白起王翦列传》：“白起攻韩陉城。”正义：“陉城故城在曲沃县西北二十里，在绛州东北三十五里也。”为了阐述得更清楚，在考证出方位后，又进一步做补充说明。《屈原贾生列传》：“魏闻之，袭楚至邓。”索隐：“邓在汉水北，故邓侯城。”《廉颇蔺相如列传》：“赵惠文王卒，子孝成王立。七年，秦与赵兵相距长平，时赵奢已死。”集解：“张华曰：‘赵奢冢在邯郸界西山上，谓之马服山。’”《白起王翦列传》：“秦又攻其垒，取二尉，败其阵，夺西垒壁。”正义：“赵西垒在泽州高平县北六里是也。即廉颇坚壁以待秦，王龁夺赵西垒壁者。”

2.标明某地“有”“无”字例

这种字例是一般解释词在“有”“无”之前，而被释词在“有”“无”之后。《鲁仲连邹阳列传》：“昔者九侯、鄂侯、文王，纣之三公也。”集解：“徐广曰：‘邺县有九侯城。’”《乐毅列传》：“魏文侯封乐羊以灵寿。”索隐：“《地理志》：‘常山有灵寿县。’”这种字例有时和表方位的“在”字例位置正好相反。《鲁仲连邹阳列传》：“故拘之羑里之库百日。”正义：“相州荡阴县北九里有羑城。”倘用表方位的“在”字生训，可写成“羑城在相州荡阴县北九里”。又《乐毅列传》：“蓟邱之植，植于汶篁。”正义：“幽州蓟地西北隅有蓟邱。”又《春申君列传》：“王又举甲而攻魏，杜大梁之门，举河内，拔燕、酸枣、虚。”集解：“苏代曰：‘决宿胥之口。魏无虚、顿丘。’”《春申君列传》：“王休甲息众，三年而后复之，又并蒲、衍、首、垣，以临仁、平邱，黄、济阳婴城。”集解：“徐广曰：‘苏代云决白马之口，魏无黄、济阳’。”有时在“无”字后，用“或曰”作别种解释，以备参考。如《信陵君列传》：“昭王薨，安釐王即位，封公子为信陵君。”索隐：“《地理志》：‘无信陵。’或曰：‘是乡邑名。’”《留侯世家》：“良尝学礼淮阳，东见仓海君。”集解：“如淳曰：‘秦郡县无仓海。或曰东夷君长。’”有的古地名，今已无其处。如《范雎蔡泽列传》：“王稽知范雎贤，谓曰：‘先生待我于三亭之南。’”索隐：“三亭，亭名。在魏境之边，道亭也。今无其处。”

3.标明某地归某所属的“属”字例

这种考证一般被释词在“属”字前，解释词在“属”字后。对于所属地，“三家注”中有不同朝代的行政区名称。有用秦朝的郡县名去释所属者，如《乐毅列传》：“魏文侯封乐羊以灵寿。”集解：“徐广曰：‘属常山。’”《曹相国世家》：“平阳侯曹参者，沛人也。”索隐“《地理志》云：‘平阳县属河东。’”《白起王翦列传》：“四十五年，伐韩之野王。”索隐：“《地理志》：‘野王县属河内，在太行东南。’”以上之“常山”、“河东”与“河内”，都是秦朝郡名。有按汉朝统一的郡县和封国去考证所属者，如《春申君列传》："秦已前使白起攻楚，取巫、黔中之郡，拔鄢郢，东至竟陵。"正义："竟陵属江夏郡也。"《樗里子甘茂列传》："甘茂者，下蔡人也。"索隐："《地理志》：'下蔡县属汝南也。'"《白起王翦列传》："王翦者，频阳东乡人也。"索隐："《地理志》：'频阳县属左冯翊。'"以上之"江夏"、"汝南"与"左冯翊"皆为汉朝郡名。也有同一地名，此注按秦郡，彼注按汉郡者，如《曹相国世家》："于是乃封参为执帛，号曰建成君，迁为戚公。"正义："即爰戚县也，是时属沛郡。"又《曹相国世家》："(曹参)击章邯车骑。攻爰戚及亢父。"索隐："苏林云：'爰戚，县名，属山阳。'"同为"爰戚县"，正义用秦郡，云"属沛郡"，索隐用汉郡，云"属山阳"。"三家注"亦用汉初所封国去注释者，如《廉颇蔺相如列传》："赵乃以李牧为将而攻燕，拔武遂、方城。"索隐："按：《地理志》'武遂属河间国，方城属广阳也'。"《白起王翦列传》："李信攻平与，蒙恬攻寝。"集解："徐广曰：'今固使寝丘。'"索隐："固始县属淮阳。寝丘，地名也。"以上之"河间"、"广阳"和"淮阳"皆是国名。如"河间国"在汉文帝二年(前178)建，"广阳"在汉宣帝本始元年(前73)改为国，"淮阳"在汉高帝十一年(前196)置。

4. 标明注释家用当时地名注的"今"字例

这种考证一般被释词置于"今"字前，解释词置于"今"字后。《白起王翦列传》："起迁为国尉，涉河取韩安邑以东到乾河。"集解："徐广曰：'音干。'骃按，郭璞曰：'今河东闻喜县东北有乾河口，因名乾河里。'"郭璞是晋朝人，裴骃引郭璞的话，是表明晋朝时河东郡仍沿用秦郡名，仍叫"河东郡"，故用"今"字。《春申君列传》："楚顷襄王东徙，治于陈县。"正义："今陈州也。"《孙子吴起列传》："齐使者如梁。"正义："今汴州。"以上之"陈州""汴州"乃唐朝州治。有在"今"字前后又用"在"字定方位者，如《樗里子甘茂列传》："秦归燕太子。赵攻燕，得上谷三十城。"正义："上谷，今妫州也，在幽州西北。"《白起王翦列传》："其明年，攻楚，拔郢，烧夷陵，遂东至竟陵。"正义："故城在郢州长寿县南百五十里，今复州亦是其地也。"有在"今"字后，又进一步做补充说明者，《白起王翦列传》："秦使王翦之孙王离击赵，围赵王及张耳巨鹿城。"正义："今邢州平乡县城，本秦巨鹿郡城也。"

5.考证地名得来之缘由

(1)由人封而得名例。

《曹相国世家》:“又攻下邑以西至虞。”正义:“虞城县在州北五十里,古虞国,商均所封。”《项羽本纪》:“项梁乃引兵入薛。”正义:“《括地志》云:‘故薛城,古薛侯国也。在徐州滕国县界,黄帝之所封也。《左传·定公元年》薛宰云,薛之祖奚仲居薛,为夏车正。后为孟尝君田文封邑也。’”《曹相国世家》:“击王离军成阳南。”索隐:“《地理志》:‘县名,在济阴。成,地名。周武王封弟季载于成,其后代迁于成之阳,故曰成阳。”

(2)由地形而得名例。

《项羽本纪》:“函谷关有兵守关,不得入。”索隐:“颜师古云:‘今桃林县南有洪溜涧水,即古之函关。’按:山形如函,故称函关。”正义:“《括地志》云:‘函谷关在陕州桃林县西南十二里……《图记》云……路在谷中,故以为名。”《项羽本纪》:“至垓下。”正义:“按:垓下是高冈绝岩,今犹高三四丈,其聚邑及堤在垓之侧,因取名焉。”《曹相国世家》:“迁为执珪。从攻阳武,下轘辕、缑氏。”正义:“《十三州志》云:‘轘辕道凡十二曲,险道也。’”《项羽本纪》:“项籍者,下相人也。”索隐:“按:应劭云‘相,水名,出沛国。沛国有相县,其水下流,又因置县,故名下相也’。”

(3)由同名连类而得名例。

《曹相国世家》:“以中尉从汉王出临晋关。”正义:“即蒲津关也,在临晋县,故言临晋关。今在同州也。”《曹相国世家》:“前攻秦,军蓝田南。”正义:“雍州蓝田县在州东南八十里,因蓝田山为名。”《廉颇蔺相如列传》:“廉颇攻魏之防陵。”正义:“城在相州安阳县南二十里,因防水为名。”

(4)因古国名而得名例。

《项羽本纪》:“项氏世世为楚将,封于项。”正义:“《括地志》云:‘今陈州项城县即古项子国。”《项羽本纪》:“居鄛人范增。”索隐:“《地理志》:居鄛县在庐江郡,音巢,是故巢国,夏桀所奔。”

(5)因历史变迁而得名例。

《项羽本纪》:“项王乃立章邯为雍王,王咸阳以西,都废邱。”索隐:“韦昭曰：'周时名犬邱，懿王所都。秦欲废之，故曰废邱。'"正义："《地理志》云汉高二年，引水灌废邱，章邯自杀，更名废邱曰槐里。"《项羽本纪》："乃东行击陈留。"正义："孟康云：'留，郑邑也。后为陈所并，故曰陈留。'"《曹相国世家》："东取咸阳，更名曰新城。"索隐："按：《汉书》'高帝元年，咸阳名新城。武帝改名曰渭城。'"《范雎蔡泽列传》："王稽辞魏去，过载范雎入秦，至湖关。"索隐："《地理志》：'京兆有湖县，本名胡，武帝更名湖，即今湖城也。'"

二、人名的考证

人名的考证，有梗概地介绍其一生的履历者，如《孟子荀卿列传》："荀卿，赵人。"索隐："名况。卿者，时人相尊而号为卿也。仕齐为祭酒，仕楚为兰陵令。后亦谓之孙卿子者，避汉宣帝讳也。"有就其某一点从不同材料会注者，如《曹相国世家》："平阳侯曹参者，沛人也。"集解："张华曰："曹参，字敬伯。"索隐："《春秋纬》及《博物志》并云曹参，字敬伯。"有就其某一点不能确定，而罗列众说以供参考者，如《项羽本纪》："瑕邱申阳者，张耳嬖臣也。"集解："徐广曰：'一云瑕邱公也。'服虔曰：'瑕邱县属山阳。申，姓；阳，名。'文颖曰：'姓瑕邱，字申阳。'瓒曰：'瑕邱公申阳是。瑕邱，县名。'"有考证人名及号之由来者，如《商君列传》："商君者。"正义："秦封于商，故号商君。"《项羽本纪》："项梁渡淮，黥布、蒲将军亦以兵属焉。"索隐："布姓英，咎繇之后。后以罪被黥，故改姓黥，以应相者之言。"《商君列传》："甘龙曰……"索隐："孝公之臣，甘姓，名龙也。甘氏出春秋时，甘昭公子带之后也。"《樗里子甘茂列传》："樗里子者，名疾，秦惠王之弟也。"索隐："樗，木名也。音摅。高诱曰：'其里有樗树，故曰樗里。然疾居渭南阴乡之樗里，故号曰樗里子。又《纪年》谓之褚里疾。'"《项羽本纪》："审食其从太公、吕后间行，求汉王。"索隐："食音异。按：郦、审、赵三人同名，其音合并同，以六国时卫有司马食其，并慕其名。"《商君列传》："会痤病，魏惠王亲往问病。"索隐："即魏侯之子，名罃，后徙大梁而称梁也。"又《苏秦列传》："东事师于齐，而习之于鬼谷先生。"集解："徐广曰：'颍川阳城有鬼谷，盖是其人所居，因为号。' 骃案：《风俗通义》曰'鬼谷先生，六国时纵横家'。"索隐："鬼谷，地名也。扶风池阳、颍川阳城并有鬼谷墟，盖是其人所居，因为号。又乐壹注《鬼谷子》书云‘苏秦欲神秘其道，故假名鬼谷’。”亦有后注对前注持异议者，《曹相国世家》：“攻秦监公军。”集解：“《汉书音义》曰：‘监，御史监郡者。公，名。秦一郡置守、尉、监三人。’”索隐：“然本纪泗川监名平，则平是名，公为相尊之称。”

三、官制的考证

《曹相国世家》：“攻秦监公军。”集解：“《汉书音义》曰：‘监，御史监郡者。公，名。秦一郡置守、尉、监三人。’”《项羽本纪》：“以沛公为砀郡长。”集解：“苏林曰：‘长如郡守也。’”《项羽本纪》：“秦二世元年七月，陈涉等起大泽中。其九月，会稽守通谓梁曰……”集解：“徐广曰：‘尔时未言太守。’”正义：“《汉书》云景帝中二年七月，更郡守为太守。”以上之“郡守”即后来的“太守”，皆为一郡的最高行政长官，不过因时代不同，称呼不同而已。秦统一六国后，把全国分为三十六郡，每郡皆有郡守。秦末时，楚怀王熊心临时命刘邦为砀郡长，按苏林注，此时郡长如同秦郡守之职。直到汉景帝时才更郡守为太守。通过这么几个例证，我们便明晰了这一行政官职在不同时代之不同称呼的来龙去脉。又如《孟子荀卿列传》：“而荀卿三为祭酒焉。”索隐：“礼，食必祭先，饮酒亦然。必以席中之尊者一人当祭耳，后因以为官名，故吴王濞为刘氏祭酒是也。”祭酒为历代官名，此例不但指明了这一点，又追溯了此官名的由来。此外，有一国所独设而他国未设之官职，如《屈原贾生列传》：“渔父见而问之曰：‘子非三闾大夫欤？’”集解：“《离骚·序》曰：‘三闾之职，掌王族三姓，曰昭、屈、景。原序其谱属，率其贤良，以厉国士。’”这“三闾大夫”便是楚国独设之官职。又《商君列传》：“于是以鞅为大良造。”索隐：“即大上造也，秦之第十六爵名也。今云‘良造’者，或后变其名耳。”先秦仅有秦国有大良造官爵。后来汉朝曾沿用过。《项羽本纪》：“乃渡江矫陈王命，拜梁为楚王上柱国。”集解：“徐广曰：‘二世之二年正月也。’骃案：应劭曰‘上柱国，上卿官，若今相国也’。”这表明“上柱国”官职在先秦时只为楚国所独有。它相当于各国普遍设立的“相国”。《曹相国世家》：“虏秦司马及御史各一人。迁为执珪。”集解：“张晏曰：‘侯伯执珪，以朝位比之。'如淳曰:'《吕氏春秋》"得伍员者位执珪"。古爵名。'"这亦是战国时楚国所独设之最高爵位名。

四、大事年月的考证

《廉颇蔺相如列传》:"秦王使使者告赵王,欲与王为好,会于西河外渑池。"索隐:"在西河之南,故云外。按:表在赵惠文王二十年。"又见《廉颇蔺相如列传》:"王许之,遂与秦王会渑池。"集解:"徐广曰:'二十年。'"《史记·六国年表》赵惠文王二十年表中云:"与秦会渑池。蔺相如从。"司马贞索隐与裴骃集解引徐广之说与《史记·六国年表》所记年月相符;同时亦可在同一表中查出赵惠文王二十年,在秦为秦昭王二十八年。《屈原贾生列传》:"怀王稚子子兰劝王行:'奈何绝秦欢?'怀王卒行。入武关,秦伏兵绝其后,因留怀王。"集解:"徐广曰:'三十年入秦。'"《史记·六国年表》楚怀王三十年表云:"王入秦。"又在同一表中查出,楚怀王三十年即秦昭王八年。而秦昭王八年表云:"楚王来,因留之。"可见楚怀王被囚在秦之事,是在楚怀王三十年,秦昭王八年。裴骃集解引徐广之说与《史记·六国年表》所记年月相符。《春申君列传》:"歇至楚三月,楚顷襄王卒。"集解:"徐广曰:'三十六年。'"又见《春申君列传》:"太子完立,是为考烈王。考烈王元年,以黄歇为相,封为春申君。"查《史记·六国年表》楚顷襄王三十六年表,未记"楚顷襄王卒"语。而在楚考烈王元年表云:"秦取我州,黄歇为相。"大概是楚顷襄王卒的第二年即下一年,楚考烈王才就王位,这一年黄歇为相,封为春申君。又《春申君列传》:"春申君相楚八年,为楚北伐灭鲁。"索隐:"《年表》云:'八年取鲁,封鲁君于莒,十四年灭也。'"查《史记·六国年表》"楚考烈王八年"处云:"取鲁,鲁君封于莒。"又在同表的"楚考烈王十四年"处云:"楚灭鲁,顷公迁卞。"这就可以看出,《史记》正文之"八年……灭鲁"的"灭"字,包括"伐取"和"灭亡"的全部过程。而《六国年表》却分项记载其事。司马贞索隐用《六国年表》记载的年月给《史记》正文作了考证注释。又如《春申君列传》:"春申君相二十二年,诸侯患秦攻伐无已时,乃相与合从,西伐秦。"集解:"徐广曰:'始皇六年。'"查《六国年表》"楚考烈王二十二年",未记此事。却在同表的"秦始皇六年"处云:"五国共击秦。"这样通过《史记》正文和《六国年表》的对照，我们不但可以用年表所记载的确切的“五国共击秦”来确定正文“相与合从”的国数，而且也认识到了司马迁的年表与正文互相参见的体例。又如《春申君列传》：“楚考烈王卒，李园果先入，伏死士于棘门之内。春申君入棘门，园死士侠刺春申君，斩其头，投之棘门外。”正义：“楚考烈王二十五年，秦始皇九年。”查《六国年表》，在“秦始皇九年”未记此事，而在“楚考烈王二十五年”云：“李园杀春申君。”值得注意和思考的是，《史记》正文此事与秦始皇无涉，张守节何故在注出“楚考烈王二十五年”之后，又注出“秦始皇九年”？因正文下文牵涉到嫪毐被诛、吕不韦被废之事，所以正义于此注明，这在训诂条例上叫连类而及。《项羽本纪》：“于是项梁然其言，乃求楚怀王孙心民间，为人牧羊，立以为楚怀王。”集解：“徐广曰：‘此时二世之二年六月。’”又《项羽本纪》：“怀王因使项羽为上将军。”集解：“徐广曰：‘二世三年十一月。’”又《项羽本纪》：“于是楚军夜击阬秦卒二十余万人新安城南。”集解：“徐广曰：‘汉元年十一月。’”查《秦楚之际月表》所记，皆与《项羽本纪》裴骃集解引徐广之说相符。这便可以证明，裴骃集解所引徐广之说是根据《秦楚之际月表》给《史记》正文作注的。

五、史实的考核

1.后注批驳前注例

《穰侯列传》：“乃封魏冉于穰，复益封陶。”集解：“徐广曰：‘一作阴。’”索隐：“陶即定陶也。徐广云作‘阴’，陶、阴字本易惑也。王劭按：定陶见有魏冉冢，作‘阴’误也。”司马贞从两方面批驳：其一，集解引徐广“一作阴”，索隐用“陶”与“阴”字形易相混批驳；其二，引王劭说“定陶见有魏冉冢”，进一步用事实批驳。故结论是：“作‘阴’误也。”又《樗里子甘茂列传》：“(苏代)因说秦王曰：‘甘茂，非常士也。其居于秦，累世重矣。自殽塞及至鬼谷，其地形险易皆明知之。彼以齐约韩魏反以图秦，非秦之利也。’秦王曰：‘然则奈何？’苏代曰：‘王不若重其贽，厚其禄以迎之，使彼来则置之鬼谷，终身勿出。’”集解：“徐广曰：‘在阳城。’”索隐：“鬼谷在关内云阳是也。”正义：“刘伯庄云：‘此鬼谷，关内云阳，非阳城者也。’按：阳城鬼谷时属韩，秦不得言置之。”三家注对“鬼谷”究竟在何地进行了不同的探讨，特别是张守节的正义，在前两家看法的基础上，联系上下文意，肯定了司马贞的看法，批驳了裴骃的看法，是很有说服力的。又如《项羽本纪》："项梁渡淮，黥布、蒲将军亦以兵属焉。"集解："服虔曰：'英布起于蒲地，因以为号。'如淳曰：'言当阳君、蒲将军皆属项羽。此自更有蒲将军。'"索隐："按：布姓英，咎繇之后，后以罪被黥，故改姓黥，以应相者之言。韦昭云：'蒲，姓也。是英布与蒲将军二人共以兵属项梁也。故服虔以为英布起蒲，非也。'按：黥布初起于江湖之间。"对于黥布与蒲将军是一人还是两人，集解不敢肯定，于是并列两家观点截然不同的说法姑存之。索隐则引韦昭之说批驳了服虔的看法，被后世所肯定。再如《项羽本纪》："故楚南公曰：'楚虽三户，亡秦必楚也。'"集解："瓒曰：'楚人怨秦，虽三户犹足以亡秦也。'"索隐："臣瓒与苏林解同。韦昭以为三户，楚三大姓：昭、屈、景也。'二说皆非。按：左氏'以畀楚师于三户'，杜预注云'今丹水县北三户亭'，则是地名不疑。"正义："按：服虔云'三户，漳水津也'。孟康云'津，峡名也。在邺西三十里'。《括地志》云'浊漳水又东经葛公亭北，经三户峡，为三户津，在相州滏阳县界'。然则南公辨阴阳，识废兴之数，知秦亡必于三户，故出此言。后项羽果渡三户津，破章邯军，降章邯，秦遂亡。是南公之善识。"后注纠正前注，并非皆对，此例便是。"三户"者，泷川言之极是："三户者，言其少耳，乃虚设之辞。"用"三户"以言楚人与秦势不两立的决心。集解所引臣瓒的说法是正确的，而索隐按地名解是错误的，而正义又附会南公阴阳之说，其言悖谬，不可信也。

2. 后注补充说明前注例

《屈原贾生列传》："易曰：'井泄不食。'"集解："向秀曰：'泄者，浚治去泥浊也。'"索隐："向秀，字子期，晋人，注《周易》。"又《屈原贾生列传》"为我心恻。"集解："张璠曰：'可为恻然，伤道未行也。'"索隐："张璠亦晋人，注《周易》。"以上两例，集解各引向秀、张璠解词释句义。索隐怕读者不知向秀、张璠其人，于是对两人进行概括介绍，以做补充说明。《信陵君列传》："公子闻赵有处士毛公藏于博徒，薛公藏于卖浆家。"集解："徐广曰：'浆，或作'醪'。'"索隐："徐案《别录》云也。"此例乃是集解引徐广所说，"浆"字有的书作"醪"字的。索隐则把徐广所说的依据指出来了，即徐广是依据汉刘向《别录》云也。又《鲁仲连邹阳列传》："於陵子仲辞三公，为人灌园。"集解："骃案《列士传》曰：'楚於陵子仲，楚王欲以为相而不许，为人灌园。'"索隐："《孟子》云陈仲子，齐陈氏之族。兄为齐卿，仲子以为不义，乃适楚，居于於陵，自谓於陵子仲。楚王聘以为相，子仲遂夫妻相与逃，为人灌园。《列士传》字子终者是也。"此例乃索隐认为集解引《列士传》仍嫌不足，更引《孟子》来补充之。《陈丞相世家》："上曰：'苟各有主者，而君所主者何事也？'平谢曰：'主臣！'"集解："张晏曰：'若今人谢曰'惶恐'也。马融《龙虎赋》曰：'勇怯见之，莫不主臣。'孟康曰：'主臣，主群臣也。若今言人主也。'韦昭曰：'言主臣道，不敢欺也。'"索隐："苏林与孟康同。既古人所未了，故并存两解。"此例集解不明"主臣"真谛，故并存两解。而索隐解释并存两解在于"既古人所未了"，做了补充说明。再如《萧相国世家》："萧相国何者？沛丰人也。以文无害，为沛主吏掾。"集解："《汉书音义》曰：'文无害，有文无所枉害也。律有无害都吏，如今言公平吏。'一曰无害者，如言'无比'，陈留间语也。"索隐："裴注已列数家，今更引二说。应劭云：'虽为文吏，而不刻害也。'韦昭云：'为有文理，无伤害也。'"

3.三家从不同角度会注例

《项羽本纪》："项籍者，下相人也。"集解："《地理志》：'临淮有下相县。'"索隐："县名，属临淮。案：应劭云'相，水名，出沛国。沛国有相县，其水下流，又因置县，故名下相也'。"正义："《括地志》云：'相故城在泗州宿预县西北七十里，秦县。'"三家对"下相县"从不同角度注释：集解用"有"字，索隐用"属"字，并引应劭所云下相因地形而得名，正义则用"在"字指出所在方位。《曹相国世家》："击章邯车骑。攻爰戚及亢父。"集解："徐广曰：'宣帝时有爰戚侯。'"索隐："苏林云：'爰戚，县名，属山阳。'《功臣表》：'爰戚侯赵成。'《地理志》云：'亢父，县名，属东平。'"正义："戚音寂。刘音七历反。今在兖州南，近亢父县。《括地志》：'亢父故城在兖州任城县南五十一里。'"

4.注解引他书丰富正文史实例

《管晏列传》："少时，常与鲍叔牙游，鲍叔知其贤。管仲贫困，常欺鲍叔。"索隐："《吕氏春秋》：'管仲与鲍叔同贾南阳，及分财利，而管仲常欺鲍叔，多自取。鲍叔知其有母，不以为贪。'"《仲尼弟子列传》："曾参，南武城人，字子舆。少孔子四十六岁。孔子以为能通孝道。"正义："《韩诗外传》云：'曾子曰：吾尝仕为吏，禄不过钟釜，尚犹欣欣而喜者，非以为多也，乐道养亲也。亲没之后，吾尝南游于越，得尊官，堂高九仞，榱提三尺，躯毂百乘，然犹北向而泣者，非为贱也，悲不见吾亲也。'"《鲁仲连邹阳列传》："宁戚饭牛车下，而桓公任之以国。"集解："应劭曰：'齐桓公夜出迎客，而宁戚疾击其牛角商歌曰："南山矸，白石烂，生不遭尧与舜禅。短布单衣适至骭，从昏饭牛薄夜半，长夜曼曼何时旦？"'"《鲁仲连邹阳列传》："昔卞和献宝，楚王刖之。"集解："应劭曰：'卞和得玉璞，献之武王。武王示玉人，玉人曰'石也'。刖右足。武王没，复献文王。玉人复曰'石也'。刖其左足。至成王时，卞和抱璞哭于郊，乃使玉尹攻之，果得宝玉。'"索隐："楚人卞和得玉璞事见《国语》及《吕氏春秋》。"

5.注解引他书考证史实及文字有出入例

《樗里子甘茂列传》："甘茂者，下蔡人也。事下蔡史举先生。"索隐："《战国策》及《韩子》皆云史举，上蔡监门者。"《苏秦列传》："地方二千余里，带甲数十万，车六百乘，骑六千匹，粟支数年。"索隐："《战国策》'车七百乘，粟支十年'。"《屈原贾生列传》："举世混浊，何不随其流而扬其波？"索隐："《楚词》'随其流作'搰其泥'也。'"又《屈原贾生列传》："何故怀瑾握瑜而自令见放为？"索隐："《楚词》'怀瑾握瑜'作'深思高举'也。"《孟尝君列传》："孟尝君，名文，姓田氏。文之父曰靖郭君田婴。田婴者，齐威王少子而齐宣王庶弟也。"索隐："《战国策》及诸书并无此言，盖诸田之别子也，故《战国策》每称婴子、盼子。高诱注云：田盼，田婴也。王劭又按，《战国策》云齐貌辨谓宣王曰：'王方为太子时，辨谓靖郭君，不若废太子，更立郊师。靖郭君不忍。'宣王大息曰：'寡人少，殊不知。'以此言之，婴非宣王弟明也。"

6.因限于史料缺乏，不可考据例

(1)"未详"例。

《商君列传》："一救荆国之祸。"索隐："《十二诸侯年表》：'穆公二十八年，会晋，救楚，朝周。'此云'救荆'，未详。"《白起王翦列传》："赵孝成王与平阳君、平原君计之。"索隐："平阳君，未详何人。"《伯夷列传》："遂饿死于首阳山。"正义："曹大家注《幽通赋》云：'夷齐饿于首阳山，在陇西首。'又戴延之《西征记》云：'洛阳东北首阳山有夷齐祠。'今在偃师县西北。又《孟子》云：'夷齐避纣，居北海之滨首阳山。'《说文》云首阳山在辽西。史传及诸书，夷齐饿于首阳凡五所，各有案据，先后不详。”

(2)“今阙”例。

《伍子胥列传》：“楚惧吴复大来，乃去郢，徙于鄀。”集解：“楚地，音若。”索隐：“今阙。”“今阙”者，即不知鄀在楚何地也。《苏秦列传》：“大王之地，南有鸿沟、陈、汝南、许、郾、昆阳、召陵、舞阳、新都、新郪，东有淮、颍、煮枣、无胥。”索隐注“无胥”：“按：其地阙。”

(3)“失”字例。

《信陵君列传》：“……毛公、薛公两人。”索隐：“史失其名。”《苏秦列传》：“而后得见，说燕文侯。”索隐：“说音税。燕文侯，史失名。”

以上“未详”“今阙”“失”字例等属完全不可考者。

(4)“恐”字例。

《廉颇蔺相如列传》：“后七年，秦破赵，杀将扈辄于武遂城。”索隐：“扈，氏。辄，名。汉张耳时别有扈辄也。刘氏云：‘武遂本韩地，在赵西，恐非《地理志》河间武遂也。’”《陈丞相世家》：“及平长，可娶妻，富人莫肯与者，贫者平亦耻之。久之，户牖富人有张负。”索隐：“按：负是妇人老宿之称，犹武负之类也。然此张负既称富人，或恐是丈夫尔。”

(5)“又”字例。

《范雎蔡泽列传》：“秦封范雎以应，号为应侯。”索隐：“刘氏云：‘河东临晋有应亭，则秦地有应也。’又按：《本纪》以应为太晏后养地，解者云‘在颍川之应乡’，未知孰是。”《鲁仲连邹阳列传》：“是以秦用戎人由余而霸中国，齐用越人蒙而强威、宣。”索隐：“越人蒙，未见所出。《汉书》作‘子臧’。又张晏云：‘子臧，或是越人。蒙，字也。’”

(6)“盖”字例。

《春申君列传》：“王休甲息众，三年而后复之。又并蒲、衍、首、垣。”索隐：“首，盖牛首。”《屈原贾生列传》：“屈原者，名平，楚之同姓也。为楚怀王左徒。”正义：“盖今(在)左右拾遗之类。”《鲁仲连邹阳列传》：“邹阳者，齐人也。游于梁，与故吴人庄忌夫子、淮阴枚生之徒交上书。”索隐：“枚生名乘，字叔。其子皋。《汉书》并有传。盖以衔枚氏而得姓也。”

以上“恐”字、“又”字、“盖”字例等属难于肯定、不敢定夺者。

六、典故来源与词语出处的考证

《鲁仲连邹阳列传》:“昔卞和献宝,楚王刖之。”索隐:“楚人卞和得玉璞事见《国语》及《吕氏春秋》。”《鲁仲连邹阳列传》:“宁戚饭牛车下,而桓公任之以国。”索隐:“事见《吕氏春秋》。”《鲁仲连邹阳列传》:“白圭战亡六城,为魏取中山。”索隐:“事见《战国策》及《吕氏春秋》。”《鲁仲连邹阳列传》:“昔者司马喜膑脚于宋,卒相中山。”索隐:“事见《战国策》及《吕氏春秋》也。”《鲁仲连邹阳列传》:“此鲍焦所以忿于世而不留富贵之乐也。”索隐:“晋灼云:‘《列士传》鲍焦怨世不用己,采蔬于道。子贡难曰:“非其世而采其蔬,此焦之有哉?”弃其蔬,乃立枯洛水之上。’案:此事见《庄子》及《说苑》、《韩诗外传》,小有不同。”《鲁仲连邹阳列传》:“昔者鲁听季孙之说而逐孔子。”索隐:“《论语》‘齐人归女乐,季桓子受之,三日不朝,孔子行’也。”《鲁仲连邹阳列传》:“今人主诚能去骄傲之心,怀可报之意,披心腹,见情素,堕肝胆,施德厚,终与之穷达,无爱于士,则桀之狗可使吠尧,而蹠之客可使刺由。”索隐:“并见《战国策》。”

以上诸例皆是引出典故之来源例。

《留侯世家》:“臣闻‘母爱者子抱’。”索隐:“此语出《韩子》。”《仲尼弟子列传》:“子夏问:‘“巧笑倩兮,美目盼兮,素以为绚兮”,何谓也?’”集解:“马融曰:‘倩,笑貌。盼,动目貌。绚,文貌。此上二句在《卫风·硕人》之二章,其下一句逸诗。”《鲁仲连邹阳列传》:“今欲使天下寥廓之士摄于威重之权,主于位势之贵,故回面污行以事谄谀之人,而求亲近于左右,则士伏死掘穴岩岩之中耳。”集解:“《诗》云:‘节彼南山,维石岩岩。”《伯夷列传》:“时然后出言。”索隐:“《论语》:‘夫子时然后言。’”《鲁仲连邹阳列传》:“夫以孔、墨之辩,不能自免于谗谀,而二国以危。何则?众口铄金。”索隐:“《国语》云:‘众心成城,众口铄金。’贾逵云:‘铄,消也。众口所恶,虽金亦为之消亡。’”

以上诸例皆是引出词语出处例。

以上六个方面的浅析,对《史记》“三家注”考证注释的分析是很不全面的。然而我们从这六个方面亦可以窥见“三家注”对考证的重视及其注释的特色。

——《汉中师院学报(哲学社会科学版)》1984年第2期

《史记》“三家注”的词义注释浅析

《史记》的语言，堪称文言文的典范。该书问世后，上起东汉，下至隋唐，为之作注者不下数十家。可惜的是，至南宋时代，这些注解几乎全部亡佚。流传下来的南朝宋裴骃集解、唐司马贞索隐、张守节正义是现在最通行的注本，史称“三家注”。《史记》“三家注”是一部特殊类型的集注。它虽然以人名、地名的考证和史实的考核作为集注的主干，但是对词义的注释亦特别重视。虽然《史记集解》、《史记索隐》和《史记正义》成书时间不同，但是注释《史记》的宗旨、注释词义的方式方法以及安排的体例却是大同小异的，特别是在对词义训释方面，“三家注”都力求从《史记》语言的实际出发，遵循着随文立训的基本原则，把形训、音训和义训的传统训诂方法及互训、义界和推因的传统训诂方式融于随文立训的传统训诂原则下进行。不但继承了前代古籍诠释的优良传统，而且为后代训词也奠定了良好的基础。下面，我们就《史记》“三家注”随文立训的基本原则，对词义注释做些浅析。

一、以本义生训例

《史记》中的词，有用其本义的，也有用其引申义的。“三家注”便从该书语言的实际出发，在词义训释上根据其不同的上下文意来解释，用本义生训就是其中的一种。如《仲尼弟子列传》：“子张书诸绅。”集解：“孔安国曰：‘绅，大带也。’”考《论语·卫灵公篇》：“子张书诸绅。”孔注：“绅，大带也。”又《论语·乡党篇》：“东首，加朝服，拖绅。”包咸注：“绅，大带。”又东汉许慎《说文解字》云：“绅，大带也。”说明具有“大带”意义的“绅”字，是用其本义。又如《项羽本纪》：“籍长八尺余，力能扛鼎。”集解：“韦昭曰：‘扛，举也。’”索隐：“《说文》云：‘扛，横关对举也。’”集解以“举”训“扛”，是互训方式。互训能揭示词义的概括性，却不能显示出词义的特点。所以索隐在集解训释的基础上,又进一步引《说文》,用义界方式阐明了“扛”这个词义的特点。段玉裁对许慎《说文》“扛”的解释又做了详细的描述:“以木横持门户曰关,凡大物而两手对举之曰扛。”这样,我们通过许慎“以一句解一字之义”的义界解说和段玉裁对“扛”的词义特点的详细描绘,不但对“扛”字的词义有了本质的认识,而且还辨析了同义词“扛”“举”的微殊。

除了用互训和义界的方式训释词的本义外,“三家注”还常常在单词相训的后面,又用若干文字做补充说明。如《鲁仲连邹阳列传》:“昔者管夷吾射桓公中其钩,篡也;遗公子纠不能死,怯也。”索隐:“遗,弃也。谓弃子纠事小白也。”《廉颇蔺相如列传》:“廉颇闻之,肉袒负荆。”索隐:“负荆者,荆,楚也。可以为鞭也。”以上二例,司马贞不但分别用“弃”训“遗”,用“楚”训“荆”,紧接这些单词相训之后,又对该词本义训释作出各方面的补充说明。如最后一例,以“楚”训“荆”,“荆”与“楚”在《说文》中是互训,皆指楚地之木,属异名同实,因而是同义词。但仅以此训,似乎与正文无涉,于是补充“可以为鞭”四字,就表明“荆”字在“肉袒负荆”中的功用了,注解与文意就吻合了。诸如此类的补充说明,更有助于我们对该词的本义训释有深刻而具体的理解。

二、以引申义生训例

《苏秦列传》:“即有军役,未尝倍泰山,绝清河,涉勃海也。”正义:“言临淄自足也。绝、涉皆度也。渤海,沧州也。齐有军役,不用度河取二部。”《说文》“绝,断丝也。”段注云:“断之则为二,是曰绝。引申之,凡横越之曰绝,如绝河而渡是也。”又段注《说文》“涉”下云:“引申为凡渡水之称。”可见张守节正义用“度”训“绝”与“涉”,并用“度河”补充说明,是根据此句上下文意的语言实际情况采取引申义训释的。又如《范雎蔡泽列传》:“终身迷惑,无与昭奸。”正义:“昭,明也。”《说文》:“昭,日明也。”段注云:“引申为凡明之称。”这表明“日明”是“昭”字本义,这是很具体的,由“日明”而引申为一切“明”义,便是“昭”的抽象义。而正文之“昭”与“日明”无涉,正是用其抽象的引申义,故而正义训为“明”也。又如《鲁仲连邹阳列传》:“齐后往,周怒,赴于齐。”正义:“郑玄云:

'赴，告也。'"《说文》："赴，趋也。"段注云："按：古文讣告字，只作赴者，取急疾之意。今文从言，急疾意转隐矣。故言部不收讣字者，从古文，不从今文也。"由此可见，"赴"与"讣"是古今字。"赴"字从走，训为趋，即快走，是取其急疾之意。古代报告丧事者亦急速奔跑，所以报告丧事这一意义便是"赴"的引申义，后来为这个意义另造了字"讣"，只取其言，不取其急疾之意了。正义引郑玄注，以"告"训"赴"，正是用其引申义作训。再如《春申君列传》："臣闻物至则反，冬夏是也。"正义："至，极也。极则反也。冬至，阴之极；夏至，阳之极。"《说文》："至，鸟飞从高下至地也。"段注云："引申之为恳至、为极至。"正义正用此抽象的引申义训释之。

三、以具体训抽象例

在古代文献中，有些词的意义，由于语言环境的关系，具有灵活性和特殊性，于是"三家注"便常常结合上下文指出该词的具体含义。如《项羽本纪》："人或说项王曰：'关中阻山河四塞……"这里的"四塞"是有特定含义的。如果按一般词义来训释，不足以说明"说项王"的人的所指，于是裴骃在集解中根据特定的语言环境，引徐广之说，注明具体地点为"东函谷，南武关，西散关，北萧关"，这就区别于其他地方之"四塞"。又如《伯夷列传》："及饿且死，作歌。其辞曰：'登彼西山兮，采其薇矣。'"由于"西山"含义太泛，不明所指，于是索隐注云："西山即首阳山。"这就把歌词中的"西山"具体化了。又如《春申君列传》："王休甲息众，三年而后复之；又并蒲、衍、首、垣。"作为地名的"垣"，在当时不止一处，司马贞怕读者误解，便在索隐中注明："垣即长垣，非河东之垣也。"这虽属地名的考证，亦属词义的训解范畴。再如《商君列传》："僇力本业，耕织致粟帛多者复其身。事末利及怠而贫者，举以为收孥。"索隐："末利谓工商也。""工商"这个概念是被一般人所了解的，而"末利"却较特殊。此训乃以一般释特殊也。同此类型者，还有《老庄申韩列传》："申不害者，京人也。故郑之贱臣。学术以干韩昭侯。"索隐："术即刑名法术。"《留侯世家》："太史公曰：学者多言无鬼神，然言有物。"索隐："物谓精怪及药物也。"《伯夷列传》："岂以其重若彼，其轻若此哉？"正义："重谓盗跖等也，轻谓夷、齐、由、光等也。"从最后一例可以清楚地看出，正义注释丝毫没有涉及“重”“轻”词义的本身，完全是依据上下文意而灵活加以注释。但是，只有从这样的注释中，我们才能理解司马迁在这里使用“重”“轻”的具体所指。

四、以共名训专名例

《平原君虞卿列传》：“臣不幸有罢癃之病。”集解：“癃音隆，病也。”《说文》：“癃，罢病也。”段注云：“罢者，废置之意。凡废置不能事事曰罢癃。《平原君传》躄者自言‘不幸有罢癃之病’，然则凡废疾皆得谓之罢癃也。”段注解释得很清楚，“癃”是一种“废疾”，即腰弯曲而背隆高的一种残疾。裴骃集解未对“癃”字进行像《说文》那样的义界的解释，仅用“病”训“癃”，而“癃”又是“病”之一种，这是用共名训专名也。又如《春申君列传》：“吴见伐齐之便而不知干隧之败。”正义：“干隧，吴地名也。”《范雎蔡泽列传》：“先生待我于三亭之南。”索隐：“三亭，亭名，在魏境之边，道亭也。今无其处。”司马贞认为“三亭”之地已无可考，所以用共名泛训也。再如《廉颇蔺相如列传》：“蔺相如前曰：‘赵王窃闻秦王善为秦声，请奉盆缻秦王，以相娱乐。’”集解云：“《风俗通义》曰：‘缶者，瓦器，所以盛酒浆，秦人鼓之以节歌也。’”《说文》：“缶，瓦器。所以盛酒浆，秦人鼓之以节歌。”段注云：“俗作缻。”段注说明，“缶”与“缻”是异体字。所以《廉颇蔺相如列传》正文作“缻”字，集解引文作“缶”字。《说文》解说，“缶”是一种瓦质器皿，然而“瓦器”非只“缶”也，在《说文》“瓦”部中还有“畜”等几个字皆训为“瓦器”。可见集解引《风俗通义》训“缶”为“瓦器”，亦是以共名训专名也。注词后面紧接着用“所以盛酒浆，秦人鼓之以节歌也”补充说明“缻”的功用，借此说明可加深对“缻”词义的理解：它不但可以盛酒浆，秦人还以之为伴奏的乐器。所以蔺相如欲秦王击缻，以娱赵王。

五、以今义训古义例

此训是指注释家以当时的通俗通用词语注释古代的词语。这种注释，显示出表示同一事物的词语因时间的推移而发生了变化。若注释家仍用古词语作注，则不易被时下的人们所理解。“三家注”用此训者颇多。如《张仪列传》：“厨人进斟，因反斗以击代王，杀之。王脑涂地。其姊闻之，因摩笄以自刺，故至今有摩笄之山。”集解：“笄，妇人之首饰，如今象牙擿。”正义：“笄，今簪也。”“笄”是何物？集解先以“妇人之首饰”训释，乃共名训专名也。紧接着用“如今象牙擿”注释，是以今义训古义也。就是说，古代的“笄”，南北朝时称为“擿”。《说文》：“擿，搔也。”段注：“以象骨搔首，因以为饰。”又《说文》：“笄，簪也。”张守节正义用“簪”训“笄”，又在“簪”前冠以“今”字，说明到了唐代“簪”字通行，所以用通用的“簪”字训古代的“笄”。由此可知，同是“妇人之首饰”，先秦称为“笄”，南北朝时通用“擿”，唐朝通用“簪”。又如《孟尝君列传》：“昭王释孟尝君。孟尝君得出，即驰去，更封传，变名姓以出关。”索隐：“封传，今之驿券也。”“封传”者，出关之凭证也。先秦称为“封传”，到了唐朝称为“驿券”。亦是以今义训古义也。又如《白起王翦列传》：“王翦使人问军中戏乎，对曰：‘方投石超距。’”索隐：“超距犹跳跃也。”“跳跃”，今义。“超距”，古义。“超距”是古代训练武功的一种活动。用“犹”字训释，说明它们是同义词。亦是以今训古也。

六、以通语释方言例

所谓通语是指非地区性的普遍通行的词语，而方言是地区性的词语。用通语来训释方言，易被人们所理解。如《留侯世家》：“良尝闲从容步游下邳圯上。”集解：“徐广曰：‘圯，桥也。东楚谓之圯，音怡。’”《说文》：“圯，东楚谓桥为圯。”可见“桥”为通语，“圯”是东楚一带的方言。又如《田单列传》：“(王蠋)遂经其颈于树枝，自奋绝脰而死。”索隐：“何休云：‘脰，颈，齐语也。音豆。”可见颈项，即脖子，齐人称为“脰”。“颈”是通语，“脰”是方言也。又《田单列传》：“燕师长驱平齐，而田单走安平，令其宗人尽断其车轴末而傅铁笼。”索隐：“又《方言》曰：‘车轊，齐谓之笼。’”戴震《方言疏证》卷九云：“车轊，齐谓之𨏥。……郭璞云：‘车轴也，笼即𨏥，古通用。’”可见通语谓之“车轊”，齐语称为“笼”。再如《鲁仲连邹阳列传》：“乡使管子幽囚而不出，身死而不反于齐，则亦名不免为辱人贱行矣。臧获且羞与之同名矣。”集解：“《方言》曰：‘荆、淮、海、岱、燕、齐之间，骂奴曰臧，骂婢曰获。'”说明“臧”与“获”是荆淮等方言区骂奴婢的话。上引数例皆为通语训方言也。

七、以本字训释假借字例

古代文献中，常常因音同或音近而多通假现象。汉代的毛亨、郑玄注释《诗经》，“多易假借之字，而训以本字”。清朝乾嘉时代的小学家则继承了古训的这一传统，创立了“因声求义”之说的理论。戴震在《转语二十章序》中指出：“俾疑于义者，以声求之；疑于声者，以义正之。”王引之在《经义述闻序》中亦说：“训诂之指，存乎声音……学者以声求义，破其假借之字而读以本字，则涣然冰释。如其假借之字而强为之解，则诘鞫为病矣。”《史记》“三家注”注意到了这种通假现象，常常在注释中以本字破假借字。如《苏秦列传》：“北报赵王，乃行过雒阳，车骑辎重，诸侯各发使送之甚众，疑于王者。”索隐：“疑作‘拟’读”。这就是说，“疑”是通假字，不要按其形义解，而要读成“拟”，按“比拟”义理解才怡然理顺。“疑于王者”，意即“与王侯相比拟”。又《管晏列传》：“吾闻君子诎于不知己而信于知己者。”索隐：“信读曰申。……申于知己谓以彼知我而我志获申。”此训不但用“申”字破“信”字，又在后面用“获申”进一步说明之，意即“使志获得申展”。又如《商君列传》：“于是以鞅为大良造，将兵围魏安邑，降之。居三年，作为筑冀阙宫庭于咸阳。”索隐：“冀，记也。记列教令，当于此门阙。”此训用本字“记”破通假字“冀”后，进一步又用“记列教令，当于此门阙”作补充说明。

另外，还有借义生训例，即用音同或音近的本字之义来解释通假字。如《春申君列传》：“天下五合六聚而不敢救。王之威亦单矣。”集解：“徐广曰：‘单亦作“殚”。’”索隐：“按单音丹。单，尽也。言王之威尽行也。”裴骃径用“殚”破“单”。而索隐进一步以借义生训。《说文》：“单，大也。”又：“殚，极尽也。”段玉裁在《说文》“殚”下云：“古多假单字为之。”可见正文假“单”为“殚”，“殚”是“尽”义。所以索隐用音近之“殚”的本字之义“尽”来解释通假字“单”。再如《项羽本纪》：“项王至阴陵，迷失道，问一田父。田父绐曰‘左’。”集解：“文颖曰：‘绐，欺也。欺令左去。’”《说文》：“绐，丝劳即绐。”又《说文》：“诒，相欺诒也。”段在“绐”下注云：“丝劳敝则为绐。绐之言怠也，如人之券怠然。古多假为诒字。”可见正文假“绐”为“诒”。“诒”是“欺”义，所以集解用音同之“诒”的本字之义“欺”来解释正文中通假字“绐”。

八、连类而及例

毛亨为《诗经》作传常用这种方法解释，《史记》“三家注”亦继承了这种传统。如《鲁仲连邹阳列传》：“邹阳者，齐人也。游于梁，与故吴人庄忌夫子、淮阴枚生之徒交上书。”索隐：“枚生，名乘，字叔。其子皋。《汉书》并有传。”《史记》正文只谈“枚生”，未及其子“枚皋”。但枚氏父子皆是西汉有名的辞赋家，故索隐注出枚乘，又连及其子枚皋。又如《项羽本纪》：“以其父吕青为令尹。”集解：“应劭曰：‘天子曰师尹，诸侯曰令尹。’”《史记》正文只涉及诸侯之卿，未涉及天子之卿，可是集解在解释“令尹”是诸侯之卿的时候，连及“师尹”——天子之卿。再如《孟尝君列传》：“孟尝君置传舍十日。”索隐：“按：传舍、幸舍及代舍，并当上、中、下三等之客所舍之名耳。”《史记》正文只谈及孟尝君的“传舍”，没涉及其他二舍，司马贞在解释“传舍”时，不但连及“幸舍”与“代舍”，并且进一步阐明了三舍是按不同等级而分的客舍名称。“连类而及的训诂有时还有穷源递训的作用。”（萧璋《毛传条例探原》，载陆宗达主编《训诂研究》，北京师范大学出版社，1981年版）如《平原君列传》：“取鸡狗马之血来!”索隐：“盟之所用牲，贵贱不同：天子用牛及马，诸侯以犬及豭，大夫已下用鸡。今此总言盟之用血，故云取鸡狗马之血来耳。”《史记》正文是“总言盟之用血”，未分“贵贱不同”。索隐便分别列出天子、诸侯和大夫不同等级盟誓之所用牲，可谓层层递训，亦属穷源。又如《穰侯列传》：“以三十万之众守梁七仞之城。”集解：“《尔雅》曰：‘四尺谓之仞，倍仞谓之寻。’”集解在解“仞”时而牵涉到“尺”，这叫连类而及。“仞”是“四尺”，而“仞”之一倍为“寻”，这又属递训。再如《项羽本纪》：“汉有天下太半。”集解：“韦昭曰：‘凡数三分有二为太半，一为少半。’”裴骃引韦昭之说，解释“太半”，牵涉到数的“三分之二”，这叫连类而及。由“太半”又涉及“少半”，这属递训。

九、因"讳"而改字相训例

古训有一种特殊现象，由于某种忌讳而改字相训。或改用近义词，或改用音近字。《史记》"三家注"的这种改字相训例不少。如《孟子荀卿列传》："荀卿，赵人。"索隐："后亦谓之孙卿子者，避汉宣帝讳也。"汉宣帝叫刘询，因询与荀同音，为避讳起见，后来便改"荀"为"孙"。从声上看，"荀"与"孙"同在心纽，双声。从韵上看，"荀"在真部，"孙"在文部，韵相近。这是用音近字相改。又如《平原君列传》："邯郸传舍吏子李同说平原君。"正义："名谈，太史公讳改也。"司马迁之父叫司马谈，为避讳同名的"谈"字，便改"谈"为"同"。亦属用音近字相改之例。再如《鲁仲连邹阳列传》："邹阳者，齐人也。游于梁，与故吴人庄忌夫子、淮阴枚生之徒交上书。"索隐："忌，会稽人，姓庄氏，字夫子。后避汉明帝讳，改姓曰严。"汉明帝叫刘庄，为避讳起见，后来改"庄忌夫子"的"庄"为"严"。"庄"与"严"两字近义。见《说文》："庄，上讳。"段注："见示部，其说解当曰艸(草)大也，从草壮声……引伸凡壮盛精严之义。《论语》'临之以庄'，包咸曰：'庄，严也。'"此属用近义词相训。

十、多种训释方法结合注解词义例

古训为把词义解释得明确、具体而深刻，有时用一种方法训释还不足以解释得透彻，往往采用几个训诂术语连用，多种训释方法互相结合，来将词义解释得更清楚、明白。如《仲尼弟子列传》："子贡既已受业，问曰：'赐何人也？'孔子曰：'汝器也。'曰：'何器也？'曰：'瑚琏也。'"这句话是孔子对子贡的评价。何为"瑚琏"？集解云："包氏曰：'瑚琏，黍稷器。夏曰瑚，殷曰琏，周曰簠簋，宗庙之贵器。'"裴骃先用"黍稷器"训释，说明"瑚琏"的本义是盛黍稷的器皿。继则连用三个"曰"字，不但把复音词"瑚琏"分成单音词解释，区分开不同时代的不同称呼，证明它们是同义词，而且涉及"簠簋"，又用了连类而及的方式训释，辨析了同属"黍稷器"，不同时代的不同名词称呼。最后才阐述出"宗庙之贵器"的引申义来。前面的铺垫，主要是为了引出这个引申之义。为此集解不惜采用多种方法结合的训释，目的是使读者对“宗庙之贵器”的训释感到不突然，有源可寻。又如《项羽本纪》：“亚父者，范增也。”集解：“如淳曰：‘亚，次也。尊敬之次父，犹管仲为仲父。’”裴骃先用“次”训“亚”，是用本义解释。而后用“尊敬之”作以补充说明。最后以“犹”字，拿同类事物“管仲为仲父”训“次父”，以古比今，更显示出范增当时在项羽心目中的重要地位。再如《老庄申韩列传》：“且君子得其时则驾，不得其时则蓬累而行。”索隐：“刘氏云：‘蓬累犹扶持也。累音六水反。说者云头戴物，两手扶之而行，谓之蓬累也。’蓬，盖也。累，随也。以言若得明君则驾车服冕，不遭时则自覆盖相携随而去也。”司马贞先用“犹”字作比，以同义词“扶持”解释“蓬累”，意欠显明。于是用“谓之”描摹“蓬累”形状——“头戴物，两手扶之而行”，意渐显豁。为了进一步阐明句意，又拆复音词“蓬累”，逐字解释，然后用“言”字例串讲释词。这就再形象不过地把隐退者的情态淋漓尽致地刻画出来了。

上述十点浅析，对《史记》“三家注”的词义注释并未做到全面的分析。由于《史记》“三家注”对词义的解释，采摭先人之说，集录经史诸注，体例完备。此文所摘，挂一漏万，且错误及不当处，在所难免。诚望专家和同志们指正。

——《辽宁大学学报(哲学社会科学版)》1984年第2期

《史记》“三家注”校勘注释浅析

校勘，古人称为“校雠”。起源于汉代以前，“到汉代，便成为学术史上的一种专门事业”（张舜徽《中国古代史籍校读法》，上海古籍出版社1962年版）。历经各朝，至清代时，校书工作已取得了卓越的成就。“唐代以前的史籍旧注，如裴松之的《三国志注》，裴骃的《史记集解》，刘孝标的《世说新语注》，郦道元的《水经注》，固然是古书渊薮；但如唐代学者张守节的《史记正义》，司马贞的《史记索隐》，颜师古的《汉书注》，李贤的《后汉书注》，所见到的古书，也和今本不同，我们都可根据它们所引用的文字，校勘其他书籍。更重要的，在能凭藉每书注义，来订正本书传写的讹误。”（张舜徽《中国古代史籍校读法》，上海古籍出版社1962年版）这确实是很重要的观点。现就《史记》“三家注”的校勘注释做浅析如下。

一、某某一作某某例

如《三王世家》：“侵犯寇盗，加以奸巧边萌”索隐：“萌一作‘甿’。”《黥布列传》：“楚兵不足恃也。”集解：“徐广曰：‘恃一作“罢”。言其已困，不足复苦也。’”所谓“一作”者，就是用另一版本文字来校对本版本文字。这个术语的使用有本字校正借字者，如《廉颇蔺相如列传》：“赵使还报王曰：‘廉将军虽老，尚善饭，然与臣坐，顷之三遗矢矣。’”索隐：“谓数起便也。矢一作‘屎’。”《说文·一下·草部》“菌，粪也。从艸胃省。”段玉裁注云：“左氏《传》《史记》假矢字为之……是汉人多用矢也。”《说文》中没有“屎”字，“菌”字即“屎”字。朱骏声《说文通训定声》“菌”下云“字亦作屎”。可见“菌”与“屎”是一个字，而《史记》用“矢”字是假借也。又《三王世家》：“侵犯寇盗，加以奸巧边萌。”索隐：“萌一作

‘甿’。”朱骏声《说文通训定声·壮部》“萌”下认为“萌”是“甿”的假借字，并引此例为证是也。

有用校勘订正本书传写之谬误者。如《留侯世家》：“武王入殷，表商容之闾，释箕子之拘。”集解：“徐广曰：‘释，一作“式”。’”究竟“释”对，还是“式”对呢？请看《留侯世家》其后的下文：“今陛下能封圣人之墓，表贤者之闾，式智者之门乎？”综观上下文意，应该用“式”而不应用“释”。清代校勘大家王念孙已经注意到这个句子。他在《读书杂志》中说，“释箕子之拘”应作“式箕子之门”，“若作‘释箕子之拘’，则与下文不合矣。《汉书·张良传》《新序·善谋篇》并作‘式箕子之门’”。集解引用徐广之说，对“释”字进行了校对，清人王念孙根据本文上下文意和援引其他书又做了有力的佐证，结论是“式”对而“释”错。这是很了不起的。正如当代学者张舜徽教授所评价的：“清代学者中，像王念孙的校勘群经诸子、钱大昕的校勘诸史，取得了很大成绩，这是学术界早已肯定了的。他们一方面在运用外证法，比较纯熟，得出了不少精确结论；另一方面，还有由于运用内证法而取得的很大成就。”（张舜徽《中国古代史籍校读法》，上海古籍出版社1962年版）这个例子就是王念孙首先用内证，而后用外证，内外证结合而进行校勘的典型例证。

有的“一作”者，可参互见义。如《项羽本纪》：“春，汉王部五诸侯兵。”对于“部”字，集解注释：“徐广曰：‘一作“劫”。’”裴骃集解所引徐广“一作”之说，见《高祖本纪》：“汉王以故得劫五诸侯兵。”同是一个历史史实，为什么《项羽本纪》用“部”，而《高祖本纪》用“劫”？我看《中华活页文选（合订本）》（四）的《史记选辑》对“部”的注释谈得很有道理：“部——统率的意思。《高祖本纪》和《汉书》都作‘劫’。”其后对“五诸侯”的注中又说：“由于这些诸侯原归附项羽，都是后来才投降（或被俘）刘邦的，所以汉调遣他们部队时，也许带些强制手段，故又作‘劫’。”“劫”者，挟持也。参互见义的校勘，有用音近字、义近字相对照者，如《平原君列传》：“平原君竟与毛遂偕。十九人相与目笑之而未发也。”索隐：“发，一作‘废’。郑玄云‘皆目视而轻笑之未能即废弃之也’。”而清人王念孙在《读书杂志》中云：“废即发之借字，谓目笑之而未发于口也。”“废”与“发”，上古双声、叠韵，均在帮纽，月部。两字声音相近而意义不同。但在此句中两解都能顺其文意，可参互见义。又如《留侯世家》："五日，良夜未半往。有顷，父亦来，喜曰：'当如是。'出一编书。"集解："徐广曰：'编，一作"篇"。'"《说文》："编，次简也。"段玉裁注云："以丝次第竹简而排列之曰编。孔子读《易》，'韦编三绝'。册字下曰：'象其扎一长一短，中有二编之形。'然则骈比其简，上下用丝编二。"可见"编"是用丝把竹简按顺序串联在一起。《说文》："篇，书也。"段玉裁注云："书，箸也，箸于简牍者也，亦谓之篇。古曰篇，汉人亦曰卷。卷者，缣帛可卷也。"可见"篇"是写在竹简或缣帛上的书。经过校勘术语"一作"的对照，我们了解到，写"编"字，有侧重于串联竹简的意思，写"篇"字，有侧重于书写竹简成一本书的意思。其实，不论用"编"还是用"篇"，都应包括两个过程，即把文字写在一片一片的竹简上，然后用丝绳把它们按顺序编排在一起，成一册书。因此两字义近。又如《循吏列传》："三年，门不夜关。"集解注"关"字："徐广曰：'一作"闭"。'"《说文》："闭，阖门也。从门，才所以距门也。""阖，门扇也。一曰闭也。"而《说文》："关，以木横持门户也。"段注云："引申之凡曰关闭。"可见"关"和"闭"是同义词。再如《陈丞相世家》："然门外多有长者车辙。"索隐解"辙"字："一作'轨'。按：言长者所乘安车，与载运之车轨辙或别。"这里我们不论安车与载运之车轨辙之不同，仅看"轨"与"辙"字词义关系。《说文》："轨，车彻（徹）也。"又《说文》："彻（徹），通也。"段注云："古有彻（徹）无辙。"其实，"轨"与"辙"皆指车舆下两轮之间的空处。不过有侧重，"辙"表两轮之间的广狭而言，"轨"表舆下地上的高卑而言。可见"车辙"与"车轨"是同义的。

二、某某书作某某例

此类型是援引他书做旁证进行文字校勘。如《孙子吴起列传》："魏置相，相田文。"索隐注"田文"："《吕氏春秋》作'商文'。"《伍子胥列传》："使伍奢为太傅，费无忌为少傅。"索隐："左氏作'费无极'。"这种引外证的校勘术语，有对《史记》一书的讳忌处有所指明者，如《袁盎晁错列传》："袁盎常引大体忼慨。宦者赵同以数幸。"集解"赵同"："徐广曰：'《汉书》作"谈"字。'"又《季布栾布列传》："事贵人赵同等。"集解注"赵同"："徐广曰：'《汉书》作"赵谈"。司马迁以父名谈，故改之。’”赵同，本名叫赵谈，为什么改成“同”字了呢？集解引徐广之说指明了原因，因为司马迁的父亲叫司马谈，为避家讳改“谈”为“同”。《汉书》的著者班固无此讳忌，故仍写为“谈”。有用他书所引来破假借字者，如《绛侯周勃世家》：“方与反，与战；却适。”集解：“骃案：适，《汉书》作‘敌’。”在上古“适”与“敌”，叠韵、声近，可通用。在韵上均在锡部，在声上“适”在端纽，“敌”在定纽，都属舌音。故《史记》用借字，《汉书》用本字。又《商君列传》：“有独知之虑者，必见敖于民。”索隐：“《商君书》作‘必见骜于人’也。”按文意，“敖”字应有诋毁意，索隐引《商君书》所用“骜”字，正有诋毁意，而“敖”字没有此意，故知“敖”是“骜”的借字。也有是异体字者，如《伍子胥列传》：“尚为人仁，呼必来。员为人刚戾，忍訽。”索隐：“邹氏作‘诟’，骂也。音逅。”《说文·三上·言部》：“诟，謑诟，耻也。从言后声。”“訽，诟。或从句。”“訽”是“诟”的异体字。

三、无某字、脱字例

古籍历代相传，免不了有语词的脱落和多出的衍文。这脱与衍都会对文意的理解造成困难和障碍。“三家注”对此现象非常重视，在注中明确地指出，以消除读者的困惑。如《樗里子甘茂列传》：“甘茂起下蔡闾阎，显名诸侯，重强齐楚。”集解：“徐广曰：‘恐或疑此当云“见重强齐”，误脱一字。’”正文中“重强齐楚”四字，从语法上很费解。集解引徐广之说，认为是在“重”前误脱去一“见”字。此校勘极为重要，少了此“见”字，“重强齐楚”的语法关系不明，添上此字，就显而易见这是一个被动句。“重”是一个被动性的动词，“强齐楚”是行为主动者。其意为甘茂被强大的齐楚所重视。又如《袁盎晁错列传》：“错为人陗直刻深。”集解：“韦昭曰：‘术岸高曰陗。’瓒曰：‘陗峻。’”索隐：“按：韦昭注本无‘术’字。”“本无‘术’字”，就是说“术”是衍字。此例是以后注校勘前注，裴骃集解引韦昭之注，多出了一个术字，实在是与“陗”义无关。为何会多出来呢？一定是辗转相传，误衍一字。经司马贞认真审察，真正见到韦昭的注，才得出结论“本无‘术’字”。司马贞这种审慎的质疑精神和从第一手材料中进行调查的态度确实是可贵的。再如《仲尼弟子列传》：“因越贱臣种奉先人藏器，甲二十领、鈇屈卢之矛、步光之剑，以贺军吏。”索隐：“鈇音趺，谓斧也。刘氏云一本无此字。屈卢，矛名。”按：越大夫种向吴王说话的口气，四字一句颇为流畅，其“矛”和“剑”都不单说，而是在前面加了定语。一个单音词“鈇”夹在其中，就显得不协调。因此，我认为司马贞引刘氏之说，很值得参考。

四、某某多作某某例

如《留侯世家》：“立以为韩王，以良为韩申徒。”集解：“徐广曰：‘即司徒耳，但语音讹转，故字亦随改。’”又见《韩信卢绾列传》：“沛公引兵击阳城，使张良以韩司徒降下韩故地。”集解注“司徒”：“徐广曰：‘他本多作“申徒”。申与司声相近，字由此杂乱耳。今有申徒，云是司徒之后，言司声转为申。’”首先应该指出，作为官名，申徒就是司徒。所以徐广曰：“即司徒耳。”其次应该指明，此官名，原本叫司徒，后来叫申徒。所以《史记》既写作“韩司徒”，又写作“韩申徒”。那么为什么“司”改为“申”？这就应该知道改的理由，就是“申与司声相近”，由于“语音讹转”，故“字亦随改”。上古“申”在书母，“司”在心母。书母在舌音，心母在齿音。从发音部位来看是相同的，都是舌的尖端跟齿(门牙)接触发出的音，所不同的只是发音方法而已。“申”是舌尖和齿接触的塞音，而“司”是舌尖与齿接触的擦音。“申与司声相近”，而不完全相同。由于当时人们“语音讹转”，故“字亦随改”。综上所述，由于当时人民口头语音讹转，所以“字由此杂乱耳”。正因为人民使用语音的讹转，故有的仍使用“司徒”，而“他本多作申徒。”究其实，两者均可。再如《留侯世家》：“今陛下为天子，而所封皆萧、曹故人所亲爱，而所诛者皆生平所仇怨。今军吏计功，以天下不足遍封，此属畏陛下不能尽封，恐又见疑平生过失及诛，故即相聚谋反耳。”裴骃在“过失”下集解云：“徐广曰：‘多作“生平”。’”推敲一下，为什么徐广曰“多作‘生平’”？主要是上文有“而所诛者皆生平所仇怨”之“生平”两字，改此处应保持口语的一致性，仍作“生平”为好。故很多版本作“生平”，是有道理的。但顺着文意向下看，司马迁接着写道：“上乃忧曰：‘为之奈何？’留侯曰：‘上平生所憎，群臣所共知，谁最甚者？’”紧接者又用“平生”两字，仍是留侯的话。在短短的一段文字中，上文是“生平”，下文是“平生”，而中间的“平生”是随上好还是随下好？根据上下文意来分析：第一，“生平”与“平生”，词义相同，皆当“平时”“平素”讲；第二，上下口语口气一致。因此中间的“平生”，随上改“生平”亦行，随下仍作“平生”亦行，故集解引徐广曰“多作‘生平’”。究其实，两者均可。再如《留侯世家》：“果见穀城山下黄石，取而葆祠之。”集解：“徐广曰：‘《史记》珍宝字皆作“葆”。’”又见《乐书》：“青黑缘者，天子之葆龟也。”索隐：“葆与‘宝’同。《史记》多作此字。”查《史记》一书，不像徐广所说。比如《项羽本纪》：“沛公左司马曹无伤使人言于项羽曰：‘沛公欲王关中，使子婴为相，珍宝尽有之。’”又如《高祖本纪》：“樊哙、张良谏，乃封秦重宝财物府库，还军霸上。”又《高祖本纪》：“沛公欲王关中，令子婴为相，珍宝尽有之。”又《项羽本纪》：“项羽引兵西屠咸阳，杀秦降王子婴，烧秦宫室，火三月不灭。收其货宝妇女而东。”以上仅举四例，“珍宝”之“宝”皆未作“葆”，而作“宝”。徐广之说不实。而司马贞索隐用“多作”术语，就比“皆作”术语妥帖得多。“葆”与“宝”在珍贵、珍宝这一词义上是同源字，所以索隐云“葆与‘宝’同”。究其实，两者均可也。

五、某某当作某某例、某某当为某某例

如《伍子胥列传》：“后五年，伐越。越王勾践迎击，败吴于姑苏，伤阖庐指。”正义：“姑苏当作‘槜李’，乃文误也。《左传》战槜李，伤将指，卒于陉是也。解在《吴世家》。”所谓某某当作某某，乃纠正文中之错误也。此例便是如此：“姑苏当作‘槜李’，乃文误也。”何以见得？张守节正义援引《左传》一书作旁证。见《左传·定公十四年》：“吴伐越，越子勾践御之，陈于槜李。……越子因而伐之，大败之。灵姑浮以戈击阖庐，阖庐伤将指。取其一屦，还，卒于陉，去槜李七里。”《左传》一书把吴越这次战争的战场、吴王败后死的地方以及战场和吴王死地的距离写得清清楚楚。首先，既然是吴伐越，槜李定在越地，查《中国历史地图集》，亦在越地。贾逵注《史记》亦云：“槜李，越地。”其次，吴王伤将指，死于陉，陉离槜李七里。查《中国历史地图集》，陉在槜李西北。再次，姑苏，在吴国首都吴县之西，见《中国历史地图集》。司马贞索隐亦云：“姑苏，台

名。在吴县西三十里。”显而易见，这是风马牛不相及的。所以司马贞索隐云：“《左传》云：‘定十四年，越子大败之。灵姑浮以戈击阖庐，阖庐伤将指。还，卒于陉，去槜李七里。’此云‘击之槜李’，又云‘败之姑苏’，自为乖异。”综上分析，我们认为唐代张守节用《左传》作旁证，断定“姑苏当作槜李”是正确的。又《越王勾践世家》：“元年，吴王阖庐闻允常死，乃兴师伐越。越王勾践使死士挑战，三行，至吴陈，呼而自刭。吴师观之，越因袭击吴师。吴师败于槜李。”索隐：“事在《左传》鲁定公十四年。”这有力的内证更能佐证张守节判断司马迁“乃文误也”是正确的。又如《苏秦列传》：“苏秦既约六国从亲，归赵，赵肃侯封为武安君，乃投从约书于秦。”索隐：“投当作‘设’。今本并作‘投’。言设者，谓宣布其纵约六国之事以告于秦。若作‘投’，甚为易解。”从下文“秦兵不敢窥函谷关十五年”来看，用郑重而庄严的“设”字比轻松易解的“投”字要合理些。再如《廉颇蔺相如列传》：“李牧者，赵之北边良将也。常居代雁门，备匈奴。以便宜置吏，市租皆输入莫府。”索隐：“崔浩云：‘古者出征为将帅，军还则罢，理无常处，以幕帘为府署，故曰“幕府”。’则‘莫’当作‘幕’，字之误也。”又《李将军列传》：“莫府省约文书籍事。”索隐注“莫府”：“案小颜云：‘凡将军谓之莫府者，盖兵门合施帷帐，故称莫府。古字通用，遂作“莫”耳。’”《张释之冯唐列传》：“终日力战，斩首捕虏，上功莫府。”索隐：“案：莫训大也。又崔浩云‘古者出征为将，治无常处，以幕为府舍，故云莫府’。‘莫’当为‘幕’，古字少耳。”综上诸例，作为幕府的“幕”是正字，而“莫”是同音假借字。

六、某某或作某某例，某某又作某某例

如《绛侯周勃世家》：“以将军从高帝击反韩王信于代，降下霍人。”索隐：“萧该云：‘《左传》“以偪阳子归纳诸霍人”，杜预云晋邑也。或作“靃”。’”《说文·四上·雔部》：“靃，飞声也。”段玉裁注云：“俗作‘霍’。”《说文》没有收进“霍”字。而“霍”字就是“靃”字，异体字也。又如《季布栾布列传》：“夫婢妾贱人感慨而自杀者。”集解：“徐广曰：‘或作“概”字，音义同。’”《说文·六上·木部》：“概，杚斗斛也。”段玉裁注云：“概本器名。用之平斗斛亦曰概。凡平物曰杚，

所以杚斗斛曰概。引申之义为节概、感概、梗概。”又见《汉书·季布传》作“感概”。《庄子·至乐》:“庄子妻死,惠子吊之。庄子则方箕踞鼓盆而歌。惠子曰:‘与人居,长子老身,死不哭亦足矣,又鼓盆而歌,不亦甚乎?’庄子曰:‘不然,是其始死也,我独何能无概然!’”司马云:“概,感也。”王先谦按:“古概、慨通作。”上古,“概”与“慨”皆在物部。而“概”在见纽,“慨”在溪纽,声近。由此可见,在“感慨”这一意义上,属同源字。又如《信陵君列传》:“公子闻赵有处士毛公藏于博徒,薛公藏于卖浆家。”集解:“徐广曰:‘浆,或作“醪”。’”“浆”与“醪”皆是酒,不过“醪”是汁滓混合的酒,“浆”是淡酒。皆为酒,因此是同义词。再如《韩信卢绾列传》:“说孙曾拜为龙頟侯。”索隐:“頟,五格反。又作‘雒’,音洛。”《说文·九上·页部》:“頟,顙也。”段注云:“今隶作额。”就是说,“頟”为篆文,“额”是隶书,皆为额头、脑门也。异体字也。综上所述,校勘术语“或作”“又作”,多用于同义、近义词或同类事物的校勘。

上面我们仅举几个常用的校勘术语为例,每个术语又侧重在常用的使用范围内引例分析。笔者对史籍校勘方面的知识很贫乏,错误一定不少,敬请专家、学者及同志们指正。

——《汉中师院学报(哲学社会科学版)》1986年第1期

《史记·萧相国世家》“三家注”分析

【《史记》正文】

萧相国何者，沛丰人也。[1]以文无害[2]为沛主吏掾[3]。

【注释分析】

〔1〕索隐：“按：《春秋纬》‘萧何感昴精而生，典狱制律’。”

《春秋纬》者，纬书之一种，内容是对经书而言，用儒家经义，附会人事吉凶祸福，预言治乱兴废。多有怪诞无稽之谈。唐司马贞引纬书，认为萧何是感昴星之精而降生，凡“昴降”皆显贵，故以此附会正文“相国”语，实属荒诞。此属引他书丰富正文史实条例。

〔2〕集解：“《汉书音义》曰：‘文无害，有文无所枉害也。律有无害都吏，如今言公平吏。一曰，无害者如言“无比”，陈留间语也。’”

南朝宋裴骃引《汉书音义》，首先用让转复句的紧缩句“（虽）有文（但）无所枉害也”串讲“文无害”句意，可见“文”与“无害”属二事。文者，才能也。无害者，谓无所侵牟渔夺，指品行也。清人郭嵩焘《史记札记》云：“盖其时所用以择吏者也。”大概是汉初用“文”及“无害”作为选择官吏的两个标准。如《史记·酷吏列传》：“禹为丞相史，府中皆称其廉平。然亚夫弗任，曰：‘极知禹无害，然文深，不可以居大府。’”又如《史记·淮阴侯列传》云：“始为布衣时，贫无行，不得推择为吏。”集解于是引《汉书音义》所说汉律和今语证明正文之“无害”即“无害都吏”和当今的“公平吏”。这样便使“无害”由抽象难懂而具体、明显了。“一曰”者，对词义“无害”进行另一种解释之术语。用“如言”者，乃以易懂的比喻词相注。“无比”即无人能胜过也。此属以陈留间方言训释通语也。

索隐："按：裴注已列数家，今更引二说。应劭云'虽为文吏，而不刻害也'。韦昭云'为有文理，无伤害也'。"

后注补充说明前注条例。然颜师古注《汉书·萧何曹参传》否定了应劭的解释，认为"文"不能做"文吏"解，因为不符合汉朝择吏之两标准。师古之说是对的。

〔3〕索隐："《汉书》云'何为主吏'。主吏，功曹也。又云'何为沛掾'，是何为功曹掾也。"

司马贞两引《汉书》文句，对解释正文"为沛主吏掾"来说，是采用修辞格的互文见义法。在释词中用"功曹"训"主吏"，进而用"功曹掾"训"主吏掾"，皆以同义词相训。

【《史记》正文】

高祖为布衣时，何数以吏事护高祖。〔1〕高祖为亭长，常左右之。高祖以吏繇咸阳，吏皆送奉钱三，何独以五。〔2〕

【注释分析】

〔1〕索隐："《说文》云：'护，救视也。'"

释词义。司马贞引《说文》者，以本义训释也。

〔2〕集解："李奇曰：'或三百，或五百也。'"。

释词义。裴骃引李奇注，是嫌"三""五"数词太泛、太抽象，李奇在数词之后各加"百"字，使其确切、具体。此属具体释抽象也。

索隐："奉音扶用反，谓资俸之。如字读，谓奉送之也。钱三百，谓他人三百，何独五百也。刘氏云：'时钱有重者一当百，故有送钱三者。'"

司马贞首用扶用反切注"奉"，《广韵·去声·用韵》："俸，俸秩。扶用切。"遂用术语"谓"字，以"资俸之"训"奉"，明"送奉钱三"之"奉"即俸秩之"俸"，皆为名词，奉、俸为同源字。正文之"送奉钱三"者，即"送俸禄钱三百"。"资俸之"者，即拿俸禄资助刘邦，语法为双宾结构。属源词出现的声训义界方式。王力《同源字典》云："《广韵》：'俸，俸秩。'韩非子奸劫弑臣：'以取尊官厚俸。'字本作'奉'。史记萧相国世家:'吏皆送奉钱三。'索隐:'奉,谓资奉之。'汉书高后纪:'列侯幸得赐餐钱奉邑。'注引韦昭:'粟米曰奉。'王莽传上:'其令公奉舍人赏赐皆倍故。'师古曰:'奉,所食之奉也。'宣帝纪:'今小吏皆勤事而奉禄薄。'"王力教授之说可作佐证。次用术语"如字读"注"奉",表明"奉"字还可按照它的本来读音读。《广韵·上声·肿韵》:"奉,与也,献也。"司马贞遂用术语"谓"字,以"奉送之"训"奉",明"送奉钱三"之"奉"当"送与"之义,动词。正文之"送奉钱三"者,即"送与钱三百"。"奉""送"为并列的同义词。综上两解"奉"字词义,于上下文意皆可。次用集解之"钱三百"的注文串讲正文句意,属后注补充说明前注之条例。索隐最后引刘氏云者,乃考证正文"钱三"之因。

【《史记》正文】

秦御史监郡者与从事,常辨之。[1]何乃给泗水卒史事[2],第一[3]。秦御史欲入言徵何,何固请,得毋行。

【注释分析】

〔1〕集解:"张晏曰:'何与共事修辨明,何素有方略也。"苏林曰:'辟何与从事也。秦时无刺史,以御史监郡。'"

裴骃引张晏注,在串讲"秦御史监郡者与从事,常辨之"句意中,增实词"何"字,补出省略之主语"萧何",表明正文之"秦御史监郡者"不是全句主语,不要误认是全句主语,而是时间状语。串讲后点出言外之意:"何素有方略也。"次引苏林注,除串讲句意外,还旨在考证秦时官制。秦朝未设刺史官职,御史相当于汉朝州之刺史,专门监督检查郡县工作。

索隐:"按:何与御史从事常辨明,言称职也。故张晏曰'何与共事修辨明,何素有方略也'是也。"

后注补充说明前注条例。司马贞不但赞同张晏补出主语"何",又将正文"御史"置于"从事"之前,表明"从事"隶属于"御史"。而"御史从事"这名词性的偏正词组作介词"与"的宾语,使全句语法明晰。串讲后亦点出言外之意:"言称职也。"

〔2〕集解："徐广曰：'沛县有泗水亭。又秦以沛为泗水郡。'骃按：文颖曰'何为泗水郡卒史'。"

裴骃引徐广注，先用"有"字表明沛县有个泗水亭，继以"又"字，通过"以……为……"句式表明秦时把沛县作为泗水郡的治所。这样便明白泗水是"郡"，治所在"沛县"，"沛县"建有泗水亭。又引文颖注，证明"何为泗水郡卒史"。清人郭嵩焘《史记札记》考证云："案此谓由县吏转为郡吏也。"

索隐："如淳按：律，郡卒史书佐各十人也。卒，祖忽反。"

后注补充前注条例。因集解引文颖曰"何为泗水郡史"，司马贞便引如淳注，进一步考证汉律，证明秦时郡有卒史和书佐各十人作为郡之属官。此训中由"卒史"又引出"书佐"，可谓"连类而及"也。清人郭嵩焘《史记札记》云："《高帝本纪》有泗水监，又有泗水守，此云'监郡'者，则何之为泗水卒史，乃监郡者之属吏也。"郭氏看法是对的。最后对卒史之"卒"用祖忽反切注音，《广韵·入声·没韵》有"卒""忽"两小韵，并于"卒"小韵下注云："《说文》，隶人给事者衣为卒，卒衣有题识者。"清人段玉裁《说文解字注》云："俗本'者'下有'衣'字，宋本及《御览》《韵会》《玉篇》皆无，此谓人也，非谓衣也。"段说是也。

〔3〕索隐："按：谓课最居第一也。"

释词义。司马贞用术语"谓"字，以"课最居第一"解释"第一"，意即按程式考核在属官中居第一位，属以具体释抽象也。

【《史记》正文】

及高祖起为沛公，何常为丞督事。[1]沛公至咸阳，诸将皆争走[2]金帛财物之府分之，何独先入收秦丞相御史律令图书藏之。沛公为汉王，以何为丞相。项王与诸侯屠烧咸阳而去。汉王所以具知天下扼塞，户口多少，强弱之处，民所疾苦者，以何具得秦图书也。何进言韩信，汉王以信为大将军。语在《淮阴侯》事中。

【注释分析】

〔1〕索隐："谓高祖起沛，令何为丞，常监督庶事也。"

司马贞认为"何常为丞督事"一句难解，故分作两句"令何为丞，常监督庶事"来解，并于"何"字上加动词"令"，将副词"常"移置动词"督"前，语法就清楚了。串讲中用合成词"监督"训"督"，用词组"庶事"训"事"，释词了然。

〔2〕索隐："音奏。奏者，趋向之。"

司马贞用直音"奏"注"走"，《广韵·去声·候韵》有"奏"小韵，小韵下有"走"字，表明"奏""走"是同音字。继以"趋向之"训"奏"义，乃是以假借义生训也。

【《史记》正文】

汉王引兵东定三秦，何以丞相留收巴蜀，填抚谕告，使给军食。汉二年，汉王与诸侯击楚，何守关中，侍太子，治栎阳。为法令约束，立宗庙社稷宫室县邑，辄奏上，可，许以从事；即不及奏上，辄以便宜施行，上来以闻[1]。关中事计户口转漕[2]给军，汉王数失军遁去，何常兴关中卒，辄补缺。上以此专属任何关中事。

【注释分析】

〔1〕集解："应劭曰：'上来还，乃以所为闻之。'"

裴骃引应劭注，用"上来还，乃以所为闻之"串讲"上来以闻"句意，表明正文为条件复句的紧缩句。在条件复句的后一分句，"以"字后增"所为"二字，标明正文"以"是介词，训"用"或"把"，介词"以"后省略宾语。此训属增实词以补省略成分而使语法清晰例。又于"闻"后增代词"之"，表示正文"闻"是使动用法，所增代词"之"乃是"闻"之宾语。此句大意是，等到皇上回到关中，就让他知道所做的事。

〔2〕索隐："转，刘氏音张恋反。漕，水运也。"

司马贞引刘伯庄用张恋反切注"转"，《广韵·去声·线韵》"啭"小韵下有"转"字，训"流转"，即陆运也。又以"水运也"训"漕"，属义训义界方式，以本义生训也。《说文》："漕，水转毂也。"

【《史记》正文】

汉三年，汉王与项羽相距京索之间，上数使使劳苦丞相。鲍生谓丞相曰："王暴衣露盖，数使使劳苦君者，有疑君心也。为君计，莫若遣君子孙昆弟能胜兵者悉诣军所，上必益信君。"于是何从其计，汉王大说。

汉五年，既杀项羽，定天下，论功行封。群臣争功，岁余功不决。高祖以萧何功最盛，封为酂侯[1]，所食邑多。功臣皆曰："臣等身被坚执锐，多者百余战，少者数十合，攻城略地，大小各有差。今萧何未尝有汗马之劳，徒持文墨议论，不战，顾反居臣等上，何也？"高帝曰："诸君知猎乎？"曰："知之。""知猎狗乎？"曰："知之。"高帝曰："夫猎，追杀兽兔者狗也，而发踪指示兽处者人也。今诸君徒能得走兽耳，功狗也。至如萧何，发踪指示，功人也。且诸君独以身随我，多者两三人。今萧何举宗数十人皆随我，功不可忘也。"群臣皆莫敢言。

【注释分析】

〔1〕集解："文颖曰：'音赞。'瓒曰：'今南乡酂县也。孙检曰"有二县，音字多乱。其属沛郡者音嵯，属南阳者音赞"。按《茂陵书》，萧何国在南阳，宜呼赞。今多呼嵯，嵯旧字作"鄌"，今皆作"酂"，所由乱也。'"

本注围绕酂侯之酂，进行了多方面的考证。从字音上看，"其属沛郡者音嵯，属南阳者音赞"，有二音；从字形上看，"旧字作鄌，今皆作酂"，字形有变；从地名考证上看，酂县有二，一在沛郡，一在南阳郡。问题症结归为"音字多乱"。参看段玉裁《说文解字注》"酂"下云："汉《地理志》南阳郡酂，侯国。孟康曰：'音赞。'按：南阳县作酂，沛郡县作鄌。许二字画然不相乱也。在沛者，后亦作酂。直由莽曰，赞治而乱。南阳酂音赞。沛鄌及改作酂字，皆音嵯。音亦本不相乱。萧何始封之酂。《茂陵书》、文颖、臣瓒、颜师古、杜佑皆云在南阳，江统、戴规、姚察、李吉甫、今钱氏大昕皆云在沛。在沛说是也。始封于鄌，高后乃封之南阳之酂与筑阳，文帝至莽之酂侯，皆在南阳。故《地理志》于南阳云酂，侯国，而沛郡酂下不云侯国，为在沛者不久也。诸家所传班固作《泗水亭高祖碑》云：'文昌四友，汉有萧何。序功第一，受封于鄌。'以韵求之，可以不惑。"综合考察，地名上确实有二，在沛郡者为鄌县，在南阳郡者为酂县。萧何始封在沛郡之鄌，音嵯。后来高后又封之于南阳之酂。沛郡之鄌，后来文字上写作酂，音仍呼为嵯。注引《茂陵书》云："萧何国在南阳，宜呼赞。今多呼嵯。"可见当时作为酂侯之酂，不论文字的形体有异，还是不同的地名，皆呼为嵯。呼赞者谬矣。

索隐："邹氏云：'属沛郡音嵯，属南阳音赞。'又臣瓒按《茂陵书》：'萧何国在南阳，则字当音赞，今多呼为嵯也。'注：'瓒曰今南乡酂县。'顾氏云：'南乡，郡名也。《太康地理志》云："魏武帝建安中分南阳立南乡郡，晋武帝又曰顺阳郡也"'。"

后注补充说明前注条例。又引顾氏注，以"郡名"训"南乡"，乃是以共名训专名也。继则考证南乡郡之历史演变过程：南乡在汉时归南阳郡，魏武帝建安年间从南阳郡分立出来，独立成为南乡郡，到了晋武帝时改为顺阳郡。

【《史记》正文】

列侯毕已受封，及奏位次，皆曰："平阳侯曹参身被七十创，攻城略地，功最多，宜第一。"上已桡[1]功臣，多封萧何，至位次未有以复难之，然心欲何第一。关内侯鄂君[2]进曰："群臣议皆误。夫曹参虽有野战略地之功，此特一时之事。夫上与楚相距五岁，常失军亡众，逃身遁者数矣。然萧何常从关中遣军补其处，非上所诏令召，而数万众会上之乏绝者数矣。夫汉与楚相守荥阳数年，军无见粮，萧何转漕关中，给食不乏。陛下虽数亡山东，萧何常全关中以待陛下，此万世之功也。今虽亡曹参等百数，何缺于汉？汉得之不必待以全。奈何欲以一旦之功而加万世之功哉？萧何第一，曹参次之。"高祖曰："善。"于是乃令萧何〔第一〕赐带剑履上殿，入朝不趋。

【注释分析】

〔1〕集解："应劭曰：'桡，屈也。'"

裴骃引应劭注，用"屈"训"桡"，乃以引申义生训也。《说文》："桡，曲木也。"段注："引申为凡曲之称。"《正字通》："凡曲而不申者皆曰屈。"进一步引申也。

索隐："音女教反。"

司马贞用女教反切注"桡"。《广韵·去声·效韵》："桡，木曲。奴教切。"此属后注补充前注例。

〔2〕索隐："按《功臣表》，鄂君即鄂千秋，封安平侯。"

人名考证。司马贞考核了《汉书·高惠高后文功臣表第四》，核实鄂君"以谒者汉王三年初从，定诸侯，有功，秩，举萧何功，故因侯，二千户"。

【《史记》正文】

上曰："吾闻进贤受上赏。萧何功虽高，得鄂君乃益明。"于是因鄂君故所食关内侯邑封为安平侯。[1]是日，悉封何父子兄弟十余人，皆有食邑。乃益封何二千户，以帝尝繇咸阳时何送我独赢奉钱二也。[2]

【注释分析】

〔1〕集解："徐广曰：'以谒者从定诸侯有功，秩举萧何功，故因侯二千户。封九年卒。至玄孙旦，坐与淮南王安通，弃市，国除。'"

人名考证。裴骃引徐广注，梗概介绍鄂君及其子孙大事记。与《史记·高祖功臣侯年表第六》安平侯年表相符。

正义："《括地志》云：'泽州安平县，本汉安平县。'"

张守节引萧德言等著《括地志》，先用唐代分道计州的地志，标明安平县属泽州，后追溯安平亦是汉代县名。以今释古也。

〔2〕索隐："谓人皆三，何独五，所以为赢二也。音盈。"

司马贞首先通过因果复句串讲句意，并用表因分句解释"赢二"。这就使正文"何送我独赢奉钱二"具体化了。次以直音法注"赢"为"盈"。《广韵·下平·十四清韵》"盈"小韵下有"赢"字，训为"利也，益也，有余也，财长也。"颜师古注《汉书》"赢，余也"，即多给的意思。

【《史记》正文】

汉十一年，陈豨反，高祖自将，至邯郸。未罢，淮阴侯谋反关中，吕后用萧何计，诛淮阴侯，语在《淮阴》事中。上已闻淮阴侯诛，使使拜丞相何为相国，益封五千户，令卒五百人一都尉为相国卫。诸君皆贺，召平独吊。召平者，故秦东陵侯。秦破，为布衣，贫，种瓜于长安城东，瓜美，故世俗谓之“东陵瓜”，从召平以为名也。召平谓相国曰：“祸自此始矣。上暴露于外而君守于中，非被矢石之事而益君封置卫者，以今者淮阴侯新反于中，疑君心矣。夫置卫卫君，非以宠君也。愿君让封勿受，悉以家私财佐军，则上心说。”相国从其计，高帝乃大喜。

汉十二年秋，黥布反，上自将击之，数使使问相国何为。相国为上在军，乃拊循勉力百姓，悉以所有佐军，如陈豨时。客有说相国曰：“君灭族不久矣。夫君位为相国，功第一，可复加哉？然君初入关中，得百姓心，十余年矣，皆附君，常复孳孳得民和。上所为数问君者，畏君倾动关中。今君胡不多买田地，贱贳贷[1]以自污？上心乃安。”于是相国从其计，上乃大说。

【注释分析】

〔1〕正义：“贳音世，又食夜反，赊也。下天得反。”

张守节用直音“世”注“贳”，是以声符相注，亦即以常见易读之字相注。又用食夜反切注“贳”。《广韵·去声·祃韵》：“贳，赊也，贷也”。以“赊”训“贳”，乃以本义生训也。下天得反者，是用反切注“贷”字音。

【《史记》正文】

上罢布军归，民道遮行上书，言相国贱强买民田宅数千万。上至，相国谒。上笑曰：“夫相国乃利民！”[1]民所上书皆以与相国，曰：“君自谢民。”相国因为民请曰：“长安地狭，上林中多空地，弃，愿令民得入田，毋收稿为禽兽食。”[2]上大怒曰：“相国多受贾人财物，乃为请吾苑！”乃下相国廷尉，械系之。数日，王卫尉侍[3]，前问曰：“相国何大罪，陛下系之暴也？”上曰：“吾闻李斯相秦皇帝，有善归主，有恶自与。今相国多受贾竖金而为民请吾苑，以自媚于民，故系治之。”王卫尉曰：“夫职事苟有便于民而请之，真宰相事，陛下奈何乃疑相国受贾人钱乎！且陛下距楚数岁，陈豨、黥布反，陛下自将而往，当是时，相国守关中，摇足则关以西非陛下有也。相国不以此时为利，今乃利贾人之金乎？且秦以不闻其过亡天下，李斯之分过[4]，又何足法哉。陛下何疑宰相之浅也[5]。”高帝不怿。是日，使使持节赦出相国。相国年老，素恭谨，入，徒跣谢。高帝曰："相国休矣！相国为民请苑，吾不许，我不过为桀纣主，而相国为贤相。吾故系相国，欲令百姓闻吾过也。"

【注释分析】

〔1〕索隐："谓相国取人田宅以为利，故云'乃利人'也。所以令相国自谢之。"

司马贞在串讲中解释了"利"是名词的活用，用如意动，即以为利。

〔2〕索隐："苗子还种田人，留稿入官。"

司马贞串讲句意。但未释"毋"词义。因此照注释、串讲正文，"毋"字仍不得其解。清人郭嵩焘《史记札记》云："案此'毋'字当为发语辞，言毋宁令民入田，命收稿为鸟兽食，犹为两利之道也。"郭氏注"毋"为发语辞，全句豁然贯通矣。

〔3〕集解："如淳曰：《百官公卿表》卫尉王氏，无名字。'"

查《汉书·百官公卿表》高帝十一年至十二年栏中有"卫尉王氏"，确实无名字。而于孝惠元年栏中有"营陵侯刘泽为卫尉"，有姓名。盖王卫尉平生中仅此一事而著称，司马迁无可考其名耶？

〔4〕索隐："按：上文李斯归恶而自予，是分过。"

司马贞用本篇"归恶而自予"解释"分过"，随文而释也，属内证法注释。

〔5〕集解："韦昭曰：'用意浅。'"

裴骃引韦昭注，用"用意浅"训"浅"，使"浅"这个抽象的形容词有了具体的内容，亦即捕捉住了司马迁用"浅"词的真正含义，以具体训抽象也。

【《史记》正文】

何素不与曹参相能，及何病，孝惠自临视相国病，因问曰："君即百岁后，谁可代君者？"对曰："知臣莫如主。"孝惠曰："曹参何如？"何顿首曰："帝得之矣！臣死不恨矣！"

何置田宅必居穷处，为家不治垣屋。曰："后世贤，师吾俭；不贤，毋为势家所夺。”

孝惠二年，相国何卒[1]，谥为文终侯[2]。

【注释分析】

〔1〕集解：“《东观汉记》云：‘萧何墓在长陵东司马门道北百步。’”

《东观汉记》是东汉官修本朝纪传体史书。《史记》正文只云“相国何卒”，未云“葬地”。裴骃引《东观汉记》，用“在”字表明萧何坟墓所在之地理方位，属注解引他书补充丰富正文史实。

正义：“《括地志》云：‘萧何墓在雍州咸阳县东北三十七里。’”

后注补充说明前注。

〔2〕集解：“徐广曰：‘《功臣表》萧何以客初起从也。’”

徐广所说《功臣表》即《汉书·高惠高后文功臣表》，于酂文终侯萧何“侯状户数”栏内云：“以客初从入汉，为丞相，守蜀及关中，给军食，佐定诸侯，为法令、宗庙，侯，八千户。”裴骃引徐广之说，属人名史实考核。

【《史记》正文】

后嗣以罪失侯者四世，绝，天子辄复求何后，封续酂侯，功臣莫得比焉。

太史公曰：萧相国何于秦时为刀笔吏，录录未有奇节[1]。及汉兴，依日月之末光，何谨守管籥，因民之疾秦法，顺流与之更始。淮阴、黥布等皆以诛灭，而何之勋烂焉。位冠群臣，声施后世，与闳夭、散宜生等争烈矣。

【注释分析】

〔1〕索隐：“录音禄。”

司马贞用直音“禄”注“录”，用同音字相注也。录、禄，上古双声，皆在来纽。叠韵，皆在屋韵。

——《汉中师院学报(哲学社会科学版)》1987年第3期

《史记·陈丞相世家》“三家注”分析

【《史记》正文】

陈丞相平者，阳武户牖乡人也。[1]少时家贫，好读书，有田三十亩，独与兄伯居。伯常耕田，纵平使游学。平为人长〔大〕美色。人或谓陈平曰：“贫何食而肥若是？”其嫂嫉平之不视家生产，曰：“亦食糠覈耳。[2]有叔如此，不如无有。”伯闻之，逐其妇而弃之。

【注释分析】

〔1〕集解：“徐广曰：‘阳武属魏地。户牖，今为东昏县，属陈留。’”

考证地名。裴骃引徐广之说，先考证阳武，用“属”字表明阳武战国隶属于魏。继而考证户牖乡，用“今”字表明户牖汉朝置为东昏县，属陈留郡。

索隐：“徐广云‘阳武属魏’，而《地理志》属河南郡，盖后阳武分属梁国耳。徐又云‘户牖，今为东昏县，属陈留’，与《汉书·地理志》同。按：是秦时户牖乡属阳武，至汉以户牖为东昏县，隶陈留郡也。”

考证地名，属后注补充前注例。司马贞先考证阳武，亦引徐广云，表示赞同其说；继用连词“而”一转，又引《汉书·地理志》，仍用“属”字，则表明到了汉朝，阳武县隶属河南郡。索隐两引，表明同为阳武县，不同时代不同归属耳。后用“盖”字，认为阳武县曾一度分属过汉朝的梁国。司马贞后考证户牖乡。首引“徐又云”者，主要阐明徐广之说与《汉书·地理志》所载相同并下按断：太史公将阳武冠于户牖乡之上，乃按秦时行政区划归属，到了汉朝，户牖乡已改置东昏县，隶属陈留郡。

正义：“《陈留风俗传》云：‘东昏县，卫地，故阳武之户牖乡也。’《括地志》云：‘东昏故城在汴州陈留县东北九十里。’”

考证地名,属后注补充前注例。张守节先引《陈留风俗传》,表明汉朝所置的东昏县,原是春秋时卫地,后是秦朝阳武县的户牖乡。后引唐人萧德言等撰的《括地志》,用“在”字表明汉朝的东昏县在唐朝汴州陈留县的地理方位,以今释古也。

〔2〕集解:“徐广曰:‘覈音核。’骃案:孟康曰‘麦糠中不破者也’。晋灼曰‘覈音纥,京师谓粗屑为纥头’。”

释字音,解词义。裴骃引徐广曰者,乃用直音法以“核”注“覈”音,兼释词义。覈在沃韵,核在职韵,皆在见纽,双声、韵近。《说文》:“核,蛮夷以木皮为箧,状如奁尊。”南唐徐铉读古哀切。徐锴曰:“此字又音覈。《周礼》曰:‘其植物宜覈物。’当作此核字,谓桃梅之属也。又《诗》曰‘肴核惟旅’也。”又《说文》:“覈,实也。”朱骏声曰:“凡物包覆其外,坚实其中曰覈。”《周礼·地官·大司徒》:“其植物宜覈物。”郑玄注:“核物,李梅之属。”《广雅·释器》:“覈,骨也。”王念孙曰:“骨之言覈也。《说文》:‘骨,肉之覈也。’覈,与核同。”由此可见,覈与核音相近,在核物的意义上同义,属同源字。裴骃又考据孟康注,以“麦糠中不破者”训覈,用义界训释,乃是以本义生训;继引晋灼曰,亦先用直音法以“纥”注“覈”音,次用术语“为”,以京师一带的口头语“纥头”训释“覈”义,乃是以京师的方言释通语也。集解以多种训释方式释“糠覈”之“覈”的音义,使糠中的粗屑义愈来愈明。

【《史记》正文】

及平长,可娶妻,富人莫肯与者,贫者平亦耻之。久之,户牖富人有张负,〔1〕张负女孙五嫁而夫辄死,人莫敢娶。平欲得之。邑中有丧,平贫,侍丧,以先往后罢为助。张负既见之丧所,独视伟平,平亦以故后去。负随平至其家,家乃负郭〔2〕穷巷,以弊席为门,然门外多有长者车辙。〔3〕张负归,谓其子仲曰:“吾欲以女孙予陈平。”张仲曰:“平贫不事事,一县中尽笑其所为,独奈何予女乎?”负曰:“人固有好美如陈平而长贫贱者乎?”卒与女。为平贫,乃假贷币以聘,予酒肉之资以内妇。负诫其孙曰:“毋以贫故,事人不谨。事兄伯如事父,事嫂如母。”〔4〕平既娶张氏女,赍用益饶,游道日广。

【注释分析】

〔1〕索隐:“按:负是妇人老宿之称,犹‘武负’之类也。然此张负既称富人,或恐是丈夫尔。”

释词义,人名考证。司马贞先用“是”字判断,以“妇人老宿之称”训“负”,是用义界方式注释。注释中以“妇”释“负”,却是以本字破假借字。上古负与妇皆在并母,之韵,为同音字。继用“犹”字譬喻,乃是以同类事物相比附也。如《史记》中《高祖本纪》之“武负”、《绛侯周勃世家》之“许负”,其义皆同。最后用“然”字一转,通过内证法,认为“张负既称富人,或恐是丈夫尔”。综观索隐此条训释,是采用转折复句的语法形式训释的,侧重点放在了“然”字转折之后的考证训释上。然而司马迁《史记》全书,没有一处称丈夫为“负”的,而其他篇称“许负”“武负”的皆为妇人,故“张负”亦为妇人较妥。

〔2〕索隐:“高诱注《战国策》云‘负背郭居也’。”

串讲句义中释词义。司马贞引高诱注《战国策》云,用“负背郭居”讲解“家乃负郭穷巷”句意,其中以“背”训“负”,乃是用引申义生训也。《说文》:“负,恃也。从人守贝,有所恃也。”本义是仰仗、倚恃。而“倚恃”是倚仗别人的,是被动的。从主动方面说则是承担。承担可以用于抽象意义,如承担重任,亦可以用于具体意义,如段注《说文》“负”下云:“凡以背任物曰负。”因此“背负”经常连言。以“背”训“负”,正是以引申义相训也。

〔3〕索隐:“一作‘轨’。按:言长者所乘安车,与载运之车轨辙或别。”

文字校勘,点明句意。司马贞用“一作”者,校勘文字术语,这里表示辙与轨可参互见义。《说文》:“轨,车彻(徹)也。”又《说文》:“彻(徹),通也。”段注:“古有彻(徹)无辙。”其实轨与辙皆指车舆下与两轮间的空处,不过各有侧重,“辙”表两轮之间的广狭,而“轨”表舆下地上的高卑。可见“车辙”与“车轨”在意义上是相同的。继则用“言”字点明句子的言外之意:从门外有长者所乘车的车辙来看,陈平是与众不同的,指有地位、有身份的长者常来拜访陈平。

〔4〕集解:“兄伯已逐其妇,此嫂疑后娶也。”

史实考核。裴骃考据上文有“逐其妇而弃之”,故说“此嫂疑后娶也”,用内证法考之。然此考证后人多驳之。清人张照《殿本史记考证》:“按:马迁特载陈平兄伯逐妇事，专为下文盗嫂语，明其诬耳。至‘事兄伯如父，事嫂如母’，原是训辞，连类而及，不必有嫂乃云然。裴骃必求其嫂以实之，亦凿矣。”又清人郭嵩焘《史记札记》卷四云：“案上‘逐其妇而弃之’，一时之愤辞也；语言之失，因以弃嫂，陈平亦岂能安？史公于此多不暇斡旋，止可因前后之文以通知其情事，裴骃便据此嫂为后娶，恐失之。”

【《史记》正文】

里中社，平为宰，[1]分肉食甚均。父老曰：“善，陈孺子之为宰！”平曰：“嗟乎，使平得宰天下，亦如是肉矣！”

【注释分析】

〔1〕索隐：“其里名库上里。知者，据蔡邕《陈留东昏库上里社碑》云‘惟斯库里，古阳武之牖乡’。陈平由此社宰，遂相高祖也。”

释词义，考证地名。司马贞先确定“里”是“库上里”，乃是以具体训抽象也。继则指出确定之依据，乃是蔡邕的《陈留东昏库上里社碑》。此乃用外证法考据之。

【《史记》正文】

陈涉起而王陈，使周市略定魏地，立魏咎为魏王，与秦军相攻于临济。陈平固已前谢其兄伯，[1]从少年往事魏王咎于临济。魏王以为太仆。说魏王不听，人或谗之，陈平亡去。

【注释分析】

〔1〕集解：“《汉书音义》曰：‘谢语其兄往事魏。’”

串讲句意并释词义。裴骃引《汉书音义》所云，在串讲句意中，用“语”释“谢”，是用引申义生训。《说文》：“谢，辞去也。”段注：“辞，不受也。”可见本义是辞却。辞却需要向别人说话，引申为告诉。此以“语”训“谢”者即告诉之义也。而告诉的内容即集解在注释中所加添的“往事魏”三字。“陈平固已前谢其兄伯”句子大意是“陈平本来已经在前些日子向他的哥哥告辞”。

【《史记》正文】

久之，项羽略地至河上，陈平往归之，从入破秦，赐平爵卿。[1]项羽之东王彭城也，汉王还定三秦而东，殷王反楚。项羽乃以平为信武君，将魏王咎客在楚者以往，击降殷王而还。项王使项悍拜平为都尉，赐金二十溢。居无何，汉王攻下殷，项王怒，将诛定殷者将吏。陈平惧诛，乃封其金与印，使使归项王，而平身间行杖剑亡。渡河，船人见其美丈夫独行，疑其亡将，要中当有金玉宝器，目之，欲杀平。平恐，乃解衣裸而佐刺船。船人知其无有，乃止。

【注释分析】

〔1〕集解："张晏曰：'礼秩如卿，不治事。'"

释词义，讲修辞。裴骃引张晏的话，先用"秩"训"爵"，乃是以引申义生训。《说文》："爵，礼器也。""爵"本义是古代的一种酒器。古代宴饮敬酒是按官位等级依次而降，故引申为爵禄、爵秩、爵位。段注《说文》"爵"下云："爵引申为爵秩。"张晏在注解"爵卿"中间加一"如"字，此乃比喻也，意即爵卿而非真卿也，故继以"不治事"解之。今人韩兆琦注云："谓礼则尊之，而实不用。"

【《史记》正文】

平遂至修武降汉，[1]因魏无知求见汉王，[2]汉王召入。是时万石君奋为汉王中涓，[3]受平谒，入见平。平等七人俱进，赐食。王曰："罢，就舍矣。"平曰："臣为事来，所言不可以过今日。"于是汉王与语而说之，问曰："子之居楚何官？"曰："为都尉。"是日乃拜平为都尉，使为参乘，典护军。诸将尽讙，[4]曰："大王一日得楚之亡卒，未知其高下，而即与同载，反使监护军长者！"汉王闻之，愈益幸平。遂与东伐项王。至彭城，为楚所败。引而还，收散兵至荥阳，以平为亚将，属于韩王信，军广武。

【注释分析】

〔1〕集解："徐广曰：'汉二年。'"

大事年月考证。裴骃引徐广所说"汉二年"，正与《史记·高祖功臣侯年表第六》曲逆侯下云“以故楚都尉,汉王二年初从修武,为都尉”相同。又《汉书·高惠高后文功臣表第四》“曲逆献侯陈平”下云:“以故楚都尉,汉王二年初起修武,为都尉。”与徐广的说法亦相符。

〔2〕索隐:“《汉书》张敞与朱邑书云‘陈平须魏倩而后进’,孟康云即无知也。”

史实考核。属引他书丰富正文史实例。司马贞引《汉书·朱邑传》文,正是通过外证法考证并丰富了《史记》正文史实。又引孟康云者,表明《汉书》之“魏倩”,即《史记》之“魏无知”。为何称呼不同?《史记》是直叙其事,故称名字。《汉书》是赞美此段推荐之事,故用敬称。见颜师古注《汉书》云:“倩,士之美称,故云魏倩也,而韦氏便以为无知之字,非也。譬犹谓汲黯为汲直,黯岂字直乎?且次下句云‘赖萧公而后信’,亦非何之字也。”据此得知司马贞引《汉书》,是赞扬魏无知荐陈平也。

〔3〕集解:“徐广曰:‘亦曰涓人。’”

官职考证。裴骃引徐广之说,表明涓人是中涓之别名。参见《汉书·曹参传》:“高祖为沛公也,参以中涓从。”师古曰:“涓,洁也,言其在内主知洁清洒扫之事,盖亲近左右也。”

〔4〕索隐:“讙,哗也。音懽,又音喧。《汉书》作‘皆怨’。”

注字音,释词义,文字校勘。司马贞以“哗”训“讙”者,是本义相训也。见《说文》:“讙,哗也。”继用直音法以“懽”注“讙”,取同音字耳。又音喧者,乃同源字耳。《荀子·强国》:“百姓讙敖。”注:“讙,喧哗也。”《广韵》:“喧,大语也。”又:“喧,喧哗,亦作喧讙。”又:“讙,嚣貌也。”从互训上看出讙、喧是同源字也。最后引《汉书》的说法,是援引他书进行文字校勘。作“讙”者,主声也,作“怨”者,主色也。其实质是不满意地大声喊叫。

【《史记》正文】

绛侯、灌婴等咸谗陈平曰:“平虽美丈夫,如冠玉耳,其中未必有也。[1]臣闻平居家时,盗其嫂;事魏不容,亡归楚;归楚不中,又亡归汉。今日大王尊官之,令护军。臣闻平受诸将金,金多者得善处,金少者得恶处。平,反覆乱臣也,愿王察之。"汉王疑之，召让魏无知。无知曰："臣所言者，能也；陛下所问者，行也。今有尾生、孝己之行[2]而无益处于胜负之数，陛下何暇用之乎？楚汉相距，臣进奇谋之士，顾其计诚足以利国家不耳。且盗嫂受金又何足疑乎？"汉王召让平曰："先生事魏不中，遂事楚而去，今又从吾游，信者固多心乎？"平曰："臣事魏王，魏王不能用臣说，故去事项王。项王不能信人，其所任爱，非诸项即妻之昆弟，虽有奇士不能用，平乃去楚。闻汉王之能用人，故归大王。臣裸身来，不受金无以为资。诚臣计画有可采者，〔愿〕大王用之；使无可用者，金具在，请封输官，得请骸骨。"汉王乃谢，厚赐，拜为护军中尉，尽护诸将。诸将乃不敢复言。

【注释分析】

〔1〕集解："《汉书音义》曰：'饰冠以玉，光好外见，中非所有。'"

串讲句意兼释语法。裴骃引《汉书音义》的内容串讲了句意，特别就"冠玉"的语法关系进行了分析：用"饰冠"释"冠"，表明正文之"冠"不是名词"帽子"的意思，而是用如动词，当"装饰帽子"讲。"玉"不是"冠"的宾语，在正文"冠玉"中间加一"以"字，表明"以玉"这个介宾结构作动词"冠"的补语，意即以美玉装饰帽子。因而确定"冠玉"是省略介词"以"的动补结构。

〔2〕集解："如淳曰：'孝己，高宗之子，有孝行。'"

人名考证。裴骃引如淳曰者，乃概括介绍孝己之所出及其品行。

【《史记》正文】

其后，楚急攻，绝汉甬道，围汉王于荥阳城。久之，汉王患之，请割荥阳以西以和。项王不听。汉王谓陈平曰："天下纷纷，何时定乎？"陈平曰："项王为人，恭敬爱人，士之廉节好礼者多归之。至于行功爵邑，重之，士亦以此不附。今大王慢而少礼，士廉节者不来；然大王能饶人以爵邑，士之顽钝[1]嗜利无耻者亦多归汉。诚各去其两短，袭其两长，天下指麾则定矣。然大王恣侮人，不能得廉节之士。顾楚有可乱者，彼项王骨鲠之臣亚父、钟离眛、龙且、周殷之属，不过数人耳。大王诚能出捐数万斤金，行反间，间其君臣，以疑其心，项王为人意忌信谗，必内相诛。汉因举兵而攻之，破楚必矣。”汉王以为然，乃出黄金四万斤，与陈平，恣所为，不问其出入。

【注释分析】

〔1〕集解：“如淳曰：‘犹无廉隅。’”

释词义。裴骃引如淳曰者，先用训诂术语“犹”字，以“无廉隅”训“顽钝”者，乃以同义词相训也。而在释词中又用了对举式义界的方法，即用反义词加否定词来阐明词义。“廉隅”是“顽钝”的反义词，“无”是否定词，“无廉隅”：无棱角、无气节。这正是“顽钝”义。

【《史记》正文】

陈平既多以金纵反间于楚军，宣言诸将钟离眛等为项王将，功多矣，然而终不得裂地而王，欲与汉为一，以灭项氏而分王其地。项羽果意不信钟离眛等。项王既疑之，使使至汉。汉王为太牢具，举进。见楚使，即详惊曰：“吾以为亚父使，乃项王使！”复持去，更以恶草具[1]进楚使。楚使归，具以报项王。项王果大疑亚父。亚父欲急攻下荥阳城，项王不信，不肯听。亚父闻项王疑之，乃怒曰：“天下事大定矣，君王自为之！愿请骸骨归！”归未至彭城，疽发背而死。陈平乃夜出女子二千人荥阳城东门，楚因击之，陈平乃与汉王从城西门夜出去。遂入关，收散兵复东。

【注释分析】

〔1〕集解：“《汉书音义》曰：‘草，粗也。’”

释词义。裴骃引《汉书音义》者，以“粗”训“草”，乃以引申义生训也。《说文》：“草，百卉也。”段注：“卉下曰：‘草之总名也。’”“草”的本义是野草。凡野草丛生之地，都是未开垦过的荒地，引申义也。以凡未经开垦的荒地都是没有耕种的，比喻饭食未经厨师精心细作，有粗食、细食之分，又引申为粗糙，这里指粗劣的食品。清人段玉裁注《说文》“草”下云“引申为草稿，草具之草”是也。

索隐：“《战国策》云‘食冯煖以草具’。如淳云‘藁草粗恶之具也’。”

词语出处考证，释词义。司马贞引《战国策》云，考证《史记》之“草具”出于《战国策·齐策四》：“左右以君贱之也，食以草具。”引如淳之说，是解释双音词“草具”，在训词中加一“之”字，表示正文“恶草”是“具”的定语。

【《史记》正文】

其明年，淮阴侯破齐，自立为齐王，使使言之汉王。汉王大怒而骂，陈平蹑汉王。[1]汉王亦悟，乃厚遇齐使，使张子房卒立信为齐王。封平以户牖乡。用其奇计策，卒灭楚。常以护军中尉从定燕王臧荼。

【注释分析】

〔1〕集解：“《汉书音义》曰：‘蹑谓蹑汉王足。’”

释词义。裴骃引《汉书音义》，用训诂术语“谓”，以“蹑汉王足”训“蹑”者，乃是以具体释抽象也。《说文》：“蹑，蹈也。”段注：“《史记》张良、陈平蹑汉王足是也。”

【《史记》正文】

汉六年，人有上书告楚王韩信反。高帝问诸将，诸将曰：“亟发兵抗竖子耳。”高帝默然。问陈平，平固辞谢，曰：“诸将云何？”上具告之。陈平曰：“人之上书言信反，有知之者乎？”曰：“未有”。曰：“信知之乎？”曰：“不知。”陈平曰：“陛下精兵孰与楚？”上曰：“不能过。”平曰：“陛下将用兵有能过韩信者乎？”上曰：“莫及也。”平曰：“今兵不如楚精，而将不能及，而举兵攻之，是趣之战也，窃为陛下危之。”上曰：“为之奈何？”平曰：“古者天子巡狩，会诸侯。南方有云梦，陛下弟出伪游云梦，[1]会诸侯于陈。陈，楚之西界，[2]信闻天子以好出游，其势必无事而郊迎谒。谒，而陛下因禽之，此特一力士之事耳。”高帝以为然，乃发使告诸侯会陈，“吾将南游云梦”。上因随以行。行未至陈，楚王信果郊迎道中。高帝豫具武士，见信至，即执缚之，载后车。信呼曰：“天下已定，我固当烹！”高帝顾谓信曰：“若毋声！而反，明矣！”武士反接之[3]。遂会诸侯于陈，尽定楚地。还至洛阳，赦信以为淮阴侯，而与功臣剖符定封。

【注释分析】

〔1〕索隐:“苏林云‘弟,且也’。小颜云‘但也’。”

释词义。司马贞引苏林云、小颜云者,以“且”、以“但”训“弟”者,皆以引申义生训。刘淇《助字辨略》卷四“第”下云:“愚案:师古训第为但者,以但为空也,徒也。然第字实兼但,且二义。”今人韩兆琦评注《史记》云:“第,但,姑且。”

〔2〕正义:“陈,今陈州也。韩信都彭城,号楚王,故陈州为楚西界也。”

释词义,考证地名,串讲句意。张守节先用“今”字,是用唐朝州治注释古地名,属以今释古。然后用因果复句的语法形式串讲句意。在串讲中用表因分句指明正文之“楚”是彭城,用连词“故”所在的表果分句直译句意。这样陈、楚所指的地理方位便清楚了。

〔3〕集解:“《汉书音义》曰:‘反缚两手。’”

释词义。裴骃引《汉书音义》,用“反缚两手”训“反接之”。以“缚”训“接”,是以近义词相训。将正文“之”训为“两手”,即将代词“之”所代替的东西具体化。由此可知上文之“即执缚之”的“之”,亦指代“两手”。武士见韩信至,立即把他擒住,把他的两手捆绑在身前。当韩信“呼”后,武士就把他的两手反捆到背后。

【《史记》正文】

于是与平剖符,世世勿绝,为户牖侯。平辞曰:“此非臣之功也。”上曰:“吾用先生谋计,战胜剋敌,非功而何?”平曰:“非魏无知臣安得进?”上曰:“若子可谓不背本矣。”乃复赏魏无知。其明年,以护军中尉从攻反者韩王信于代。卒至平城,为匈奴所围,七日不得食。高帝用陈平奇计,使单于阏氏,〔1〕围以得开,高帝既出,其计秘,世莫得闻。〔2〕

【注释分析】

〔1〕集解:“苏林曰:‘阏氏音焉支,如汉皇后。’”

注字音,讲修辞。裴骃引苏林曰,先用直音法以“焉支”注“阏氏”两字字音,而后用“如”字比“阏氏”如汉之皇后,乃以同类事物相比喻也。知单于阏氏是单于夫人。

〔2〕集解:“桓谭《新论》:‘或云:“陈平为高帝解平城之围,则言其事秘,世莫得而闻也。此以工妙踔善,故藏隐不传焉。子能权知斯事否?”吾应之曰:“此策乃反薄陋拙恶,故隐而不泄。高帝见围七日,而陈平往说阏氏,阏氏言于单于而出之,以是知其所用说之事矣。彼陈平必言汉有好丽美女,为道其容貌天下无有,今困急,已驰使归迎取,欲进与单于,单于见此人必大好爱之,爱之则阏氏日以远疏,不如及其未到,令汉得脱去,去,亦不持女来矣。阏氏妇女,有妒媢之性,必憎恶而事去之。此说简而要,及得其用,则欲使神怪,故隐匿不泄也。”刘子骏闻吾言,乃立称善焉。’按:《汉书音义》应劭说此事大旨与桓《论》略同,不知是应全取桓《论》,或别有所闻乎?今观桓《论》似本无说。”

史实考核。裴骃引桓谭《新论》丰富了正文史料。又引应劭《汉书音义》,认为“说此事大旨与桓《论》略同”。然按韩王信、夏侯婴、匈奴等传所载,皆不为“世莫得闻”的秘计。《史记·韩信卢绾列传》:“上遂至平城。上出白登,匈奴骑围上,上乃使人厚遗阏氏。阏氏乃说冒顿曰:‘今得汉地,犹不能居;且两主不相厄。’居七日,胡骑稍引去。”《史记·匈奴列传》:“高帝先至平城,步兵未尽到,冒顿纵精兵四十万骑围高帝于白登,七日,汉兵中外不得相救饷。……高帝乃使使间厚遗阏氏,阏氏乃谓冒顿曰:‘两主不相困。今得汉地,而单于终非能居之也。且汉王亦有神,单于察之。’冒顿与韩王信之将王黄、赵利期,而黄、利兵又不来,疑其与汉有谋,亦取阏氏之言,乃解围之一角。”《史记·樊郦滕灌列传》:“追北至平城,为胡所围,七日不得通。高帝使使厚遗阏氏,冒顿开围一角。高帝出欲驰,婴固徐行,弩皆持满外向,卒得脱。”由三传看来,“则汉之所以动阏氏解围者,止于重赂而已,乌有所谓奇秘之计哉!史公造为此言,遂使桓谭、应劭意测以美女动之,不惟鄙陋可羞,亦诬陈平甚矣”(梁玉绳《史记志疑》)。梁氏所言极是。

【《史记》正文】

高帝南过曲逆,〔1〕上其城,望见其屋室甚大,曰:“壮哉县!吾行天下,独见洛阳与是耳。”顾问御史曰:“曲逆户口几何?”对曰:“始秦时三万余户,间者兵数起，多亡匿，今见五千户。”于是乃诏御史，更以陈平为曲逆侯，尽食之，除前所食户牖。

【注释分析】

〔1〕集解：“《地理志》县属中山也。”

考证地名。裴骃依据《汉书·地理志》，用“属”字表明曲逆县属于汉朝中山国也。

索隐：“章帝丑其名，改云蒲阴也。”

考证地名。司马贞将改名之因指明，此属后注补充前注。

【《史记》正文】

其后常以护军中尉从攻陈豨及黥布。凡六出奇计，辄益邑，凡六益封。奇计或颇秘，世莫能闻也。

高帝从破布军还，病创，徐行至长安。燕王卢绾反，上使樊哙以相国将兵攻之。既行，人有短恶哙者。高帝怒曰：“哙见吾病，乃冀我死也。”用陈平谋而召绛侯周勃受诏床下，曰：“陈平亟驰传载勃代哙将，平至军中即斩哙头！”二人既受诏，驰传未至军，行计之曰：“樊哙，帝之故人也，功多，且又乃吕后弟吕媭之夫，有亲且贵，帝以忿怒故，欲斩之，则恐后悔。宁囚而致上，上自诛之。”未至军，为坛，以节召樊哙。哙受诏，即反接载槛车，传诣长安，而令绛侯勃代将，将兵定燕反县。

平行闻高帝崩，平恐吕太后及吕媭谗怒，乃驰传先去。逢使者诏平与灌婴屯于荥阳。平受诏，立复驰至宫，哭甚哀，因奏事丧前。吕太后哀之，曰：“君劳，出休矣。”平畏谗之就，因固请得宿卫中。太后乃以为郎中令，曰：“傅教孝惠。”〔1〕是后吕媭谗乃不得行。樊哙至，则赦复爵邑。

【注释分析】

〔1〕集解：“如淳曰：‘傅相之傅也。’”

释词义。裴骃引如淳曰者，乃以本义生训也。《说文》：“傅，相也。”段注：

“《左传》:‘郑伯傅王。’注曰:‘傅,相也。’”即辅导之义。

【《史记》正文】

孝惠帝六年,相国曹参卒,以安国侯王陵为右丞相,[1]陈平为左丞相。

【注释分析】

〔1〕集解:“徐广曰:‘王陵以客从起丰,以厩将别守丰,上东,因从战,不利,奉孝惠、鲁元出睢水中,封为雍侯。高帝(八)〔六〕年,定食安国。二十一年卒,谥武侯。至玄孙,坐酎金,国除。’”

人名考证。裴骃引徐广之说,较详细地介绍王陵一生履历。

【《史记》正文】

王陵者,故沛人,始为县豪,高祖微时,兄事陵。陵少文,任气,好直言。及高祖起沛,入至咸阳,陵亦自聚党数千人,居南阳,不肯从沛公。及汉王之还攻项籍,陵乃以兵属汉。项羽取陵母置军中,陵使至,则东乡坐陵母,欲以招陵。陵母既私送使者,泣曰:“为老妾语陵,谨事汉王。汉王,长者也。无以老妾故,持二心。妾以死送使者。”遂伏剑而死。项王怒,烹陵母。陵卒从汉王定天下。以善雍齿,雍齿,高帝之仇,而陵本无意从高帝,以故晚封,为安国侯。

安国侯既为右丞相,二岁,孝惠帝崩。高后欲立诸吕为王,问王陵,王陵曰:“不可。”问陈平,陈平曰:“可。”吕太后怒,乃详迁陵为帝太傅,实不用陵。陵怒,谢疾免,杜门竟不朝请,七年而卒。

陵之免丞相,吕太后乃徙平为右丞相,以辟阳侯审食其为左丞相。左丞相不治,常给事于中。[1]

【注释分析】

〔1〕集解:“孟康曰:‘不立治处,使止宫中也。’”

串讲句意,释词义。裴骃引孟康曰者,乃串讲句意也。在串讲中,以“立治处”释“治”,以“宫中”释“中”,皆随文意以具体训抽象也。

【《史记》正文】

食其亦沛人。汉王之败彭城,西,楚取太上皇、吕后为质,食其以舍人侍吕后。其后从破项籍为侯,幸于吕太后。及为相,居中,百官皆因决事。

吕媭常以前陈平为高帝谋执樊哙,数谗曰:“陈平为相非治事,日饮醇酒,戏妇女。”陈平闻,日益甚。吕大后闻之,私独喜。面质吕媭于陈平曰:“鄙语曰‘儿妇人口不可用’,顾君与我何如耳。无畏吕媭之谗也。”

吕太后立诸吕为王,陈平伪听之。及吕太后崩,平与太尉勃合谋,卒诛诸吕,立孝文皇帝,陈平本谋也。审食其免相。[1]

【注释分析】

〔1〕集解:“徐广曰:‘审食其初以舍人起,侍吕后、孝惠帝于沛,又从在楚。封二十五年,文帝三年死,子平代。代二十二年,景帝三年,坐谋反,国除。一本云“食其免后三岁,为淮南王所杀。文帝令其子平嗣侯。菑川王反,辟阳近菑川,平降之,国除”。’”

人名考证。裴骃引徐广之说,概括介绍审食其的一生,并连类及其后代。又引一本云者,以作补充史料。

【《史记》正文】

孝文帝立,以为太尉勃亲以兵诛吕氏,功多;陈平欲让勃尊位,乃谢病。孝文帝初立,怪平病,问之。平曰:“高祖时,勃功不如臣平。及诛诸吕,臣功亦不如勃。愿以右丞相让勃。”于是孝文帝乃以绛侯勃为右丞相,位次第一;平徙为左丞相,位次第二。赐平金千斤,益封三千户。

居顷之,孝文皇帝既益明习国家事,朝而问右丞相勃曰:“天下一岁决狱几何?”勃谢曰:“不知。”问:“天下一岁钱谷出入几何?”勃又谢不知,汗出沾背,愧不能对。于是上亦问左丞相平。平曰:“有主者。”上曰:“主者谓谁?”平曰:“陛下即问决狱,责廷尉;问钱谷,责治粟内史。”上曰:“苟各有主者,而君所主者何事也?”平谢曰:“主臣![1]陛下不知其驽下,使待罪宰相。宰相者,上佐天子理阴阳,顺四时,下育万物之宜,外镇抚四夷诸侯,内亲附百姓,使卿大夫各得任其职焉。”孝文帝乃称善。右丞相大惭，出而让陈平曰：“君独不素教我对！”陈平笑曰：“君居其位，不知其任邪？且陛下即问长安中盗贼数，君欲强对邪？”于是绛侯自知其能不如平远矣。居顷之，绛侯谢病请免相，陈平专为一丞相。

【注释分析】

〔1〕集解：“张晏曰：‘若今人谢曰“惶恐”也。马融《龙虎赋》曰“勇怯见之，莫不主臣”。’孟康曰：‘主臣，主群臣也，若今言人主也。’韦昭曰：‘言主臣道，不敢欺也。’”

释词义。裴骃引张晏之说，释词义也。用一“若”字，将“惶恐”比作“主臣”，乃是用同类性质的词相比喻也，也是以今义释古义。一个训词兼有两种训释方法，旨在使读者明了被训词“主臣”的词义。最后引马融《龙虎赋》“勇怯见之，莫不主臣”作旁证，以示训“惶恐”之不误。裴骃引孟康曰者，释词义也。用“某某，某某某也”判断形式，以“主群臣”释“主臣”，以具体训抽象也。在训词中加一“群”字，表明它不是一个复音词，而是一个动宾词组。继用“若”字、“今”字，亦同张晏训释。一是以修辞的比喻方式训释，一是以今义“人主”训古义“主臣”。裴骃引韦昭曰者，用训诂术语“言”字，不但以具体训抽象，重要的是点明了“不敢欺”的含义。

索隐：“苏林与孟康同，既古人所未了，故并存两解。”

后注说明前注例。司马贞针对裴骃引张晏和孟康两解并存现象，认为裴骃对“主臣”一词的确切意思尚不能定夺，故并存两解。然详察索隐此注，亦不甚明确，因此，清人张照认为其“不若冯唐传注之详确也”。查《史记·张释之冯唐列传》：“唐曰：‘主臣！陛下虽得廉颇、李牧，弗能用也。’”索隐：“案：乐彦云‘人臣进对前称“主臣”，犹上书前云“昧死”。’案：《志林》云‘冯唐面折万乘，何言不惧’，主臣为惊怖，其言益著也。又魏武谓陈琳云‘卿为本初檄，何乃言及上祖’，琳谢云‘主臣’，益明主臣是惊怖也。解已见前志也。”由《史记·张释之冯唐列传》注考察，《陈丞相世家》之主臣，亦应当惶恐、惊怖时口吃之意理解也。

〔2〕集解："《汉书音义》曰：'头数也。'"

释词义。裴骃引《汉书音义》"头数"注"数"，亦是以具体训抽象也。

【《史记》正文】

孝文帝二年，丞相陈平卒，谥为献侯。子共侯买代侯。二年卒，子简侯恢代侯。二十三年卒，子何代侯。二十三年，何坐略人妻，弃市，国除。

始陈平曰："我多阴谋，是道家之所禁。吾世即废，亦已矣，终不能复起，以吾多阴祸也。"然其后曾孙陈掌以卫氏亲贵戚，愿得续封陈氏，然终不得。〔1〕

【注释分析】

〔1〕集解："徐广曰：'陈掌者，卫青之子婿。'"

人名考证。裴骃引徐广之言，简介陈平的曾孙陈掌和大将军卫青的亲戚关系。

【《史记》正文】

太史公曰：陈丞相平少时，本好黄帝、老子之术。方其割肉俎上之时，其意固已远矣。倾侧扰攘楚魏之间，卒归高帝。常出奇计，救纷纠之难，振国家之患。及吕后时，事多故矣，然平竟自脱，定宗庙，以荣名终，称贤相，岂不善始善终哉！非知谋孰能当此者乎？

——《汉中师院学报(哲学社会科学版)》1988年第3期

《史记·孙子吴起列传》“三家注”分析

【《史记》正文】

孙子武者，齐人也。[1]以兵法见于吴王阖庐。阖庐曰：“子之十三篇，[2]吾尽观之矣，可以小试勒兵乎？”对曰：“可。”阖庐曰：“可试以妇人乎?”曰：“可。”于是许之，出宫中美女，得百八十人。孙子分为二队，以王之宠姬二人各为队长，[3]皆令持戟。令之曰：“汝知而心与左右手背乎?”妇人曰：“知之。”孙子曰：“前，则视心；左，视左手；右，视右手；后，即视背。”妇人曰：“诺。”约束既布，乃设铁钺，即三令五申之。于是鼓之右，妇人大笑。孙子曰：“约束不明，申令不熟，将之罪也。”复三令五申而鼓之左，妇人复大笑。孙子曰：“约束不明，申令不熟，将之罪也；既已明而不如法者，吏士之罪也。”乃欲斩左右队长。吴王从台上观，见且斩爱姬，大骇。趣使使[4]下令曰：“寡人已知将军能用兵矣。寡人非此二姬，食不甘味，愿勿斩也。”孙子曰：“臣既已受命为将，将在军，君命有所不受。”遂斩队长二人以徇。用其次为队长，于是复鼓之。妇人左右前后跪起皆中规矩绳墨，无敢出声。于是孙子使使报王曰：“兵既整齐，王可试下观之，唯王所欲用之，虽赴水火犹可也。”吴王曰：“将军罢休就舍，寡人不愿下观。”孙子曰：“王徒好其言，不能用其实。”于是阖庐知孙子能用兵，卒以为将。西破强楚，入郢，北威齐晋，显名诸侯，孙子与有力焉。

【注释分析】

〔1〕正义：“魏武帝云：‘孙子者，齐人。事于吴王阖闾，为吴将，作《兵法》十三篇。’”

叙事考史。唐人张守节引魏武帝《孙子序》中语，梗概介绍孙武生平事迹。

据《太平御览》载魏武帝《孙子序》云："孙子者，齐人也。名武。为吴王阖闾作《兵法》一十三篇。试之妇人，卒以为将。西破强楚，入郢，北威齐晋。后百岁余有孙膑，是武之后也。"按：正义所引正是此文，然文字小异耳。今人周大璞《训诂学要略》指出："章太炎《国故论衡·明解故上》指出古代的'故'有故训和故事两种，故训用以释义，故事用以记事。'传'也有释义和记事两种……至于注释史书，则有以叙事考史为主的，如裴松之的《三国志注》就是这样。"正义此注正属叙事考史的注疏内容。

〔2〕正义："《七录》云《孙子兵法》三卷。案：十三篇为上卷。又有中下二卷。"

叙事考史。《七录》是南朝梁人阮孝绪所撰。全书分内外篇，内篇有经典录、记传录、子兵录、文集录、技术录五录，外篇有佛法录、仙道录二录。是继《七略》《七志》之后的一部图书分类目录专著。张守节引阮孝绪的《七录》，目的是弥补正文"子之十三篇"的史料，考核《孙子兵法》共三卷，而"十三篇"在上卷，另外还有中下二卷。把司马迁所不载，而"事宜存录者，罔不毕取，以补其阙"，使正文得到了充实。

〔3〕索隐："上音徒对反。下音竹两反。"

注字音。唐人司马贞用反切注"队长"两字之音。《广韵·去声·十八队》韵目"队"下云"群队。徒对切。"表明正文"队长"之"队"读去声。又《广韵·上声·三十六养》有"两""长"两小韵。表明"队长"之"长"读上声。可见唐人司马贞用的是《切韵》音系注音。

〔4〕索隐："趣音促，谓急也。下'使'音色吏反。"

注字音，释词义。司马贞首先用直音法，以"促"音注"趣"；用训诂术语"谓"，以"急"注释词义。皆是用"趣""促"的引申义相训。表明在急促、赶快的义项上，趣(cù)与促是同源字(可参阅王力著《同源字典》)。其次用《切韵》反切注"使下令"之"使"字音。《广韵·去声·七志》有"吏"和"驶"两小韵，并在"吏"小韵下有"驶"字。表明"使下令"之"使"是名词，当使者的意思，读去声。应与"趣使"之"使"音义有别：《广韵·上声·六止》"史"小韵下有"使"字，训为"役也，令也"。可见"趣使"之"使"，动词，当派、令的意思，读上声。索隐只注"下'使'

音色吏反”者，以示与上“使”音义有别也。

【《史记》正文】

孙武既死，[1]后百余岁有孙膑。膑生阿鄄之间，膑亦孙武之后世子孙也。孙膑尝与庞涓[2]俱学兵法。庞涓既事魏，得为惠王将军，而自以为能不及孙膑，乃阴使召孙膑。膑至，庞涓恐其贤于己，疾之，则以法刑断其两足而黥之，欲隐勿见。

【注释分析】

〔1〕集解：“《越绝书》曰：‘吴县巫门外大冢，孙武冢也，去县十里。’”

叙事考史。按：释词义有连类而及者，史实考核者亦有连类而及者。正文只言“孙武既死”，未言葬于何地。然死与葬是相连类之事，故集解用这种方法解释正文。《越绝书》与《吴越春秋》相似，专记春秋时越国事。原书二十五篇，今佚五篇，共十五卷。隋志、唐志认为是子贡作，而《四库全书总目》以为是汉人袁康撰，吴平所定。近人谓非一人一时之作也。南朝宋人裴骃引《越绝书》考证孙武死后墓地，采用训诂上连类而及的方法丰富了正文史料。

索隐：“按：《越绝书》云是子贡所著，恐非也。其书多记吴越亡后土地，或后人所录。”

后注补充前注。《史记》正文未出现《越绝书》，集解为考证孙武死后墓地而引用了《越绝书》，但未加介绍，故索隐于此补充《越绝书》作者。司马贞用“其书多记吴越亡后土地”作论据，批驳《隋书·经籍志》称《越绝书》为春秋时子贡所著，言之成理。因此推断“或后人所录”。此种批驳及推断是采用内证法进行史实考证。

正义：“《七录》云《越绝》十六卷，或云伍子胥撰。”

后注补充前注。张守节又引梁人阮孝绪的《七录》一书，进一步补充《越绝书》的卷数。同时又用“或”字补充此书作者乃战国时伍子胥，可备参考。按：《四库全书总目》卷六十六史部载记类云：“《越绝书》十五卷。”乃今《辞源》修订本所本也。疑正义所引《七录》有误。

索隐:“膑,频忍反。庞,皮江反。涓,古玄反。”

注字音。司马贞用频忍反注膑,《广韵·上声·十六轸》有“忍”“牝”两小韵,并于“牝”小韵下有髌(膑)字,训为“去膝盖骨,刑名”。用皮江反注庞,《广韵·上平·四江》有“庞”小韵,训为“姓也”。用古玄反注涓,《广韵·下平·一先》有“玄”“涓”两小韵。表明索隐用的是《切韵》音系注音。

【《史记》正文】

齐使者如梁,[1]孙膑以刑徒阴见,说齐使。齐使以为奇,窃载与之齐。齐将田忌善而客待之。忌数与齐诸公子驰逐重射。孙子见其马足不甚相远,马有上、中、下辈。于是孙子谓田忌曰:“君弟重射,[2]臣能令君胜。”田忌信然之,与王及诸公子逐射千金。[3]及临质,[4]孙子曰:“今以君之下驷与彼上驷,取君上驷与彼中驷,取君中驷与彼下驷。”既驰三辈毕,而田忌一不胜而再胜,卒得王千金。于是忌进孙子于威王。威王问兵法,遂以为师。

【注释分析】

〔1〕正义:“今汴州。”

考证地名。张守节用“今”字,乃是以唐朝州治注释战国时期的古地名。梁即指魏,因魏国都于大梁,所以称魏国、魏王为梁国、梁王。“齐使者如梁”,即是到大梁,即唐朝时之汴州(今河南省开封市)。此属以今释古也。

〔2〕索隐:“弟,但也。重射谓好射也。”

释词义。司马贞用“但”训“弟”者,是以假借义生训。清人朱骏声《说文通训定声·卷十二·履》下“弟”假借为发声之词。又师古注《汉书·陈胜项籍传》云:“《汉书》诸言弟者甚众。弟,但也,语有缓急耳。言但令无斩也。今俗人语称但者,急言之则音如弟矣。”次用训诂术语“谓”字,以“好射”注“重射”者,乃以一般训特殊也。

〔3〕正义:“射音石。随逐而射赌千金。”

注字音,释词义。张守节用石注射之音,乃直音法注释。《广韵·入声·二十二昔》有石、麝两小韵,并于“麝”小韵下有“射”字,训语为“《世本》曰‘逢蒙作射’”。正义用近音字相注：叠韵，石、射皆在入声昔韵。声近，“石”的声纽在禅母，“射”的声纽在床母。而禅、床皆为正齿音。随后串讲句意，在串讲中用“赌”义注释“射”，乃以引申义相训，表明正文“射”当“赌”，这里指下赌注比赛的意思。同时在“逐射”中间加“而”字，又表明“逐射”是状语动词词组，李笠的《史记订补》解释得好：“逐，谓竞争也。逐千金，即争射千金。”

〔4〕索隐：“按：质犹对也。将欲对射之时也。一云质谓堋，非也。”

释词义，串讲句意。司马贞用训诂术语“犹”字，以“对”训“质”者，乃义训、直训、单训也，点明正文“质”在这里用的是其引申义，即对抗、争衡的意思。继而串讲句意。在串讲中包含两个内容：一是释词义，用“对射”解释“质”，即用大赌注进行比赛、对抗。二是兼释语法，索隐用“将欲……之时也”解释“及……”，表明“及临质”是介宾结构作时间状语。“一云”者，乃别一意义的解释术语。司马贞根据上下文意。对有人以“堋”训“质”进行了否定。其实“堋”有箭靶义，引申亦可有比赛、对抗义，不过意嫌纡曲，故司马贞批驳之。

【《史记》正文】

其后魏伐赵，赵急，请救于齐。齐威王欲将孙膑，膑辞谢曰：“刑余之人不可。”于是乃以田忌为将，而孙子为师，居辎车中，坐为计谋。田忌欲引兵之赵，孙子曰：“夫解杂乱纷纠者[1]不控卷，[2]救斗者不搏撠，[3]批亢捣虚，[4]形格势禁，则自为解耳。[5]今梁赵相攻，轻兵锐卒必竭于外，老弱罢于内。君不若引兵疾走大梁，据其于路，冲其方虚，彼必释赵而自救。是我一举解赵之围而收獘于魏也。”[6]田忌从之，魏果去邯郸，与齐战于桂陵，大破梁军。

【注释分析】

〔1〕索隐：“按：谓事之杂乱纷纠击拿也。”

串讲句意。司马贞在串讲句意中不但变换句式阐述了语法，而且解释了词义。正文“解杂乱纷纠”是动宾结构，索隐用主谓结构释之。在主语中并加“事之”二字，即将“杂乱纷纠”具体化了。在谓语中用“击拿”解释“解”字义，以引申义生训也。

〔2〕索隐:“按:谓解杂乱纷纠者,当善以手解之,不可控卷而击之。卷即拳也。刘氏云‘控,综;卷,缩’,非也。”

串讲句意,释词义。司马贞在串讲中,又加进“当善以手解之”六字,把前注“事之”两字再具体到乱丝、乱麻上。治丝麻,“当善以手解之”,这是正确的方法,“不可控卷而击之”。索隐在正文“不控卷”的基础上又加“而击之”三字,一则把“击之”作为不正确的方法加以否定,二则加连词“而”,表明“控卷”是“击之”的方式,对情态状语“控卷”也加以否定。因此,不论“击”这种动作,还是“控卷”这种方式都是治丝所不允许的,故又在“控卷而击之”前面加“不可”,进行全面否定。那么,什么是“控卷”?索隐用训诂术语“即”字,以“拳”训“卷”,把“卷”落到“拳”上。因此我们知道,“控卷”即握拳。卷与拳是同源字(可参阅王力《同源字典》)。《说文》:“拳,手也。”段注:“卷之为拳。”朱骏声曰:“张之为掌,卷之为拳。”《玉篇》:“拳,屈手也。”又《说文》:“卷,……一曰卷收也。”徐铉曰:“今俗作居转切,以为卷舒之卷。”段注:“即今人所用舒卷字也。”“不可控卷而击之”,即不可以握住拳头强拉硬扯。最后,司马贞依据上下文的意思,对刘伯庄的词义解释进行了批驳。

〔3〕索隐:“博戟二音。按:谓救斗者当善扮解之,无以手助相搏撠,则其怒益炽矣。按:撠,以手撠刺人。”

司马贞用直音法,以搏戟二音注搏撠。《广韵·入声·十九铎》“博”下有“搏”字,训为“手击”。可见“搏”与“博”是同音字。又《广韵·入声·二十陌》“剧”小韵下有“戟”“撠”二字,可见“戟”与“撠”亦是同音字。索隐乃是以同音字相注也。次用“谓”字串讲句意,在串讲中前半截采用了直译法,虽增加了“当善扮解之”等字,但注文和正文的语法结构基本相同,都是否定句。后半截“则其怒益炽矣”是正文没有的,索隐补增了连词“则”字,显示出正文在否定句的字面之外应有的言外之意。注文通过假设复句点明了司马迁的言外之意:如果救斗以手助相搏撠,“则其怒益炽矣”。最后索隐用义训义界的描写式训释方法,训释了“撠”义:“以手撠刺人。”即用手指像戟一样叉人。这不是救斗的动作,而是使“其怒益炽”也。这种描写式的义界训释不但使词义形象化,具体化,而且加深了我们对句意的理解。

〔4〕索隐："批音白结反。亢音苦浪反。按：批者，相排批也。音白灭反。亢者，敌人相亢拒也。捣者，击也，冲也。虚者，空也。按：谓前人相亢，必须批之。彼兵若虚，则冲捣之。欲令击梁之虚也。此当是古语，故孙子以言之也。"

注字音，释词义，串讲句意。司马贞用白结反、白灭反注"批"音，表明此"批"不是《广韵·上平·十二齐》之"批"："击也，推也，转也，示也。"而是《广韵·入声·十六屑》和《广韵·入声·十七薛》之入声"撇"之意义，音piě。《广韵》十六屑、十七薛同用，音相近。在《广韵·入声·十六屑》有"结"与"擎"两小韵，并于"擎"下云："小击，又略也，引也，亦作撇。"可见有"引"义的"撇"，有避开、离开的意思。泷川龟太郎的《史记会注考证》引谈允厚曰："批之为言撇也，谓撇而避亢满之处，捣其虚空无备之所。"此"批亢"者，犹避开实处也。亢音苦浪反者，亦以苦浪反切注"亢"音。《广韵·去声·四十二宕》有"浪"与"抗"两小韵，并于"抗"小韵下有"亢"字，表明"抗"与"亢"乃同音字也。继用"敌人相亢拒"训"亢"者，以示亢拒之亢乃抗的假借字，"抗"有"拒"义，此乃以假借义生训也。至于以"击也，冲也"训"捣"者，以"空也"训"虚"者，皆以引申义生训也。《说文》"虚"下段注云："虚本谓大丘，大则空旷，故引伸之为空虚。"索隐"按"下是串讲句意。串讲改变了正文"批亢捣虚"两个并列的动宾结构，用并列的两个条件复句意译正文。通过意译之后的"欲令击梁之虚也"几个字，点明了正文"批亢捣虚"的言外之意，和下文"今梁赵相攻，轻兵锐卒必竭于外，老弱罢于内。君不若引兵疾走大梁，据其街路，冲其方虚，彼必释赵而自救。是我一举解赵之围而收毙于魏也"之文意正合。实含避实就虚之意。为此，我以为谈允厚注"批"字注得好。

〔5〕索隐："谓若批其相亢，击捣彼虚，则是事形相格而其势自禁止，则彼自为解兵也。"

串讲句意。司马贞的串讲包含了两个内容：其一，用关联词"若……则……"标识正文"批亢捣虚，形格势禁，则自为解耳"，是假设复句；其二，在直译串讲中，用"止"训"禁"，用"解兵"释"解"之词义。

〔6〕索隐："谓齐今引兵据大梁之冲，是冲其方虚之时，梁必释赵而自救，是一举释赵而毙魏。"

串讲句意。司马贞暗引古语，目的是证今。“齐今引兵据大梁之冲，是冲其方虚之时”，正是要印证上文所引的“批亢捣虚”古语；而“梁必释赵而自救，是一举释赵而毙魏”，正是要印证上文所引的“形格势禁，则自为解耳”古语。取暗引重证今，完全符合刘勰《文心雕龙·事类》中所云：“据事以类义，援古以证今。”

【《史记》正文】

后十五年，[1]魏与赵攻韩，韩告急于齐。齐使田忌将而往，直走大梁。魏将庞涓闻之，去韩而归，齐军既已过而西矣。孙子谓田忌曰：“彼三晋之兵素悍勇而轻齐，齐号为怯，善战者因其势而利导之。兵法，百里而趣利者蹶上将，[2]五十里而趣利者军半至。使齐军入魏地为十万灶，明日为五万灶，又明日为三万灶。”庞涓行三日，大喜，曰：“我固知齐军怯，入吾地三日，士卒亡者过半矣。”乃弃其步军，与其轻锐倍日并行逐之。孙子度其行，暮当至马陵。马陵道陕，而旁多阻隘，可伏兵，乃斫大树白而书之曰“庞涓死于此树之下”。于是令齐军善射者万弩，夹道而伏，期曰“暮见火举而俱发”。庞涓果夜至斫木下，见白书，乃钻火烛之。读其书未毕，齐军万弩俱发，魏军大乱相失。庞涓自知智穷兵败，乃自刭，曰：“遂成竖子之名！”[3]齐因乘胜尽破其军，虏魏太子申以归。孙膑以此名显天下，世传其兵法。

【注释分析】

〔1〕索隐：“王劭[按]：《纪年》云‘梁惠王十七年，齐田忌败梁于桂陵，至二十七年十二月，齐田朌败梁于马陵’，计相去无十五岁”。

大事年月考证。桂陵之役与马陵之战相距多少时间？王劭考察《纪年》与《史记·六国年表》有些出入。《六国年表》云，齐魏桂陵之役在齐威王二十六年，魏惠王十八年。而魏齐马陵之战在齐宣王二年，魏惠王三十年。相距十二年。结论：第一，王劭引《纪年》的记载与《史记·六国年表》的记载有出入；第二，然《纪年》与《六国年表》所统计均不到“十五岁”，这一点是《纪年》和《六国表》与本篇正文相出入处。盖司马迁之误，或传写之误耳。

〔2〕集解："魏武帝曰：'蹶犹挫也。'"

释词义。裴骃引魏武帝《孙子注》，用训诂术语"犹"字，以"挫"释"蹶"者，用的是"蹶"的引申义，即用引申义训释也。

索隐："蹶音巨月反。刘氏云：'蹶犹毙也。'"

注字音，释词义。司马贞用巨月反注"蹶"，《广韵·入声·十月》"厥"小韵下有"蹶"字，训为"失脚"。而后索隐引刘伯庄曰，用训诂术语"犹"字，以"毙"训"蹶"者，是用近义词注释。《说文》："蹶，僵也。"段注："僵，偾也。《方言》'跌，蹶也'。"又《说文》："毙，顿仆也。"训中不论是"僵"，还是"顿仆"，词义特点皆为向前跌倒、趴下之义。故"蹶"与"毙"义相近也。索隐和集解都用训诂术语"犹"字，集解用"挫"义训释、索隐用"毙"义训释"蹶"字，两家是从不同角度注释词义，其实两训是相通的。

〔3〕索隐："竖子谓孙膑。"

释词义。司马贞用术语"谓"字，以"孙膑"来解释"竖子"，乃是以具体人名揭示庞涓所谓"竖子"。随文意生训也。

【《史记》正文】

吴起者，卫人也，好用兵。尝学于曾子，事鲁君。齐人攻鲁，鲁欲将吴起，吴起取齐女为妻，而鲁疑之。吴起于是欲就名，遂杀其妻，以明不与齐也。鲁卒以为将。将而攻齐，大破之。

鲁人或恶吴起曰："起之为人，猜忍人也。其少时，家累千金，游仕不遂，遂破其家。乡党笑之，吴起杀其谤己者三十余人，而东出卫郭门。与其母诀，啮臂而盟曰：'起不为卿相，不复入卫。'遂事曾子。居顷之，其母死，起终不归。曾子薄之，而与起绝。起乃之鲁，学兵法以事鲁君。鲁君疑之，起杀妻以求将。夫鲁小国，而有战胜之名，则诸侯图鲁矣。且鲁卫兄弟之国也，而君用起，则是弃卫。"鲁君疑之，谢吴起。

吴起于是闻魏文侯贤，欲事之。文侯问李克曰："吴起何如人哉？"李克曰："起贪而好色，[1]然用兵司马穰苴不能过也。"于是魏文侯以为将，击秦，拔五城。

【注释分析】

〔1〕索隐："按，王劭云：'此李克言吴起贪。下文云"魏文侯知起廉，尽能得士心"，又公叔之仆称起"为人节廉"，岂前贪而后廉，何言之相反也？'今按：李克言起贪者，起本家累千金，破产求仕，非实贪也；盖言贪者，是贪荣名耳，故母死不赴，杀妻将鲁是也。或者起未委质于魏，犹有贪迹，及其见用，则尽廉能，亦何异乎陈平之为人也。"

史实考核。司马贞引王劭注，就吴起贪与廉的疑问，先用内证法证明吴起非贪财而贪荣名耳。论据是"起本家累千金，破产求仕"，"母死不赴，杀妻将鲁"。此乃一针见血也。后以"或者"再论类似陈平，亦属贪荣名耳。

【《史记》正文】

起之为将，与士卒最下者同衣食。卧不设席，行不骑乘，亲裹赢粮，与士卒分劳苦。卒有病疽者，起为吮之。[1]卒母闻而哭之。人曰："子卒也，而将军自吮其疽，何哭为？"母曰："非然也。往年吴公吮其父，其父战不旋踵，遂死于敌。吴公今又吮其子，妾不知其死所矣。是以哭之。"

【注释分析】

〔1〕索隐："吮，邹氏音弋软反，又才软反。"

注字音。司马贞引南齐邹诞生的两反切注"吮"音。查《广韵·上声·二十八狝》，"輭"的俗字为"软"。并于"隽"小韵下有"吮，欶也。又徐兖切"。按《广韵》音系看，"吮"有两音，韵母相同，叠韵，皆在狝韵；声母小异，一在从母，一在邪母，然都在齿头发音部位，可属同一大类。而按邹氏音者，有弋软反，那声母应归喻母喉音。盖邹氏所记的是南齐时代之音。"吮"音虽有别而词义相同，皆为"用口含吸"之义。今音shǔn。

【《史记》正文】

文侯以吴起善用兵，廉平，尽能得士心，乃以为西河守，以拒秦、韩。

魏文侯既卒，起事其子武侯。武侯浮西河而下，中流，顾而谓吴起曰："美哉乎山河之固，此魏国之宝也！”起对曰：“在德不在险。昔三苗氏左洞庭，右彭蠡，德义不修，禹灭之。夏桀之居，左河济，右泰华，伊阙在其南，羊肠在其北，[1]修政不仁，汤放之。殷纣之国，左孟门，[2]右太行，常山在其北，大河经其南，修政不德，武王杀之。由此观之，在德不在险。若君不修德，舟中之人尽为敌国也。”[3]武侯曰：“善。”

【注释分析】

〔1〕集解：“瓒曰：‘今河南城为直之。’皇甫谧曰：‘壶关有羊肠阪，在太原晋阳西北九十里。’”

考证地名。裴骃引瓒曰，用注释者当时地名注释伊阙，故用“今”字。又引皇甫谧曰，用“在”字标名羊肠的地理方位。

〔2〕索隐：“刘氏按：纣都朝歌，今孟山在其西。今言左，则东边别有孟门也。”

释词义，考证地名。司马贞引刘伯庄之说，用“纣都”训“殷纣之国”，指名正文之“国”是国都，进而又用国都“朝歌”作补充训释，释词义也。继则以殷纣国都之名“朝歌”为中心，考查“孟门”所在方位。今人韩兆琦在《史记选注集评》中云：“孟门、太行皆在朝歌之西（右），强言左、右者，为对举整齐，于实际为不合。”

〔3〕集解：“杨子《法言》曰：‘美哉言乎！使起之用兵每若斯，则太公何以加诸！’”

叙事考史。裴骃引扬雄《法言·寡见》中语，先用“美哉言乎”四字，对正文吴起的“由此观之，在德不在险。若君不修德，舟中之人尽为敌国也”的言论加以肯定和赞许。继则用假设复句形式对吴起的行为进行了评论。正如太史公曰：“吴起说武侯以形势不如德，然行之于楚，以刻暴少恩亡其躯。”表明吴起的后半生在用兵相楚上，没贯彻他的“修德”言论，故被楚宗族所刺杀。

【《史记》正文】

吴起为西河守，甚有声名。魏置相，相田文。[1]吴起不悦，谓田文曰：“请与子论功，可乎？”田文曰：“可。”起曰：“将三军，使士卒乐死，敌国不敢谋，子孰与起？”文曰：“不如子。”起曰：“治百官，亲万民，实府库，子孰与起？”文曰：“不如子。”起曰：“守西河而秦兵不敢东乡，韩赵宾从，子孰与起？”文曰：“不如子。”起曰：“此三者，子皆出吾下，而位加吾上，何也？”文曰：“主少国疑，大臣未附，百姓不信，方是之时，属之于子乎？属之于我乎？”起默然良久，曰：“属之子矣。”文曰：“此乃吾所以居子之上也。”吴起乃自知弗如田文。

【注释分析】

〔1〕索隐：“按：《吕氏春秋》作‘商文’”。

校勘文字。司马贞引《吕氏春秋》一书，以校勘术语“作”，表明《史记》之“田文”，在《吕氏春秋》中作“商文”。同是一人，所记之文字不同也。证明此田文乃魏国贵族，非齐国孟尝君田文也。查《吕氏春秋·审分览·执一》所载与《史记》文字有出入。抄录于下：“吴起谓商文曰：‘事君果有命矣夫！’商文曰：‘何谓也？’吴起曰：‘治四境之内，成驯教，变习俗，使君臣有义，父子有序，子与我孰贤？’商文曰：‘吾不若子。’曰：‘今日置质为臣，其主安重；今日释玺辞官，其主安轻；子与我孰贤？’商文曰：‘吾不若子。’曰：‘士马成列，马与人敌，人在马前，援桴一鼓，使三军之士乐死若生，子与我孰贤？’商文曰：‘吾不若子。’吴起曰：‘三者子皆不吾若也，位则在吾上，命也夫事君！’商文曰：‘善。子问我，我亦问子。世变主少，群臣相疑，黔首不定，属之子乎？属之我乎？’吴起默然不对。少选曰：‘与子。’商文曰：‘是吾所以加于子之上已！’”

【《史记》正文】

田文既死，公叔为相，〔1〕尚魏公主，而害吴起。公叔之仆曰：“起易去也。”公叔曰：“奈何？”其仆曰：“吴起为人节廉而自喜名也。君因先与武侯言曰：“夫吴起贤人也，而侯之国小，又与强秦壤界，臣窃恐起之无留心也。”武侯即曰：“奈何？”君因谓武侯曰：“试延以公主，起有留心则必受之，无留心则必辞矣。以此卜之。”君因召吴起而与归，即令公主怒而轻君。吴起见公主之贱君也，则必辞。”于是吴起见公主之贱魏相，果 辞魏武侯。武侯疑之而弗信也。吴起惧得罪，遂去，即之楚。

【注释分析】

〔1〕索隐："韩之公族。"

人名考证。司马贞考证公叔之所出，亦韩国贵族，当时在魏为相。

【《史记》正文】

楚悼王素闻起贤，至则相楚。明法审令，捐不急之官，废公族疏远者，以抚养战斗之士。要在强兵，破驰说之言从横者。于是南平百越；北并陈蔡，却三晋；西伐秦。诸侯患楚之强。故楚之贵戚尽欲害吴起。及悼王死，宗室大臣作乱而攻吴起，吴起走之王尸而伏之。击起之徒因射刺吴起，并中悼王。〔1〕悼王既葬，太子立，〔2〕乃使令尹尽诛射吴起而并中王尸者。坐射起而夷宗死者七十余家。

【注释分析】

〔1〕索隐："《楚系家》悼王名疑也。"

考证人名。司马贞引《楚系家》，指出楚悼王的名字，丰富正文史料。

〔2〕索隐："肃王臧也。"

考证人名。司马贞考证悼王的太子是楚肃王，名臧也。今人周大璞云："注释史书，则有以叙事考史为主的。如裴松之的《三国志注》就是这样。"凡"寿所不载，事宜存录者，罔不毕取，以补其阙"，索隐所注是也。

【《史记》正文】

太史公曰：世俗所称师旅，皆道《孙子》十三篇，吴起《兵法》，世多有，故弗论，论其行事所施设者。语曰："能行之者未必能言，能言之者未必能行。"孙子筹策庞涓明矣，然不能蚤救患于被刑。吴起说武侯以形势不如德，然行之于楚，以刻暴少恩亡其躯。悲夫！

《史记·司马穰苴列传》“三家注”分析

【《史记》正文】

司马穰苴者，[1]田完之苗裔也。齐景公时，晋伐阿、甄，[2]而燕侵河上，[3]齐师败绩。景公患之。晏婴乃荐田穰苴曰：“穰苴虽田氏庶孽，然其人文能附众，武能威敌，愿君试之。”景公召穰苴，与语兵事，大说之，以为将军，[4]将兵扞燕、晋之师。穰苴曰：“臣素卑贱，君擢之闾伍之中，加之大夫之上，士卒未附，百姓不信，人微权轻，愿得君之宠臣，国之所尊，以监军，乃可。”于是景公许之，使庄贾往。穰苴既辞，与庄贾约曰：“旦日日中会于军门。”[5]穰苴先驰至军，立表下漏[6]待贾。贾素骄贵，以为将己之军而己为监，不甚急；[7]亲戚左右送之，留饮。日中而贾不至。穰苴则仆表决漏，[8]入，行军勒兵，申明约束。约束既定，夕时，庄贾乃至。穰苴曰：“何后期为？”贾谢曰：“不佞大夫亲戚送之，故留。”穰苴曰：“将受命之日则忘其家，临军约束则忘其亲，援枹[9]鼓之急则忘其身。今敌国深侵，邦内骚动，士卒暴露于境，君寝不安席，食不甘味，百姓之命皆悬于君，何谓相送乎！”召军正问曰：“军法期而后至者云何？”对曰：“当斩。”庄贾惧，使人驰报景公，请救。既往，未及反，于是遂斩庄贾以徇三军。三军之士皆振栗。久之，景公遣使者持节赦贾，驰入军中。穰苴曰：“将在军，君令有所不受。”[10]问军正曰：“军中不驰，今使者驰，云何？”正曰：“当斩。”使者大惧。穰苴曰：“君之使不可杀之。”乃斩其仆，车之左驸，马之左骖，[11]以徇三军。[12]遣使者还报，然后行。士卒次舍井灶饮食问疾医药，身自拊循之。悉取将军之资粮享士卒，身与士卒平分粮食。最比[13]其羸弱者，三日而后勒兵。病者皆求行，争奋出为之赴战。晋师闻之，为罢去。燕师闻之，度水而解。[14]于是追击之，遂取所亡封内故境而引兵归。未至国，释兵旅，解约束，誓盟而后入邑。景公与诸大夫郊迎，劳师成礼，然后反归寝。既见穰苴，尊为大司马。田氏日以益尊于齐。

【注释分析】

〔1〕索隐:“按:穰苴,名,田氏之族,为大司马,故曰司马穰苴。”

考证人名。司马贞以“名”训“穰苴”者,以共名训专名也。继训“田氏之族”者,考“穰苴”之所出也。“为大司马”者,官职也。后以官名为氏,故曰司马穰苴,冠“司马”于“穰苴”之上也。类此者如卜偃、祝鮀、司马牛、乐正克等皆是也。

正义:“穰音若羊反。苴音子徐反。田穰苴为司马官,主兵。”

后注补充前注。张守节见索隐未注“穰苴”之音,乃用《切韵》反切注之。《广韵·下平·十阳》有“穰”小韵:“又姓,齐将穰苴之后。”《广韵·上平·九鱼》有“且”小韵,并于“且”小韵下有“苴”字。“穰苴”皆为平声字音。次用“主兵”训“司马官”,乃义训,解释司马官之所职,即掌军政,军赋大权。

〔2〕索隐:“按:阿、甄皆齐邑。《晋太康地记》曰:‘阿即东阿也。’《地理志》云甄城县属济阴也。”

考证地名。司马贞引《晋太康地记》《汉书· 地理志》,考证晋时东阿县和汉时济阴郡之甄城县,皆为春秋时齐邑阿与甄也。属以今证古。

〔3〕正义:“河上,黄河南岸地,即沧、德二州北界。”

考证地名。张守节用“黄河南岸地”训“河上”,这是通过内证法来注释的。下文有云:“燕师闻之,度水而解。”正义:“度黄河水北去而解。”故将“燕侵河上”之“河上”训为“黄河南岸地。”随文意相训也。然“黄河南岸地”太泛,遂用“即”字,以唐朝分道计州的“沧、德二州北界”作以补充注释,便使“河上”确指在黄河南岸与沧、德二州北界之间范围,使之具体化。此注属多种训释相结合,使“河上”词义解释得愈来愈明确。

〔4〕索引:“谓命之为将,以将军也。将音即匠反。遂以将军为官名。故《尸子》曰:‘十万之师,无将军则乱。’六国时有其官。”

考证官制。司马贞考证“将军”官名之由来。其一,“谓命之为将,以将军也。”“遂以将军为官名”,即任命他为将帅,来统率军队。可见“将军”这一名称,是由动宾词组转化引申来的。其二,“将军”之“将”,音即匠反。《广韵·去声·四十一漾》有“酱”小韵,“酱”小韵下有“将”字,释为“将帅”。表明“将帅”

“将军”之“将”读去声。其三，正文使用“将军”这一名称，表明春秋时已有将军之称号，如《国语·晋语四》：“郑人以詹伯为将军。”到了战国时代才普遍成为武官名，故引战国鲁人尸佼所著《尸子》为旁证。

〔5〕索隐：“按：旦日谓明日。日中时期会于军门也。”

释词义，串讲句意。司马贞用训诂术语“谓”字，以“明日”训“旦日”者，以引申义生训也。“旦日”本为“天明”时，即“平旦”义，由此引申为“明日”。而后串讲句意，在串讲中用“时”训“日中”，表明“日中”为时间名词。用“期”训“会”，以同义词相训也。

〔6〕索隐：“按：立表谓立木为表以视日景，下漏谓下漏水以知刻数也。”

释词义。从训词角度看，司马贞用两个“谓”字，属义训义界方法，即用具体释抽象也。从语法角度看，训词中既有行动措施——“立木为表”“下漏水”，又有说明目的——“以视日景”“以知刻数”。用连词“以”构成两个目的复句，注释被训词“立表”“下漏”，非常确切、具体。

〔7〕正义：“己音纪。监，甲暂反。”

用纪注己，乃直音法相注。《广韵·上声·六止》“纪”小韵下有“己”字，释为“身己”。表明纪、己是同音字。我以为张守节此注不仅在注音，还在辨形。“己”注“纪”音者，以示与“巳”“已”字形不同，读音有异，不要把正文“以为将己之军而己为监”之两个“己”字当成字形相近似的“巳”(sì)或“已”去认读，故以音别之耳。次用甲暂反注“监”，《广韵·去声·五十九鑑(鉴)》“鑑”(鉴)小韵下有“监”字，释为“领也”，名词，即古代主管监察的官名。不要读平声“监察”之“监”音。

〔8〕索隐：“仆音赴。按：仆者，卧其表也。决漏谓决去壶中漏水。以贯失期，过日中故也。”

注字音，释词义，串讲句意。司马贞先用直音“赴”注“仆”，《广韵·去声·十遇》“赴”小韵下有“仆”字，表明它们是同音字。次用“按”字，以“卧其表”训“仆”者，是随文意训释也。《说文》：“仆，顿也。”段注“前覆”，即向前跌倒、趴下之义。“卧其表”，亦即使“立木为表”而横卧于地也。词义特点，亦趴下之义。从“仆”词义的内部发展规律去分析，“卧其表”属引申义生训也。继用“谓”字，以“决去壶中漏水”训“决漏”者，属义训义界训诂方法，以具体训抽象也。最后索隐用“以贾失期，过日中故也”去解释正文“穰苴则仆表决漏”句意者，属推因训诂。古代注释家解释句子，有一种情况是不解释句子本身的意思，而是找出为什么会有文中所说的这种情况的原因，有助于理解史书正文句意。此注便属此例证。

〔9〕索隐：“上音袁，下音孚。”

注字音。上音袁者，即“援”音“袁”。《广韵·上平·二十二元》“袁”小韵下有“援”字，释为“引也”。以同音字相注也。下音孚者，即“枹”音“孚”。《广韵·上平·十虞》有“扶”“敷”两小韵，于“扶”小韵下有“枹”字，于“敷”小韵下有“孚”字。枹、孚皆在虞部，叠韵。“枹”属全浊奉母，“孚”属次清敷母，声母小异。此乃以近音字注之。

正义：“援，作‘操’。枹音孚，谓鼓挺也。”

“援，作‘操’”者，乃校勘文字也，即有的版本作“操枹”。以校勘训诂术语“作”字以示因版本不同而文字有异也。次用直音法，以“孚”注“枹”者，同前注分析。次用“谓”字，以“鼓挺”训“枹”者，以本义生训也。《说文》：“枹，击鼓杖也。”

〔10〕集解：“魏武帝曰：‘苟便于事，不拘君命。’”

诠释成语典故。正文之“将在军，君命有所不受”是古代一句成语。裴骃引魏武帝曰，用假设连词“苟”提出的假设条件“便于事”来诠释这个成语。

〔11〕索隐：“按：谓斩其使者之仆，及车之左驸。驸，当作‘柎’，并音附，谓车循外立木，承重较之材。又斩其马之左骖，以御者在左故也。”

司马贞在串讲句意中进行文字校勘，“当作”者，校勘术语，即按上下文意，字形应当写作“柎”，“柎”是正字。“并音附”者，字形虽然应当作“柎”，但音应读成“附”音(fù)。《广韵·去声·十遇》“附”小韵下有“驸”。而后以“车循外立木，承重较之材”训“柎”乃是义训义界训诂。最后用“又斩其马之左骖，以御者在左故也”串讲句意，“以御者在左故也”是解释“又斩其马之左骖”的原因，乃推因训诂也。

正义：“柎音附。刘伯庄云：‘驸者，箱外之立木，承重校者。’”

后注补充前注。

〔12〕正义:“徇,行示也。”

释词义。以本义相训。《说文》:“伨,行示也。”段注云:“古匀旬同用,故亦作徇。”表明正文之“以徇三军”之徇正用其本义。

〔13〕正义:“比音(卑)必耳反。”

注字音。张守节用必耳反注“比”音。《广韵·上声·五旨》“匕”小韵下有“比”字,《广韵·上声·六止》有“耳”小韵。而《唐韵》纸、旨、止三韵同用,故以近音相注耳。

〔14〕正义:“度黄河水北去而解。”

串讲句意。此注串讲应参照上文正文“而燕侵河上”及正义“河上,黄河南岸地,即沧、德二州北界”之注释理解,方能做到文意及注释前后照应。

【《史记》正文】

已而大夫鲍氏、高、国之属害之,谮于景公。景公退穰苴,苴发疾而死。田乞、田豹之徒[1]由此怨高、国等。其后及田常杀简公,尽灭高子、国子之族。至常曾孙和,因自立为齐威王,[2]用兵行威,大放穰苴之法,[3]而诸侯朝齐。

【注释分析】

〔1〕索隐:“田乞,田僖子也。豹亦僖子之族。”

考证人名。

〔2〕索隐:“按:此文误也,当云田和自立,至其孙,因号为齐威王。故系家云田和自立,号太公,其孙因齐,号为威王。”

考核史实。查《史记·田敬仲完世家》:“平公即位,田常为相。……田常卒,子襄子盘代立,相齐。……襄子卒,子庄子白立。……庄子卒,子太公和立。”可见田和是田常曾孙。“田和立为齐侯,列于周室,纪元年。齐侯太公和立二年,和卒,子桓公午立。……桓公卒,子威王因齐立。”可见齐威王是田和之孙。通过内证法考证,此篇正文之“至常曾孙和,因自立为齐威王”者,误也。故索隐根据系家考核,纠正了《史记》之误,司马贞是正确的。

〔3〕正义："放，方往反。"

注字音。张守节用方往反注"放"。《广韵·上声·三十六养》有"往"和"昉"两小韵，并于"昉"小韵下有"仿""放"两字，训为"学也"。张守节的意思是正文之"大放穰苴之法"之"放"不要读去声，当"逐也，去也"之"放"字音义去理解，要读上声，当"学也"之"仿""放"字音义去理解。可见古代汉语中，虽然字形相同，音不同而义异，义随音变也。

【《史记》正文】

齐威王使大夫追论古者《司马兵法》而附穰苴于其中，因号曰《司马穰苴兵法》。

太史公曰：余读《司马兵法》，闳廓深远，虽三代征伐，未能竟其义，如其文也，亦少褒矣。[1]若夫穰苴，区区为小国行师，何暇及《司马兵法》之揖让乎？世既多《司马兵法》，以故不论，著穰苴之列传焉。

【注释分析】

〔1〕索隐："按：谓《司马法》说行兵，揖让有三代之法，而齐区区小国，又当战国之时，故云'亦少褒矣'。"

串讲句意。司马贞将《司马兵法》和《司马穰苴兵法》进行了时代和内容的比较，认为古代《司马法》有行兵揖让之法，而齐之《司马穰苴兵法》不可能有揖让之礼，故"亦少褒矣"。清人郭嵩焘《史记札记》云"《汉书·董仲舒传》张晏曰：'褒，进也。'此谓《司马》之文，进于三代征伐之事"是也。

1987年10月30日修改稿

释“佴之蚕室”之“佴”义

司马迁《报任安书》这封信，见于《汉书·司马迁传》及《昭明文选》卷四十一。两种本子文字略有出入，随文而释的注释家根据文意，从不同角度训释，自然就有了各自的看法。但后人的审视，其中必有正误和优劣之分。我从这封信中举出一个例子，加以己意，以作剖析，求教于大方。

《文选·报任安书》中有这么一句：“李陵既生降，隤其家声；而仆又佴之蚕室，重为天下观笑。”文中“佴”字作何解释？考察今之注本，皆音 èr，义为“次”或“相次”，等于说编次，排列。王力先生主编的《古代汉语》(修订本)第三册在注释后译为：“我又被排列到应入蚕室之列。”这是依据《文选》如淳注：“佴，次也，若人相次也。人志切。”随后如淳又提供了一条重要线索：“今诸本作‘茸’字。”当然，这是根据《汉书·司马迁传》正文“佴”作“茸”而注。查苏林注《汉书》云：“茸，次也，若人相俾次。”

同是这封信，两种本子用字不同而注释却完全相同。这是为什么呢？

首先，唐人颜师古批驳了苏林《汉书》注曰：“此说非也。”他认为《汉书·司马迁传》正文中的“茸”字没有“次”义，故于批驳后注云：“茸音人勇反，推也。……谓推致蚕室之中也。”其实，作为平声的“茸”，是没有“推”义的。可是作为上声的人勇反来看，清人段玉裁在《说文解字》“搑”字下一语破的指出：“如颜说，则‘茸’者，‘搑’之假借字。”查《说文》：“搑，推捣也。”徐铉据孙愐《唐韵》加注反切为“而陇切”。不论颜师古注“人勇反”还是徐铉音“而陇切”，皆为今音 rǒng。至此，我们方知师古是通过声音，用“搑”的词义注“茸”为“推”的意义，即用音近通假之说，否定了苏林注“茸”有“次”义。

那么，是《昭明文选》作“佴”，音 èr，训“次”义符合文意，还是《汉书》作“茸”(“搑”的通假字)，音 rǒng，训“推”义符合文意？《说文》：“佴，佽也。”佽字为排列有序，通“次”。段注“佴”下云：“苏以谓‘茸当作佴’耳。佴之蚕室，犹云副贰之以蚕室也。小颜乃欲读为揖，云推致蚕室中，殊非文义。”按段注，倾向性非常显明，他肯定了苏林的“茸当作佴”的训释，否定了师古的“茸读为揖”的解释。所谓“某当作某”者，乃校勘古代文献中错字误字的训诂术语。段氏肯定苏林“茸当作佴”，即肯定苏林注纠正了《汉书》的字误，还其正确的原字“佴”，加以训释。所谓“某读为某”者，属声训术语，其功用是明假借，即以本字释借字。段氏否定师古“茸读为揖”，即否定了师古注为通假字，用“揖”的音义解释，故抨击之曰：“殊非文义。”

我对于许慎《说文》训“佴”字义、如淳注《文选》训“佴”词义和苏林注《汉书》“茸当作佴”，皆训“次”义，既不敢完全苟同，对颜师古注《汉书》“茸读为揖”训“推”义，也不绝对排斥。其缘由有下面四点，需要对“佴之蚕室”之“佴”，重新斟酌考虑。

第一，陕西方言，有 èr 音，当“扔、掷、抛”的意思。同这封信中的“佴”字声韵调皆相同，且词性皆为动词。

第二，这封信的作者司马迁是陕西韩城人，作者当然会说陕西本地方言。我们能不能这样考虑，司马迁在这封信中用的“佴”义，就是陕西方言 èr 的词义？

第三，用方俗语证古言，往往是用声音相沟通、相贯穿。上古“佴”与“茸”（揖）均归日母字，双声。方俗语“佴”之“扔”义与“揖”之“推”义，虽义隔较远，但都是以手向外用力的一种动作，有相类之处。由此，我们由师古“茸读为揖”，训“推”义，再由古言之“佴”音，考察关中方俗语 èr 音有“扔”义，皆是用声音推寻义训。汉字，皆有义、有形、有音。段玉裁作《说文解字注》曾强调指出：“一字必兼三者，三者必互相求。万字皆兼三者，万字必以三者彼此交错互求。”清人戴震在《转语·序言》中亦云：“疑于义者，以声求之；疑于声者，以义正之。”陆宗达先生在《说文解字通论》中亦阐述：“以‘声音’统帅‘形’、‘义’是研究文献语言学的重要方法，也是汉语研究史上最可宝贵的经验。”几年前，西北大学杨春霖教授来敝舍攀谈，也提及“佴之蚕室”之“佴”音义，我们的看法完全一致。综合声纽相同，观其词义的会通，以双声为主要线索，我们是否可以根据“佴、揖、扔”三字的音义，将它们作为一组广泛的同源关系词对待？

第四，结合这封信的文义，及司马迁当时在朝廷上替李陵说几句好话而得罪了汉武帝，罪居李陵之下，便“佴之蚕室”的背景，我们考究一下司马迁用“佴”字的用意，以陕西关中方言的 èr 音的“扔”义训释，是否才更符合司马迁当时所遭遇的处境，才更贴切文义，才更准确、生动、形象。“李陵既生降，隤其家声；而仆又佴之蚕室，重为天下观笑”直译出来便是：李陵既然活着投降了匈奴，从此便败坏了他家的名声，而我又被（狱卒）扔进蚕室之中（遭受腐刑），深深地被天下的人所鄙视和耻笑。

——《汉中师范学院学报（社会科学）》1995 年第 2 期

《郙阁颂》笺释

郙阁，汉阁道名。在今陕西略阳县西嘉陵江边。其地临江崖，高数十丈，水溢则上下不通。东汉灵帝建宁三年(公元170年)，武都(今属甘肃省)太守李翕派人凿石架木，于此建阁道以济行人，至建宁五年(公元172年)二月，郙阁大桥竣工。时人刻碑赞颂，题为《析里桥郙阁颂》。

《郙阁颂》是我国珍贵的汉代刻石，它同汉代《石门颂》《西狭颂》并称为“汉三颂”。其书法结构严整，章法茂密，字体俊逸古朴，风格沉郁，乃标准的八分汉隶。“自魏、晋以来，各种金石学专著、杂记和有关地方志多有著录，评价甚高，尤以其书法，自成一家，拓片流行全国，为历代书法家所推崇。1977年搬迁时，发现碑后有五行小字，上题仇靖撰，仇绋书，从而纠正了千百年来的讹传。”(见《陕西省名胜古迹》下册，陕西省文物管理委员会编)

《郙阁颂》原刻石原在略阳县西徐家坪筥(音jū)口村(现称之为街口村，古名析里，又名白崖)，摩崖高170厘米，宽125厘米，全文19行，共计472字。因原刻摩崖露处江边，剥落日甚。南宋理宗绍定三年(公元1230年) 沔州(今陕西略阳)太守田克仁恐日久而绝迹，于是仿原刻形制大小，于州南七里灵崖寺奈何桥边的石崖上重刻此颂。至明代万历年间，重刻石右上角亦有剥落，略阳知县申如埙对重刻又进行补刻，却在石尾上加有“知县申如埙重刻”七字。但补刻字体低劣，兼及随意添字、改字，对重刻原貌颇有损毁。“现在，嘉陵江边的汉代原刻《郙阁颂》摩崖，已于1977年11月凿迁，嵌于略阳县南灵崖寺前洞右侧石崖上，与奈何桥边的宋重刻，明补刻，同聚一寺。有志研究文物古迹的同志，可赴寺三作比较，就地研究。”(见陈显远《汉中史迹杂考》，汉中市文化文物局编)

《郙阁颂》是古代颂赞类的韵文。从文章结构上看，大致可分为两大部分。前一部分用韵语作序，较详地介绍了析里的地理位置，郙阁的险峻形势和武都太守李翕派人重修析里大桥以济行人的业绩。后一部分用四字一句的“颂”和句中加“兮”的诗句形式，对李翕重建阁道的丰功伟绩进行了高度的颂赞。

【原文】

惟斯析里，处汉之右。[1]溪源漂疾，横柱于道。[2]涉秋霖漉，盆溢滔涌。涛波滂沛，激扬绝道。[3]汉水逆让，稽滞商旅。[4]路当二州，经用衿沮。[5]沮县士民，或给州府。[6]休谒往还，恒失日晷。[7]行理咨嗟，郡县所苦。[8]

【注释】

〔1〕惟：句首发语词。斯：指示代词，表近指，这。析里：地名，在今陕西略阳县西徐家坪窅口村郭家地，古名析里，又名白崖。据清道光《重修略阳县志》：“白崖：《严志》在（县）西三十里，两岸夹对，屹立百仞，江水从中流出，即今窅口之析里堝。汉建宁三年，太守李翕凿石架木为郙阁，以济行人。”汉：水名，今之嘉陵江，古称西汉水。《水经注》卷二十云：“汉水又南入嘉陵道而为嘉陵水。”其源出自陕西凤县嘉陵谷。右：凡在右手一方者皆称右，此乃“右”的基本意义，但表示方位时，古代以西方称右。析里正处于西汉水之西边，故称“处汉之右”。

〔2〕溪源：山间溪水的源头。漂疾：水流急速。横柱于道：在道路上像横下一根柱子。

〔3〕涉秋：一到秋天。霖：凡雨三日以上为霖，即指连绵雨。漉：水徐徐向地下渗透。涉秋霖漉：一到秋天大雨连绵不停，不断向地下渗透。盆溢滔涌：形容水势凶猛，像从盆内往外溢流，像洪水滔滔向上翻涌。涛波滂沛：形容波澜壮阔之势。滂沛：水流广远。激扬绝道：迅疾猛烈奔突的水势把道路淹没了。绝：切断、淹没。

〔4〕汉水：指今之嘉陵江，古之西汉水。逆让：因从山谷间涌出，水势太大，使汉水不能顺流而下，而是漫出河道，四溢横流，改变了原来的水流方向。稽滞：停留、拖延。商旅：泛指一切做买卖的商人和旅客。

〔5〕路当二州：二州指东汉时行政区划的凉州和益州。当：处。句意为析

里正处在凉、益二州之间。经用：经由。用：由也。衸(zhǔ)：本义为破烂衣服，引申为毁坏。沮：本为水名，引申为败坏。“衸沮”在句中为同义词，皆为破败、毁坏。二句意为析里道路正处在凉、益二州要冲，可是经过的路面全都被毁坏了。

〔6〕沮县：汉代县名。汉武帝元鼎六年(公元前111年)平叛西南夷后，设益州武都郡，置沮县，故址在今略阳县东60公里沮水河侧，故名沮县，此为略阳建县之始。士民：指士大夫及庶民百姓。或：肯定性无定代词，在句中作主语。因前面已出现先行词“沮县士民”，故“或”在此指代其中的某些人、有些人。给(jǐ)：供给、供应。州府：公署的通称。

〔7〕休谒：相当于谒舍，即供往还歇息的客栈。恒：常。日晷(guǐ)：日影，泛指时间。

〔8〕行理：行李、行吏，指外交使节。理、李通吏。咨嗟：叹息。郡县所苦：这是郡县最苦恼的事情。

【押韵】

里、右：之韵。

道、道：幽韵。

旅、沮、府、苦：鱼韵。

【原文】

斯溪既然，郙阁尤甚，[1]缘崖凿石，处隐定柱。[2]临深长渊，三百余丈。接木相连，号为万柱。[3]过者栗栗，载乘为下。常车迎布，[4]岁数千两。[5]遭遇隤纳，人物俱堕。沉没洪渊，酷烈为祸。[6]自古迄今，莫不创楚！[7]

【注释】

〔1〕斯溪：上面所指溪源。既：时间副词，已经。然：指示代词，指代上面溪源的通常状态和涉秋霖漉、激扬绝道的严峻情况，在句中活用为动词，是这个样子。郙阁尤甚：(那么)略阳县西析里郙阁栈道就尤为严重。尤：程度副词，特别、更加、尤其。甚：形容词，在句中作谓语，厉害、严重。

〔2〕缘崖凿石：沿着山崖凿打石孔。缘：沿着、顺着。处隐：安顿隐蔽之处。定柱：楔进木柱使其牢固。

〔3〕临：从高处往低处看。长渊：指古代西汉水，今之嘉陵江。临深长渊，三百余丈：意为从高向低看深深的江水，足有三百多丈高。接木相连：衔接的木柱一根连着一根。号为万柱：宣称有万柱，即相连接的木柱有一万多根。

〔4〕过者栗栗：凡从郙阁栈道上经过的人都心惊胆战，怕得发抖。载乘为下：装载货物的车次序排在后面。下：方位名词，次序靠后的。常车：所谓“常车”，指普通的、一般的轻便车，与载乘相对。迎布：纷纷逆转方向让开。迎，这里当逆、反向讲。古代有些词含有相反的两义，用它的反义词来解释此意，训诂学称反训。迎有迎接义，又有逆向义，犹如“乱”有治理义，还有紊乱义。布：分布、展开、摆开。这里引申有让开义。三句的意思为凡从郙阁栈道上经过的人都胆战心惊，装载货物的车靠在后边，前边的轻便车立即逆转方向纷纷让开。

〔5〕岁数千两：每年都有好几千辆车从这里经过。两即辆。先秦两汉古籍中车辆的辆都写作两，“辆”字产生较晚，反映唐宋时期的字书、韵书，如《玉篇》《广韵》《集韵》等均不见“辆”字。此句的“两”，音 lìang，量词，用于车辆，后来写作“辆”。因此两、辆是一对古今字。

〔6〕陨纳：坠入深渊。酷烈：残暴，这里引申有凄惨义。

〔7〕迄：到。创楚：伤痛。莫不创楚：没有哪一件这样的事情不令人伤痛。莫：否定性无定代词，在句中作主语，意即“没有谁、没有什么、没有哪一件事情”。

【押韵】

柱、柱：侯韵。

下、布：鱼韵。

堕、祸：歌韵。

楚：鱼韵。

【原文】

于是大守汉阳阿阳李君，讳翕，字伯都，以建宁三年二月辛巳到官，[1]思惟惠利，有以绥济。[2]闻此为难，其日久矣！[3]嘉念高帝之开石门，元功不朽，[4]乃俾衡官掾下辨仇审改解危殆，即便求隐，析里大桥于今乃造，[5]挍致攻坚，结构工巧，[6]虽昔鲁班，亦莫儗象。[7]又醳散关之嶃漯，从朝阳之平焲(燥)，减西浚之高阁，就安宁之石道。[8]禹导江河，以靖四海，[9]经纪厥续，艾康万里。[10]

〔1〕于是：介宾结构，在这个当口，在这种情况下。其语法作用是引进谓述性中心语的有关事物。要注意的一点是：不要把它当作一般的承接连词看待。太守：官名。秦设郡守，管理一郡政事，秩二千石。汉景帝时更名太守。这里指东汉灵帝建宁三年（公元170年）武都郡太守李翕。汉阳：郡名。东汉置，本西汉天水郡地。阿阳：地名，不详。李君：指李翕。君者，尊称也。讳翕：名叫翕。讳本为忌讳，古代由于某种原因，对某些事物要加以回避和隐瞒，后来这种回避也用在对人的名字上，对活着的帝王将相和尊长的名字也要避讳。这样一来，反而使“讳”具有“名字”的含义了。比如《三国志·魏书·武帝纪》：“太祖武皇帝，沛国谯人也，姓曹，讳操。”“讳操”等于是“名”叫“操”。辛巳：古代以天干地支记日，辛巳为六十甲子日第十八天干支。

〔2〕思惟惠利：（李翕到官）思索着如何使析里人民得到好处、利益。思：动词，思考。惠利：并列结构的抽象名词作宾语。有以绥济：可以安抚、帮助析里民众。“有以”是“有所以”的省写，因而“有”是动词，“所以绥济”是名词性所字结构作宾语，其中“以”是介词。

〔3〕闻此为难，其日久矣：听说这个地方的灾难，时间已很久了。日：指时间。

〔4〕嘉念：赞美、思念。高帝：汉高祖刘邦。石门：人工开凿的一个通道，在褒斜道南口，亦称“南谷口”。按此碑文所记，开凿石门早在秦汉就开始了。元功：伟大的功绩。不朽：永不磨灭。

〔5〕乃：副词，于是。俾：使。衡官掾：古代掌管山林川泽官员的属吏。衡官：简称衡。《国语·齐语》“山立三衡”。注：“《周礼》有山虞林衡之官。衡，平也。掌平其政也。”掾：古代属官的通称，又称掾属，即佐治的官吏。汉代自三

公至郡县皆有掾属，人员由主官自选，不由朝廷任命，故长官与属吏有君臣的名分。

下辨：地名。西汉武都郡有下辨道，东汉置县。故地在今甘肃成县西。仇审：人名，即李翕委任重修郙阁道的衡官掾。改解：改变、消除。危殆：危险。即：动词，靠近、接近。便：名词，适宜的地点。求隐：寻找隐蔽(定柱)之处。

〔6〕挍致攻坚：考核精细而后开凿坚石。结构工巧：(析里大桥的)结构精致、巧妙。挍：同“校”，考核。致：精微、精细。

〔7〕鲁班：春秋时鲁国的能工巧匠，又名鲁般、公输般。亦莫儗象：没有哪一件工程能跟析里大桥的结构法式、雄伟气象相比拟。儗：在“比拟”的意义上又写作拟。

〔8〕又醳散关之嶃漯，从朝阳之平焲(燥)，减西浚之高阁，就安宁之石道：这是四个排比句。“又醳散关之嶃漯”句，《汉语大字典》水部漯(tà)下云：“②低湿、潮湿。后作‘湿(溼)’。……《析里桥郙阁颂》：‘又醳散关之嶃漯，徙朝阳之平燥。’”又《汉语大字典》火部“焲”下云：“同‘燥’。干燥。……《析里桥郙阁颂》：‘又醳散关之嶃漯，从朝阳之平焲。’”醳(shì)：通“释”，排除，排解义。散关：指大散关，又称崤谷，在今陕西宝鸡西南大散岭上，为秦蜀往来要道。嶃漯(zhǎn tà)：山高险峻又兼有山谷的潮湿。“醳散关之嶃漯”句意为(析里大桥的建造)排除了散关以南白崖这山势高峻之地的潮湿。从朝阳之平焲：“朝阳”指山的东面。《尔雅·释山》曰：“山西曰夕阳，山东曰朝阳。”按：郙阁桥在嘉陵江西沿石崖上，故面朝东，昔日道路艰险，潮湿阴暗，人与物易坠入深渊。现已修复，虽背靠西崖，东傍江水，却因阁道修通，地势平坦、干燥。平焲：平坦；焲，即“燥”字，干燥。“从朝阳之平焲”句意为随着崖东阁道的建成，昔日的险峻潮湿之道变得平坦干燥。西浚：指疏通嘉陵江西沿石崖阁道。高阁：指地处三百余丈高的阁道。减西浚之高阁：疏通了嘉陵江西岸石崖高阁的险阻。就安宁之石道：就，完成、成就；石道，石崖上的栈道；句意为成就了安宁的石崖上的阁道。

〔9〕禹：远古夏部落领袖，史称禹、大禹、戎禹，姒姓，鲧的儿子。古史相传禹继承鲧的治水事业，采用疏导的办法，历十三年，曾三过家门而不入，水患悉

平。导:疏导。靖:平定、安定。四海:天下。禹导江河,以靖四海:大禹采用疏导江河的办法安定了天下。

〔10〕经纪:纲常、法度。厥:句中语气词,无义。续:继续。艾康:艾安,治理太平。艾音yì,同"乂"。经纪厥续,艾康万里:李翕采用大禹疏导江河的法式继续之,使万里江山得以安康。

【押韵】

利、济:脂韵。

矣:之韵。脂之合韵。 朽、造:幽韵。

巧、燎:宵韵。

道:幽韵。幽宵合韵。

海、里:之韵。

【原文】

臣蔡□□勒石示后,乃作颂曰:〔1〕

上帝绥□,降兹惠君。〔2〕克明俊德,允武允文。〔3〕躬俭尚约,化流若神。〔4〕爱氓如子,遐尔平均。〔5〕精通皓穹,三纳符银。〔6〕所历垂勋,香风有邻。〔7〕仍至瑞应,丰稔年登。〔8〕居民安乐,行人夷欣。〔9〕

【注释】

〔1〕蔡□□:《郙阁颂》原刻及田克仁重刻碑石第十二行第一字均缺,申如埙却在此处补刻一"蔡"字,以证明此碑文乃东汉"蔡邕撰并书",与事实不符,应予以澄清。勒石:刻石。示后:给后人看。乃作颂曰:此四字前为《郙阁颂》的前半部分,用韵语作序,较详细地介绍了析里的地理位置、郙阁的险峻形势和武都太守李翕派人重修析里大桥以济行人的业绩;此四字后为《郙阁颂》的后半部分,用四字一句的颂和句中加"兮"诗的形式,对李翕重建阁道的丰功伟绩进行了高度的颂赞。

〔2〕上帝绥□:碑文缺动词"绥"的宾语。上帝:天帝、天神。绥:安抚,绥后

应是安抚的对象，若连接下句“降兹惠君”推测，或为一“民”字。降兹惠君：降下这位仁德的君子。君：对李翕的尊称。

〔3〕克明俊德：语出《尚书·尧典》“克明俊德，以亲九族”。此处借尧帝禅让，重用贤德人才和睦九族治理天下，讴歌上帝能彰显才德出众的李翕太守。克：能。明：显示、彰显。俊德：才德出众的人。允武允文：语出《诗经·鲁颂·泮水》“允文允武，昭假烈祖”，借鲁人歌颂鲁僖公既能修泮宫，又能讨伐淮夷，既有文德又有武功，高度赞颂李翕是兼备文德武功之才。允：确实，的确。

〔4〕躬俭尚约：自身崇尚节约，行为不放纵。躬：本指身体，引申为自身、自己；俭、约同义，皆为节俭，能约束自己的行为。化流若神：教化传布像流水一般神速。

〔5〕爱氓如子，遐尔平均：爱护老百姓如同对待自己的儿女一样，不论远近都同样看待。氓（méng）：老百姓。遐尔：远近。遐为远，尔为近，“尔”作近讲，后写作“迩”，“尔”与“迩”在“近”的意义上是一对古今字。

〔6〕精通皓穹，三纳符银：太守李翕精通天文历象，并把它们用之于世，三次接受朝廷任命治理郡县。皓穹，即昊穹，此指天文、天象。《尚书·尧典》：“乃命羲、和，钦若昊天，历象、日、月、星辰，敬授人时。”战国末年，秦汉以降，阴阳五行之说盛行，于是将天与四时、四方、五行、五味等相配比附，这里也表现了当时的社会风尚。三纳符银：纳，接受。符银，即符节，古代朝廷用作凭证的信物，以竹、木或金属为之，上书文字，剖分为二，以两片相合为验。

〔7〕所历垂勋，香风有邻：自己一生的业绩留下不朽的功勋，美好的风范传播到四面八方。所历：自己经历的事情。垂：流传。勋：功勋，特殊的功劳。香风：本指芳香之风，这里引申为美好的风范，懿德。有：占有、取得。这里引申为传播。邻：邻居、相邻，泛指远近四方。

〔8〕仍致瑞应，丰稔年登：天降吉兆，年年庄稼成熟、五谷丰登。仍：副词，因而、于是。致：得到、取得。瑞应：古人迷信认为天降祥瑞以应人君之德，因而附会自然界出现的某种现象为吉兆。稔（rěn）：庄稼成熟。登：亦为庄稼成熟义，此处“稔”与“登”为同义词。

〔9〕居民安乐，行人夷欣：不论是居民还是行旅之人都非常安乐欢欣。夷：

平安。

【押韵】

君、文:文韵。
神、均:真韵。
银、勋:文韵。
邻:真韵。文真合韵。
应、登:蒸韵。
欣:文韵。

【原文】

慕君靡已,乃咏新诗:[1]

析里之阁兮巛兑之间。高山崔嵬兮水流荡荡。[2]地既塉确兮与寇为邻。西陇鼎峙兮东以析分,[3]或失绪业兮至于困贫。危危累卵兮圣朝闵怜。分符析壤兮乃命是君,[4]扶危救倾兮全育孑遗,劬劳日稷兮惟惠勤勤,[5]拯溺亨屯兮疮痍始起,闾阎充庶兮百姓欢欣,[6]佥曰太平兮文翁复存。[7]

【注释】

〔1〕慕君靡已,乃咏新诗:这是颂与新诗之间的过渡句。慕君:仰慕太守的品德。靡(mí):否定副词,不。已(yǐ):停止。乃咏:于是又吟诵。新诗,将四字一句的颂体拉长,句中加语气词“兮”,加大力度抒发颂赞情怀,故名曰“新诗”。

〔2〕巛兑:巛为坤的古文,《周易》八卦之一,代表自然界中的“地”,兑亦为八卦之一,代表自然界中的“泽”,颂文中用这两种符号标志出“析里之阁”在山水间,即西靠高山,东傍嘉陵江水。高山崔嵬兮水流荡荡:语出《楚辞》汉东方朔《七谏》“高山崔巍兮,水流汤汤”。王逸注:“东方朔追悯屈原,故作此辞,以述其志。”崔嵬:山势高峻貌。荡荡:水流奔突貌。

〔3〕塉确(jí què):土地贫瘠而多石。又作“塉埆”。寇:盖指西南地区氐族的一部,即所谓白马氐。汉武帝元鼎六年(公元前111年)于其地置武都郡,分

布地在今四川西北部地区及甘肃南部。陇:山名,陇山在甘肃,因相沿称甘肃为陇。鼎峙:犹鼎立,比喻形势如鼎足而立。析:析里的简称。句中的西与东皆表方位。“西陇鼎峙兮东以析分”意为向西与甘肃鼎足而立,向东以析里作为分界。

〔4〕或:有的人、有些士民。绪业:事业。危危:重重危险。累卵:把卵重叠起来。危危累卵又作“危如累卵”,或危于累卵,比喻情况危险到了极点。圣朝:封建时代称当代王朝,也作皇帝的代称,此专指东汉灵帝。闵怜:同情、关心。分符:符即符节,把符节剖分为二,其一在朝廷,其二给接受命令的人,这里专指把治理析里的任务交给李翕。析壤,指析里。“分符析壤”即“分符于析壤”。

〔5〕扶危救倾:扶助危急、匡救倾倒的人。全育孑遗:保全养育孤独残存的人。孑与遗在此同义。劬(qú)劳:辛勤、劳苦。日稷:日昃(zè),指午后时间,即太阳偏西时才吃饭,表示勤于政事。惟惠勤勤:只是仁慈、仁爱而殷勤不已。

〔6〕拯溺亨屯:拯救落水遇难者曰“拯溺”,解救困厄曰“亨屯”。“亨”字用如使动,使……通达。屯:难。疮痍:创伤。这里比喻人民疾苦。闾阎:泛指民间。充庶:充足、富足。

〔7〕佥(qiān):副词,全、都。文翁:西汉庐江舒(在今安徽庐江、舒城一带)人,景帝末,举为蜀郡守。他见蜀郡僻陋,想推行教化,于是选聪明有才干的郡县小吏十多人,派往京师学习,学成回来后都委以官职。又在成都设学官,招各县子弟入学,从此蜀地教化大行。新诗最后一句以文翁作比,讴歌李翕建析里桥的丰功伟绩。

【押韵】

邻:真韵。

分:文韵。文真合韵。

贫:文韵。

怜:真韵。文其合韵。

君、勤、欣、存:文韵。

【原文】

建宁五年二月十八日癸卯，[1]时衡官椽下辨仇审字孔信，[2]从史位下辨仇靖字汉德为此颂，[3]故吏下辨仇绋字子长书此颂。[4]时石师南□□□□威明[5]

【注释】

〔1〕建宁：东汉灵帝年号，建宁五年，公元172年。癸卯：癸卯日，即二月十八日。《郙阁颂》摩崖石刻建成的日子。

〔2〕时：当时。衡官椽："椽"字误，应为"掾"。仇审：李翕委任重建郙阁的官吏。

〔3〕从史：汉官名，随官僚办事，无专职。从史位：在"从史"后加位，标志其身份，即随从官员办事的身份。仇靖：撰《郙阁颂》碑文的人。

〔4〕故吏：曾经做过官的人，或指低级属吏。仇绋：刻写《郙阁颂》的人。

〔5〕时石师南□□□□威明：因此行有缺，存疑。

1999年10月初稿，作于汉中

《金瓶梅》词语札记

——兼与《小说词语汇释》《金瓶梅词典》训释商榷

咬群出尖 踩踏别人，显出自己。陆澹安《小说词语汇释》（以下简称《汇释）和王利器主编的《金瓶梅词典》（以下简称《词典》）皆把这个词语分开训释。“咬群”皆训“倾轧别人”。“出尖”，《汇释》训“出头”，《词典》训“出风头”。两者均引《金瓶梅》第七十六回例：“行事有些勉强，恰似咬群出尖儿的一般。”

尚未凝结成整体的复音词，往往还保留着它们各自的独立性，这个道理是容易被人接受的，因为事实上它们可分又可合，分有分的理由，合也有合的道理。比如“咬群出尖”，《汇释》引《红楼梦》第五十八回例：“这一点子小崽子，也挑幺挑六，咸嘴淡舌，咬群的骡子似的。”主要表示“咬群”义。引《醒世恒言》例：“此时李婆已死，官私做媒，又推张婆出尖了。”主要表示“出尖”义。它们各自保持着各自的独立性，因此能独立运用，表示出自己词义的独特意义。而在《金瓶梅》第七十六回中的“咬群出尖”，我认为把它合起来，当作一个整体复音词看待较好。

这四个字淋漓尽致地表现了潘金莲的性格和行为的全貌，不容拆开。潘金莲出身卑微，要想在多妻的西门庆家立足，并得到西门庆的宠爱，必须得妒、狠、毒，也就是所谓的“咬群”，才能凭借她唯一的资本“色”，冒“出尖”来。是特定的社会生活环境造成了她特定的性格——极端的个人主义和享受主义。这种思想支配着她的一举一动，一言一行。她对西门庆的妻妾婢仆使尽嫉妒刻薄、狠毒凶残的手段，就是为了维护她的个人利益。凡是谁对她不利，她就“咬”谁、踩踏谁、倾轧谁，在“咬群”中，获得她应得的爱情和地位。用这四个字比喻她的性格特征实在再贴切不过了，缺一不可，可以说这四个字是文学史上潘金莲性格的集中表现，把“咬群出尖”看成一个有机的整体结构，对潘金莲这一文学形象就有了一个本质的、完整的、特征性的认识。如果拆开成两个词，各立词目，便破坏了《金瓶梅》作者所塑造的典型人物的典型性格，就不能体现出潘金莲性格特征的全貌。因此，我认为把“咬群出尖”当一个复音词看待是合适的。

巴巴 又写作“巴巴儿”、“巴巴的”或“巴巴来”。表语气的情态副词，皆为“偏偏”、“特意”、“专一”和“专程”的意思。如《金瓶梅》第二十七回：“金莲道：‘我不好说的，巴巴寻那肥皂洗脸，怪不的你的脸洗的比人家屁股还白。’”又《金瓶梅》第八十三回：“一心只是牵挂想你，巴巴使我来，好歹教你快去哩。”“巴巴儿”同“巴巴”，《金瓶梅》第七十四回：“他见放皮袄不穿，巴巴儿只要这皮袄穿。”又“巴巴的”同“巴巴”，《金瓶梅》第三十一回：“昨日一个人听见我这里要，巴巴来对我说。”上引诸例中的“巴巴”，皆作为副词，修饰后面的动词。

但是《汇释》引《荡寇志》第八十回：“一声呼喝，向那左边面颊上足足打了二十个大巴巴。”训释云：“即‘巴掌’，是掌颊的意思。”

首先，这个训释且不说不适用于上引《金瓶梅》例句诸“巴巴”义，而且训释本身自相矛盾。训为“巴掌”，是名词，即例句中“打了”的宾语，符合文意。继则又用“是掌颊的意思”补训。不知是补训“巴巴”本身意义呢，还是补训“打了二十个大巴巴”的文意呢？如果说是补训“巴巴”本身意义，我们很理解陆澹安先生补训的含义：因为“巴巴”即“巴掌”的训释词，不是例句中“打了”的对象宾语，实际上它的对象宾语是“嘴巴”，即文句中的“左边面颊”。而“巴掌”不过是“打”这个动词的动作工具。换言之，即是用巴掌打了二十个大嘴巴。至此，我们不妨思索一下，究竟训“巴掌”好呢？还是训“嘴巴”好呢？如果强调的是“打”这个动词动作的工具，可训“巴掌”；如果表明“打”这个动词动作的对象，可训“嘴巴”。因为例句上面已经出现了“左边面颊”，所以训为“打”这个动词动作的工具为妥。这就是我同意训“巴巴”为“巴掌”的理由。至于又用“是掌颊的意思”进行补充训释，显然已经超出了“巴巴”的词义。“掌颊”即是“打嘴巴”，即是用手掌打嘴巴。这个补训实际上把例句中“打”字也涵盖进来了。换言之，“掌颊”是训释文句中“向那左边面颊上足足打了二十个大巴巴”的句意。可是《汇释》是在“巴巴”词条下进行解释的，可见解释的是“巴巴”词义而不是句意，再说用“巴掌”已解释了“巴巴”，言简意明，用不着再进行这个补训。这就是我不同意用“掌颊”补训的理由。

其次，《汇释》征引《荡寇志》例中“巴巴”，训为“巴掌”义，可作为第一义项外，现在还可根据《金瓶梅》诸例中“巴巴”义，再增补“专一”“偏偏”“特意”，作为第二义项。

《词典》在“巴巴”词条下，训有三个意义，兹录于下：“①形容说话一声连一声，不肯住嘴。〔例〕第八十五回：‘贼囚根子，敢说又没真赃实犯？拿住你，你还那等嘴巴巴的？今日两个又在楼上做甚么？’②急促地催派。〔例〕第二十三回：‘随问教那个烧烧儿罢，巴巴坐名儿教我烧。’③语助词。〔例〕第五十三回：‘砖说嘴的，在真人前赤巴巴吊谎，难道我便信了你。’”

我认为《金瓶梅词典》“巴巴”词条下①③两义训释正确，而②义训释不妥。这里姑且再举一个与②义相同的例句。《金瓶梅》第二十四回：“贼泼妇，他认定了他是爹娘房里人，俺天生是上灶的来？我这里又做大家伙里饭，又替大妗子炒素菜，几只手？论起就倒倒茶儿去也罢了，巴巴坐名儿来寻上灶的。上灶的是你叫的？”

这两个“巴巴坐名儿”的“巴巴”，用在动词“坐”前，是表语气的情态副词，作状语。精确地解释恰恰应是“专一”“偏偏”“专诚”的意思。意即偏偏指着名儿如何如何，绝不是“急促地催派”的意思。“巴巴”在句中不是动词“催派”，指派的意思是动词“坐”的词义。这里不妨举两个“坐”当“指派”的例句，以作旁证。《金瓶梅》第四十九回：“西门庆见手下人都去了，走下席来，叫玳安儿附耳低语言，如此这般：‘即去院里坐名叫了董娇儿、韩金钏儿两个，打后门里用轿子抬了来。’”“即去院中，坐名叫了董娇儿、韩金钏儿两个”即“立即到妓院里指着名儿叫了董娇儿、韩金钏儿两个”。又《金瓶梅》第七十八回：“你东京行下文书，天下十三省，每省要几万两银子的古器。咱这东平府坐派着二万两。”“坐派着二万两”即“被指派摊二万两”。由此证明，上引诸例“坐”字都作“指派”意义。如把副词“巴巴”解成动词“急促地催派”，那么后面动词“坐”如何解释？为此，我认为《金瓶梅词典》“巴巴”的训②义，不是“急促地催派”的意义，而是“偏偏”“专一”的意义。这样不但准确地训释了《词典》“巴巴”的例义，还把上面所引诸“巴巴”意义都统括了进来。

撺掇 《小说词语汇释》和《金瓶梅词典》引例后皆训作“怂恿”。从《金瓶梅》例中我发现似乎还有“催促”“催逼”义。怂恿和催逼，从表象上看有相似点，即都有“使”的意思。但它们又有区别点：怂恿，是从旁鼓动某人做某事；催逼或催促，不是从旁鼓动某人做某事，而是匆忙地催促某人赶快行动做某事。《金瓶梅》第八十三回：“金莲与敬济两个还在被窝内未起，听见月娘到，两个都吃了一惊，慌做手脚不迭，连忙藏敬济在床身子里，用一床锦被遮盖的沿沿的。教春梅放小桌儿在床上，拿过珠花儿来，且穿珠花。……打发月娘出来，连忙撺掇敬济出港，往前边去了。春梅与妇人整捏两把汗。”又第十八回：“众人正抹牌在热闹处，只见玳安抱进毡包来，说：‘爹来家了。’月娘连忙撺掇小玉，送姐夫打角门出去了。”第八十三回的例子，潘金莲和陈敬济两人私通，险些被月娘堵在被窝内而全盘败露。潘金莲急忙做些掩饰，打发月娘出房后，连忙撺掇敬济离开。是把撺掇解作从旁鼓动他离开好呢？还是把撺掇解作急促催逼他赶快离开好呢？目的都是叫陈敬济走，但是从当时的情势和潘金莲心理状态去分析，只有当后者的解释才合乎情理。请看，待这场事件过去了，“春梅与妇人整捏两把汗”。可见从事件的突如其来，到中间的急忙遮掩，最后到侥幸混过去，潘金莲的内心是多么的慌乱、害怕、恐惧、着急。此时此刻的“撺掇”，能用“怂恿、哄骗”这个意义训释吗？显然不能。第十八回的例子，月娘为了酬劳女婿陈敬济管理花园修造工程辛劳，安排一桌酒饭，邀了孟玉楼和西门大姐一起打牌。众人打牌正打得热闹时，只见玳安说西门庆回来了，月娘连忙差丫头小玉把陈敬济从角门送了出去。试问，这时的“撺掇”应做何解释呢？月娘是主人，小玉是贴身丫头。用得着从旁“怂恿、哄骗”吗？

我不是否认“撺掇”有“怂恿”的意义，而是认为《小说词语汇释》和《金瓶梅词典》概括“撺掇”词义不全面。在这两部工具书中的“撺掇”词条下，除“怂恿”义外，还应添补“催促”“催逼”义。

自恁 有两种意义。

（1）自然，副词。《金瓶梅》第九十回：“这春梅听见，要买他来家上灶，要打他嘴，以报平昔之仇。对守备说：‘雪娥善能上灶，会做的好茶饭汤水，买来家中伏侍。’这守备即便差张胜、李安拿帖儿对知县说，知县自恁要做分上，只要八两银子官价。交完银子，领到府中。”《金瓶梅》第九十四回：“自此以后，张胜但来河下，就在洒家店与雪娥相会。往后走来走去，每月与潘五儿两银子，就包住了他，不许接人。那刘二自恁要图他姐夫欢喜，连房钱也不问他要了。”

（2）就是这样，就是那样。出现在让步复句的头一分句，表示先退让一步承认这个事实，然后正句转折，说出正意。偏句在整个句子中只起一种反衬作用。正句往往用“还”表示转折。《金瓶梅》第九十五回：“他好小造化儿！自从生了哥儿，大奶奶死了，守备老爷就把他扶了正房……四个丫头扶侍，……都是老爷收用过的。要打时就打，老爷敢做主儿？自恁还恐怕气了他。”

《小说词语汇释》未收“自恁”词条。《金瓶梅词典》在“自恁”词条下，引《金瓶梅》第七回：“婆子道：‘官人倘要说俺侄儿媳妇，自恁来闲讲便了，何必费烦，又买礼来。’”训为“只要（按照平常）那样”。把“自恁”作为条件复句的条件。例义训释是正确的，但训义还不全面。根据我上面训释的两义，《金瓶梅词典》应有三个意义：①自然，副词；②就是这样，就是那样；③只要（按照平常）那样。

会胜　有两种意义。

（1）兴许、可能，语气副词。《金瓶梅》第三十一回：“伯爵道：‘若不是我那等取巧说着，他会胜不肯与借与你。’”又第六十四回：“只是五娘和二娘悭吝得紧，他当家，俺每就遭瘟来。会胜买东西，也不与你个足数，绑着鬼，一钱银子只称九分半，着紧只九分，俺每莫不赔出来？”

（2）同“会圣”，有神通本领、超人的能力。《金瓶梅》第十九回：“西门庆道：‘想必那矮王八打重了，在屋里睡哩。会胜也得半个月，出不来做买卖。’遂把这件事情丢下了。”第七十六回：“金莲道：‘他来了这一向，俺们就没见他老婆怎生样儿。’平安道：‘娘每会胜也不看见他。他但往那边去就锁了门。住了这半年，我只见他会轿子往娘家去了一遭，没到晚就来家了。往常几时出个门儿来？只好晚夕门首倒杩子走走儿罢了。’”

《小说词语汇释》未收“会胜”词条。《金瓶梅词典》虽然收了“会胜”词条，但是只训释“有神通本领”的意义，未训释“兴许、可能”这个语气副词的意义。今补充这一义项。

作准 有两种意义。

(1)作践、糟蹋。《金瓶梅》第五十六回:"'他既要你替他寻个好主子,却怎的不捎书来,到写一只曲儿来?又做的不好。可知道他才学荒疏,人品散荡哩。'伯爵道:'这到不要作准他。只为他与我是三世之交,自小同上学堂……极好兄弟。故此不拘形迹,便随意写个曲儿。'"

(2)犯难、当回事。《金瓶梅》第五十八回:"妇人道:'可又来,贼胆大万杀的奴才,我知道你在这屋里成了把头,把这打来不作准。'因叫他到跟前:'瞧,躧的我这鞋上的蹧踺!'哄得他低头瞧,提着鞋拽巴,兜脸就是几鞋底子。打的秋菊嘴唇都破了。"

《金瓶梅词典》未收"作准"词条。《小说词语汇释》引《古今小说》九:"一连求了五日,并不作准,身边银两,都在衙门使费去了。"训"作准"为"准许"。这个训释是正确的,但词义不全面。今补《金瓶梅》中的两个意义。

嚼舌根 信口胡说;搬弄是非。《金瓶梅》第二十五回:"你做甚么来家打我?我干坏了你甚么事来?你恁是言不是语!丢块砖瓦儿也要个下落。是那个嚼舌根的,没空生有,调唆你来欺负老娘!"又第七十六回:"说你来家,只在我这房里缠,早是肉身听着,你这几夜只在我这屋里睡来?白眉赤眼儿的嚼舌根。"

《小说词语汇释》和《金瓶梅词典》引《红楼梦》等例,皆训作"多说废话"。特别是《金瓶梅词典》以第七十六回为例,亦训为"多说废话"。什么是废话?是没有用的话,不会中伤人的话,不是搬弄是非的话。上引《金瓶梅》的这两例,不论哪例,"嚼舌根"表示的都不是没有用的废话。以《金瓶梅》第二十五回为例,来旺媳妇宋惠莲在丈夫往杭州去的四个月光景,与西门庆多次勾搭,"成日明睡到夜,夜睡到明",西门庆又送她许多衣服首饰。当来旺从孙雪娥那里得知这一情况后,借吃几杯酒审问媳妇宋惠莲时,宋心虚,就怕丈夫知道她这见不得人的事,为了遮掩辩护,采用了"君子可欺以其方,难罔以非其道"的手段,把自己装成受迫害的样子,用大道理振振有词地辩解,不正说明了"嚼舌根"的话击中了宋惠莲的要害,而不是一般没有用的废话吗?再看第七十六回例,潘金莲把拦西门庆,在她屋睡时居多,引起妻妾的嫉妒。但说这话时,确实这几天西门庆没在潘金莲屋里睡，所以潘金莲用有力的事实斥问西门庆："早是肉身听着，你这几夜只在我这屋里睡来?"可见"白眉赤眼的嚼舌根"者，是与事实不符的中伤语，是搬弄是非的胡言乱语，而绝不是多说几句没有用的废话。为此，我认为《金瓶梅词典》训"嚼舌根"为"多说废话"是不正确的。

家没大 架子大，即摆架子，自高自大的意思。"大"，除作为形容词，与"小"相对，表示在体积、面积、数量、力量、强度等方面超过一般或超过所比较的对象意义外，《金瓶梅》又赋予了它特殊意义，即自高自大的意思。它既可以单独用，亦可组成词组形式表示。单独用者，如第三十四回："淫妇奴才，你怎的说几时这般大？不是你西门庆家抬举的我这般大！我买将你来伏侍我，你不愤气，教你做口子汤，不是精淡，就是苦咸。你倒还对着丫头说我几时恁般大起来，搂搜索落我，要你何用?"用"大"组成词组形式者，有"托大"，即依靠着资格。如《金瓶梅》第四十回："来保硬说：'姐夫，你不知买卖甘苦。俺在江湖上走的多，晓的行情，……我不是托大说话，你年少不知事体，我莫不胳膊儿往外撇?'"这个自高自大的"托大"，根据文意看出，内涵即来保凭借自己在江湖上走得多这点资本、资格而自高自大。又有"大道"，即霸道。如《金瓶梅》第三十九回："雪娥便说：'他卖与守备多少时就有了半肚孩子？那守备身边少说也有几房头，莫就兴起他来？这等大道！'"这个当霸道的"大道"，依文意知道，即春梅凭借周守备的宠爱而摆架子。另外还有"家没大"。"家没大"即"架子大"，冀东方言有此语词。"家"通架，声与韵相同，只是声调由阴平转读去声。"没"是"家"(架)的词缀，音mo，轻声。"家没大"，是一个主谓结构形成的词组。如《金瓶梅》第三十回："金莲问道：'叫你拿酒，你怎的拿冷酒与爹吃？原来你家没大了！说着你，还钉嘴铁舌儿的。'喝声'叫琴童儿与我实打与这奴才二十板子'。"可是《金瓶梅词典》认为这个"家没大"的"大"是"爹"的意思："北语谓'爹'曰'大'。"纵观上下文意，此"大"不宜作"爹"讲。似嫌文意牵扯得过远，有点节外生枝。另外，举一个意义相近似，情况差不多的例句，可以佐助本例"家没大"为"架子大"的旁证。《金瓶格》第五十八回："妇人道：'可又来，贼胆大万杀的奴才，我知道你在这屋里成了把头，把这打来不作准。'因叫他到跟前：'瞧，躧的我这鞋上的龌龊！'哄得他低头瞧。提着鞋拽巴，兜脸就是几鞋底子，打的秋菊嘴唇都破了。”两处情节中，同是一个主子潘金莲，同是一个奴婢秋菊，因秋菊做了点不合主子心意的事，同是这个主子教训这个奴才，秋菊一次被讥诮为“原来你家没大了”，一次被挖苦为“我知道你在这屋里成了把头”。结果，一次挨了“二十板子”，一次被打了“几鞋底子”。两次都是找碴儿，先百般辱骂，继则一阵毒打。两次情节何其相似！在辱骂中这两句话是大同小异的，无非是先给对方栽一个莫须有的“家没大”“成了把头”的罪名，而后进行冤一顿损一顿的数落，出口主子的恶气罢了。《金瓶梅词典》何必节外生枝地训成“爹”义呢？

麻犯　数落，数说。《金瓶梅》第八十三回：“撞遇敬济正在李瓶儿那边楼上，寻了解当库衣物抱出来。金莲叫住，便向他说：‘昨日我说了你几句，你如何使性儿？今早就跳出来了，莫不真个和我罢了？’敬济道：‘你老人家还说哩！一夜谁睡着来？险些儿一夜不曾把我麻犯死了。你看把我脸上肉也挝的去了。’妇人骂道：‘贼短命，既不与他有首尾，贼人胆儿虚，你平白走怎的？’敬济道：‘天将明了，不走来不教人看见了？谁与他有甚事来？’金莲道：‘既无事，你今晚再来，我慢慢问你。’敬济道：‘吃你麻犯了人一夜，谁合眼儿来？’”又《金瓶梅》第九十四回：“这守备无计奈何，走出外边麻犯起张胜、李安来了。”

第八十三回例中的两个“麻犯”，均是潘金莲吃醋后，数落陈敬济。《小说词语汇释》训有两义。一引《醒世因缘》十一例：“那伍小川、邵次湖虽也自知理亏，口里还强着，麻犯了几句才去。”训为“噜嗦”。一引《儿女英雄传》三十例：“公子连说：‘丑丑丑丑！你这个令收起来罢！把我麻犯的一身鸡皮疙瘩了。’”训为“肉麻”。《小说词语汇释》这两个训义对引例的解释是正确的，但不符合《金瓶梅》上引两例的“麻犯”义。《金瓶梅》第八十三回例中的两个“麻犯”，是潘金莲醋劲大发，不但数落陈敬济一夜，使敬济不能合眼入睡，而且还有行动，边数落边抓，把陈敬济“脸上肉也挝得去了”。这能用一般的“噜嗦”解释吗？绝不能。只能说是带有责备、指斥性质的数说、数落义合适。《金瓶梅》第九十四回例中的“麻犯”，是守备在春梅那里无计可施的情况下，走出来对仆役的责备、数落，也不是“噜嗦”意思。因此，我认为《小说词语汇释》在“麻犯”词条下应补充第三义：数落、数说。

《金瓶梅词典》未收“麻犯”词条,宜补收之。

雌赖 《金瓶梅》第五十八回:“每常在人前会那等撇清儿说话:‘我心里不耐烦,他爹要便进我屋里推看孩子雌着和我睡,谁耐烦……’”又《金瓶梅》第八十五回:“‘那淫妇要了我汉子,还在我面前拿话拴缚人,……你还要在这里雌饭吃。’敬济骂道:‘淫妇,你家收着我银子,我雌你家饭吃?’使性子往前边来了。”

《小说词语汇释》训有三种意义,抄录于下:“(一)挨。【例一】(《金瓶梅》十一)我去时还在厨房里雌着,等他慢条丝礼儿才和面儿。【例二】(《金瓶梅》八十五)他便羊角葱,靠南墙,老辣已定,你还在这屋里雌饭吃。(二)碰。【例一】(《醒世因缘》三十二)晁无晏雌了一头灰,没颜落色的往家里去了。【例二】(《醒世因缘》四十四)素姐说:‘没的你也嫁他罢!不回去。’雌的薛如卞兄弟两个一头灰,往外跑。(三)偷。【例】(《金瓶梅》七十二)不是韩嫂儿死间的赖在中间拉着我,我把贼没廉耻雌汉的淫妇口里肉也掏出他的来。”三个意义中,(二)(三)义我们不去论它,(一)义训“挨”,觉得未切“雌”的实质,且未将“雌”的神态形象地表现出来。实际“雌”是赖着不动,缠磨的意思。

同样,《金瓶梅词典》“雌”下亦训三义:“①碰。《醒世姻缘传》三十二回:‘晁无晏雌了一头子灰,没颜落色的往家里去了。’②偷。《金瓶梅》七十二回:‘我把贼没廉耻雌汉的淫妇,口里肉也掏出他的来。’③等着;拖延着。〔例〕第八十五回:‘你还在这屋里雌饭吃。’第十一回:‘我去时还在厨房里雌着,等他慢条丝理儿才和面儿。’”其中①②义我们也不去论它,③义训“等着;拖延着”,虽然比《小说词语汇释》训“挨”通俗些,我仍觉得没有把“雌”义的传神意味训释出来。以《金瓶梅》第五十八回例来说,是潘金莲妒忌西门庆和李瓶儿睡,故意学着李瓶儿的腔调,用讥讽的口气说“他爹要便进我屋里推看孩子雌着和我睡,谁耐烦!”这“雌着”词语,在这特定的环境中,解作缠着、磨着和赖着才准确。

——《汉中师院学报(哲学社会科学版)》1992年第3期

《聊斋志异》中的数量词

一、数词的小类

(一)数词是表示数目和次序的词

《聊斋志异》(以下简称《聊》)中数词分基数词、序数词、倍数词、分数词、概数词、虚数词和问数词七小类。

1. 基数词

基数词即数目“一、二、三……百、千、万”。其中“一、二、三……九”是个数,“十、百、千、万、亿”是位数。

(1)《聊》零位数上不出现“零”字。

蜡烛一百八,银朱一千八。(《鸟语》)

(2)整数与零数间或加“有”,或不加。

立命取艾灸尸一十八处。(《太医》)

司马时年八十有三。(《王司马》)

(3)“二”“两”“再”的分工。

表物量时,“二”与“两”相当。

我二人可歌《洛妃》一曲。(《凤仙》)

我两人当共事之。(《陈云栖》)

旋闻……二婢慰劳声。(《口技》)

两婢扶窗下聚观之。(《喷水》)

表成双成对用“两”“双”。

女以唾涂其两眦。(《伍秋月》)

两崖夹道，舆行稍缓。(《凤仙》)

两肩荷一口。(《胡四娘》)

惟双肩承一喙耳。(《道士》)

表动量用“再”，当“第二次”“两次”讲。

事可一而不可再。(《侠女》)

祝已，……烦再祝请。(《上仙》)

《聊》“再”字除作表示动量的数词外，有相当数量的“再”字作重复副词。

二公闱卷亦佳，但经不熟，再须勤勉，云路亦不远矣。(《侯静山》)

2.序数词

序数词包括专用序数词和兼用序数词两种。

(1)专用序数词。

数字前加“第”“初”表序数。

会提学试，公子第一，生第二。(《辛十四娘》)

雀言：“初六养之，初六养之……”今日为初十。(《鸟语》)

用“长”“次”“上”“下”表序数。《聊》中经常运用先以基数词总说，然后或用“长”“次”，或用“上”“下”，或用连续几个“曰”字排次分说。

是时二成有两男：长七岁，次三岁。(《珊瑚》)

出二卷：上卷驱狐，下卷驱鬼。(《长亭》)

曾翁……有子六。……娶继室，生三子：曰孝，曰忠，曰信。妾生三子：曰悌，曰仁，曰义。(《曾友于》)

用天干地支表序数。

陕右某公，辛丑进士。(《某公》)

限汝辰去巳来。(《长治女子》)

前例用天干地支组合表纪年，后例用地支表时辰。

(2) 兼用序数词。即用基数词表示序数。

乃掷得幺二三。(《田子成》)

数字位于名词之后,仅以所处位置表示序数义,量词不出现(参见马庆株《数词、量词的语义成分和数量结构的语法功能》,载《中国语文》1990年第3期)。

自云行二,都呼为胡二爷。(《周三》)

自言广陵王十八,愿为前驱。(《庚娘》)

只要数词不是专用基数词,加上量词亦表示次序或等第。

渠有十九女,……此是十四娘。(《辛十四娘》)

限汝辰去巳来,迟一刻,则以一针刺汝心中,令作急痛;二刻,刺二针;至三针,则汝魂魄销灭矣。(《长治女子》)

(3)专用与兼用序数词并用表序数。

康熙七年六月十七日戌时,地大震。(《地震》)

3.倍数词

(1)用"倍、蓰、什、佰"表示增加了一倍、五倍、十倍、百倍。

女置材,倍加宽大。(《神女》)

后辇货而归,其利倍蓰。(《齐天大圣》)

郎子大孝,胜我寡母孤女什百矣。(《侠女》)

(2)一般常用基数词加"倍",表示净增数。

售种息十倍。(《酒友》)

岁杪始得归,计利三倍。(《刘夫人》)

(3)两个个数连用,前面的数表示倍数,后面的数表示一倍的基数。

见二八女郎,光艳溢目。(《邵九娘》)

年二八已来,宛然若仙。(《彭海秋》)

4.分数词

(1)几种常见格式。

母数+分+之+子数

如有万分之一,我告君以解死之术。(《崔猛》)

母数+分+子数

如有万分一，此更何难？（《龙飞相公》）

母数+之+子数

奂山山市，邑八景之一也。（《山市》）

母数+子数

妾以年少书生，什九薄幸。（《香玉》）

（2）倍数只能用于数目的增加，不能用于数目的减少。分数既可用于数目的增加，也可用于数目的减少。数量增减的习惯用法是加“增”“减”等字样作为标记（参见黄伯荣、廖序东《现代汉语》修订本下册，甘肃人民出版社，1983年版）。

王问直，答以千金。……王曰：“予不相亏，便与二百金。”成摇首。又增百数。成目视主人，主人色不动。乃曰：“承大王命，请减百价。”王曰：“休矣！谁肯以九百易一鹑者。”（《王成》）

5. 概数词

概数词表示与实际数目差不多的大概数。

（1）在数字、数量结构前后加词表示。

在数字、数量结构后加“来、以来、已来、许、余、强”等词。

内一人如官长，年四十已来。（《张诚》）

弋人称金，得二两六钱强。（《鸿》）

在数字、数量结构前加“可、约、近”等。

有婢自内出，年约十四五。（《粉蝶》）

遂有妇人出拜，年可四十余。（《狐嫁女》）

在数字、数量结构前后皆加词表示。

急击之，仅断其尾，约二寸许。（《贾儿》）

西南山中，去此可三十余里。（《婴宁》）

（2）相邻两个个数连用表概数。

逾四五年间，体修伟。（《三生》）

方六七岁，收养于夫家。(《真定女》)

(3)两个数字连用的习惯用法。

阿甥来不易，宜留三五日。(《婴宁》)

嗣后三两日辄一至。(《侠女》)

(4)一个基数，一个不定数连用。

自是三数日辄一来。(《陆判》)

止以公子光明磊落，为天人所钦瞩，实欲依赞三数年。(《聂小倩》)

6. 虚数词

虚数词用以表示与实际数目无关或关系不大的数，往往具有鲜明的夸张色彩。常用三及其倍数和百、千、万等表示。

卜者起卦，愕然曰："君三日当死!"(《妖术》)

佛留一百二十行，惟有庄农打头强。(《张贡士》)

菩萨点化愚蒙，千幻并作。(《画壁》)

辗转移时，万籁俱寂。(《山魈》)

7. 问数词

问数词是表示询问的数词，常用的有"几、几何"等。

宿介之外，奸夫有几?(《胭脂》)

去西崖几里?(《折狱》)

二、数词的语法特征

(1)不带量词的数词兼表单位意义，可作各种成分。

(2)数词直接置于名词、名词性词组之前作定语。

至一村舍，两男子迎之而入。(《于中丞》)

一十七八女郎，从一青衣遽掩入。(《公孙九娘》)

(3)为了强调定语数目，数词可置于名词、名词性词组之后作后置定语。

穴有小狼二。(《牧竖》)

得木人二、小棺一、小旗帜五。(《珠儿》)

(4)数词直接置于动词、动宾词组之前作状语。

君信义,十死不足以报。(《聂小倩》)

更选其良,再易再败。(《王成》)

少一合眸,不觉睡去。(《青娥》)

桓侯翼德,三十年一巡阴曹,三十五年一巡阳世。(《于去恶》)

冥府一疑案,须弟一证之。(《王货郎》)

无已,再腆颜一经纪之。(《吕无病》)

(5)为了强调状语数目,数词可由动词前置于句末,用"者"分开后作全句谓语。

俯近榻前,遍吹卧客者三。(《尸变》)

惊问之,欲言而止者再。(《王六郎》)

(6)数词可径作谓语。

又一龙堕如前状,日凡三四。(《疲龙》)

搜其装载,则小棺数万余。(《小棺》)

(7)数词兼表名量事物单位,在有先行词的情况下,可作主语、宾语。

乃索笔疾书两符,曰:"一君自佩,一粘妾背。"(《伍秋月》)

两雏俱堕,一生一死。(《禽侠》)

邵妻叹曰:"王侯家所不敢望;只要个读书种子,便是佳耳。我家小孽冤,翻复遴选,十无一当,不解是何意向。"(《邵九娘》)

(8)数词兼表动量次数单位,可放在动词、动宾词组后作补语。

"真悍妇!"杖责三十。(《邵临淄》)

妇击磬三,口中隐约有词。(《上仙》)

公怒,击喙数十。(《折狱》)

三、量词的类别

量词是表示计算单位的词,分为物量词和动量词两类。

(一)物量词

物量词可分为专用物量词和借用物量词两小类。

1.专用物量词

(1)度量衡量词。包括长度、重量、面积、容积等。

长度有“仞、由旬(由旬为佛家用语,四十里为一由旬)、里、丈、尺、寸、分”等。

武夷山有削壁千仞。(《武夷》)

腾踔而上,不知几百由旬。(《齐天大圣》)

重量有“担、钧、斤、镒、两、钱”等。

常使人铸一大杆刀,阔盈尺,重百钧。(《王司马》)

金百斤,布帛数十匹。(《水莽草》)

容量有“石、斛、斗、升、合、勺、撮”等。

至则净麦数斛,已堆场中矣。(《陆押官》)

共视囊中,清水数斗而已。(《聂小倩》)

面积有“顷、亩”等。

不数岁,田百顷,楼阁万椽。(《促织》)

妪命置良田三百亩。(《王成》)

(2)个体量词。

《聊》中个体量词很多,包括:个、介、只、朵、株、颗、头、枚、把、椽、胎、庭、世、坛、丸、瓣、滴、名、块、杆、面、口、径、乘、顶、壁、门、地、辆、碗、盆 杯、瓶、壶、片、叶、册、本、幅、函、卷、题、篇、章、架、条、匹、囊、肢 盏、柄、点、座、股、首、缕、炷、瓢、丝、帧、句、孔、曲、间、轴、线、袭、窍、带、级、领、具、代、层、事、种、等、重、手、尾、字、盂、合、日、尊 段、指、进、家、翼、车、年、处、所、肩等。

例如:

我两个正谈道。(《聂小倩》)

阶道阔朗,有广殿十余间。(《丰都御史》)

(3)群体量词。

《聊》中群体量词有:剂、堆、团、行、队、副、对、束、簇、群、贯、串 窝、房、双、旅等。

例如:

项下各挂明珠一串。(《夜叉国》)

嘲哳鸣嘶,扑落一群娇鸟。(《马介甫》)

2.借用的物量词

(1)借用名词作物量词的有口、头、面、尾、领、壶、盆、房、手等。

有朱鱼数尾游泳其中。(《雹神》)

何曾交换出一杯温凉水。(《陈锡九》)

(2)借用动词作物量词的有围、捆、裹、提、扣、结、起、折等。

便以大钱一提付李。(《王大》)

因取生胸前带,连结十余扣。(《云萝公主》)

(二)动量词

动量词可分为专用的动量词、借用的动量词和表时间的动量词三小类。

1.专用的动量词

专用的动量词即不含工具义的单纯表动作次数的词。如过、更、匝、次、遍、下、阵、通、度、声、壮、重等。

出艾团之,为炙数十壮。(《二班》)

郎坐案头,强令自诵一过。(《贾奉雉》)

《聊》中动量词“过”,据不完全统计出现过十一次。值得注意的是卷十《贾奉雉》“郎坐案头,强令自诵一过”句下,有张友鹤先生用铸雪斋抄本《聊斋志异》的异文校勘:“抄本作遍。”“遍”是近代汉语普遍使用的动量词。张先生用抄本“遍”校勘正文“过”,表明在这种句式——“动·一·过”中,“过”与“遍”是同义词,“诵一过”即“诵一遍”。通过不同本子的异文校勘,证明“过”是动量词。再从词义角度分析,“过”从辵(chuò),与行走有关。本义是走过、经过。其特点是不断地从某点行往另一点。凭借时空引申,由甲至乙的空间移动即由此到彼的时间经历。这种动作的一次性完成,其结果会很自然地引申出“过”的动量词“遍、回、次”的意义。“诵一过”,从空间上看即从头一页读至末一页,同时也经历了由头一页至末一页的时间,一次性完成这种诵读动作,自然会形成动量词“过”。遗憾的是,古代汉语常用的字典辞书,比如《辞源》(修订本)就没有收进“过”的动量词义一项,应该补收。

2.借用的动量词

借用的动量词分借名词作动量词和借动词作动量词两小类。

(1)借用名词作动量词的含有工具义,如刀、脚等。

李时时蹈僧瑕,僧忽一脚飞掷,李已仰跌丈余。(《武技》)

屠人卖肉,操刀断割,遂觉一刀一痛,彻于骨髓。(《邑人》)

(2)借用动词作动量词的,如画、转等。

启视则卷面涂四画,粗于指。(《郭生》)

为哀曼之音,一字百转。(《林四娘》)

(3)表时间的词也可以借为表动量(参见黄伯荣、廖序东《现代汉语》修订本下册,甘肃人民出版社,1983年版)。

过数日真忽至。(《真生》)

差健役四鼓出城。(《于中丞》)

四、数词的语法特征

量词一般不能单独使用,只有数词是“一”时,才能单独使用。

瓢水灌注其中。(《澂俗》)

始投盆水,一一命自盥讫。(《胭脂》)

以杯羹斗酒置案上。(《湘裙》)

(1)基数量词有的可以重叠,重叠后可作主语和状语等。

作主语时表示“每一”意义。

下有群龙……条条尽伏。(《罢龙》)

每值天欲雨,则孔孔生云。(《石清虚》)

肉汤甚美,而段段皆圆。(《豢蛇》)

作状语时表示分组按次序进行。

夹道红花片片坠阶上。(《婴宁》)

启关出视,血点点盈阶上。(《周三》)

以刀寸寸断之,始掬以食。(《蛇癖》)

作谓语时表示数量多。

相思人不见,中夜泪双双。(《香玉》)

(2)有的数量词也可以重叠作定语,表示连续性的数量多。

听蕉声,一阵一阵细雨下。(《凤阳士人》)

(3)数词、量词和数量结构用在指示代词后面,构成指量结构。可作主语、宾语、状语、定语和后置定语。

指量结构作主语:

此间无房主,仆亦侨居。(《聂小倩》)

若个小娘子,颇能快意否?(《公孙九娘》)

指量结构作宾语:

便是秀才家难与计较,若在别个,失尺而得丈,宜若可为矣。(《邵九娘》)

指量结构作定语:

任言是某册第几叶第几行。(《小二》)

但此等人,未可招惹。(《湘裙》)

指量结构作后置定语:

檐下设几、墩各二。(《考城隍》)

出数金,籴粟麦各石。(《王成》)

指量结构作状语:

这一回崖中跌死撑船汉。(《胭脂》)

李亦每夕必至。(《莲香》)

(4)量词出现在数词后边,同数词一起组成数量词结构,作各种成分。

数量词作主语:

一车数百颗，老衲止丐其一。（《种梨》）

第一章画五，二章亦画五。（《郭生》）

数量词作宾语：

卿是院中第几株？（《香玉》）

即善饮者，不过数盏。（《金陵乙》）

数量词常作双宾语的远宾语：

今遣汝第一差。（《长治女子》）

报我十金，当代禳之。（《妖术》）

明日有载竹笥赁舟者，索之千金。（《小棺》）

数量词作谓语：

不数岁，田百顷，楼阁万椽。（《促织》）

又是别一院宇，垂杨数十株。（《西湖主》）

数量词作状语：

我挟勾栏数宿之资，宁一度可偿耶？（《折狱》）

虽得两次死，然非狐则贫不能归也。（《浙东生》）

数量词作补语：

公主看巾三四遍。（《西湖主》）

出锦笺，庄书一通。（《宦娘》）

女听漏三下，把盏一呷。（《阿绣》）

绕石三匝。（《苏仙》）

已受凌迟一度，不亦奇哉！（《邑人》）

妃展阅一过，颇谓不疵。（《绛妃》）

数量词可放在名词之前作定语，有的在数量词和名词中间加连词“之”：

万丈洪涛，至舟顿灭。（《织成》）

一丝之贽，已竭绵薄。（《瑞云》）

数量词（名物）经常放在动宾词组后面，作名词宾语的后置定语：

泥中遗诗扇一柄。（《诗谳》）

发上簪凤钗一股。(《于中丞》)

五、数量词连用

《聊斋志异》中常见数量词连用现象。由于古汉语数词兼表单位,所以数量词连用,既包括数词加名词的数量连用,也包括数词加动词的数量连用。这种数量连用,可以形成多种语义关系(参看马庆株《数词、量词的语义成分和数量结构的语法功能》,《中国语文》1990年第3期)。

1.累加关系

同属一个范围系列的基数数量词,以量词所表示的范围的大小为次序累加起来,形成累加关系。

弋人称金,得二两六钱强。(《鸿》)

布掌作度,以度树本,自下而上至四尺六寸,按其处,使生以两爪齐搔之。(《香玉》)

值得注意的是,这种同属一个范围系列而形成的累加关系,在《聊》中并不多见。考察起来,作者蒲松龄常用在数量词前加“可”“约”“近”,在数量词后加“余”“许”“强”等概数手段代替累加法。换言之,作者常用与实际差不多的概数代替精确的数字连用累加。

2.偏正关系

同属一个范围系列的序数数量词,以量词所表示的范围的大小为次序组合起来,形成偏正关系。

康熙七年六月十七日戌时,地大震。(《地震》)

癸亥三月,与高季文赴稷下。(《上仙》)

3.主谓关系

(1)主语和谓语都是基数。

一车数百颗。(《种梨》)

一昼夜十余餐。(《禄数》)

一家十余口。(《凤仙》)

(2)主语和谓语都是序数。

后郭一次四等,两次五等。(《郭生》)

4. 并列关系

奚成列……有一妻一妾。(《大男》)

内惟一几一榻。(《贾奉雉》)

夫妻携一仆一媪而去。(《贾奉雉》)

5.连动关系

两个数量词一先一后连用,中间没有停顿,共同叙述一个主语(张静、张桁《古今汉语比较语法》,河南人民出版社,1964年版)。

陶捧读大喜,一句一赞。(《于去恶》)

少间屠人卖肉,操刀断割,遂觉一刀一痛,彻于骨髓。(《邑人》)

六、结论

首先,《聊斋志异》是近代汉语时期文言文体裁的短篇小说。书中量词非常丰富,特别是物量中的个体量词,动量中的动作次数量词。它标志着古汉语数词兼表单位的现象已经不占优势。物量词的猛增,特别是个体量词的大量涌现,是随着社会的发展,适应实际的需要,根据民族的共同心理和认识,对于纷繁的名物需要用不同的单位词进行细腻的区分而表现出来的形象化的表达手段。个体量词中有相当一部分是由名词借用来的,说明这些量词和名词原是紧密相关的,由于日用频率极高,已经逐步由名词引申、过渡为物量词。动量词中动作次数量词已十分接近现代汉语。其中动量词"过",虽然在现代汉语口语和书面语中罕见,但随着口语的儿化音(过儿)的普遍使用,不但在《聊斋志异》之后的《红楼梦》中出现(陆澹安编著《小说词语汇释》656页"过儿",上海古籍出版社,1964年版),而且一直保留到现代汉语之中。《聊斋志异》中丰富的量词表明，作为文言文的语法和近代汉语的语法几乎是在同步前进。从发展的趋势看，它已经给现代汉语量词打下了坚实的基础。

其次，数量词的语法位置，在《聊斋志异》中运用灵活，几乎在各种句子成分中都出现过。这种表现手段打破了上古、中古数量词传统的单一的语法特征，已经向现代汉语数量词的语法特征发展。特别是数量词连用，呈现出摇曳多姿的语意关系。这表明应该拓宽数量词的研究领域，对其意义和作用应该有一个更全面、更深入的了解和认识。

——《汉中师院学报(哲学社会科学版)》1991年第1期

《聊斋志异》中的复音词

蒲松龄的短篇文言小说《聊斋志异》成书于鸦片战争前一百多年。这一历史时期,对我们研究该书中的词汇(西域的借词和译词、佛教的借词和译词本文不涉及),特别是复音词(主要是双音词)有着特别的意义。因为该书不但继承了先秦以来复合词中联合型、偏正型、述宾型的构词方式,而且出现了同现代汉语相同的主谓型、述补型构词方式。带“老”“阿”的词头和带“子”“儿”的词尾也相当普遍。对比现代汉语复音词和《聊斋志异》复音词的构词方式,我们可以清楚地看到它们之间的继承发展关系。同时,我们也可以看到联合型复合词中两个语素往往有颠倒易位现象,这表明部分复合词在这个时代仍处于词性不稳定的状态。

下面,我们按复音词的构造方式分别进行分析。

一、由音变造词方式构成的单纯词

(一)叠音词

叠音词大体分两小类。

1.拟声词

模拟声音的叠音词,大多为声音的连续或反复多次。例如:

妇喃喃如梦语。(《贾儿》)

忽闻床上察察有声。(《尸变》)

闻院内扑扑有声。(《喷水》)

忽闻有人践荞根咋咋作响。(《荞中怪》)

芳云向妹呫呫耳语。(《仙人岛》)

2.名词的叠音

叠起来后只加了一个音节,并未附加意义。这同现代汉语十分相似。

旧年伯伯家大哥迁父去。(《公孙九娘》)

姊姊乱吾种矣。(《娇娜》)

是月也,哥哥至。(《王六郎》)

(二)联绵词

联绵词可分为四小类。

1.双声联绵词

指两个音节的声母相同。其中又可分形容词、动词和名词三小类。

(1)形容词性的联绵词。

晓色迷濛。(《尸变》)

宗仓卒无以自主。(《嫦娥》)

恍惚觉魂已出舍。(《嫦娥》)

游移不敢即应。(《周三》)

掌中托小塔,高裁盈尺,玲珑可爱。(《番僧》)

(2)名词性的联绵词。

见一蜘蛛大如斗。(《龙戏珠》)

先以绣囊将琵琶至。(《娇娜》)

有秋千一架,上与云齐。(《西湖主》)

学使朱裔三家门限下有蚰蜒,长数尺。(《蚰蜒》)

(3)动词性的联绵词。

翁乃嗫嚅具道情事。(《马介甫》)

生每对之欷歔。(《钟生》)

妇一夜忆巨人状,瑟缩摇战。(《马介甫》)

吾辈抑郁泉下,未有能一伸此气者。(《三生》)

2. 叠韵词

指两个音节的韵母相同。其中也可分形容词、动词和名词三小类。

(1)形容词性的。

刻画狰狞。(《妖术》)

诸仆仓皇撤肴器。(《秀才驱怪》)

视其女绰约可爱。(《纫针》)

后婿中岁淹蹇。(《三生》)

家室萧条,不可聊赖。(《柳生》)

乃起跨驴,踉跄而行。(《辛十四娘》)

(2)名词性的。

则一螳螂据顶上。(《螳螂捕蛇》)

若弗是醋葫芦娘子。(《翩翩》)

故以善规人,如赠橄榄。(《云翠仙》)

君如傀儡,非挑弄之,则五官俱废。(《司训》)

(3)动词性的。

再三叮咛而去。(《王六郎》)

有少年来徘徊其侧。(《王六郎》)

嫦娥微笑,阳怂恿之。(《嫦娥》)

一道人仗剑入,寇尽披靡。(《白于玉》)

入与狐交,锐不可当,狐辟易。(《伏狐》)

3. 双声兼叠韵词

指两个音节不但声母相同,而且韵母也相同。

辗转移时。(《山魈》)

4. 非双声、叠韵词

大体也可分形容词性的、动词性的和名词性的三小类。

(1)形容词性的。

执卷哦诗,音节铿锵。(《白秋练》)

老夫一言，勿嫌孟浪。(《萧七》)

自镂印章二：一曰"混帐行子"，一曰"老实泼皮"。(《司札吏》)

又见壁间倚白梃，洁泽修长。近扶之，腻然而倒，委蛇入壁，移时始没。(《宅妖》)

(2)名词性的。

转眼化为鹦鹉，翩然逝矣。(《阿英》)

蜈蚣无目而多贪也。(《蚰蜒》)

睛映月作琥珀色，两目通透。(《鸽异》)

适即所谓筋斗云也。(《齐天大圣》)

和尚灵辔不甚礼之。(《番僧》)

见宫殿中坐一人如菩萨状。(《鲁公女》)

(3)动词性的。

再支吾，老拳碎颠骨子。(《酒狂》)

昔人为鬼揶揄，吾今为狐奚落矣。(《王子安》)

往往被物窃食，狼藉于地。(《龙戏珠》)

二、由结构造词方式构成的合成词

(一)复命式合成词

指两个不同的词根组合构成的词。可分为五小类。

1.联合型

由两个意义相同、相近、相关或相反的词根并列组合而成。又可分三种。

(1)意义互相补充说明的。

①名词+名词=名词。

秀才握手，送诸郊野。(《考城隍》)

我涂山氏之苗裔也。(《青凤》)

第宅弘阔。(《青凤》)

所过宫殿尽成丘墟。(《莲花公主》)

以上为同义或近义例。

朝夕遇之多无状。(《司文郎》)

二人入陈利害。(《小二》)

内外皆衣文锦绣。(《丑狐》)

岂乾坤两大中,凶顽任尔?(《谕鬼》)

以上为反义例。

②形容词+形容词=名词。

君无大贵,但得耄耋足矣。(《钟生》)

何得黜佳士而进凡庸?(《三生》)

闻学使施公愚山贤能称最。(《胭脂》)

以上为同义或近义例。

艳色贤名,声闻遐迩。(《娇娜》)

生默默不较短长。(《胡四娘》)

今势力世界,曲直难以理定。(《张鸿渐》)

以上为反义例。

③动词+动词=名词。

近与接谈,言语谐妙。(《司文郎》)

两目通透,若无隔阂。(《鸽异》)

喜田猎,不务生产。(《鸦头》)

媪斥去妆饰。(《瑞云》)

以上为同义或近义例。

导一妇人出,……举止大家。(《刘夫人》)

何处知佳人消息。(《嫦娥》)

金又广结纳,即千里外呼吸亦可通。(《金和尚》)

以上为反义例。

④形容词+形容词=形容词。

家人见万石凶狂。(《马介甫》)

内坐二八女郎,红妆艳丽。(《瞳人语》)

而徐性刚烈。(《李八缸》)

其人温驯。(《胭脂》)

⑤动词+动词=动词。

众女环绕之。(《画壁》)

杨率健丁悉篡夺之。(《鸮鸟》)

如有藏匿下界人即共出首。(《画壁》)

某绅以关节发觉。(《封三娘》)

夫妻享受正远,何言不归?(《陈锡九》)

以上为同义或近义例。

妇沉浮者屡矣。(《王六郎》)

生方读,惊问所来,词涉吞吐。(《青梅》)

斋中多友人来往。(《阿霞》)

此古战场,鬼时出没。(《江中》)

漂泊郊路间。(《汤公》)

一俯仰间,刀痕暴裂。(《诸城某甲》)

自思出入衙门数十年。(《刘姓》)

以上为反义例。

⑥代词+代词=代词。

自己不肖,致父惨死。(《胭脂》)

更不暇问其谁何,便求假榻。(《刘夫人》)

⑦副词+副词=副词。

此何须鄙人言哉!(《贾奉雉》)

俄顷郎从叟入。(《贾奉雉》)

少间,夫人出,始识之。(《贾奉雉》)

遂指一二人、一二篇以为标准,大率贾所鄙弃而不屑道者。(《贾奉雉》)

业已烹茗，敢邀为长夜之欢。(《葛巾》)

(2)联合后产生新意的。

①名词+名词=名词。

妾委风尘，实非所愿。(《鸦头》)

月生又天真烂漫，不较锱铢。(《李八缸》)

公子哀伤，如丧手足。(《素秋》)

朝中有冠盖出。(《罗刹海市》)

生以厚金赂其心腹。(《神女》)

既愿同离水火。(《向杲》)

冷暖相形，颇存芥蒂。(《镜听》)

面首三十人，请卿自置耳。(《颜氏》)

妾处耳目多，不可久羁。(《葛巾》)

其有功人民，或正直不作邪祟者，以城隍，土地用。(《韩方》)

犬马齿二十有二，尚少良配。(《薛慰娘》)

某绅以关节发觉。(《封三娘》)

以上诸例，“风尘”喻娼妓，“锱铢”喻微小，“手足”喻兄弟，“冠盖”喻做官之人，“心腹”喻亲近之人，“水火”喻灾难，“芥蒂”喻心中嫌隙或不快，“面首”专指男妾，“耳目”喻亲信，“城隍”“土地”皆指神，“犬马”自喻，“关节”专指通贿请托。

②形容词+形容词=名词。

自分金少，不敢问少艾。(《乱离》)

适于得仁族姓家获奸细二。(《崔猛》)

余有故人，与大人同里，烦一致寒暄。(《白于玉》)

吾将速归，用慰严慈。(《小谢》)

衣食佳丽皆有之。(《长亭》)

以上诸例，“少艾”指美女，“奸细”指刺探消息的人，“寒暄”指客气话，“严慈”指父母，“佳丽”指美女。

(3)联合后构成偏义复词的。

若毛大者，……市井凶徒。(《胭脂》)

如复不遵教令，旦晚取汝首领。（《王者》）

请过一宵，听其缓急，倘可再谋。（《钟生》）

以上诸例，“市井”中“市”有实际意思，起主要作用，而“井”只起陪衬作用。“首领”中“首”的意义起主要作用，“领”只起陪衬作用。“缓急”中“急”的意义起主要作用，“缓”起陪衬作用。

2.偏正型

组合后的两种成分，前一词根修饰、限制后一词根，以后一词根的意义为主。也可分为二种。

（1）围绕原义构成一般的偏正关系。

①名词+名词=名词。

见乞人颠歌道上，鼻涕三尺。（《画皮》）

又各携乐器。（《仙人岛》）

着小皮靴，蹴去数十步。（《小翠》）

齐东农民韩方，性至孝。（《韩方》）

②动词+名词=名词。

先一苍头送炊具来。（《白于玉》）

沂水居民赵某。（《金陵女子》）

袖中出翦刀刺喉。（《珊瑚》）

伪造浮言以相败辱。（《仇大娘》）

③形容词+名词=名词。

大地皆明。（《夜明》）

此卿故乡，乃仆性命。（《书痴》）

甘霖倾注。（《小二》）

见杂货肆中一女子。（《阿绣》）

④数词+名词=名词。

此乡中百姓瞻仰风采也。（《沅俗》）

君遨游四海，阅人綦多。（《佟客》）

九泉辄为悼恨。（《婴宁》）

湖南某，能记前生三世。(《三生》)

⑤形容词+动词=名词。

儿前夜思先生清恙。(《娇娜》)

益服妻之远见。(《张鸿渐》)

雨暴作，上下沾濡，寒战颇苦。(《向杲》)

上有总裁，某不过奉行之耳。(《三生》)

⑥动词+动词=名词

亡人有遗嘱。(《金生色》)

以上为名词性的偏正关系。

⑦动词+动词=动词。

柳谋杀蹇劣者。(《柳氏子》)

石失印绶，合署沸腾。(《武孝廉》)

吞食内外臣民一万三千八百余口。(《莲花公主》)

霍因捏造端末。(《霍生》)

⑧形容词+动词=动词。

叟至敬曰："久仰山斗！"(《青凤》)

女赪颊微笑。(《水莽草》)

要牢记吾言，后会亦不远也。(《小梅》)

因循而暗访之。(《鲁公女》)

⑨名词+动词=动词。

且示之爵，欲与瓜分。(《司文郎》)

心头热血潮涌。(《汤公》)

妇亦微纳。欲与野合。(《毛狐》)

狮象鹤鹏，悉受鞭策。(《彭海秋》)

火急北渡。(《伍秋月》)

然我亦不能箝制。(《大人》)

⑩副词+动词=动词。

目动而色变，中叵测也。(《庚娘》)

悔惧交集。(《葛巾》)

徒劳心目。(《萧七》)

不图狼子野心,畜我不卒。(《阿霞》)

我两人情好虽佳,终属苟合。(《阿霞》)

⑪副词+形容词=形容词。

生睨良久,神志飞扬。(《西湖主》)

⑫形容词+形容词=形容词。

时方严寒。(《安期岛》)

以上为动词性的偏正关系。

(2)组合后构成新义的。

①名词+名词=名词。

秋波频顾,眉目含情。(《鸦头》)

妾素无葭莩亲,虑致讥嫌。(《封三娘》)

衣绛红,外袭雪花比甲。(《胡大姑》)

舍妹与君有缘,愿无弃葑菲。(《狐妾》)

以上诸例,“秋波”喻目清如秋天的水波,“葭莩”喻关系疏远淡薄,“雪花”喻衣服花纹似雪花,“葑菲”乃自谦之词。

②形容词+名词=名词。

冀是小姐,今果如愿。(《封三娘》)

媪见床头金尽,旦夕加白眼。(《鸦头》)

此何须鄙人言哉!(《贾奉雉》)

可使寡人得而闻之乎?(《罗刹海市》)

东灵非他,屈临寒舍。(《酒狂》)

以上诸例,“小姐”是对官宦家少女的敬称,“白眼”表示对人的鄙薄厌恶,“鄙人”是自谦之称,“寡人”是诸侯君王的谦称,“寒舍”是对自己住处的谦称。另外,如:

水莽,毒草也。……花紫类扁豆。(《水莽草》)

黄瓜上复生蔓,结西瓜一枚。(《瓜异》)

上例中,“扁豆”“黄瓜”,不是泛指一切扁平的豆子、黄颜色的瓜,而是瓜豆类中的专称。

3.述宾型

前一词根表示动作、行为，后一词根表示动作、行为所支配关涉的事物。

①动词+名词=名词。

迨合卺之夕，夫妇俱寝。（《鬼妻》）

十一娘告以诚意而哀谢之。（《封三娘》）

一日凌晨趋花所。（《葛巾》）

托官署司宾者通姓氏。（《武孝廉》）

②介词+名词=名词。

请为君极力一谋，用解从前之惑。（《萧七》）

③动词+名词=动词。

因赂内监，致意道士。（《钟生》）

各宜努力，勿得退缩。（《白莲教》）

不甚留心家务。（《青娥》）

姚破产，以具金赂上下。（《姚安》）

公子不欲结怨于小人。（《董公子》）

4.述补型

后一词根补充说明前一词根，以前一词根的意义为主。

①动词+动词=动词。

幸手指众多，一时扑灭。（《仇大娘》）

启扉急视，则鼠首已嚼碎矣。（《大鼠》）

勿俾损坏。（《长清僧》）

裁拨动，觉和风自来。（《宦娘》）

即按弦挑动，若有旧谱。（《粉蝶》）

公以接壤关切，离席乞免。（《雹神》）

小宦长成。（《娇娜》）

未几，割断腐肉。（《娇娜》）

窗纸破裂。(《喷水》)

曳入肆,将与调停。(《刘姓》)

沉醉溺死数年于此矣。(《王六郎》)

旋见青火如灯状,突出水面。(《江中》)

左觑人而右顾己,望穿鬼子之睛。(《赌符》)

我谓婢子他日嫁多髭郎,刺破小吻。(《狐梦》)

莽郎君,吓煞妾矣!(《嫦娥》)

②动词+形容词=动词。

既见,问中国治安之道。(《罗刹海市》)

遂与商定行期。(《素秋》)

分明琼女散金莲。(《西湖主》)

廉病垂危。(《席方平》)

5.主谓型

前一词根表示被陈述的事物,后一词根是陈述前一词根的。

①名词+动词=动词。

康熙二十四年,平阳地震。(《水灾》)

婢子何胆怯尔尔!(《阿英》)

张乃计其所获,……适相吻合。(《库官》)

忽觉心动,毛发森悚。(《蝎客》)

生驰驱心急。(《八大王》)

但入者皆头痛不能禁。(《大蝎》)

以故医脉之,无不指为气郁者。(《邵九娘》)

汝目睹我为若白之。(《梦狼》)

王儿戏视之,而心窃叹其工。(《仙人岛》)

夜分,有少年入,衣冠整肃。(《长亭》)

可恨妾齿稚。(《细侯》)

②代词+动词=动词。

公颇自负。(《姊妹易嫁》)

官役在此，我岂自由耶？（《王货郎》）

秀才宜自爱。（《姊妹易嫁》）

奚生不能自立于妻妾之间。（《大男》）

如肯自首，尚可原宥。（《胭脂》）

兄病，谓汝迁怒，使我不能自白。（《齐天大圣》）

教授生徒，尝以胆力自诩。（《浙东生》）

床头常设锥簪之器以自卫。（《孙生》）

（二）附加式合成词

这类合成词中，一为词根，一为附加成分。附加式合成词可细分为两小类。

1. 词头＋词根

何得向老虎讨肉吃耶！（《刘姓》）

再支吾，老拳碎颠骨子。（《酒狂》）

面似老瓜皮色。（《山魈》）

举人称爷，二十年始；进士称老爷，三十年始；司、院称大老爷，二十五年始。（《夏雪》）

阿翁亦大愦愦。（《偷桃》）

宿阿伯家。（《贾儿》）

可请阿母及青凤来共听之。（《青凤》）

阿叔畏君狂，故化厉鬼以相吓。（《青凤》）

出西门，见兄阿大。时大死已久。（《王货郎》）

公子喜，试期，……邑、郡、道皆第一。（《素秋》）

小人有箕箒女，今夜于归。（《狐嫁女》）

2. 词根＋词尾

出刀子，敢杀我耶？（《马介甫》）

埋石子伪作埋金为笑。（《宫梦弼》）

翼翩翩如燕子落蒲叶上。(《鸽异》)

又以耗子啮衣,怒涕不解。(《贾儿》)

廊下有鹦鹉宿架上,住乃作猫子叫。(《保住》)

此兄良友,……妹子好医之。(《娇娜》)

妮子大累人!(《钟生》)

胸中正,则眸子瞭焉。(《仙人岛》)

著得凤头鞋子即当来。(《阿英》)

但见女子来,望拂子不敢进。(《画皮》)

鼠子缩头去,勿使猫儿寻。(《江城》)

留点蒂儿,好与朋友看。(《胭脂》)

回顾,则垂髫儿辗然竟去。(《画壁》)

忽闻风声隆隆,山门豁然作响。(《山魈》)

词头中,除"第"表示序数的词头外,"老"和"阿"往往带有亲昵或喜爱的感情色彩。词尾中,带"子""儿"的数量也相当多,除"拂子"的"拂"这个动词带上"子"转化为名词外,绝大多数的词根是名词。这种情况几乎同现代汉语已经没有什么区别。

(三)重叠式合成词

绝大多数是由单音节形容词或动词重叠而成,用来表示情貌。表示情貌的重叠合成词,已经不是原义的简单重复,而是在原义的基础上增加了某种附加意义。

1.有单音节形容词重叠而成的合成词

次日草草竣事。(《钟生》)

聂坐卧悲思,忽忽若失。(《鬼妻》)

秋水盈盈,朗若曙星。(《仙人岛》)

匆匆而出,神志丧失。(《钟生》)

女喘汗淫淫,粉黛交下。(《钟生》)

以上诸例中,"草草"已不是单音节"草"的"粗糙"义,而是"草率、不细致的样子”。“忽忽”也不是单音节“忽”的“不注意”或“不重视”义，而是“恍惚的样子”。“盈盈”不是单音节“盈”的“充满”义，而是“清澈的样子”。“匆匆”也不是单音节“匆”的“急促”义，而是“急促的样子”。“淫淫”已不是单音节“淫”的“过分”义，而是“连续不断地流貌”。

2.由单音节动词重叠而成的合成词

刘恨恨不已。(《刘姓》)

刘茫然改容，呐呐敛手而退。(《刘姓》)

惟戏缀之文，历历在心。(《贾奉雉》)

盖循循善教，有师范焉。(《青凤》)

积案累累。(《老龙船户》)

以上诸例中，“恨恨”已不是单音节“恨”的“怨、仇恨”义，而是“仇恨的样子”。“呐呐”也不是单音节“呐”的“大声喊叫”义，而是“连声不绝的样子”。“历历”也不是单音节“历”的“经过、经历”义，而是“一个一个很清楚的样子”。“循循”也不是单音节“循”的“顺着”义，而是“有步骤的样子”。“累累”更不是单音节“堆积”义，而是“累积的样子”。

3.由单音节副词重叠而成的合成词

逢一美少年，跨骊驹，频频瞻视。(《娇娜》)

内一婢乘小驷，容光绝美，稍稍近觇之。(《瞳人语》)

三、联合型复合词语素结合不紧密，常可对换

古代汉语的复合词，许多是由临时组合的词组逐渐凝固而成词，因此在凝固过程期间，往往结合得不紧密，语素的顺序常常易位。这在春秋战国时代的典籍中屡见不鲜，说明联合型复合词的语素在构造上还比较松散。二千多年后，这种情况依然存在，表明联合型复合词词形到了近代汉语时期仍不稳定，这一点是和现代汉语不同的。

1. 名词+名词=名词

门户素所习识，竟拨蒿蓬，曲折而入。(《青凤》)

僧哥年十二，登堂拜母，约为弟昆。(《崔猛》)

是大辱耻。(《彭海秋》)

果有侯氏女，生有疣赘。(《云萝公主》)

侯氏生女，左胁有小赘疣。(《云萝公主》)

仆生平不敢欺友朋。(《真生》)

岂不知贾某宁失信于朋友者乎！(《真生》)

上举七例中有两种情况：一是按同一篇中出现不同的正文，表明这些联合复合词，语素虽颠倒，可它们的意义却完全相同，如“疣赘”与“赘疣”(《云萝公主》)，“友朋”与“朋友”(《真生》)；二是根据张友鹤先生辑校的三会本所列不同版本之异文判断，如《青凤》中的“蒿蓬”，青本(青柯亭刻本)作“蓬蒿”，《崔猛》中的“弟昆”，青本作“昆弟”，《彭海秋》中的“辱耻”，青本作“耻辱”。

2. 动词+动词=动词

付嘱东邻女伴少待莫相催。(《阿英》)

恐漏泄房中隐事。(《婴宁》)

朱惧，又委曲承顺之。(《霍女》)

养豢舟上。(《义犬》)

妇与王极相爱怜。(《武孝廉》)

母恐其折挫行死。(《江城》)

痛楚吟呻。(《娇娜》)

勿与校计。(《李八缸》)

便托裘敝，乞得缀补。(《青凤》)

即市帛为之缝纫。(《丑狐》)

上举十例中，《阿英》中的“付嘱”，青本作“嘱付”。《婴宁》中的“漏泄”，抄本(铸雪斋钞本)作“泄漏”。《霍女》中的“承顺”，青本作“顺承”。《义犬》中的“养豢”，青本作“豢养”。《武孝廉》中的“爱怜”，抄本作“怜爱”。《江城》中的“折挫”，青本作“挫折”。《娇娜》中的“吟呻”，青本、抄本作“呻吟”。《李八缸》中的“校计”，青本作“计校”。《青凤》中的“缀补”，青本作“补缀”。《丑狐》中的“缝纫”，青本作“纫缝”。

3. 形容词+形容词=形容词

何贫窭若此？(《神女》)

家窭贫，竟日恒不举火。(《申氏》)

须秘密勿泄。(《画皮》)

而女殊密秘。(《婴宁》)

尊名在黑暗狱中。(《龙飞相公》)

见灯辉北舍，他屋皆暗黑。(《申氏》)

然果窕窈，阿甥尝鉴不谬。(《辛十四娘》)

读书肄业，颇不顽冥。(《阿纤》)

上举八例中，《神女》中的“贫窭”与《申氏》中的“窭贫”语素颠倒，《画皮》中的“秘密”与《婴宁》中的“密秘”语素易位，《龙飞相公》中的“黑暗”与《申氏》中的“暗黑”语素颠倒，可它们的意义却完全一样。《辛十四娘》中的“窕窈”，青本、抄本作“窈窕”。《阿纤》中的“顽冥”，抄本作“冥顽”。

这种联合型语素易位的复合词，从结构的不稳定性上看，正是与意义有关的。它们不但还保留着自己独立的意义，而且常常为我们提供相关的同义词，如果把它们串联起来，可以构成同义词群。比如：

〔忌嫉、妒忌、嫉妒〕

魏忌嫉之。(《仇大娘》)

我非似他家妒忌者。(《邵九娘》)

嫉妒益深。(《仇大娘》)

〔愤恚、愤怒、恚怒〕

中心愤恚。(《凤阳士人》)

母愤怒而无如何。(《仇大娘》)

生恚怒，悒悒不欢。(《婴宁》)

〔割裂、断裂、割断〕

即就翁身条条割裂。(《马介甫》)

以刀击榻,席褥断裂。(《姚安》)

未几,割断腐肉。(《娇娜》)

〔惭愧、愧怍、惭怍〕

福惭愧不敢出气。(《仇大娘》)

我又不能御贫,分郎忧衷,岂不愧怍?(《云翠仙》)

初惭怍不欲言。(《泥书生》)

〔诧异、惊诧、惊讶〕

见缪,诧异曰……(《酒狂》)

方惊诧无从救解。(《梅女》)

马方惊讶。(《马介甫》)

综上考察,我们看到作为文言体的《聊斋志异》在复音词上全面继承了先秦以来复音词的结构方式,在大量吸收当时人民口语词汇的基础上,又加进了新的结构方式,这就使传统的复音词向前大大跨进了一步,为现代汉语复音词奠定了基础。纵观古代汉语复音词的发展,我们可以这样说,蒲松龄《聊斋志异》中的复音词有着承上启下的重要作用,在古今复音词整个历史长河中,占有重要的地位,这也正是我们研究、探讨它的意义之所在。

——《汉中师院学报(哲学社会科学版)》1990年第3期

《聊斋志异》中的趋向动词

一

《聊斋志异》中趋向动词大致有出、入、来、去、上、下、过、起、回、进等十个。它们作为谓语动词的辅助成分,位于动词之后,总是以单音节形式出现,表示动词行为、动作的各种趋向。少许趋向动词也出现在形容词之后,表示某种情状。间或有复合趋向动词,那是极为罕见的。

《聊斋志异》中十个趋向动词,皆来源于动词。当它们作为动词使用时,本身就含有朝什么方向动作的趋向意义。

“出”,基本意义特征是从内向外方向动作。例如:“俄有少女,捧茶自棚后出。”(《水莽草》)又如:“蛇人悟其意,开笥出小青。”(《蛇人》)

“入”,基本意义特征是从外向内方向动作。例如:“一日,偶自外入。”(《侠女》)又如:“蛇果腹蜿蜒入穴。”(《义鼠》)

“来”,是由另一方到自己一方。

“去”,是离开所在之地到别处,或是从自己一方到另一方。例如:“诚自塾中来。”(《张诚》)又如:“至十日,果别而去。”(《汾州狐》)

“上”,是由低处到高处。

“下”,则是由高处到低处。例如:“至家,直上床卧,终日不起。”(《阿宝》)

“起”,基本特征或由躺着而坐而站,或先坐着而后站立。例如:“公夜坐,有女子往来灯下。……朱笑而起。”(《汾州狐》)

“回”字,是从别处走回原处。

“进”是向前、向上移动,意义跟“退”相反。例如:“公猱进,刀中庭石,石立

断。”(《妖术》)

《聊斋志异》中含有趋向意义的动词,常常以两个意义相反的动词连用形式出现,如“出入”“往来”“去来”“进退”等。例如:“侄颇慧,记算无讹;又诚悫,凡出入一锱铢必告。”(《二商》)“邵翁自鬻女后,家暴富,而士林羞与为伍;至是始有通往来者。”(《邵九娘》)或以对文形式出现,如:“觉女复来,连续吹数数始去”(《尸变》),“忽闻有声如雷,自东南来,向西北去”(《地震》),“一日,偶自外入,见女郎自母房中出”(《侠女》)。

这些动词本身含有趋向意义,根据它们内部运动发展的规律和轨迹,很自然地可以向趋向动词过渡,形成朝各种方向动作的趋向动词。当它们过渡成趋向动词时,一定位于别的动词之后,作为谓语动词的辅助成分,并总是以单音节形式出现,表示动词行为、动作的各种趋向。

二

当趋向动词位于谓语动词之后,作为谓语动词的辅助成分时,它们的语义重心已不侧重于谓语动词的动作,而是落到了趋向动词的趋向上。例如:

海石以针挑出。(《刘海石》)

退入宅中,则夫人生女矣。(《长治女子》)

遂望邑城路,极力窜去。(《尸变》)

黄视井中钱犹浮,以绠钓上。(《僧术》)

忽有毛物从空堕下。(《浙东生》)

波涌起。(《竹青》)

仍命二皂送回。(《刘全》)

从上引诸例可以看出,位于谓语动词后的趋向动词,不但保留有动词的基本意义特征,而且更重要的是辅助谓语动词,显示出了动作的趋向方位。

趋向动词在保留有动词基本意义特征的基础上,在语言的实践过程中,意义不断地在发展演变着,可引申出许多其他意义,概括起来可归纳为下面九种。

(1) 围绕着朝某个方向动作，总有个动作的开端，于是可引申出动作的开始和行为的发生意义。例如：

方将睡去，觉有人至寝所。(《聂小倩》)

少间，巨泡突起，铿然而破，即有一钱浮出，大如车轮。(《僧术》)

有蚊蝇飞起，纵鹰腾去，尽扑杀之。(《小猎犬》)

审知所常伏处，使二三健男子以大钳投之，鼋跃出，疾吞而下。(《张老相公》)

(2)又可引申出动作和行为的继续、延续意义。例如：

内一女郎，年十四五已来，振袖倾鬟，作散花舞，翩翩翔起。衿袖袜履间，皆出五色花朵，随风飏下，飘泊满庭。(《晚霞》)

辛怒，命数人捽生出。酒愈涌上，倒蓁芜中。(《辛十四娘》)

乃以驾车之绳万尺掷前，使握端缒下。乐危之。其人笑言："不妨。"乐如其言，飗飗然瞬息及地。视之，则堕立村外，绳渐收入云中。(《雷曹》)

男子出屠刀一把，用力刺入。(《抽肠》)

遂飘然泅去。(《晚霞》)

在表示收束、收缩行为的动词后，不但使动词的收缩意义更为强烈，而且趋向动词也带有收束义。例如：

壬戌间，邑邢村李氏妇，良人死，有遗腹，忽胀如瓮，忽束如握。临蓐，一昼夜不能产。视之，见龙首，一见辄缩去。(《产龙》)

近一更许，窗外隐隐有人影。俄而近窗来窥，目光睒闪，宁惧，方欲呼燕，忽有物裂箧而出，耀若匹练，触折窗上石棂，欻然一射，即遽敛入，宛如电灭。(《聂小倩》)

随着谓语动词的动作，还可以引申出向四外辐射性的扩散意义。例如：

再劝之，哄然散去。(《曾友于》)

妇若死，众乃散去。(《王大》)

众大设以待之。更初，陆至，赤髯生动，目炯炯如电。众茫乎无色，齿欲相击；渐引去。(《陆判》)

如果谓语动词是被动性的，趋向动词也随之带有被动性。

①有带被动形式标志的。

交州徐姓，泛海为贾，忽被大风吹去。(《夜叉国》)

明末，齐大乱，妻为北兵掠去。(《张诚》)

鬼聚为祟，经过者辄被曳入。(《谕鬼》)

②也有不带被动形式标志的。

夜厌与人居，另榻寝儿，妪亦遣去。(《贾儿》)

遂有二人捉某，褫去冠服，笞五十，臀肉几脱，逐出门外。(《公孙夏》)

趋向动词在对象宾语之前，不但同动词一起共同支配和制约着对象宾语，而且还表示朝着对象宾语方向的动作已经完成和结束。例如：

公子归，及暮，屏去僮仆。(《嘉平公子》)

入门解去湿衣。(《嘉平公子》)

携来衾枕，尚在门外。(《绩女》)

令嫌"窃"字减笔从俗，非官板正字，使刮去之。(《姬生》)

乃剪下图中人，又针三枚，艾一撮，并以素纸包固。(《孙生》)

趋向动词在处所宾语之前，表示朝着处所宾语方向的动作已达终点或目的地而结束。例如：

时骑入市廛，观者无不称叹。(《画马》)

公子喜，试期送入场，邑、郡、道皆第一。(《素秋》)

主人近握其手，邀入故斋，置酒相款。(《胡氏》)

追出户外，四顾渺然。(《侠女》)

追过短墙，寂然已杳。(《香玉》)

如果趋向动词置于动词和对象宾语之后，对象宾语除表示接受动词的支配外，还显示出正朝着趋向动词所具有的方向运动着。例如：

恍惚有鬼物，突出半身，揪夜叉入。(《聂小倩》)

门外原有大池，僧系驴池树，裸入水中，遍体掬濯已；着衣牵驴入，亦濯之。(《李生》)

舅家有仆来，招吴去。(《婴宁》)

妾负老母出。(《侠女》)

少刻返，拉伊南去；约十余步，又曳之回。(《狐女》)

妇呼生起，究询书所自来。(《巧娘》)

少顷，荷二小凳来。(《宅妖》)

如果趋向动词置于动词和处所宾语之后，则处所宾语是表示动词动作发生的处所，而趋向动词表示从处所开始动作，并正沿着本身所具有的方向运动。例如：

见有小人自生鼻内出，大不及豆，营营然竟出门去。(《瞳人语》)

女便下探隐处。乃停手怅然，悄悄出衾去。(《巧娘》)

未几，下床去，门未开而已逝矣。(《贾儿》)

女果来，吹之如诸客。觉出房去。(《尸变》)

有的趋向动词还出现在形容词之后，表示某种情状。例如：

霍亦梦女子指数诟骂，以掌批其。惊而寤，觉唇际隐痛，扪之高起。(《霍生》)

俄而訇然远起，飞堕舟中。(《汪士秀》)

《聊斋志异》中谓语动词和趋向动词的结合并不紧密，其间可插入其他成分。如可加助词“得”和否定副词“不”。例如：

遇令甥颠詈，使我捽得来。(《酒狂》)

贵乡苦无佳人，适于西湖舟中唤得来。(《彭海秋》)

子行死矣，一文亦将不去。(《布客》)

以上这些情况不属于本文研究的范畴，我们只探讨趋向动词与动词及其宾语、补语的关系。

(一)趋向动词与动词及其宾语的关系

通常是在谓语动词和单音节趋向动词中间插入名词、代词或名词性词组，从而构成“动+宾+趋”格式。其中又分两小类。

(1)动+处所宾语+趋。

径出门去，于是遂绝。(《陆判》)

逾垣入，隔窗频呼。(《侠女》)

道士又叱之，亦入室去。(《豢蛇》)

(2)动+对象宾语+趋。

白命奴牵马去。(《白于玉》)

力与蟒争，竟曳兄出。(《斫蟒》)

忽闻女郎呼婢近车侧，曰："为我垂帘下。"(《瞳人语》)

以上对象宾语是名词。

太史延之入。投以药，则房中术也。(《伏狐》)

汝不携我去，将何之？(《凤阳士人》)

约十余步，又曳之回。(《狐女》)

心知其狐，而爱好之，遽呼之来。(《汾州狐》)

以上对象宾语是代词。

上引两类，不同的是第一类处所宾语不能通过"把"字前置于动词前，而第二类对象宾语均能用"把"字前置动词前面。

同时还存在有"动+趋+宾"格式。亦可分三小类。

(1)动+趋+处所宾语。

急趁之，折过墙隅，迷其所往。(《促织》)

度过岭头，则数十骑猎于榛莽。(《西湖主》)

申乘间漏出其右，返身入内。(《崔猛》)

缚稍懈，忽跃入江。(《猪婆龙》)

直导入室，任招呼而去。(《阿宝》)

(2) 动+趋+对象宾语。

山头盖起水晶殿。(《胭脂》)

呼已，并令以利斧斫去将指。(《王大》)

以手指染唾，涂去己名。(《耿十八》)

以上对象宾语是名词或名词性词组。

适唤一人，在门外，可导入之。(《彭海秋》)

生伏阶下，女郎命曳起之。（《锦瑟》）

友于即扶杖诣兄请罪，孝逐去之。（《曾友于》）

以上对象宾语是代词。

（3）动+趋+数量宾语。

万石以足腾起，妇颠去数尺有咫。（《马介甫》）

少间，视钱，脱去二百。（《姬生》）

蹴起丈余，光摇摇射人眼。（《汪士秀》）

西贾逼退聘财，业已耗去殆半。（《宫梦弼》）

如果对象宾语和处所宾语同时出现，往往构成“动+对象宾语+趋+处所宾语”格式。

收刃入囊，生曳令入。（《侠女》）

遂导生入东厢。（《巧娘》）

莲香扶新妇入青庐。（《莲香》）

但须以梯度我过墙耳。（《封三娘》）

上引诸例，对象宾语均可用“把”字前置谓语动词前。

偶尔在动词后出现复合趋向动词，这时宾语可插入复合趋向动词中间。

若要立地成佛，须放下刀子去。（《罗祖》）

见亡者自幛后出，带剑入寝室去。（《金生色》）

（二）趋向动词与动词及其补语关系

《聊斋志异》中只有“动+趋+补”格式。

颠当子母迁去已久。（《嫦娥》）

此吾家故物，失去已久。（《石清虚》）

四

结论：

《聊斋志异》中的十个趋向动词，都是单音节的，复合趋向动词极为罕见。

蒲松龄的《聊斋志异》是近代汉语时期的文言文作品，而近代汉语的趋向动词，不但保留有前期的单音节趋向动词，而且普遍使用复合趋向动词。把《聊斋志异》放在近代汉语时期考察，与同时期通俗小说中单音节趋向动词和复合趋向动词两者并用来比较，明显存在很大差异。

将《聊斋志异》中单音节趋向动词和现代汉语复合趋向动词都放在动词后所构成的格式做比较，特别是趋向动词与动词及其宾语的关系上形成的格式做比较，更可以看出彼此的同异与发展演变的痕迹。如下表所示：

<table>
<tr><th colspan="2">《聊斋志异》</th><th colspan="2">现代汉语</th></tr>
<tr><td>常见格式</td><td>动+趋(单)</td><td>常见格式</td><td>动+趋(复)</td></tr>
<tr><td rowspan="2">常见格式</td><td>动+趋(单)+宾</td><td rowspan="2">不常见格式</td><td>动+趋(复)+宾</td></tr>
<tr><td>动+宾+趋(单)</td><td>动+宾+趋(复)</td></tr>
<tr><td>罕见格式</td><td>动+趋+宾+趋</td><td>常见格式</td><td>动+趋+宾+趋</td></tr>
</table>

从上表对比中可以看到：

(1)《聊斋志异》中“动+趋(单)”与现代汉语中“动+趋(复)”格式都是各自时代普遍使用并且频率高的格式。

(2)《聊斋志异》中“动+趋(单)+宾”及“动+宾+趋(单)”格式同现代汉语中“动+趋(复)+宾”及“动+宾+趋(复)”格式，虽有趋向动词的单音节与复音节之不同，但使用的基本格式相同。但是我们从表中对比可以看出，“动+趋(单)+宾”及“动+宾+趋(单)”格式是《聊斋志异》中最活跃、使用频率最高的格式，而“动+趋(复)+宾”及“动+宾+趋(复)”格式却是现代汉语中不常使用的格式。

(3)现代汉语中最活跃、使用频率高的“动+趋+宾+趋”格式，在《聊斋志异》中却是极为罕见的。

(4)由此证明，现代汉语中“动+趋+宾+趋”普遍使用的格式不是从《聊斋志异》中演变发展过来的，而是与近代汉语时期的通俗作品有密切的继承发展关系。相反，《聊斋志异》中最常见的、使用频率最高的“动+趋(单)+宾”及“动+宾+趋(单)”格式，到了现代汉语，却成了不常见格式，表明它们已被“动+趋+宾+趋”格式所替代。

从《聊斋志异》中以单音节为主的趋向动词与动词及其宾语的关系考察，

我们看到宾语所处位置不同，直接影响到趋向动词意义上的差异。对象宾语位于趋向动词之后，不但受到动词的支配和制约，同时也受到趋向动词的影响，在这种情况下，趋向动词表示朝着对象宾语方向的动作已经完成。处所宾语位于趋向动词之后，趋向动词表示朝着处所宾语方向的动作已达终点。总之，宾语处于趋向动词之后，趋向动词的动作趋向表示结束。而对象宾语位于动词和趋向动词中间，则表示对象宾语不但接受动词的支配，并且正朝着趋向动词本身规定的方向运动。处所宾语位于动词和趋向动词中间，则宾语表示动词动作发生的处所，而趋向动词表示处所动作正沿着本身规定的方向运动。总之，宾语处于动词与趋向动词中间，趋向动词还在运动方向之中进行。从而表明，《聊斋志异》中这两种最活跃、最常见的格式，由于趋向动词所处位置不同而意义也有所不同。因此，在使用这两种格式上就显示出明显的区别。

从词义的演变、丰富这一角度来看，趋向动词之所以能引申出动作的开始、行为的发生和动作的延续、扩散、收束、被动性质、动作的完成、动作正在进行等意义，一方面是由于词义的内部规律所致，另一方面则是它直接受动词影响及全句的语言环境所制约而致。这一点是趋向动词产生一个新义而不可忽视的重要因素。

——《汉中师院学报(哲学社会科学版)》1991年第4期

《论语》选注

《论语》简介

《论语》是儒家经典之一。它记载着孔子的言语行事，也记载着孔子若干学生的言语行事。班固在《汉书·艺文志》中说："《论语》者，孔子应答弟子、时人及弟子相与言而接闻于夫子之语也。当时弟子各有所记，夫子既卒，门人相与辑而论纂，故谓之《论语》。"

《论语》注释，有三国魏何晏《论语集解》、南北朝梁皇侃《论语义疏》、宋朝邢昺《论语正义》、朱熹《论语集注》、清朝刘宝楠《论语正义》等。

关于孔子的身世和思想体系简介于下：

孔子（前551—前479），名丘，字仲尼。鲁国陬邑（今山东曲阜东南）人。春秋末期思想家、政治家、教育家，儒家的创始人。孔子先世为商后宋国贵族。他曾在鲁国任相礼（司仪）、委吏（管理粮食）、乘田（管理畜养）一类的小官，鲁定公时任中都宰、司寇，因不满意鲁国执政者季桓子所为，去鲁而周游卫、宋、陈、蔡、楚列国，都不为时君所用，归死于鲁。曾长期聚徒讲学，开私人讲学的风气，传说有弟子三千人，身通六艺者七十二人。

古文学家说他曾"删诗书，定礼乐，赞周易，修春秋"。他死后，其弟子的活动形成一个学派即儒家学派，对后世有重要影响。

孔子的学说以"仁"为核心，以"礼"为手段。"仁"的核心，概括讲是"仁"，分别讲是"忠""恕"。所谓"恕"的定义是"己所不欲，勿施于人"。所谓"忠"的定义是"己欲立而立人，己欲达而达人"。而"仁"的最高境界是"圣"。"圣"的目标是"博施于民而能济众"，"修己以安百姓"。

孔子以前，皆是官府办学。大夫以上的人及他们的弟子才能入学为学生。孔子私人办学，开门招生，学费又非常低廉，只是十条肉干。自古以至春秋，恐怕孔子是私人办学的第一人。孔子的学生出身贫贱者多,出身富贵的可知者只有二人(南宫敬叔、司马牛)。孔子向下层传播文化功不可没,所以中国文化的流传与发达与孔子的整理古代文献和设立私塾是分不开的。

从1990年汉中老年大学培训班启动,1992年汉中老年大学诗文班创办直到2011年,我和诸君一起切磋知识已有21年了!今天,让我们再共同研讨《论语》,以期对孔子的思想体系有所认识和了解。

学而〔1〕篇　第一

子〔2〕曰:"学而时〔3〕习之,不亦说〔4〕乎?有朋〔5〕自远方来,不亦乐乎?人不知〔6〕而不愠〔7〕,不亦君子〔8〕乎?"

〔1〕学而:篇名。《论语》本来没有篇名,后人摘取每篇第一句的两个字作为篇名。

〔2〕子:男子的尊称。这里指孔子。

〔3〕时:以时,按时。"时习":按时诵习。(依王肃说)

〔4〕说(yuè):喜悦,高兴。亦写作"悦"。

〔5〕朋:上古"朋"和"友"是有区别的,同门(师)为朋,同志为友。

〔6〕人不知:指别人不了解自己。

〔7〕愠(yùn):怒。

〔8〕君子:旧指所谓品德高尚的人。

曾子〔1〕曰:"吾日三省吾身:〔2〕为人谋而不忠乎〔3〕?与朋友交而不信〔4〕乎?传不习乎?〔5〕"

〔1〕曾子:名参(shēn),字子舆,孔子的弟子。

〔2〕日:每天。省(xǐng):自我检查、反省。三省:表示多次反省。

〔3〕为(wèi):介词,替、给。谋:策划,考虑,这里指考虑事情。

〔4〕信:诚。

〔5〕传(chuán):传授,这里指老师传授的知识。习:复习,温习。

子曰："君子食无求饱，[1]居无求安[2]，敏于事而慎于言[3]，就有道而正焉[4]，可谓好[5]学也已。"

〔1〕君子：这里指道德高尚的人。无：通"毋"。

〔2〕安：安逸、安乐、舒适。

〔3〕敏于事：在办事情上敏捷。慎于言：在谈话上谨慎。

〔4〕就有道而正焉：在学业上有弄不清楚的地方，向有道德的人请教，以正定其是非。（依邢昺说）就：走向、接近。

〔5〕好：读去声（hào），爱，喜欢。

为政篇　第二

子曰："吾十有[1]五而志于学，三十而立[2]，四十而不惑[3]，五十而知天命[4]，六十而耳顺[5]，七十而从心[6]所欲，不逾矩[7]。"

〔1〕有：同"又"。古人在整数和小一位的数字之间多用"有"字，不用"又"字。

〔2〕立：站立、挺立，即指说话办事都有分寸、把握。

〔3〕惑：迷惑。

〔4〕天命：上天的意志和命令。天能致命于人，决定人类的命运。孔子不是宿命论者，不喜欢谈"性与天道"，对鬼神表示怀疑，但也讲天命，信仰天命。

〔5〕耳顺：听到别人言语，便能分别真假，判明是非。

〔6〕从心：随心。

〔7〕不逾矩：不越过规矩。逾（yú）：越过。

子曰："温故[1]而知新[2]，可以为师[3]矣。"

〔1〕温故：温习旧知识。

〔2〕知新：感觉上有了新体会，新发现。

〔3〕为师：做老师。

子曰："学而不思则罔[1]，思而不学则殆[2]。"

〔1〕罔（wǎng）：指惘然无所得，受欺骗。

〔2〕殆:疑惑。(从王引之说,见《经义述闻·通说上》)

子曰:"由[1],诲女[2]知之乎?知之为知之,不知为不知,是知也[3]。"

〔1〕由:仲由,字子路,孔子的弟子。

〔2〕诲:教导。女(rǔ):第二人称代词,后来写作"汝"。

〔3〕是:指示代词,指"知之为知之,不知为不知"。是知也:句中的"知"可读成"智",译文为"这才是聪明智慧";如果读成(zhī),译文为"这就是对待知或不知的正确态度"。

八佾篇　第三

子入太庙[1],每事问。或曰:"孰谓鄹人之子[2]知礼乎?入太庙,每事问。"子闻之,曰:"是礼也。"

〔1〕太庙:古代开国之君叫太祖,太祖之庙便叫太庙。周公旦是鲁国最初受封之君,因此这太庙就是周公的庙。

〔2〕鄹人之子:鄹(zōu),地名。《史记·孔子世家》:"孔子生鲁昌平乡陬邑。"即今山东省曲阜东南十里的西邹集。"鄹人"指孔子的父亲叔梁纥。叔梁纥曾做过鄹大夫,古代经常把某地的大夫称为某人,因此这里也把鄹大夫叔梁纥称为"鄹人"。

子曰:"《关雎》[1]乐而不淫[2],哀而不伤。"

〔1〕关雎:《诗经》的第一篇。《关雎》是一首情歌,写一个男子思慕一位女子,并设法去追求她。

〔2〕淫:凡过分以至于到失当的地步古人称为"淫"。如言"淫祀"(不应该祭祀而去祭祀的祭礼)、"淫雨"(过长时间的雨水)。

子曰:"居上不宽[1],为礼不敬[2],临丧[3]不哀,吾何以观之哉?"

〔1〕居上:位居统治地位。宽:宽宏大量。

〔2〕为礼:行礼。敬:严肃认真。

〔3〕临丧:参加丧礼。

里仁篇　第四

子曰:"参[1]乎!吾道一以贯之[2]。"曾子曰:"唯[3]!"

子出,门人问曰:"何谓也?"曾子曰:"夫子之道,忠恕而已矣。[4]"

〔1〕参:曾参,孔子的学生。

〔2〕一以贯之:指用一个道理把一切事物之理贯串起来。"以"是介词,当"用"或"拿"的意思。"一"是"以"的宾语,前置。

〔3〕唯:答应的声音。

〔4〕夫子之道,忠恕而已矣:本句指明儒家思想体系的核心,孔子的学说重"仁"。"仁"是概括义,分别讲是"忠"与"恕"。所谓"忠"者,"己欲立而立人,己欲达而达人",即尽心竭力也。所谓"恕"者,"己所不欲,勿施于人"。

子曰:"君子喻于义[1],小人喻于利[2]。"

〔1〕君子:专指有道德的人。喻:明白,懂得。于:介词,引出动作的对象,当"对于"讲。义:合宜的道德,行为或道理。

〔2〕小人:专指无道德的人。利:利益,好处。

子曰:"见贤思齐[1]焉,见不贤而内自省也[2]。"

〔1〕思齐:想要和他看齐。齐:形容词用作动词。

〔2〕内:内心。自省(xǐng):自我检查。意思是说,看见不贤的人,就要自我反省,看有没有同他一样的毛病。

子曰:"君子欲[1]讷于言而敏于行。"[2]

〔1〕讷:古读nà,今读nè。语言迟钝,不善于讲话。

〔2〕句意是:君子需要在语言上谨慎迟钝,在行为、工作上勤劳敏捷。

公冶长[1]篇　第五

子谓南容[2]:“邦有道,不废;[3]邦无道,免于刑戮。”以其兄之子[4]妻之[5]。

〔1〕公冶长:孔子的弟子,公冶是复姓。

〔2〕子谓南容:孔子学生南宫适(kuò),字子容。句中之“谓”是“评论”的意思。本句之意为“孔子评论南容的为人处事”。

〔3〕邦:指国家。有道:政治清明。废:废弃。

〔4〕兄之子:孔子之兄叫孟皮。这时孟皮可能已死,所以孔子替他女儿主婚。子:指孟皮的女儿。

〔5〕妻之:本句之“妻”读(qì),当以女嫁人之意。

宰予昼寝[1]。子曰:“朽[2]木不可雕也,粪土之墙不可杇[3]也。于予与何诛[4]?”子曰:“始[5]吾于人也,听其言而信其行;今吾于人也,听其言而观其行。于予与改是[6]。”

〔1〕宰予:字子我,孔子的弟子。昼寝:白天睡觉。

〔2〕朽:腐烂。

〔3〕杇(wū):同“圬”,涂墙的工具。这里指粉刷。

〔4〕于予与何诛:其中“于”,介词,当“对于”讲;“与”,语气词,与下文的“与”同义;“诛”,谴责。

〔5〕始:等于说“先前、起初”。

〔6〕于予与改是:句中“于”当“从”讲。改是:改变了这个(听其言而信其行)态度。

子贡[1]问曰:“孔文子何以谓之‘文’也?”[2]子曰:“敏[3]而好学,不耻下问[4],是以谓之‘文’也。”

〔1〕子贡:姓端木,名赐,字子贡,孔子的弟子。

〔2〕孔文子:名圉(yǔ),卫国大夫。“文”是他的谥号。谓:叫作。

〔3〕敏:理解问题快。

〔4〕下问:向不如自己的人请教。

季文子[1]三思而后行。子闻之，曰："再[2]，斯[3]可矣。"

〔1〕季文子：名行父(fǔ)，鲁国大夫。"文"是谥号。

〔2〕再：两次。和"又""复"等字不同。

〔3〕斯：连词，当"就"讲。

颜渊、季路侍。[1]子曰："盍[2]各言尔志？"

子路曰："愿车马衣轻裘[3]，与朋友共[4]，敝之而无憾[5]。"

颜渊曰："愿无伐善[6]，无施劳[7]。"

子路曰："愿闻子之志。"

子曰："老者安之，朋友信之，少者怀之。"[8]

〔1〕颜渊：名回，字子渊，孔子的弟子。季路：子路。侍：卑者陪伴在尊者身旁叫作侍。

〔2〕盍(hé)："何不"的合音字。

〔3〕愿车马衣轻裘：句中"轻"字是后人加上去的，唐石经初刻本无轻字。(见阮元《论语注疏校勘记》)裘：皮衣。

〔4〕共：动词，指共同享用。

〔5〕敝之：使动句。敝之而无憾：把它用坏了也不怨恨。敝：破、坏，这里是使动用法。憾：恨。

〔6〕伐：夸耀。善：好处。

〔7〕无施劳：指不把劳苦的事情加在别人身上。施：加、施加。参见《论语·颜渊》"己所不欲，勿施于人"。

〔8〕老者安之，朋友信之，少者怀之：三句中"安""信""怀"三字，皆是动词用如使动。译文是：(我的志向是)对老年人，能使他们安逸；对平辈的人(朋友)，能使他们能信任我；对少年人，能使他们怀念我。

雍也篇　第六

子曰："贤哉，回也！一箪[1]食，一瓢饮[2]，在陋巷，人不堪[3]其忧，回也不改其乐。贤哉，回也！"

〔1〕箪(dān):古代盛饭的圆形竹器。

〔2〕饮:用如名词,饮料,泛指喝的东西,比如水。

〔3〕不堪:忍受不了。

子曰:“知〔1〕者乐水,仁者乐山。〔2〕知者动,仁者静。知者乐,仁者寿。”

〔1〕知(zhì):通“智”,当聪明、智慧讲。

〔2〕乐:本句中三个“乐”都读lè,当“喜欢”讲的是前面两个“乐”,当“快乐”讲的是最后一个“乐”。

子曰:“君子博学于文〔1〕,约之以礼〔2〕,亦可以弗畔〔3〕矣夫!”

〔1〕文:指文献。

〔2〕礼:指礼节。

〔3〕畔:通“叛”,当背叛讲,“离经叛道”之义。

子贡曰:“如有博施〔1〕于民而能济众,何如?可谓仁乎?”子曰:“何事于仁!〔2〕必也圣〔3〕乎!尧、舜〔4〕其犹病诸!夫〔5〕仁者,己欲立而立人,己欲达而达人。能近取譬,可谓仁之方也已。”

〔1〕施:给予恩惠,旧读去声shì。

〔2〕何事于仁:句中“事”字,表示关系或责任义。译文:这跟仁道有什么关系!

〔3〕圣:是孔子思想的最高境界,目标就是“博施于民而能济众”,“修己以安百姓”。

〔4〕尧、舜:传说中的上古两位帝王,也是孔子心目中的榜样。

〔5〕夫:读fú,文言中的提挈词,亦即提起连词,用于发言之端。

述而篇　第七

子曰:“默而识〔1〕之,学而不厌〔2〕,诲人不倦,何有于我哉?〔3〕”

〔1〕识(zhì):记住。

〔2〕厌:满足。

〔3〕何有于我哉:对我来说有什么呢?也就是说这三件事对我来说都不难。

子曰:"德之不修〔1〕,学之不讲〔2〕,闻义不能徙,〔3〕不善不能改,是吾忧也。"

〔1〕修:培养。

〔2〕讲:讲习、研究。

〔3〕"徙"本意是迁移。又指转移、变化。本句"闻义不能徙",宋朝邢昺疏:"闻义事当徙意从之。"大意是:听到了应当做的事(义),却不能放下暂时可以不做的事而改做应当做的事。

子曰:"饭疏食〔1〕,饮水,曲肱〔2〕而枕〔3〕之,乐亦在其中矣。不义而富且贵,于我如浮云。"

〔1〕饭:旧读上声,动词,吃。疏食:粗粮。

〔2〕肱(gōng):本意是胳膊由肘到肩的部位,泛指胳膊。本句中的"曲肱"乃泛指义。

〔3〕枕:音zhèn,动词,当枕头用。

叶公〔1〕问孔子于子路,子路不对。子曰:"女奚不曰〔2〕,其为人也,发愤〔3〕忘食,乐以忘忧,不知老之将至云尔〔4〕。"

〔1〕叶(shè)公:名诸梁,楚国大夫。

〔2〕女奚不曰:"女"同"汝",读rǔ,第二人称代词,当"你"讲。奚:疑问代词,为什么。

〔3〕发愤:因愤激而决心努力。

〔4〕云尔:如此而已。

泰伯篇　第八

曾子曰:"士不可以不弘毅〔1〕,任重而道远。仁以为己任〔2〕,不亦重乎?死而后已[3]，不亦远乎？”

〔1〕弘毅：意志坚强。

〔2〕仁以为己任：以仁为己任。

〔3〕已：停止。

子曰：“笃信[1]好学，守死善道[2]。危邦[3]不入，乱邦[4]不居。天下有道则见[5]，无道则隐。邦有道[6]，贫且贱焉，耻也；邦无道[7]，富且贵焉，耻也。”

〔1〕笃信：坚定地相信仁道。

〔2〕守死善道：誓死保全善道。

〔3〕危邦：危险的国家。

〔4〕乱邦：祸乱的国家。

〔5〕见：同“现”。

〔6〕邦有道：指国家政治清明。

〔7〕邦无道：指国家政治黑暗。

子曰：“不在其位[1]，不谋其政[2]。”

〔1〕位：职位。

〔2〕政：政务。

子曰：“学如不及[1]，犹恐失之[2]。”

〔1〕学如不及：首句，欲其得，即做学问好像追逐什么似的，生怕赶不上。

〔2〕犹恐失之：次句，已得，虑其失，即追逐到了，还生怕丢掉了。

子曰：“巍巍[1]乎，舜禹之有天下也而不与焉！[2]”

〔1〕巍巍：高大、崇高。

〔2〕与（yù）：参与。本句赞扬舜、禹贵为天子，富有四海，却整年为百姓勤劳，一点不为自己，不自私，不享受的品德。

子罕篇　第九

颜渊喟然[1]叹曰："仰之弥[2]高，钻之弥坚。瞻之在前，忽焉在后。夫子循循然善诱人[3]，博我以文，约我以礼，欲罢不能。既竭[4]吾才，如有所立[5]卓尔[6]，虽欲从之[7]，末由[8]也已。"

〔1〕喟(kuì)然：叹息的样子。

〔2〕弥(mí)：更加。

〔3〕循循：有步骤的样子。诱：诱导。

〔4〕竭：用尽。

〔5〕有所立：有独立工作的能力。

〔6〕卓尔：特立貌，超然高举貌。形容道德学问等的成就超越寻常，与众不同。

〔7〕从之：再向前迈进。

〔8〕末由：不知道从哪里着手。末：否定副词，相当于"无"。

子在川上曰："逝者如斯[1]夫[2]！不舍昼夜[3]。"

〔1〕逝者：消失的时光。斯：指示代词，指川水。

〔2〕夫(fú)：置于句尾，表示感叹的语气词。

〔3〕舍：停止。河水日夜不停地流。

子曰："后生[1]可畏，焉知来者[2]之不如今[3]也？四十、五十而无闻[4]焉，斯亦不足畏也已。"

〔1〕后生：指年少的人。

〔2〕来者：少年人的将来。

〔3〕今：指现在的人。

〔4〕无闻：没有名望。

子曰："知者[1]不惑[2]，仁者[3]不忧[4]，勇者[5]不惧[6]。"

〔1〕知者：读zhì，通"智"，聪明、智慧。

〔2〕惑：疑惑。

〔3〕仁者：指有仁德的人。

〔4〕不忧：乐观。

〔5〕勇者：勇敢的人。

〔6〕不惧：无所畏惧。

乡党篇　第十

孔子于乡党[1]，恂恂[2]如也，似不能言者。其在宗庙朝廷，便便[3]言，唯谨[4]尔。

〔1〕乡党：周制以五百家为党，一万二千五百家为乡。后来以"乡党"泛指乡里，即家乡。

〔2〕恂恂：恭顺貌。"恂"读xún。

〔3〕便便：言论明晰畅达。"便"旧读pián。

〔4〕谨：谨慎、小心。

食不语[1]，寝不言[2]。

〔1〕语：交谈(说话)。

〔2〕言：说话。

乡人[1]饮酒，杖者[2]出，斯出矣。

〔1〕乡人：同一家乡的人。

〔2〕杖者：指扶着拐杖走路的老人。

厩[1]焚[2]。子退朝，曰："伤人乎？"不问马。

〔1〕厩：读jiù，马棚。

〔2〕焚：烧，即失了火。

寝不尸[1]，居[2]不客。

〔1〕寝：睡觉。尸：死尸。不尸：不像死尸一样面朝上直躺着。

〔2〕居:坐着。具体指不接见客人或自己做客时坐着的姿态,即居家时自由自在的坐姿。省力的做法是脚板着地,两膝耸起,臀部向下而不贴地,和蹲着一样。

先进篇　第十一

子曰:“由之瑟[1],奚为于丘[2]之门?”门人[3]不敬子路。子曰:“由也升堂矣,未入于室也。[4]”

〔1〕瑟:古代的乐器,和琴同类。本句主旨在于孔子不是不高兴子路弹瑟,而是不高兴他所弹的音调。“瑟”乃名词用作动词,弹瑟。

〔2〕丘:孔子名。

〔3〕门人:指孔子的学生。

〔4〕由也升堂矣,未入于室也:孔子这句话是比喻语。“堂”是正厅,“室”是内室。先入门,次升堂,最后入室,表示做学问的几个阶段。“入室”犹如今天的俗语“到家”,即学问精深。

季氏富于周公[1],而求[2]也为之聚敛而附益之[3]。子曰:“非吾徒[4]也。小子鸣鼓而攻之[5],可也。”

〔1〕周公:周公旦。

〔2〕求:冉求,孔子的弟子。

〔3〕聚敛而附益之:句中“聚敛”即搜刮;“附益”即增加财富。本句之意是季氏要用田赋制度增加赋税,派冉求征求孔子的意见,孔子则主张“施取其厚,事举其中,敛从其薄”。结果冉求仍听从于季氏,实行田赋制度,聚敛。可见儒家为了维护统治,反对对人民的过分剥削。其思想渊源大概本于此。

〔4〕徒:门徒。

〔5〕小子:指门人。鸣:这里是使动用法,即把鼓敲起来。攻:攻击。

颜渊篇　第十二

司马牛问君子。[1]子曰："君子不忧不惧[2]。"

曰："不忧不惧，斯谓之君子已乎？"子曰："内省不疚，[3]夫何忧何惧？"

〔1〕司马牛：名耕，字子牛，孔子的弟子。"问君子"：问怎样才算是君子。

〔2〕不忧不惧：不忧愁，不恐惧。

〔3〕内省：内心反省。疚：病。这里指有愧于心。

子贡问政[1]。子曰："足[2]食，足兵，民信之[3]矣。"

子贡曰："必不得已而去[4]，于斯三者何先[5]？"曰："去兵。"

子贡曰："必不得已而去，于斯二者何先？"曰："去食。自古皆有死，民无信不立[6]。"

〔1〕问政：问怎样治理政事。

〔2〕足：形容词用如使动，使……充足。

〔3〕民信之：人民信任国家、政府。

〔4〕去：去掉。

〔5〕何先：先去掉哪一样。

〔6〕民无信不立：人民对政府没有信任，国家就立不住。

哀公问于有若[1]曰："年饥[2]，用不足[3]，如之何？"

有若对曰："盍彻乎[4]？"

曰："二[5]，吾犹不足，如之何其彻也？"

对曰："百姓足，君孰与不足？[6]百姓不足，君孰与足？"

〔1〕有若：有，氏也，名若，春秋末鲁国人，孔子晚年的学生。古代姓与氏分用，姓是总的，氏是分支。

〔2〕饥：饥荒，收成不好。

〔3〕用不足：国家的财用不足。

〔4〕盍：何不。彻：十分抽一的税率。指周朝的田税制度，"周法什一而税谓之彻"。专用名词，这里用如动词。"盍彻乎"意思是"为什么不实行十分抽一的税率呢？"

〔5〕二:指十分抽二的税率。

〔6〕百姓足,君孰与不足:百姓富足了,您跟谁不富足呢? 意思是:您也富足了。

季康子[1]问政于孔子,孔子对曰:“政者,正也。[2]子帅以正,孰敢不正?”

〔1〕季康子:春秋后期鲁国掌握政权的贵族。

〔2〕政者,正也:“政”字的意思就是端正。

季康子问政于孔子曰:“如杀无道,以就[1]有道,何如?”孔子对曰:“子为政,焉用杀? 子欲善而民善矣。[2]君子之德[3]风,小人之德草。[4]草上之风[5],必偃[6]。”

〔1〕就:亲近,接近,靠近,趋向。

〔2〕善:好。本句的意思是:您想把国家搞好,百姓就会好起来。

〔3〕德:作风。

〔4〕君子之德风,小人之德草:比喻语,意思是领导人的作风好比是风,老百姓的作风好比是草。

〔5〕风(草上之风):吹风。

〔6〕偃:倒下。

子贡问友[1]。子曰:“忠告[2]而善道之[3],不可则止,毋自辱[4]焉。”

〔1〕问友:询问对待朋友的方法。

〔2〕忠告:衷心地劝告。

〔3〕善道之:好好地引导他。

〔4〕毋自辱:不要自找侮辱。

子路篇　第十三

子曰:“其身正[1],不令[2]而行[3];其身不正,虽令不从[4]。”

〔1〕其身正:指统治者本身行为要端正。

〔2〕令：下命令。

〔3〕行：教化得以推行。

〔4〕不从：百姓也不会信从。

子适卫[1]，冉有仆[2]。子曰："庶[3]矣哉！"

冉有曰："既庶矣，又何加[4]焉？"曰："富之[5]。"

曰："既富矣，又何加焉？"曰："教之[6]。"

〔1〕子适卫：孔子到卫国。

〔2〕仆：驾驭车马，动词。

〔3〕庶：众，指人多。

〔4〕何加：增添些什么，即再办些什么。

〔5〕富之：使他们富裕。

〔6〕教之：教育他们。孔子主张"先富后教"，孟子和荀子也都继续发挥了这一主张。

子夏为莒父宰[1]，问政。子曰："无欲速[2]，无见小利[3]。欲速则不达[4]，见小利则大事不成。"

〔1〕莒父(jǔ fǔ)：鲁邑名。宰：相当于县长之类的官。《山东通志》认为在今山东高密东南。

〔2〕无欲速：办事不要企图很快成功。

〔3〕无见小利：不要顾小利。

〔4〕不达：达不到目的。

樊迟问仁。子曰："居处恭[1]，执事敬[2]，与人忠[3]。虽之夷狄[4]，不可弃也。"

〔1〕恭：主容。居处恭：平时独处容貌态度要端正庄严。

〔2〕执事：指应事言。敬：主事。执事敬：工作要严肃认真。

〔3〕忠：忠心诚意。与人忠：为别人要忠心诚意。

〔4〕之：动词，到。夷狄：指外国。

宪问篇　第十四

子曰:"不在其位,不谋其政。"[1]曾子曰:"君子思不出其位。"[2]

〔1〕不在其位,不谋其政:指不越其职。

〔2〕君子思不出其位:指君子思谋当不出己位。

子曰:"君子道者三[1],我无能焉[2]:仁者不忧[3],知者不惑[4],勇者不惧[5]。"子贡曰:"夫子自道[6]也。"

〔1〕道者三:行的三件事。

〔2〕无能焉:没有能做到它。

〔3〕仁者不忧:仁德的人不忧虑。

〔4〕知者不惑:智慧的人不迷惑。知:读zhì,通"智"。

〔5〕勇者不惧:勇敢的人不惧怕。

〔6〕夫子自道:这正是他老人家对自己的叙述啊。自道:自己说自己。

子曰:"不患人之不己知,患其[1]不能也。"

〔1〕"其",指自己。

子路问君子[1]。子曰:"修己以敬[2]。"

曰:"如斯而已乎?"曰:"修己以安人[3]。"

曰:"如斯而已乎?"曰:"修己以安百姓[4]。修己以安百姓,尧舜其犹病诸[5]?"

〔1〕问君子:问怎样才能算是一个君子。

〔2〕以:介词。"修己"宾词前置。敬:严肃认真地对待工作。

〔3〕安人:使上层人物安乐。安:形容词用如使动。

〔4〕安百姓:使老百姓安乐。

〔5〕尧舜其犹病诸:尧舜大概还没有完全做到呢。病:难。

卫灵公篇　第十五

子曰:"志士仁人[1],无求生[2]以害[3]仁,有杀身以成仁。[4]"

〔1〕志士:有雄心壮志之士。仁人:有忠恕仁德的人。

〔2〕求生：指贪生怕死。

〔3〕害：损害。

〔4〕杀身：指勇于牺牲。成：成全。

子贡问为仁〔1〕。子曰："工〔2〕欲善其事，必先利其器〔3〕。居是邦〔4〕也，事其大夫之贤者〔5〕，友其士之仁者〔6〕。"

〔1〕为仁：指培养仁德。

〔2〕工：指工人。

〔3〕器：工具。

〔4〕居是邦：住在这个国家。

〔5〕大夫之贤者：指大官中的贤德之人。

〔6〕士之仁者：指士人中的仁德之人。友：亲近，友爱。

子曰："人无远虑〔1〕，必有近忧〔2〕。"

〔1〕远虑：长远的考虑。

〔2〕近忧：眼前的忧患。

子曰："已矣乎〔1〕！吾未见好德如好色〔2〕者也。"

〔1〕已矣乎：完了。感叹词。孔子叹其终不得而见也。

〔2〕好色：据《史记·孔子世家》记载，孔子"居卫月余，灵公与夫人（南子）同车，宦者雍渠参乘出，使孔子为次乘，招摇市过之"。孔子故发此感叹。

子曰："躬自厚〔1〕而薄责于人〔2〕，则远怨〔3〕矣。"

〔1〕"躬"：自身，自己。名词作主语。自厚：应写成"自厚责"，因下文有"薄责"而本处省略。躬自厚：意思是自己要多责备自己。

〔2〕薄责于人：对别人要少责备。

〔3〕远怨：诚能薄于责人，而厚于自责，则怨自远矣。

子曰："群居终日〔1〕，言不及义〔2〕，好行小慧〔3〕，难矣哉〔4〕！"

〔1〕群居终日：一整天地在一块儿住。

〔2〕言不及义：言语不涉及仁义道理。

〔3〕好行小慧：只喜欢卖弄小聪明。

〔4〕难矣哉：这种人真难教导。

子曰："君子病无能焉[1]，不病人之不己知也[2]。"

〔1〕病无能焉：病，担心、忧患；无能，自己没有能力。

〔2〕不病人之不己知：此句中之"病"当怨恨讲。

子曰："君子求诸己[1]，小人求诸人[2]。"

〔1〕君子求诸己：君子对自己要求严格。

〔2〕小人求诸人：小人对别人要求严厉。小人求诸人，故违道干誉，无所不至。

子贡问曰："有一言而可以终身行之者乎？"子曰："其恕[1]乎！己所不欲，勿施于人。"

〔1〕恕：孔子讲仁，积极意义是"忠"（"己欲立而立人，己欲达而达人"），次于"忠"者为"恕"（"己所不欲，勿施于人"）。

子曰："巧言乱德[1]。小不忍[2]则乱大谋[3]。"

〔1〕巧言乱德：花言巧语足以败坏道德。

〔2〕小不忍：包括小愤怒、小怨恨、见小利就贪诸项内容。

〔3〕大谋：大事情。

子曰："道不同[1]，不相为谋[2]。"

〔1〕道不同：主张不同，如善恶邪正之类。

〔2〕不相为谋：不互相商议。为：去声，介词，"向""对"的意思。

季氏篇　第十六

孔子曰:“益者三友[1],损者三友[2]。友直[3],友谅[4],友多闻[5],益[6]矣。友便辟[7],友善柔[8],友便佞[9],损[10]矣。”

〔1〕益者三友:有益的朋友有三种。

〔2〕损者三友:有害的朋友有三种。

〔3〕友直:同正直的人交朋友。友:友爱、亲近、相好。

〔4〕友谅:同诚信的人交朋友。《说文解字》:“谅,信也。”

〔5〕友多闻:同见闻广博的人交朋友。

〔6〕益:有好处。

〔7〕便辟(pián bì):指逢迎谄媚。意思是跟逢迎谄媚的人交朋友。

〔8〕善柔:指当面恭维背后毁谤。

〔9〕便佞(pián nìng):花言巧语,指善以言辞取媚于人。

〔10〕损:有损害义。

孔子曰:“君子有三戒[1]:少之时,血气[2]未定,戒之在色[3];及其壮也,血气方刚[4],戒之在斗[5];及其老也,血气既衰,戒之在得[6]。”

〔1〕三戒:三件事情应该警惕戒备。

〔2〕血气:指精力。

〔3〕在色:莫迷恋女色。

〔4〕血气方刚:精力正旺盛。

〔5〕戒之在斗:莫好胜喜斗。

〔6〕在得:“得”,贪得。“戒之在得”意思是莫贪求无厌。

孔子曰:“君子有九思:视思明[1],听思聪[2],色思温[3],貌思恭[4],言思忠[5],事思敬[6],疑思问[7],忿思难[8],见得思义[9]。”

〔1〕思明:考虑看明白了没有。

〔2〕思聪:考虑听清楚没有。

〔3〕色思温:考虑脸色温和吗。

〔4〕貌思恭：考虑容貌庄严吗。

〔5〕言思忠：考虑言语忠诚吗。

〔6〕事思敬：考虑工作严肃认真吗。

〔7〕疑思问：考虑遇到疑问怎么向人请教。

〔8〕忿思难：要发怒了考虑有什么后患。

〔9〕见得思义：看见可得的，考虑我是否因该得。

阳货篇　第十七

阳货欲见孔子〔1〕，孔子不见，归孔子豚〔2〕。

孔子时其亡也〔3〕，而往拜之，遇诸涂〔4〕。

谓孔子曰："来！予与尔言。"曰〔5〕："怀其宝而迷其邦〔6〕，可谓仁乎？"曰："不可。好从事而亟失时〔7〕，可谓知〔8〕乎？"曰："不可。日月逝矣，岁不我与〔9〕。"

孔子曰："诺，吾将仕矣。"

〔1〕阳货：名虎，季氏家臣中最有权势的人物，曾囚季桓子，专鲁国国政。后出逃至他国。欲见孔子：让孔子见他。

〔2〕归：通"馈"，赠送。豚：小猪。这里指做熟了的小猪。

〔3〕时：通"伺"，窥探。亡：指不在家。

〔4〕涂：通"途"。

〔5〕曰：连同下文两个"曰"皆是阳货自问自答。

〔6〕怀其宝：怀藏你的珍宝。迷：使……迷乱。动词用如使动。此句比喻孔子有宝贵的才能可以治国而不肯使用出来。

〔7〕好从事：指爱好参与政治。亟(qì)：屡次。时：时机。

〔8〕知(zhì)：智慧，聪明。这个意义后来写作"智"。

〔9〕与：等待。岁不我与：年岁不等待我们。

子曰："性〔1〕相近也，习〔2〕相远也。"

〔1〕性：指人的本性、性格、性情、气质诸方面。

〔2〕习：习惯。指长期重复地做，逐渐形成的不自觉的活动，如习气。

子张问仁于孔子。孔子曰："能行五者于天下为仁矣。"

"请问之。"曰："恭，宽，信，敏，惠[1]。恭则不侮，宽则得众，信则人任焉，敏则有功，惠则足以使人[2]。"

〔1〕恭：庄重。宽：宽厚。信：诚实。敏：勤敏。惠：慈惠。

〔2〕不侮：不致遭受侮辱。得众：会得到大众的拥护。人任焉：人就会任用他。有功：工作效率高，贡献大。使人：使唤人。

子曰："色厉而内荏[1]，譬诸小人[2]，其犹穿窬[3]之盗[4]也与？"

〔1〕色厉而内荏：颜色严厉但内心怯弱。荏(rěn)：软弱、怯懦。

〔2〕譬诸小人：用小人比喻他。

〔3〕穿窬(yú)：挖洞跳墙。窬：洞，窟窿。

〔4〕盗：小偷。

子曰："道听而涂说[1]，德之弃[2]也。"

〔1〕道听：听到道路传言。涂说：在四处传播。涂：通"途"。

〔2〕德之弃：这是应该革除的作风。

子曰："巧言令色[1]，鲜[2]矣仁！"

〔1〕巧言令色：花言巧语、伪善的面貌。

〔2〕鲜：少。

子曰："饱食终日[1]，无所用心[2]，难矣哉[3]！不有博弈[4]者乎？为之[5]，犹贤[6]乎已。"

〔1〕饱食终日：整天吃饱了饭。

〔2〕无所用心：什么用心的事都不做。

〔3〕难矣哉：句中"难"，还读nán，当不可、不行讲。因为不用心，则无据以乐善，既不乐善，则自生淫欲，淫则忘善，忘善则恶心生。其离禽兽不远矣。

〔4〕博：古代一种赌输赢的游戏，即掷采(骰子)。弈：指下棋。

〔5〕为之：做、干的意思。

〔6〕贤：胜也。胜过的意思。

微子篇　第十八

齐人归[1]女乐[2]，季桓子[3]受之，三日不朝[4]，孔子行[5]。

〔1〕归(kuì)：通“馈”，赠送。

〔2〕女乐(yuè)：女子歌舞队。

〔3〕季桓子：季孙斯，鲁国定公至哀公初年时的执政上卿，死于哀公三年(前492)。

〔4〕三日不朝：三天不问政事。

〔5〕行：孔子离职走了。

楚狂接舆歌而过孔子[1]曰：“凤兮[2]！凤兮！何德之衰[3]？往者不可谏[4]，来者犹可追[5]。已而！已而[6]！今之从政者殆而[7]！”

孔子下[8]，欲与之言。趋而辟之[9]，不得与之言[10]。

〔1〕接舆：姓陆，名通，字接舆。(依邢昺说)楚国的隐者，为了避世，假装疯狂，故称为“楚狂”。歌而过孔子：一边唱歌，一边走过孔子的车旁边。

〔2〕凤兮：凤，比喻孔子；兮，语气词，同今天的“啊”。

〔3〕何德之衰：为什么德行这样衰微呢？这是讽刺孔子不能隐退。

〔4〕谏：谏止。往者不可谏：过去的事情不能再挽回。

〔5〕来者犹可追：未来的事还可能来得及。暗指孔子现在隐退还来得及。

〔6〕已而：算了吧！而：用于词尾的语气词。

〔7〕今之从政者殆而：现在从事政治的人危险了。殆：危险。

〔8〕孔子下：指孔子下车。

〔9〕趋而辟之：趋，快走；辟，躲开、避开，这个意义又写作“避”。

〔10〕不得与之言：本文主旨是孔子要到楚国去，故接舆歌而过也。孔子想告诉他去处，接舆不欲闻而避之。

子张篇　第十九

子夏曰："日知其所亡[1]，月无忘其所能。[2]，可谓好学也已矣[3]。"

〔1〕亡：通"无"，不知道的，读为wú。日知其所亡：每天要知道未知的。主旨在"知新"。

〔2〕月无忘其所能：每月要复习所能的。主旨在"温故"。

〔3〕好学：好，读hào，喜爱。结尾主旨是达到"日新而不失"。

子夏曰："博学而笃志[1]，切问而近思[2]，仁在其中矣[3]。"

〔1〕博学：广泛地学习。笃志：坚守自己的意志。笃：坚定，坚守。

〔2〕切问：恳切、深切地发问。切，读qiè。近思：多考虑当前的问题。

〔3〕仁在其中矣：仁德就在这中间了。

按：四者皆学、问、思、辨之事耳，未及乎力行而为仁也。然从事于此，则心不外驰，而所存自熟，故曰"仁在其中矣"。

子夏曰："百工居肆以成其事[1]，君子学以致其道[2]。"

〔1〕百工：各种从事劳务的工人。肆：手工业作坊，古代指官府造作之处。居肆：居住在制造场地。成其事：完成他们的工作。

〔2〕君子学以致其道：君子则用学习获得道。

子夏曰："大德不逾闲[1]，小德出入可也[2]。"

〔1〕大德：指大节，人的重大节操。闲：栅栏，引申为范围、界限。

〔2〕小德：指小节，作风上的小节。出入：稍稍放松一点进出。

子夏曰："仕而优则学[1]，学而优则仕[2]。"

〔1〕仕：做官。优：有余力。(见邢昺疏)仕而优则学：做官了，有余力便去学习。

〔2〕学而优则仕：学习了，有余力便去做官。

本文之意是：仕与学，理同而事异。故当其事者，必先有以尽其事，而后可以尽其余。然仕而学，则所以资其仕者益深；学而仕，则所以验其学者益广。

子贡曰：“君子之过也[1]，如日月之食焉[2]：过也，人皆见之；[3]更也，人皆仰之。[4]”

〔1〕君子之过：君子的过失。

〔2〕如日月之食焉：好比是日食、月食。比喻语。

〔3〕过也，人皆见之：错误的时候，人人都看得见。

〔4〕更也，人皆仰之：更改的时候，人人都仰望、敬慕。不以先过而累。

尧曰篇　第二十

子张问于孔子曰：“何如斯可以从政矣？”

孔子曰：“尊五美，屏四恶，斯可以从政矣。”[1]

子张曰：“何谓五美？”

子曰：“君子惠而不费，劳而不怨，欲而不贪，泰而不骄，威而不猛。”[2]

子张曰：“何谓惠而不费？”

子曰：“因民之所利而利之[3]，斯不亦惠而不费乎？择可劳而劳之[4]，又谁怨？欲仁而得仁，又焉贪[5]？君子无众寡，无小大，无敢慢[6]，斯不亦泰而不骄乎？君子正其衣冠，尊其瞻视，俨然人望而畏之[7]，斯不亦威而不猛乎？”

子张曰：“何谓四恶？”

子曰：“不教而杀谓之虐[8]；不戒视成谓之暴[9]；慢令致期谓之贼[10]；犹之与人[11]也，出纳之吝谓之有司[12]。”

〔1〕尊五美：尊重五种美德。屏四恶：排除四种恶政。“屏”读bǐng，除去、排除。从政：治理政事。

〔2〕惠而不费：给人民以好处，自己却无所耗费。劳而不怨：百姓劳动，却不怨恨。欲而不贪：自己欲仁欲义，不贪财色。泰而不骄：安泰矜持却不骄傲。威而不猛：有威严却不凶猛。

〔3〕因民之所利而利之：就着人民能得到利益之处，因而使他们有利。

〔4〕择可劳而劳之：选择可以劳动的（时间、情况和人民）再去劳动他们。

〔5〕又焉贪：还贪求什么呢？

〔6〕无众寡，无小大，无敢慢：不管人多人少，无论势力大小，君子都不敢怠慢他们。

〔7〕正其衣冠，尊其瞻视，俨然人望而畏之：君子衣冠整齐，目不斜视，庄严得使人望而有所畏惧。

〔8〕不教而杀谓之虐：不加教育便加杀戮叫作虐。

〔9〕不戒视成谓之暴：不加申诫便要成绩叫作暴。

〔10〕慢令致期谓之贼：起先懈怠，突然限期叫作贼。贼，狠毒、伤害义。

〔11〕犹之与人："均之与人"，同是给人以财物。

〔12〕出纳之吝谓之有司：本句中"出纳"两字虽连用，但只有"出"义，没有"纳"义。吝：出手吝啬义。有司：古代管事者之称，这里是小气的意思。

传统文化现代化的途径与手段

要想传统文化更好地为社会主义现代化建设服务,必须实现其研究手段和方法的现代化。它至少应包含以下内容的转变:由定性描述转变为定性与定量相结合的规范化的科学方法;由议论性、宣传舆论性职能转变为(对决策的结论支持)可提供证明和检验的职能;体系由平面性结构转变为立体的系统结构;研究方式由经验的转为运用逻辑程序的综合研究;由与自然科学分离转变为现代科学技术体系的有机组成部分。

要实现传统文化的现代化,必须先找到可行的“技术基础”。社会科学研究对象的复杂性,决定了研究的技术也许只能是一种“软技术”,更确切地说,它只是一种技术性方法或方法性技术。它是把定性与定量结合起来,把科学理论与经验结合起来,把宏观与微观结合起来,实现多学科的交叉研究。这种结合不仅需要信息管理系统、决策支持系统的功能支持,而且需要具有综合集成功能的计算机的支持,形成高度智能化的系统,从而实现社会科学研究手段、工作方式、研究方式、工作语言、学科体系、学科管理、评价体系、社会职能等诸方面的现代化。就此而言,如果传统文化的现代化仅仅只依靠其自身的力量、局限于其内部,实际上是难以完成的,同现代社会科学的现代化过程一样,它应该是自然科学工作者与社会科学工作者共同努力的结果。

在明确了上述问题之后,我们来具体探讨在现阶段可加以考虑的几条途径。

一、现代科学发展的趋势表现在人的身上,其显著的特征是:知识结构由单一学科领域构成,向多学科乃至文理结合方向发展

这是一个必须高度重视的、在传统文化的现代化过程中首当其冲的基础

工程。原因是显而易见的，现代化的含义，即在涉及的学科领域上已经超出了传统学科的范围，同时这之间的距离是本质性的，其前提仍然是我们提出的那一点："传统社会科学"的现代化仅仅依靠其自身的力量、仅仅在其内部进行变革是不可想象的。这突出地表现在两个科学体系所使用的方法与采取的逻辑思维方法有原则区别上。简单地说，只有现代科学知识的人难以深刻理解与把握传统社会科学的内涵与精髓，只有传统社会科学素养的人又难以理解与利用现代科学的方法与手段来改造传统文化。不仅如此，自然科学和社会科学在越来越广泛的领域内面临解决同一个问题的情况也将日益普遍。因此，只有两者有机结合，才能在人才上完成准备。

在这个方面，改变的途径之一：在办学模式上亟需改变专业设置太细、文理工管分家的局面，把专业教育同通才教育结合起来，培养具有复合型知识结构和跨学科研究能力的人才。这也可以划分为两个方面：第一，在社会科学内部，必须建立"大文科"的教育概念，受教育者至少应在本科学体系内部能兼及几个学科的基本知识与应用能力、研究能力，只有这样，才能够较为全面地理解本科学体系的基本内容与历史，从更高层次理解某一专门学科的意义、作用、地位与发展；第二，受教育者应掌握一定的数学和自然科学基础及技术知识，了解科学技术工作的特点与一般规律。两者结合，使受教育者能够从文化、经济、政治与社会等方面全面地理解技术行为，懂得本专业学科知识的合理的科学应用，并对科学技术的进一步发展同人文方面的价值评判之间的依存关系有清晰认识。实际上，对当今世界科学技术发展的情况稍加注意就能发现，科学技术给人类带来的许多问题与传统文化之间已经发生了直接的关系。20世纪生物遗传工程的发展使人类延续下来的生命基础开始发生动摇，科学家可以在实验室里再造生命，并给它赋予人的一切特征，也许有一天，自然人将和人造人同时生活在一个空间里。这将与传统文化产生全方位的冲突。种族、伦理、道德、法律、经济、人权、心理、情感、社会阶层等一系列的问题摆在社会科学家的面前。如何按照人类通过数万年的发展演化所建立起来的文化体系接纳这一事实？因为人造人同自然人最大的不同就是没有与生俱来的文化基因。在人类社会固有的伦理道德范畴中，没有他们的固有位置，至少在种族上如何承认这样一种特殊群体的存在，这是自然科学摆在社会科学，尤其是传统社会科学家面前的一道世纪性难题。显然，按照单纯传统文化的体系，我们无法接受这个现实，但它的出现又不是以我们的意志为转移的。那么，传统文化在接受这一现实的时候所采取的态度就不能不从对其产生的科学过程本身的全面考察开始，因为自然科学家也是从单纯科学发展的角度来认识这个问题的，这个问题的解决无疑要靠社会科学家来完成。这个问题在西方已经引起了高度重视，因为冲突已经出现，在中国也只是个时间问题。在冲突全面出现之前，人才的准备是根本的基础。

二、文化传播媒介的革命，是传统文化向现代化转变的中介条件

文化本身有着多个层次，作为文化物质层次的种种表象形式，自然为社会普遍所占有，但是，在我国封建社会时期，关乎封建社会存亡的文化知识则是少数人的特权，这一方面是封建统治者为了维护封建特权，作为维持一个社会的上层阶级的存在而人为设置，使文化知识始终为少数人所占有，另一个重要的经济与技术方面的制约条件则是文化传播手段的低下。

远古时代，文化传播的传统方式是口口相传及言传身教。宋代印刷术的兴起是一个历史性的飞跃。从现代的观点来看，印刷术的出现带给人类的功绩就是带来了文化传播的广泛性与深入性，印刷术出现之前，纸——这一廉价的物质载体的出现，使文化相对能够为更多的人所拥有、所了解、所掌握。因此，如果我们要研究文化的禁锢及其变化，就其深刻性和广泛性而言，也许这里才是真正的起点。即使如此，文化的普及程度也未能达到今天的程度，究其原因，除了人为的原因以外，经济水平低下、生产力水平落后是一个重要的因素。社会不能提供更多更充分的经济力量来保证文化教育事业在不受干扰的条件下得到独立的发展。简单地说即是没有更多的物质作为文化媒介的基本来源，同时也没有更多的时间与金钱提供给广大的需受教育者在脱离生产的条件下接受文化培养。毋庸置疑，文化的传播手段与社会经济力量的强弱对

文化的发展有着绝对不可低估的作用和意义。这还可以用一个反题来证明：如果文化只为少数人所占有，则必将走向其反面。实际上，在古代历史上，拥有文化的人同拥有权力的人之间并无真正的鸿沟。

中国传统文化的核心是儒学，就以儒学的发展来考察，我们看到，中国历史上的儒学向经学、理学的发展变化，都是按照当时的社会、经济发展条件，由统治者及其代表人物完成的，都是自上而下的文化变革，文化本身处于被垄断的状态，掌握文化、改造文化的都是所谓的儒学大师及其所属学派，整个社会群体对文化的发展与更新所产生的影响是极其微弱的。抛开社会本质方面的原因不谈，就客观条件而言，文化的传播途径、传播方式、传播能力的限制造成文化的精华内核少为人知，是一个重要的原因。

从这一视角来考察中国文化发展变化的历史，我们应该重新认识“白话文运动”在传播新文化、改造旧文化的历史过程中的伟大作用和历史意义。实际上，这场运动的独特之处就在于，它仅仅因为语言形式的变化就改变了文化接受的难易程度，使得相当多的人能够相对容易地参加学习，了解历史，了解文化，了解社会。此后爆发的五四运动之所以能够唤起民众，与这一文化运动有着直接的关系，之间的奥秘在一定程度上也许正是这一形式的变化。因此当问题接近结束时，形式也许就等于本质。

“白话文运动”距离我们已经有半个多世纪了，但是，这一运动的意义与价值在今天仍不容小视。从事中国文化研究的人都深深体会到，语言文字的差别直到今天仍然是了解中国传统文化的首要障碍。中国传统文化的精华仍然深藏在浩如烟海的用古代文字写就的历史文献之中，仍然为生活在中国本土之上的大多数国民所无法顺利接受，没有接受就无法了解，不能了解何谈创新、改造？其与现代化的要求更是相距甚远。因此，近年来，由中华书局、岳麓书社等系统整理出版的白话中国古代文化典籍系列丛书的价值和意义远在几十部书的再版之上，形式上看是语言媒介、传播方式的变化，但由此引起的文化热潮的意义是十分深远的。

由此我们得到的启示如下：弘扬中国传统文化，尤其是使传统文化与现代化接轨的基础性建设，到目前并未完成，甚至才刚刚开始。在现阶段，就上述问题而言,传统文化的发掘整理最紧迫的任务即转换语言媒介,至少要在大众接受的层次上改变其艰涩难懂的语言障碍。

至此,我们必须清醒地认识到,我们已经落在科学技术发展的后面。近十年来,随着中文计算机处理技术的实现,目前已获中国国家专利局认可的中文计算机输入编码方案已有百余种。在这些编码方案中,没有一种方案是利用中文原本的表意特征实现的,只有少数几种是按中文的拼音方案设计的,这几种在目前也因输入速度低、重码率高而处于辅助输入法的地位,而广泛地投入商业使用的几种主要输入法(如五笔字型输入法、表形码、太极码等)都是把汉字拆分成介乎于整字和笔画之间的部件,但又完全不同于文字学所称的部首、偏旁概念,然后经过统计,优选出一定量的字根或字元(即其所称的用以构成汉字并能为计算机所接受的最基本单位),用以构成汉字的简化字形,这些经优选产生的字根的形式和数量(五笔字型输入法有130个,表形码有40多个)与文字学都有根本的区别。而计算机应用与中文的计算机处理方法在21世纪将达到高潮,将带来的后果是:不但造成新的语言障碍,而且对新一代文化人来说,用笔写字将成为一种带有礼节性的行为,而不是必须。

随着信息革命的推进,对信息的传播和承载将改变以纸张为主要媒介的方式,而采用现代化的音像技术和新的介质,以通信卫星、计算机网络为途径,来承载及传播信息并不遥远。1996年,世界著名的大英图书馆新馆在伦敦落成,这个新馆最突出的特点是拥有目前世界最大的电脑联网系统,它在全世界拥有2000万个用户。在其系统中,目前大约有500万条条目可供用户查阅,如果其每一条条目通过人工要用二年时间才能写完,那就意味着通过这个系统你可以检索查阅整个人类文明时期所积累起来的知识的最佳成就。这个系统是一个非常重要,而且非常有力的研究工具。信息检索的便利,将会导致出现一场研究领域的革命。学术思想空前的汇集,蕴含着一种重要的潜力,因为历史上的研究人员从来没有拥有过这么多的文献资料,因而学术思想的交流也就可以直接进行。它所带来的变化也许现在还不能完全看出来,但是,正如印刷术的诞生一样,它的力量是逐步发挥出来的,而且是难以估量的。危机也是显然的,如果信息获取、传播手段不能保持一致,也就必将被阻止在其领域之外。科学技术的发展使地理空间已经不再是妨碍人类思想交流的主要障碍，因此，随着美国总统克林顿的信息高速公路计划的提出，目前世界上的主要国家如英、法、日，以及中国政府都已将建设信息高速公路的计划列为未来的重要建设目标。到那时，我们手中拿的就不再是书，而是各种各样的磁信息介质，特定的信息接收、读取设备等。

综合上述，以现代科学技术，特别是计算机技术、信息传播技术作为继承、发展、改造中国传统文化的技术基础，这一目标最终必然要实现。否则无法完成如此庞大的工程。这既是传统文化同现代化的接口，同时也是必由之路。目前在某些发达地区已经出现的如《三国演义》数据库系统、按数学统计方法研究《红楼梦》的语言等研究方法和形式将不再是新闻，而是一种必需的手段与方式。也许可以断言，到21世纪晚些时候，不懂得数学和计算机的社会科学家将不再具备起码的工作手段，单纯借助思维活动进行科学研究将成为一种落后的工作方式，对传统文化的继承、发展与改造也是如此。

注：本文系与黄大宏合著。

——《汉中师范学院学报(社会科学)》1996年第2期

融历史真实与艺术真实于一体的独特视角

——论《三国演义》的英雄史观

在罗贯中看来，所谓“时势”与“英雄”的关系，就是特定的历史条件与某些当世人物的个人或群体行为之间的互动。时势为英雄提供了施展才能的条件；英雄则以其行为推动了历史的发展、变化。《三国演义》凝聚的百年斗争史证明，没有汉末特定历史条件，就不会有封建军阀割据的局面，也就不会产生群雄争霸的空前剧变，任何一个应历史潮流而动的英雄都不会错过这蕴藏着巨大机会的时代，一旦他们把对自我价值、理想的追求融入时代的需要，就必然对社会的发展具有意义。曹操、刘备、孙权和司马懿等人正是以自己独具的品格、气质、机遇和能力完成了自己，完成了历史。

曹操创造了一个怎样的自我？人们始终统一不起来，这也许正说明了他的复杂：他有极度张扬的个性，又是一个群体意识强烈的领袖，两者统一于他对天下大势的深谋远虑之中。即使罗贯中以纪实的手法写曹操，曹操也可称是三国中最丰满的形象。

曹操无疑是个性独特的人，具有强烈的表现欲和使命感，两者的结合构成他无比坚定的进取意识，这对他自己的历史走向具有坚定的主导作用，他的智慧、情感、果断、坚强、洞察力以及无畏的意志，无不以此为源泉。在确立自己庞大军事集团的前期历史中，无数事实证明他的个性力量对其个人与社会历史的重要意义。然而，这种个性发挥到一定程度必然趋于极端，“宁教我负天下人，休教天下人负我！”正是青壮年时期的曹操个性膨胀时思想意识的真实自白，这一思想不无错误，但敢为人所不敢为之事，却往往能出奇制胜。曹操招贤纳士的标准素来令道德之士咋舌，而在驾驭这一成分复杂的力量方面，曹操又显示出其个性中超人的才能。特别是对关公，曹操所刻意表现出来的英雄惺惺相惜的气度，最终树立的是自己的大义形象。凡此种种，令人往往摆脱从政治、军事的功利角度看曹操，其人格魅力令人绝倒。自然，众多后人也以此种种贬抑曹操，但我们以为，乱世之中，曹操必奸雄并举方堪大任。毕竟，是历史选择了曹操。

曹操的另一特点在于，他善于集群智、用群力，是一个群体意识强烈的领袖。但是他的群体意识与刘备、孙权不同，他不仅仅代表某一股与中央政权相对抗的割据势力，他的群体意识的实质是封建国家意识，他利用了一个没落王朝正统的政治、军事的机构、形式、地位及宗法权威谋取一己之私，所谓以保汉室而有天下。这种正统地位具有强大的政治影响力和号召力，曹操维护并充分利用了这一优势。对于曹操的政治策略，我们最为看重的就是他的“挟天子以令诸侯”，这是曹操最基本的政治策略，是他能够始终统摄全局的最重要的手段，也是他的个性与群体意识高度结合的产物。

首先，“挟天子以令诸侯”使其能够顺利地拥有原国家机器中的政治组织、军事力量、经济条件，争取到居于封建王朝的正统与主流地位的上层各大官僚、士大夫阶层的支持，并以其个人感召力赢得了一部分当世才俊的拥戴。其次，特别在鼎足之势形成以后，曹操以此基本遏制了孙、刘两大势力的进一步发展。除了实力的较量，曹操没有任何从政治上取得正统政治、军事地位的可能，汉室犹在，任何自立的图谋都只会予人口实，而陷自身于困境，在没有充分的力量之前，这是一种极大的政治冒险。取得“正统”，孙权尚虎视眈眈，作为汉室一脉的刘备就更是梦寐以求，以承汉祚而据天下，是刘备最理想的政治目标，却是曹操最大的政治资本。由此可见，曹操不但是一个张扬个性的英雄，更是一个能够超越自我的英雄。

曹操曾纵论英雄的“大志”与“良谋”，他于“大宴铜雀台”时有一席话，其中两句殊为关键，一为“如国家无孤一人，正不知几人称帝，几人称王”，另一句为“孤常念孔子称文王之至德，此言耿耿在心”。前者的真意正如前述，而后者的意义殊为深远。在第七十八回他又加申诉：“吾事汉多年，虽有功德及民，然位至于王，名爵已极，何敢更有他望？苟天命在孤，孤为周文王矣。”其耿耿在心者，孔子所称文王之至德，操之心事尽在其中矣。《论语·泰伯篇》中，孔子高度称颂周文王“三分天下有其二，以服事殷。周之德，其可谓至德也已矣”。曹氏自比文王，当年文王“三分天下有其二”，尚事殷以臣礼，而今曹操挟天子以令诸侯，坐拥天下，事汉而不篡汉，确有孔子所谓“文王之至德”。这一政治的悖谬反映出权术的机诈，德之愈厚而业之愈雄，业之愈雄则江山愈固。曹操给自己的历史使命，原来是做一个奠基人。而“良谋”得逞的基石却是汉天子。

观操之一生，纵横天下，游刃于国家、个人之间，奸义集于一身，智勇傲视群雄，指掌之间翻云覆雨，肺腑之内机变百出，时天下豪杰纷纷而来，纷纷而往，不知谋智者几何！谋将者几何！谋天下者几何！然可与操比肩者能有几何？以一个旁观者眼中看来，曹操导演了历史，小说虽作演绎，然终于大势无违。

二

以曹氏之卓识，视刘备为心腹大患，绝非偶然，以各自霸业观之，刘备实有骄人才能。但在走向更大的成功的时候，他遇到了强有力的对手：一是曹操，一是他自己。两者的合力致其一生追求的目标中道而废。刘备受制于操者，在于正统宗法制度下，曹操的“挟天子以令诸侯”。刘备素以封建正统宗法体系保护者自居，往往以汉室宗亲的正统地位作为号召与曹操对抗，人皆信其所为，人也皆为其所惑，凡不满操者皆以备为指归。但这一身世只能聊慰备之渴怀，因为曹操从不试图以身代汉，“汉室”既在，何谈“匡扶”？刘备恰被挟于此间而寸步难行。曹丕受禅可谓刘备政治生命的一个关键转折点，但此时刘备又遇到了另一个不可逾越的障碍，那就是他自己。

刘备受制于己者，在于其维系集团的情义纽带在本质上的脆弱性。刘备起家的主要条件是小集团力量，刘、关、张三兄弟的生死同盟是这一集团最坚强的核心，这为以后稳固、加强、壮大刘氏集团起到了不可替代的作用。众多人才集于刘备麾下，或激于义，或迫于事，或囿于刘备纯熟的手段，但其共同点却是拜服于刘备的人格力量。可以说，刘备以情与义为纽带建立了小集团而起家,进而以此维系大集团,使整个集团的结构具有浓厚的道德感、人情味,这是刘备充分融自身人格力量于群体的结果。注重群体的意识在刘备那里表现为传统的道德、情感取向,情义道德存在、稳固与否在一定程度上决定着集团的生死存亡。但是情义道德本身是脆弱的,它是出自主体内心的,受到一定的私欲及个人好恶的左右,在不同情况下情义道德的程度会发生或深或浅的变化,因此,当情义的存在受到严重威胁的时候,这个集团也在经受严峻的考验,刘备对此必然深会于心。是否为关公复仇,就是一个十分敏感的问题。我们认为,与其说彝陵之败是小集团私利对国家公利的战胜,倒不如说是刘氏集团与生俱来的弱点所致。夷陵之败后,蜀汉力量基本退出了广阔的江汉平原地区,实力削弱,且为地理条件所困,成为诸葛亮六出祁山、姜维九伐曹魏无功而返的重要原因。孙刘联盟的破产则使三国局势发生了有利于曹魏政权的变化,终不可扭转。

孙权也堪称一代英雄,曹操曾有“生子当如孙仲谋”之叹,但他也有自身的问题。其一是集团内部在对外政策上的深刻矛盾,使外患与内忧并存。降曹抗曹所引发的内部派系斗争的激烈持久造成了强大的内耗,这是鼎足之势形成之后,东吴始终成为影响时局发展的不安定因素的原因。其二是孙刘联盟的深刻矛盾。孙、刘两家与曹氏势如水火,这是合力抗曹的政治基础,但两雄并峙,终有竟时,孙刘之争最终是难以避免的,在对待荆州这一问题上,刘备久借不归,孙权势在必得,其中隐情乃是两家日后利益的关键。即使没有荆州问题,两家的矛盾也是不可避免的,在八十六回,孙权与蜀使邓芝有一对话:“权问邓芝曰:‘若吴、蜀二国同心灭魏,得天下太平,二主分治,岂不乐乎?’芝答曰:‘天无二日,民无二王。如灭魏之后,未识天命所归何人。但为君者各修其德,为臣者各尽其忠,则战争方息耳。’”这是孙刘联盟的矛盾,也是促使三国局势瓦解的枢纽。

吴蜀交恶有内在的必然性,由此引起三国局势的随之起落却是三国间最重要的变化,这自然不是孙、刘内心的愿望,但时势的发展也不能尽为两人掌握,曹操的审时度势、顺水推舟,又推动时势向更有利自己的方向发展,不能说孙刘两人不能体察这一走向,事实再次证明英雄与时势之间的相互制约,但以能在机会到来时,善于利用、引导局势的发展者更出其上。这就是历史的辩证法。

三

我们认为，三国鼎立的局势虽以西晋的建立为告终，但三国斗争的历史似应以曹操与刘备的先后弃世为一分界线。从三方相继立国始，首先是各派间的政治旗号均发生相应变异，其次，在魏蜀吴内部，一代创业雄才先后陨落，后来群雄争霸的代表人物均非其名义上的最高领袖，而是纵横其间的实力人物，废帝、弑君、宠信内宦、弛废朝政之事绵延不绝。历览《三国演义》的后三十回，最突出的感受是历史仍在选择，英雄仍待出世，但机会无疑是留给有准备的英雄的。这时期最引人注目的英雄当数司马懿。

对司马懿的描述自九十四回方有细密文字，这样安排，实是对懿之为人秉性及三国后期大势深会于心的结果，此时孙刘联盟瓦解，孔明首出祁山，这是时局变化的又一个关键，司马懿此刻出场，恰有利于突出其惊人之处。本回中孔明与司马懿几度交锋，虽非正面相遇，已突出其后来局势的大概，前回有关司马懿智谋的描写均是为了点化这番变化，其鹰扬峥嵘之气、临战果断之机尽显无遗，特别是对蜀作战方略在此时已基本奠定，所以郭淮说："久后能御蜀兵者，必仲达也。"由此可见，罗贯中对司马懿曲尽笔墨，用力颇深。

无论是我们的本意，还是各人自所发现，其人善于隐忍韬晦，长于伺机而动，曲尽机变之智，却又胸怀方略，言行不失其旨的特点是人所共识的，他在政治、军事方面的才能也是无法忽视的，对其形象的充分刻画与表现使得第九十四回至第一百八回成为《三国演义》中最耐人品味的重要章节之一。罗贯中把政归司马的起点放在司马懿计赚曹爽，而不是司马师废芳立髦(一百九回)，更不是司马炎受禅自立(一百十九回)，可见其人至少在罗贯中的心目中，是三国后期斗争中最重要的人物之一，在他的时代，三国局势已判然两分。他所依赖的主要是三点：因其才，始终被倚为股肱以至托孤，卒使势力坐大，无以为制；三国相争，实力、策略的一再变化，事实上造成了一系列的机会，司马懿以其突出的才智，假以机遇，终取渔人之利；最重要的是他能汲取历史经验，总结前辈功过，为己所用，在这方面，司马懿与曹操有着惊人的相似，司马懿紧承曹操衣钵，深得其为政精髓，曹操是保汉室而有天下，司马同样是保魏统而有天下，两番禅让，绝非是历史的巧合。从这里看来，历史对英雄的选择固然有其偶然性，但这种偶然性同样也是寓于必然性之中的。

四

罗贯中把社会历史的发展规律归结为“分久必合，合久必分”，固然有其唯心的一面，但封建统治内在的腐朽本质决定了自身盛衰兴亡的变化规律，在此前提下强调明君贤相良臣勇将个人对历史的决定性作用确有合理的一面。在旧的王朝灭亡，新的力量还在孕育的时候，特定的历史条件提供了诸多的发展可能性，特定的历史人物作为一定社会阶级、阶层、集团的代表，他们的个人作用不能视而不见。而且，这种分分合合的历史变化，作为一种现象，从罗贯中的认识局限出发既有以往全部历史为鉴，又为特定历史发展阶段所证明，就本文论及的四位人物而言，无论是罗贯中的艺术刻画，还是论者的着眼角度，都重在阐发他们在成就终极事业目标之前的个人行为与斗争经历对具体历史进程的影响。我们认为，在同一历史时空中，他们代表的正是历史发展的主导力量与方向，即使他们最终仍是以封建统治为指归，但这是在一定历史发展阶段内的必然结果。诚如前文所述，通过个人有目的的行动，把握历史发展的契机，发挥个人才智，推动特定时代具体局势向有利于自己的方向发展，同样是符合时代发展要求的，事实也证明，这些历史人物与特定时代之间有目的、有意识的互动，正是这段历史的主要事实。透过那些纷繁复杂的事件的外表，历史前进的轨迹即蕴于其中，罗贯中把它们形象地写了出来，全面、客观地认识它、把握它、评价它则是我们的责任。

罗贯中“时势造英雄，英雄造时势”的英雄史观既是他对以往全部历史的经验总结，又为特定的三国历史所复现，因此，他的英雄史观既是间接地来源于前者，更是直接地建立于后者之上。这里我们要把握的是，罗贯中并不是在写严肃的历史著作，他只是要艺术地反映这段历史，可以设想，他所面临的主要问题是如何用艺术方式描绘出他所理解的这一段历史发展过程的内在规律，用人的行为来反映历史演变的必然性是一种必然的选择，人物的活动成为关键。一方面，罗贯中的这种选择既是受到创作素材制约的，同时也是实现创作目的所需要的。在素材上罗贯中依据的是唐、宋、元以来广为流传的民间传说以及话本小说，史实则是取自《三国志》，这些素材已经形成了一个基本的格局，用人物的行动再现历史，这本来就是说唱文学的创作特点与表演要求，同时还有普通的百姓对重要历史人物的情感取向、道德评价，《三国演义》在此基础上成书，不能不受到影响；另一方面，固然可以用一般人民的形象来表现时代的风云变迁，但同以英雄群像表现相比，在反映的层次、范围、内容、角度等重要方面均有极大的差别，因为英雄本来就处在一个时代的高处，以其为视角可以反映时代的全貌。而且，罗贯中本人的思想本身就是正统的封建意识，从他自己所处的历史时代及以“三国”为创作对象看来，他内心期待的就是他笔下的一代群雄，只有这样的英雄才能挽狂澜于既倒，实现他心中的梦想。

因此，英雄与时势的结合既是材料原型所限，又代表了一种认识水平，更是一种认识角度，而这一角度是有其历史合理性的。罗贯中是借英雄的道路展示了历史的轨迹。三国的历史，自汉末曹操的率先崛起，经百年争雄，到政归晋统，当然这是历史的既定结局，但从其个人情感来讲，罗氏倾向的显然不是这一走向，因为从正统宗法观念来看，曹操和司马懿均非正统。但问题的要害在于，这一历史变化的本质只是封建社会内部力量的更迭，并不包含经济因素的重大变革，它符合每一历史阶段内部力量消长的内在规律，封建统治的腐朽本质使得任何一个统治集团必然存在由盛至衰的演化趋势，不免上演汉王朝改朝换代的具体变化，这种变化的内在动力仍然是客观、唯物的，也因此而摆脱了对罗氏英雄史观的“历史循环论”的指责，参与这场斗争的都是统治阶级内部争权夺利的各股力量，本质上并无不同，一股力量战胜另一股力量，不过是又一封建王朝的再生，三国只是封建时代的一个发展阶段，胜者为王、败者为寇，在这种历史条件下是唯一的真理，对道德英雄的乞求只是一层温情的面纱。罗氏不一定会清醒地认识到这一点，但他用艺术的手法既表明了自己的情感、道德取向，又理性地再现了历史，因此，我们认为，他的英雄史观是在历史结局已定的情况下，再现这一历史过程的艺术手法，它展示出，个人的素质和行为在什么情况下影响了历史的走向，而历史的既定规律又在什么样的情况下展示了自身的选择和力量，其结果是，英雄因之而树立，历史也因之而展示了自身。

罗氏艺术创造的价值就在于他既尊重了历史上曹胜刘败的既定结局，在主体情感上又树立了尊刘抑曹的情感取向。这使我们看到了全书在围绕四位主要英雄人物而安排的两条线索：一条是从曹操到司马懿，贯穿全书，首尾呼应，重在展示历史的事实；另一条则是刘备与孙权，重在表现作者的情感取向。在罗氏的安排中，孙权是“第三种势力”，主要起一种衬托的作用。这条线上主要是刘备，他是作者寄托了主体情感的人物，作者以其合理性来对抗曹操的合规律性。在曹刘并存的时代，两人的个性及形象十分丰满、富于色彩而又充满艺术魅力，曹操作为强力的化身与刘备的道德形象恰成鲜明对照，罗氏的创作也就在强力的英雄与道德的英雄之间徘徊，这里体现的就是所谓英雄的个人素质与行为的对抗，罗氏显然希望这种对抗能够对历史、对特定的时代走向发生作用，而历史毕竟有其自身存在、发展的内在规律，绝非为某个人的力量所能动摇，英雄最终不能改变时代发展的需要，以及这种需要自身对主宰者的选择，这就使英雄对时势的改造走到了尽头。历史对最后取得成功的某个人的选择的确是偶然的，但对这个人所应具备的条件与素质的规定则是必然的，曹操及其后继者司马懿正是这种选择的恰当对象，从内在本质上，曹操与司马懿是同一类人，基于此，时势对英雄的选择也达到了预期的目的。

罗贯中形象地展示了历史与艺术的辩证关系，面对既定的历史结局，仍然为自己开辟了无比广阔的艺术空间，表现了巨大的艺术创造力，他的成就说明，尊重史实与艺术创造之间没有不可逾越的鸿沟，他同样导演了一场言说不尽的三国历史。

注：本文系与黄大宏合著。

——《汉中师范学院学报（社会科学）》1997年第1期

训诂学

前言

今天与诸君共同研讨训诂与训诂学,主旨是学习一点儿我国传统语言文字学知识。汉代称文字学为小学,因儿童入小学先学文字,故名小学。隋唐以后,小学的范围扩大,成为文字学、训诂学、音韵学的总称。至清末,章炳麟改称“小学”为语言文字学。训诂学是我国传统的语言文字学——小学的一个组成部分,古人将它视作“小学”,即认为它是最基本的学问知识,所以古人十分重视它。

学习和掌握一些训诂知识,可以指导我们对古代文献的阅读和教学,帮助我们了解古代社会和文化,对古籍整理、辞书编纂有着十分重要的作用。古籍的校勘、标点、注释、翻译等工作,无一不与训诂紧密相关。

自20世纪70年代末训诂学复苏以来,这门学科的理论价值和应用价值日渐显现,不仅中文专业将其列入课程体系中,其他有关专业例如:中国传统文化学、古典文献学、中国古代史、哲学史、科技史等专业,也逐渐认识到这门课程的重要性。

本文介绍的只不过是训诂学的入门和初级阶段的知识,内容包括训诂及训诂学、训诂的内容、训诂的方法、训诂术语和训诂形式五大方面。诚望共同切磋、研讨。

第一节 训诂及训诂学

一、何谓训诂

训诂就是对古代文献中各种语言现象进行解释。

(1)分解“训诂”二字。

《说文解字·三上·言部》:“诂,训故言也。”清段玉裁注“故言者,旧言也”,“训者,说教也”,“训故言者,说释故言以教人,是之谓诂”。

《说文解字·三上·言部》:“训,说教也。”段注:“说教者,说释而教之,必顺其理。”

综上,“训”与“诂”皆是说释而教人的动词。从“诂”字训释对象看,“训故言者”,即后人解释前代文献语言之义。概言之,“训诂”即解释义。

(2)“训”“诂”二字连用,始于西汉毛亨《毛诗诂训传》。

唐孔颖达《毛诗正义》云:“诂训传者,注解之别名。”其中“传”(zhuàn)字,本义是驿舍、客舍。公使从朝廷到各地传达圣旨,需一站接一站地跑,故“传”引申为“传递”义,即后人注释、传授前代经义的文字。

二、何谓训诂学

训诂学是在历代训诂工作和训诂材料的基础上形成的专门理论学科,即研究全面解释文献语言的方法、原则和规律的科学。古人将它视为“小学”,认为它是最基本的学问知识,十分重视它。

下面分三点简述。

(1)从“训诂”发展到“训诂学”,历经了五个时期。

汉朝是训诂的产生期;魏晋隋唐是训诂的深入、拓展期;宋元明是训诂的变革、更新期;清朝是训诂的鼎盛期和训诂学的探讨期;近现代是训诂学的创建期,定位于词语的词义上。

(2)近代黄侃撰《训诂学讲词》是我国第一部训诂学教材。

(3)自20世纪70年代末训诂学复苏以来，这门学科的理论价值和应用价值日益显著。举例分析：

如："政"与"法"二字，古今含义相同，是稳定社会制度的理据、标志。

文献资料：

《论语·颜渊》："季康子问政于孔子。孔子对曰：'政者，正也。子帅以正，孰敢不正？'"又见《说文·三下·攴(pū)部》："政，正也。"

《说文·十上·廌(zhì)部》："灋(法)，刑也。平之如水，从水。廌所以触不直者，去之，从去。法今文省。"

政
- 正：统治者本人作风要正派，统治机构整体作风要端正。
- 攴：如不端正，机构内部要整顿；不行者，被统治者会揭竿而起。

灋
- 水：司法部门执法要"平之如水"，即今要求"公平、公正、公开"义。
- 廌：古者决狱，令廌旁听。廌对不直者触之，即今要"依法办事"。
- 去：对行贿受贿的贪官污吏要依法处罚之、罢黜之。

三、为什么要学训诂？

(1)掌握一些训诂基本知识，有助于古代文献的阅读与教学 。

(2)可帮助了解古代社会的制度、习俗等文化常识。

(3)训诂在古籍整理、辞书编纂中尤其重要：校勘、标点、注释、译文皆与训诂紧密相关。

下面就以《庄子·养生主》"庖丁为文惠君解牛"为例进行介绍。"庖丁为文惠君解牛"句中的"解"字应如何理解？如何注释才正确？

一查《说文·四下·角部》："解，判也。从刀判牛角。一曰解廌兽也。"

《说文·四下·刀部》："判，分也。从刀半声。"

《说文·二上·八部》："分，别也。从八从刀。刀以分别物也。"

从"解""判""分"三字的训释，可知"解"当作分解、肢解讲。

二查甲骨文"解"作"[illegible]"，即用双手分卸牛角之形。

三审今人注释：

A.王力《古代汉语》注："解牛，分卸牛的肢体。"

B.郭锡良《古代汉语》注："解：分解牛的肢体。"

C.北京大学中国文学史教研室选注《先秦文学史参考资料》："解：解剖，宰割。"

D.冯其庸等选注《历代文选》："解牛：宰牛。"

评析："庖丁为文惠君解牛"主旨是表现庖丁对牛体结构明了，刀法高超，按祭礼要求有步骤、有顺序地分解牛的肢体，不是一般屠夫杀牛时乱捅、乱砍、乱杀。根据文意、古文字字形判断，王力、郭锡良注释正确，北京大学中国文学史教研室注解混乱不清，冯其庸等注解错。

第二节　训诂的内容

训诂的内容可细分为六个方面：诠释词义、疏通文意、阐述语法、分析篇章结构、阐明修辞特殊方式、说明历史背景及典章制度。

一、诠释词义

诠释词义可分两项内容进行释析。

（一）诠释词义在训诂中的重要地位：疑难字词颇多，训诂要有针对性

1.以本义生训

《左传·僖公三十三年》："（先轸）免胄入狄师，死焉。狄人归其元，面如生。"杜注："元，首也。"

甲骨文"元"作"[illegible]"。金文作"[illegible]"。其中"二""-"皆为人之头，"人"指人之身。用"二""-"标志人身最上面的部位。晋杜预用"首"注"元"，是以本义

生训。

2.以引申义生训

《论语·学而》篇:“君子务本,本立而道生。”魏何晏集解:“本,基也。”

《说文·六上·木部》:“本,木下曰本。从木,一在其下。[illegible],古文。”唐徐锴曰:“一,记其处也。本、末、朱皆同义。”“本”的本义乃草木之根,由个别向一般拓展,可引申为一切事物的根基。何晏以“基”训“本”,乃“本”字引申义。

3.以临时义生训

《诗经·鄘风·柏舟》:“泛彼柏舟,在彼中河。髧彼两髦,实维我仪;之死矢靡它。母也天只,不谅人只!”西汉毛亨传:“天谓父也。”

从词义系统看,“天”无“父”义。毛亨以“父”训“天”,是按诗义具体所指而诠释为临时义。再从诗韵分析,上古“天[thyen]”在透母真韵,“人[njien]”在日母真韵,古音是声母相近而韵母同部。《诗经》作者为押韵,故改“父”为“天”字,使“天”与“人”押“真(en)”韵耳。

4.以正(本)字诠释假借字

《诗经·唐风·山有枢》:“子有廷内,弗洒弗扫。”毛亨传:“洒,灑也。”

按诗句文意,“弗洒弗扫”应译为不泼水不扫地。泼水之本字应用“灑”。但诗句用“洒”[syən],“洒”字本义是洗涤。《说文·十一上·水部》:“洒,涤也。从水西声。古文以为灑埽字。”可见先秦时期古文常以假借字“洒”代借“灑”字,故毛传以本字“灑”字破假借字“洒”。“洒”与“灑”上古双声。

5.用声音探求该词得名之源

东汉刘熙《释名·释水》:“山夹水曰涧。涧,间也。言在两山之间也。”

“涧”与“间”,声音相近。刘熙用“间”训“涧”,指出“涧”是夹在两山之间的水沟,探求出“涧”得名之源。两字古音均为[kean],声母、韵母全同,唯声调相异耳。

6. 注释特定历史时期的典章制度，有特别的专指内容

《诗经·齐风·东方未明》:“东方未明，颠倒衣裳。”西汉毛亨传:“上曰衣，下曰裳。”东汉郑玄笺:“裳，昼日衣也。衣以裳，明当主于外事也。”

“衣裳”，今天作为同义合成词，当“衣服”义讲，不分上衣与下衣区别。而古代，“衣”指上衣，“裳”指下衣。甲骨文“衣”作“[illegible]”。“裳”读cháng，指遮蔽人下体的衣裙，本字本义应为“常”。“常”字下之“巾”是遮蔽下身的标志，特别是“丨”，专用作挡住生殖器的标志。所以郑笺云:“裳，昼日衣也。衣以裳，明当主于外事也。”在父系社会里男尊女卑，男人天天在外从事各种活动，故“常”由“下衣”本义引申拓展为“经常”义了。由于文献中“常”的引申义“经常”使用频率极高，故改“裳”当下衣，而“常”由下衣转为“经常”义讲了。西汉毛亨为使汉人认识先秦时期“衣裳”之区别，故有此注释，分开区别之。

(二)诠释词义的形式:分直训、义界、串讲中释词三种形式

1. 直训

直训是指用已知或常用的词解释同义词(近义词)，直接以词解词。直训可细分为互训、递训和同训三种。

(1)互训:两个同义词(近义词)相互训释。多以今释古，以通语释方言。

《说文解字·八下·舟部》:“舟，船也。”又:“ 船，舟也。”段玉裁于“舟”字下注曰:“古人言舟，汉人言船。”

“舟”训“船”，“船”训“舟”，“舟”“船”两字互训，实以今语“船”释古语“舟”也。

如:《尔雅·释宫》:“宫谓之室，室谓之宫。”北宋邢昺疏云:“古者贵贱所居皆得称宫，……至秦汉以来，乃定为至尊所居之称。”

(2)递训:三个以上的词辗转相训，属多字互训。

《说文解字·十下·心部》:“恚，恨也。”“恨 ，怨也。”“怨，恚也。”

恚、恨、怨三字属近义词，共性特征皆有不快、不满之情。

《说文解字·十二上·手部》:“揃，搣也。”“搣，批也。”“批，捽也。”“捽，持头发也。”

揃(jiǎn)、摵(miè)、批(zǐ)、捽(zuó)四字递训，但皆不易识其义，只能在多字递训中，于某字断开，作本质特征解释，方知晓其内涵之义。四字中在“捽”字训释中解为“持头发也”，才知四字皆有持、拔之义。

(3)同训：用一个词训释几个意义相同或相近的词。

《说文解字·二上·口部》：“喉，咽也。”“哙，咽也。”“吞，咽也。”“嗌，咽也。”

喉、哙、吞、嗌四字皆用“咽”释之，指口腔深处，通食管、气管之咽喉。《尔雅·释诂》：“初、哉、首、基、肇、祖、元 、胎、俶、落、权舆，始也。”晋郭璞注：“此所以释古今之异言，通方俗之殊语。”宋邢昺疏：“皆初始之异名也。”

综上，互训、递训、同训的直训法形式，认识其特点是“重同略异”，即只重视一组词的共同点，而忽略它们的相异点，只重义类耳，未揭示出该词的内涵与外延，不得其词的本质特征。

2. 义界

所谓义界，是指用一串词(词组或句子)给词义作定义式的解释，以指明词义的内涵与外延，使人明了该词与其他语词的异同，“明异辨同”。用义界解释词义，可细分为五种方法。

(1)“共名+义差”式。

《说文解字·二上·口部》：“口，人所以言、食也。”

许慎用“人所以”标明“口”的名词性：人用的……工具；用“言、食”表示“口”的用途，点出它不同于人身上其他部位的用途特征。既用“言”“食”义差明异，又用共名“人所以……”辨同。解释准确清晰。

如《诗经·小雅·沔水序》郑玄笺：“规者，正圆之器也。”《诗经·周南·汉广》朱熹注：“驹，马之小者。”两例训释分别在共名“器”“马”上加义差“正圆”“小者”，使人明了其与同类词的区别。

(2)对几个意义相近的词分别义界，起辨析异同作用。

《尔雅·释亲》：“张仲孝友，善父母为孝，善兄弟为友。”

聚合词群 { 孝——［好好对待］+［父母］
友——［好好对待］+［兄弟］

(指称义素)·(事物类区别性义素)

(3)随文而释的义界，受上下文语境制约，有时训释只是临时义。

《左传·隐公元年》："子封曰：'可矣，厚将得众。'"杜注："厚谓土地广大。"

"厚"字本义是指山陵之高厚，引申为物体上下纵向距离，与"薄"字字义相反。晋杜预依《左传》文句之义，是指横向的土地范围广阔，不是"厚"字本义具有的引申系统，故受上下文语境制约，随文而释，此注乃"厚"字在文句中的临时义。

(4)用义界做定义式的解释中，常有一个或数个词与被训释词有同源关系，可揭示出被训词命名之源。

《说文解字·一上·示部》："祡，烧柴焚燎以祭天神。"

王力《同源字典》145页云："'柴'是木柴，'祡'是祭天的典礼。祭天要烧柴，所以祭天的典礼就叫做'柴'。后来祭天的典礼写作'祡'，以别于木柴的'柴'。"由此可见，祭天神之"祡"来源于烧木柴之"柴"，"祡"与"柴"同源，声韵皆同。

《说文解字·一上·一部》："吏，治人者也。从一从史，史亦声。"段注："治与吏同在第一部，此亦以同部叠韵为训也。"故"吏"与"治"有同源关系。段又注云："吏必以一为体，以史为用，一与史二事，故异其词也。史者，记事者也。"

(5)义界中心词与被训词没有同源关系，正是被训词的同义词。

《说文解字·三下·攴部》："攴，小击也。从又卜声。"

《说文解字·十二上·手部》："擊(击)，攴也。从手毄声。"

"攴"与"擊"互训，同义词也。

3.在串讲中释词

在串讲中释词是传注书中诠释词义的特殊形式，专在句中串讲时释词义。

如《论语·阳货》："阳货欲见孔子，孔子不见，归孔子豚。孔子时其亡也，而往拜之，遇诸涂。"唐孔颖达疏："孔子时其亡而往拜之者，谓伺虎不在家时而往谢之也。"

唐朝孔颖达疏用"伺"训"时"，用"谢"训"拜"，皆于串讲文意中释词也。

二、疏通文意

疏通文意指在诠释词义基础上，进一步解释句意，归纳篇章主旨，从整体上掌握、理解古代文献的含义。

（一）解释句意

分为解释句子实意（文句本身意义）和句子言外之意两种。

1. 解释句子实意

有直译法和意译法两种形式。

（1）直译法。

按句子语序，直译原文，译文与原文要"对号入座"。

如《论语·为政》："举善而教不能，则民劝。"汉包咸注："举用善人而教不能者，则民劝也。"

首先，包咸以"用"训"举"，以"勉"训"劝"，采用直训法训词义，乃重义类；其次，在形容词"善"后增加"人"字，变成名词性词组"善人"，作动词"举"的宾语，使"举善"结构清晰；再次，在"不能"后加指示代词"者"，使"不能"由动词性词组变成名词性词组"不能者"，作动词"教"的宾语，结构明朗；最后，审视全句，"则"前表措施分句，"则"后表目的分句，整个句子成为目的复句。

（2）意译法。

意译法不是字字对应的直译，而是增补了一些原文未加明言的词语，类似今人的"意译"。

如《荀子·非十二子》："信信，信也；疑疑，亦信也。"唐杨倞注："信可信者，疑可疑者，意虽不同，皆归于信也。"

首先，杨倞注打破了句子顺序，不属"对号入座，直译原文"，乃意译也；其次，在翻译中又增添了原文没有的"意虽不同"四字，亦归于意译；再次，在第二个"信"、第二个"疑"后均增加指示代词"者"，均变为名词性者字结构，表示原文的"信信""疑疑"皆是动宾结构。这两个名词性者字结构，既可指人，也可指具体事物；最后，对"信也""亦信也"用"皆归于信也"翻译，乃带有判断性的肯定句。这"皆归于信"的"信"，当作真实可靠之义讲。

2.发明句子言外之意

即或点明句子内在含义，或点明修饰手法言外之意。

(1)点明句子内在含义。

如《诗经·卫风·伯兮》："自伯之东，首如飞蓬。"毛传："妇人，夫不在，无容饰。"郑笺："伯，君子字也。"

此句内在含义是丈夫不在家，妇人无心思装扮容貌。为什么呢？因为"女为悦己者容"；丈夫远征为谁容？故"首如飞蓬"，都因"自伯之东"，真乃"悔教夫婿觅封侯"也！毛亨传中点出妇人闺怨的内在伤怀之情。

(2)点出修辞手法的言外之意。

如晋鲍照《东武吟》："弃席思君幄，疲马恋君轩。"唐李善注："言己穷老而还，同夫弃席、疲马。"

通过李善注方知晓，作者用"弃席""疲马"借代修辞手法点明自己目前已到"穷老"的困境与心态。事类虽异，但共同特征是"已被抛弃"矣。但作者除用"弃席""疲马"借代法点明自己"穷老"的言外之意外，还用"思君幄""恋君轩"表达出被起用的企盼心情。

(二)归纳篇章主旨

即在具体解释词义、句意后，再从宏观上对整段、整章内容进行高度概括。归纳篇章主旨细分有"小序法"和"章旨"两种形式。

1.小序法

即注者依据原诗文意，先串讲大意，再归纳总结诗文主旨。

如《诗经·魏风·十亩之间兮》："十亩之间兮，桑者闲闲兮，行与子还兮！十亩之外兮，桑者泄泄兮，行与子逝兮！"毛传小序云："十亩之间，刺时也。言其国削小，民无所居焉。"孔疏："经二章，皆言十亩。一夫之分不能百亩，是为削小。'无所居'谓土田狭隘，不足耕垦以居生，非谓无居宅也。"

2.章旨

指在章句体的每章结尾，对整章内容进行概括说明。

如《楚辞·九章·惜诵》王逸注:“此章言己以忠信事君,可质于神明,而为谗邪所蔽,进退不可,惟博采众善以自处而已。”

章句体“章旨”形式兴于汉朝,如赵岐《孟子章句》、王逸《楚辞章句》中皆可见此形式。

三、阐述语法

语法是遣词造句规则,阐述语法分为阐述词法和阐述句法两类。

(一)阐述词法

包括划分实词与虚词词类,分析各类词的语法功能。

两汉时代训诂学家把词汇分为“词(辞)”“事”“名”:“词(辞)”专指各种虚词,“事”指动词、形容词,“名”指名词、代词。

1.用各种术语诠释虚词

术语包括“辞(词)”“语辞”“语助”“语助辞”“发声”等。

《诗经·大雅·文王》:“思皇多士,生此王国。”毛传:“思,辞也。皇,天也。”孔颖达疏:“故皇天命多众之士,生之于我周王之国。”

《孟子·公孙丑下》:“恶! 是何言也!”宋朱熹注:“恶,惊叹辞也。”公孙:姓。丑:名。孟子弟子也。公孙丑称孟子已是圣人,引文乃孟子答语。

《左传·隐公元年》:“公曰:‘尔有母遗,繄我独无。’”杜注:“繄 ,语助。”

《楚辞·离骚》:“羌内恕己以量人兮,各兴心而嫉妒。”王逸注:“羌,楚人语词也。”

《孟子·梁惠王上》:“然则王之所大欲可知已。”朱熹注:“已,语助辞。”

《礼记·檀弓上》:“予畴昔之夜,梦坐奠于两楹之间。”郑注:“畴,发声也。”

2.对实词活用进行解释,对形容词进行阐释

《孟子·梁惠王上》:“(齐宣王)欲辟土地,朝秦楚,莅中国而抚四夷也。”朱熹注:“朝,致其来朝也。”

君臣对语，孟子猜出齐宣王雄心壮志，故出此语。朝：动词用如使动。

《左传·成公二年》："（齐）顷公之嬖人卢蒲就魁门焉。"杜注："攻龙门也。"

齐国攻打鲁国北疆。门：名词活用为动词，攻打龙门。

《诗经·小雅·皇皇者华》："皇皇者华，于彼原隰；駪駪征夫，每怀靡及。"毛传："駪駪（shēnshēn），众多之貌。"

君派使臣出外访问贤达，送之以礼乐，用景烘托：煌煌然而光明者是草木之花，于彼原与隰皆煌煌而光明。駪駪：形容词，故用"貌"训释。

（二）句法

包括分析句读（dòu）与句式两个方面。

1.分析句读

文辞意尽处用"句"（。）标志，语意未尽而读时需稍有停顿的地方用"读"（、）标志。

（1）古人经与注合刊的注释书，凡下注之处即断句之处。

《论语集解·为政》："子曰：'《诗》三百孔注：篇之大数。一言以蔽之包曰：蔽犹当也。曰：'思无邪包曰：归于正。'"

三国魏何晏《论语集解》，引诸家注释。孔注，孔安国注《论语》。孔安国，孔子后裔。包曰，包咸注《论语》。孔、包二人皆汉朝学士。

（2）用术语"绝句"标明。

《礼记·中庸》："君子之道四，丘未能一焉。所求乎子，以事父，未能也；所求乎臣，以事君，未能也；所求乎弟，以事兄，未能也；所求乎朋友，先施之，未能也。"朱熹注："子、臣、弟、友，四字绝句。"

（3）在训释的叙述中阐明。

《荀子·强国》："如是，百姓劫则致畏，嬴则敖上，执拘则最，得间则散，敌中则夺。"清王先谦集解："卢文弨曰：'俗本'上'字在下句首，今从宋本移正。《外传》亦同。'"

卢文弨，清乾隆年间进士。最，聚合。敌，适中。清俞樾云："敌，当读为'适'，古字通用。"

2. 分析句式：包括语序、省略、句型等

《诗经·小雅·常棣》：“原隰裒矣，兄弟求矣。”毛传：“求矣，言求兄弟也。”

原文“兄弟求矣”，毛传“言求兄弟也”，属对语序的分析。

《左传·昭公三年》：“山木如市，弗加于山；鱼盐蜃蛤，弗加于海。”孔疏云：“于木既云‘如市’，鱼盐蜃蛤亦如市可知，蒙上文也。”属省略法。

《左传·成公二年》：“丑父寝于轏中，蛇出于其下，以肱击之，伤而匿之，故不能推车而及。”杜预注：“为晋师所及。”

齐晋鞍之战，晋军胜，齐师败。原文“而及”属被动句型，被晋师追上。

四、分析篇章结构

篇章结构是文章的组织形式，表达思想的脉络。只有把握了文章的组织形式和思想脉络，才能真正确切地体会出文章的主旨。

《诗经·魏风·硕鼠》：“硕鼠硕鼠，无食我黍。三岁贯女，莫我肯顾。逝将去女，适彼乐土。乐土乐土，爰得我所。”孔疏：“硕鼠三章，章八句……经三章，皆上二句言重敛，次二句言不修其政。由君重敛，不修其政，故下四句言将弃君而去也。”

孔疏指明了各章各句主旨，又点明层次、逻辑关系。用“由”表明上四句为“因”，“故”说明下四句为“果”。阐明“章八句”是因果关系。

《左传·僖公十六年》：“陨石于宋五。”杜注：“闻其陨，视之石，数之五，各随其闻见先后而记之。”

五、阐明修辞表达方式

（一）用具体术语“兴”“互文”“省文”“变文”“连言（文）”阐释

《诗经·唐风·葛生》：“葛生蒙楚，蔹蔓于野。予美亡此，谁与独处！”孔疏：“此二句互文而同兴。葛言生，则蔹亦生。蔹言蔓，则葛亦蔓。葛言蒙，则蔹亦蒙。蔹言于野，则葛亦当言于野。言葛生于此，延蔓而蒙于楚木；蔹亦生于此，

延蔓而蒙于野中。以兴妇人生于父母，当外成于夫家。既外成于夫家，则当与夫偕老。今我所美之人，身无于此，我谁与居乎？独处家耳。”

毛传“小序”云：“葛生，刺晋献公也。好攻战则国人多丧矣。”何谓“兴”？托事于物，取譬引类，起发己心，诗文诸举草木鸟兽以见意者，皆“兴”辞也。“比”之与“兴”，虽同是附托外物，“比”显而“兴”隐。《葛生》诗，毛亨特言“兴”也，为其理隐故也。故孔颖达用细腻手笔阐明“葛生蒙楚，蔹蔓于野”二句互文而同兴的具体描述，令人一目了然。

（二）通过文意的诠释进行

如《左传·闵公二年》：“冬十二月，狄人伐卫。卫懿公好鹤，鹤有乘轩者。将战，国人受甲者皆曰：‘使鹤！鹤实有禄位。余焉能战？’公与石祁子玦，与宁庄子矢，使守……及狄人战于荧泽，卫师败绩，遂灭卫。”杜注：“玦，示以当决断。”

卫懿公在战争危急时刻，用“玦”表达自己已做“决断”，用同音字“玦”暗示已决断，乃“依声托事”之法。杜注以“决”释“玦”（环形而有缺口的玉佩），揭示出卫懿公的用心耳。

六、说明历史背景、典章制度

《左传·僖公三十二年》：“公辞焉，召孟明、西乞、白乙，使出师于东门之外。”杜注：“孟明，百里孟明视。”孔疏：“《世族谱》以百里孟明视为百里奚之子，则姓百里，名视，字孟明也。古人之言名、字者，皆先字后名而连言之。”

秦晋殽（xiáo）之战前，秦穆公访诸秦国元老蹇叔。蹇叔警示劳师以袭远必败，秦穆公不接受此建议，召见三位大将东进之。这三位大将即文中百里孟明视、西乞术、白乙丙。

孔颖达介绍了古人的称谓习惯：先秦时皆“先字后名”。两汉改为“先名后字”。如曹丕《典论·论文》“今之文人，鲁国孔融文举，广陵陈琳孔璋，山阳王粲仲宣，北海徐干伟长”，皆先名后字也。

由于社会制度、民间习俗已时过境迁，后人必须诠释说明之。

第三节　训诂的方法

训诂的方法有三：形训（以形说义）、声训（因声求义）、义训（据文证义）。

一、形训

利用表意汉字的形体进行训诂，叫以形生训，简称形训。其内容包括原理、对象和依据三个方面。

（一）形训原理

文字产生于人类语言之后，因此一个表意汉字的形体构造跟它初始表示的词义有直接关系。揭示这种关系即形训方法的原理依据。

许慎《说文解字·序》云："黄帝之史仓颉，见鸟兽蹄迒之迹，知分理之可相别异也，初造书契。"又云："仓颉之初作书，盖依类象形，故谓之文。"

可见文字乃依据客观事物而描摹出的形体图形，形义关系紧密。

《说文解字·二上·釆（biàn）部》五个字分析：

"釆，辨别也。象兽指爪分别也。凡釆之属皆从釆。读若辨。[古文字形]，古文'釆'。"

"番（pān），兽足谓之番。从釆，田象其掌。……[古文字形]，古文'番'。"

"宷，悉也，知宷谛也。从宀从釆。審（简化字'审'），篆文宷从番。"

"悉，详尽也。从心从釆。[古文字形]，古文'悉'。"

"释（釋），解也。从釆，釆取其分别物也。从睪声。"按：睪（yì），伺视也。

传统"六书"中象形、指事、会意字是纯粹的表意汉字，形义关系极为密切，是形训最有价值的材料。如以上"釆、番、宷、悉"四字可以为证。而"六书"中形声字，只有形符表示义类，因此形义关系是间接的，如"释"（釋）字。许慎所云"依类象形"即表意汉字，通过它的形体分析它代表的词义，即形训也。

(二)形训诠释对象——单音节词、字本义

1. 形训诠释的是单音节词,即以单个汉字形式表现的词

(1)代表双音节的复合词,两个词素结合后,意义已发生变化,一般不需形训。

如“社”:五土之神,即土神也。“稷”:五谷之长,即谷神也。作为单音节词,表现的皆是字之本义。两个单音节词组合成复合词“社稷”后,情况发生了变化。除本义是古代帝王、诸侯所祭的土神和谷神外,已引申成为国家的代称。见《礼记·檀弓下》:“能执干戈以卫社稷。”

(2)代表双音节的单纯词(联绵词),也不能进行形训。因为两个汉字只是标音符号,所用字形往往不定。

如:“犹豫”,又可写作“犹与”“冘豫”“ 犹预”“夷犹”。这个双音节的单纯词,用字不同,形体有异,只能整体认读,不能拆开解释,更不能以形说义,因为它只是标音符号而已。

《诗经·周南·关雎》:“关关雎鸠,在河之洲。”毛传:“关关,和声也。”

《说文·十二上·門部》:“關(关),以木横持门户也。从门𢇇声。”《说文·十三上·丝部》:“𢇇,织绢,从丝,贯杼也。从丝省,卝声。”

(3)在单音节中,以假借字形式表示的词也不能形训。细分有二:

①“本无其字,依声托事”的假借字,不能形训。

如“我”字。甲骨文作、。当杀人或杀牲畜的锯条。《说文解字·十二下·我部》:“施身自谓也。一曰古‘杀’字。,古文我。”由此可见“我”字本意是杀人或宰牲畜的锯条。利用同音关系假借为第一人称代词的“我”就不能形训。

②“本有其字”而不用,利用一个同音字替代(通假字),亦不能形训。

如《论语·阳货》:“阳货欲见孔子,孔子不见,归孔子豚。”王力主编《古代汉语》注:“归,通‘馈’,赠送。”

原文用“归”,见《说文·二上·止部》:“归,女嫁也。”“归”无“馈”赠送义。此乃本有其字“馈”而不用,利用同音假借字“归”替代之,因此不能形训。

2. 形训诠释的是字(词)的本义，因为只有字(词)的本义才与字形直接切合

(1)如“身”字。

一查甲骨文：像有突出大肚子的人形。

二查文献：《诗经·大雅·大明》“大任有身，生此文王”。毛传：“身，重也。”郑玄笺：“重，谓怀孕也”。

三得结论：由此方知“身”字本义是妇女怀孕也。

如“队”(隊)字：

一查《说文·十四下·阜部》：“队，从高队也。从𠂤㒸聲。”段注：“队，坠，正俗字。古书多作‘队’，今则‘坠’行而‘队’废矣。《释诂》：‘队，落也。’”按：“队”字，本义训从高处坠落，读音为 zhuì。

二查文献：《礼记·檀弓上》“鲁庄公及宋人战于乘丘。县贲父御，卜国为右。马惊，败绩，公队(队)。佐车授绥”。

三得结论：“队”本义是从高处坠落。

(三)形训的依据——笔意、文献资料

1. 形训必须依据笔意

(1)笔意：字形保留造字意图，能表示字本义的汉字形体叫笔意。

(2)笔势：经历史演变，汉字形体已趋向整齐化，符号化，已看不出字形依据的本义了，叫笔势。

如“宿”字：

一查甲骨文：甲骨文作“、”，像人在室中席上休息。字形与字本义“止宿”“住宿”相统一，属笔意。

二查小篆《说文·七下·宀(mián)部》：“宿，止也。从宀，佤声。佤，古文‘夙’”。小篆体已讹变字形了，不能表示字本义，属笔势。

2. 形训应有古代文献用例为依据

如“隻”(只)字：

一查甲骨文：甲骨文作“”，像一只手捕捉一只鸟。

二查小篆:《说文·四上·隹(zhuī)部》"隻,鸟一枚也。从又持隹,持一隹曰隻,二隹曰雙(双)"。清段玉裁注:"依《韵会》订,造字之意。隻与雙皆谓在手者,既乃泛谓耳。"

三得结论:依据笔意分析字形,依据文献诠释意义,才是科学的以形说义。两者结合可避免望形生训。

二、声训

凭借声音的线索进行训诂,叫因声求义,简称为声训。内容包括声训原理、声训对象、声训表现形式、声训依据和声训功用五个方面。

形训与声训比较:

形训——通过符合造字意图的汉字形体结构(笔意)分析字本义,但对"六书"中的形声字只解释其义类(指形符),有一定的局限性。

声训——通过语言的内在形式语音,揭示声音和意义的各种关系,比形训有更广泛的适用性。

(一)声训原理

语音是语言的物质外壳,语义是语言的内容实质。语词一旦创造出来,音义的联系就有一定的必然性了。好比给人看病诊脉,根据脉搏跳动的声音高低强弱,一诊便知体内有病无病,病情轻重及病因在哪里。这个比喻点透形式与内容的密切关系。清王引之《经籍纂诂序》云:"训诂之旨,本于声音。"所谓"训诂之旨",即指词义内容;所谓"本于声音",即指内在形式。一语点透声训原理。用一句话来总结:用音同、音近的词语来给被训释的词做解释,这就叫声训。荀子云"名闻而实喻"也。

(二)声训诠释对象

1.可诠释单音节词的本义

如:"天"。《说文·一上·一部》:"天,颠也。至高无上。从一大。"段注:"此以同部叠韵为训也。……颠者,人之顶也。”

从声音上看,天(thyen)、颠(tyen),古代声母属“端透旁纽”,声母相近。而韵母属“真(en)”韵,叠韵。故段注云:“此以同部叠韵为训也。”

从字义上看,甲骨文“天”作“”,金文作“天”,《说文》:“天,颠也。”“颠,顶也。”“顶,颠也。”天、颠、顶三字递训,属同义词。故段注云:“颠者,人之顶也。”可见“天”字本义是人的头顶。

从文献资料考证:

其一,《周易·睽(guí)》:“其人天且劓。”按:天,黥凿头顶之刑,名词活用为动词。劓(yì):割掉鼻子之刑,动词。

其二,《山海经·海外西经》:“刑天与帝至此争神,帝断其首,葬之常羊之山。”按:刑天,一作“形天”,神话人物。所谓“刑天”,即断其首也。

2.可诠释以本字形式表示的单音节词的引申义

如“干”字。《尔雅·释言》:“干,扞也。”

从声音上看,“干(gan)”“扞(han)”古代声母属“见匣旁纽”,声母相近。而韵母属“元 an”韵,叠韵。由此可知,“干”“扞”古音乃声近而叠韵也。

从字义上看,“干”,甲骨文作“”,本义是盾牌,古代用以挡刀箭、防护身的兵器。《方言》卷九:“盾,自关而东或谓之瞂(fá),或谓之干。关西谓之盾。”引申有防卫、捍卫义。《诗经》《左传》皆可证明。

从文献资料考证,《诗经·周南·兔罝》:“赳赳武夫,公侯干城。”毛传:“干,扞也。”《左传·文公六年》:“亲帅扞之。”杜预注:“扞,卫也。”

3.诠释以假借字表示的单音节词义

如《诗经·周南·汝坟》:“遵彼汝坟,伐其条枚。未见君子,惄如调饥。”毛传:“调,朝也。”郑笺:“惄(nì),思也。未见君子之时,如朝饥之思食。”

从声音上看,“调(dyô)”“朝(tiô)”,古代声母属“端定旁纽”,声母相近。而韵母皆在“宵 ô”韵,叠韵。两字古音乃声近而叠韵也。

从字义上看,“调”与“朝”无任何语义关系,只是声音相近,故毛传以本字

“朝”破假借字“调”也。

4. 诠释双音节的联绵词

如“诡随”。《诗经·大雅·民劳》:“无纵诡随,以谨无良。”毛传:“诡随:诡人之善,随人之恶者。”清王念孙《广雅疏证》卷六云:“诡随,叠韵字……谓谲诈谩欺之人也。”

从声音上看,“诡(giue)”“随(siue)”,古音属“群(g)”“心(s)”声母。但皆在“支 e”韵部,属叠韵联绵词。从词义上看,凡联绵词皆用两个标音符号表示一个词素义,不能拆开解释。故王念孙纠正了毛传拆释失误。

(三)声训表示形式有三种

1. 用专门训诂术语标明声训

训诂术语有“之言”“之为言”,“读如”“读若”,“读为”“读曰”等。

如《荀子·哀公》:“富有天下而无怨财。”唐杨倞注:“怨读为蕴。言虽富有天下而无蕴蓄私财也。”

《汉书·武五子传》:“王卬天叹曰:‘不祥何为数来?’”唐颜师古注:“卬读曰仰。”

《仪礼·士丧礼》:“鬠笄用桑,长四寸缨中。”郑玄注:“桑之为言丧也。”

凡用“读为、读曰”术语解释,皆以本字破假借字。凡用“之言、之为言”术语训释,或破假借字,或释同源词。上举三例,皆以本字破假借字。

2. 用音同音近词直训

如《说文·十二上·门部》:“门,闻也。”段注:“谓外可闻于内,内可闻于外也。”

《说文·一上·示部》:“礼,履也。”《尔雅·释言》:“履,礼也。”

许慎用“闻”训“门”,乃以音近词直训“门”的功用。“礼”“履”两词互训,从声音线索上说明要按礼仪去走路,按应该走的路去走。

3.以义界中心词进行声训

如《说文·十三下·土部》:“土,地之吐生万物者也。”按:以“吐”训“土”。

《说文·六下·贝部》:“贫,财分少也。”按:以“分”训“贫”。

《说文·一上·示部》:“祡:烧柴焚燎以祭天神。”按:以“柴”训“祡”。

以义界中心词进行声训,其中心词与被训词常为同源词。但这类声训最容易被忽视,应细心从语音、语义上加以分辨判定。

(四)声训的依据,分两点说明

(1)训诂声训的依据之一:用古音声训。

(2)训诂声训的依据之二:依靠形声字的声符、韵文韵脚、文献异文考证。

如《说文》“贫,财分少也。从贝、从分,分亦声”,段注:“谓财分而少也。合则见多,分则见少。富,备也,厚也。则贫者,不备、不厚之谓。”

“贫”,既是“六书”之会意,又是形声。声符“分”不光是声符,字义亦在其中也。

(五)声训的功用:推语源、明假借

1.推语源

即探寻词义的发展与文字孳乳关系,归纳出同一源头的语族系统。

(1)明确事物命名的根据。

如“奠”字。《说文·五上·丌部》:“奠,置祭也。从酋,酋,酒也。下其丌也。礼有奠祭者。”按:试问,供奉祭品不再撤下来,为何用“奠(dyen)”之字音呢?

一查文献考证。《周礼·匠人》:“凡行奠水,磬折以参伍。”郑玄注:“郑司农云:‘奠读为停。谓行停水,沟形当如磬;直行三,折行五,以引水者疾焉。’”郑司农用“停”释“奠”,推导出供奉祭品不再撤下的缘由。

二查字音。“奠(dyen)”“停(dyeng)”,两字声母古音皆“定(dyeng)”纽,同声母。在韵母方面,“奠”属“文”部,“停”属“耕”部,二者元音舌位相近。“奠”语源是“停”。

三总结。“奠”语源是“停”,明白祭品不撤的祭祀命名为“奠”的源头了。

(2)通方言:分辨由于语言分化而产生的同义词。

如扬雄《方言》:“崽者,子也。湘、沅之会,凡言是子者谓之崽,若东齐言子矣。”

“崽”或作“仔”,实际乃“子”之方言音变,即郭璞所说“声之转也”。

扬雄《方言》:“逢、逆,迎也。自关而东曰逆,自关而西或曰迎,或曰逢。”

“逆(ngyak)”属古韵“铎(ak)”部,“迎(ngyang)”属古韵“阳(ang)”部,古音阳入对转,以“迎”释“逆”,实为声训。逆、迎同源,地区不同语音稍变。

2.明假借

如《素问》:“愿问其诊及其病能。”“能”,乃态之假借。

从上古音分析:

从声母看,“能”在声母“泥[n]”母,“态”在声母“透[th]”母。均属上古舌头音,声相近。

从韵母看,“能”与“态”皆在上古“之(ə)”韵部,属叠韵。

“能(nə)”与“态(thə)”两字声近、叠韵,故可借用之。实际上,“能”是“态”的假借字。假借字与本字之间有声音上的联系,抓住这个线索,从语音入手,突破文字形体蔽障,去探求本字,是因声求义的又一重要功用。

三、义训

不以字形与声音为线索,不考虑词义来源与形义关系,只就文意进行训诂,故叫“据文证义”。下面从四个方面来阐述。

(一)义训原理

形训、声训都有一定主观性,最后都得用文献资料作依据,检验形训、声训结论正确与否,由此可见义训的重要性及其产生与存在的根本原因,也证明文献是具有共性的检验依据。

(1)以形训“莫”字为例。

“莫(mù)”字,甲骨文作“[illegible]”,小篆作“[illegible]”,皆像太阳在草木丛中的形象。形训“莫”可有五种认识:其一,早晨太阳升起;其二,傍晚太阳降落;其三,草木繁茂，高大蔽日；其四，草木生长条件靠太阳；其五，太阳照耀草木之状。

一查古代文献，只赋予“莫(mù)”“傍晚太阳降落”一义。如《诗经·齐风·东方未明》：“不夙则莫。”又见《诗经·小雅·小明》：“昔我往矣，日月方除。曷云其还？岁聿云莫。”按：“岁聿云莫”，意为“一年将尽”。莫，引申义也。

后来“莫(mù)”假借为无定代词、否定副词“莫(mò)”，当“没有哪一个人”、“没有哪一件东西”和“不要”讲。《左传·宣公二年》：“人谁无过，过而能改，善莫大焉。”《史记·商君列传》：“秦惠王车裂商君以徇，曰：‘莫如商鞅反者。’”

自“莫(mù)”假借为无定代词、否定副词后，本字本义加形旁“日”为“暮”，形成一对古今字“莫/暮”。

(2)以声训“天”字为例。

“天”字，甲骨文作“”，金文作“”，《说文》：“天，颠也。”段注：“叠韵为训。颠者，人之顶也。”按：“天”字本义是人的头顶。“天”“颠”叠韵声训。

文献考查。《周易·睽》：“其人天且劓。”按：文献证实“天”字本义。

以“颠”训“天”，训释对否，声训法全靠文献资料作证明。

(二)义训依据

(1)“据文证义”的“文”，指的是文句之意，即通常所说的语言环境。

如“人”字。《说文·八上·人部》：“人，天地之性最贵者也。象臂胫之形。”段注：“人以从生贵于横生，故象其上臂下胫。”

按：《说文》训“人”，为“人”的概括义。然在一定上下文中，所指的却是确定的具体义。下面举《庄子》一书中的一些例句进行分析。

“尧舜，人之所誉也。”(《庄子·则阳》)按：“人”指天下所有的人。

“元君觉，使人占之。”(《庄子·外物》)按：此“人”，特指巫师。

“伯夷死名于首阳之下，盗跖死利于东陵之上。二人者，所死不同。”(《庄子·骈拇》)按：此“人”指伯夷、盗跖。

“夫夷节之为人也，无德而有知。”(《庄子·则阳》)按：“人”指人的性格、品质、作风也。

(2)“据文证义”的“文”，还指连词成文的文例，即构词组句的规则、习惯。

如《诗经·大雅·旱麓》："瞻彼旱麓，榛楛济济。"毛传："旱，山名也。"孔疏："以旱文连麓，麓为山足，故知旱为山名。"

按：《说文·七上·日部》："旱，不雨也。从日干声。"以"不雨"训"旱"，即"干旱"义。"旱"字本义。而毛传训以"山名"，乃依原诗"旱麓"两字连文而释义，属随文而释。

(3)"据文证义"的"文"，还包括文献作品的全篇思想内容判断。

如"养生"一词。

《韩非子·定法》："谓之衣食孰急于人，则是不可一无也，皆养生之具也。"

《庄子·养生主》："吾闻庖丁之言，得养生焉。"

按：同是"养生"一词，《韩非子》文指维持生命，《庄子》文指维养精神性情。

(4)"据文证义"的"文"，还指古代文献产生的社会生活和历史背景。

如"在"字，春秋时期当"问候"讲，属特定历史外交辞令的惯用语。

《尔雅》："在，存也，存问之也。"按："在""存""存问"皆有问候之义。

《左传·襄公二十六年》："吾子独不在寡人。"杜预注："在，存问。"

《史记·高祖本记》："(汉王)病愈，西入关，至栎阳，存问父老。"

(5)"据文证义"的"文"，还可让人在阅读文献中对词义理解更深一层。

如"门"与"户"。

《左传·昭公二十七年》："王使甲坐于道，及其门。门、阶、户、席，皆王亲也。"孔疏："言从门至阶，从阶至户，从户至席，皆是王之亲兵也。"按：首先，孔颖达疏阐明了原文"门、阶、户、席"由外及内的词序排列；其次，"门"与"户"，从字形上当双扇门"門"、单扇门"戶"，不同形制外，还有远近地位区别，"門"在最外面，"戶"则紧挨着内室。从功用上看，《说文》："门，闻也。""户，护也。"许慎用声训表明其功用。通过文献资料，将"门"与"户"远近地位的区别分析得就更清晰了。

《史记·管晏列传》："晏子为齐相，出。其御之妻从门间而窥其夫。"按：此"门"指的是宫屋最外一道大门。

(三)三种训诂方法的综合运用

如《说文·一下·屮(chè)部》："屯，难也。象屮(草)木之初生。屯然而难。

从中贯一。一,地也。尾曲。《易》曰:‘屯,刚柔始交而难生。’”

按:以“难”训“屯”,声训也。屯(duən):定(d)母,文(ən)韵;难(nɑn):泥母(n)、元(ɑn)韵。用声、韵相近似的字训解,乃“因声求义”也。以“象屮(草)木之初生……尾曲”形训也,乃“以形说义”也。引“《易》曰……”,义训也。乃“据文证义”也。

(四)“据文证义”应注意几个问题

(1)依据来源。

内证法:从本文、本书和同一作者的其他作品寻找证据;

外证法:以同一时代的其他作品作为参考;

旁证法:不排除用较早、较晚的文献以及方言俗语来做考证。

(2)“据文证义”得出的结论,不能脱离被训释词的意义系统。

(3)古书注释大多属随文而释,是词在句中具体、灵活义,勿将此训误为该词的全部科学定义。

第四节　训诂术语

在采用直训、义界诠释词语的基础上,进行精密的分析,而训诂术语的使用,显示出训诂已自成体系。

本节将分述并简析十个训诂术语。

一、辞(词)

“辞(词)”是专门诠释虚词的训诂术语。

(1)运用形式:被训词=术语或被训词=训释词+术语。

(2)功用:专门解释虚词。

如《诗经·郑风·山有扶苏》:“不见子都,乃见狂且!”毛传:“且,辞也。”按:“且”用于句末,表感叹语气,译为“呀”“啊”。“且”读作(jū)。

《诗经·齐风·猗嗟》:“猗嗟昌兮,颀而长兮。”毛传:“猗嗟,叹辞。”

二、貌

“貌”是专门解释形容词、副词的训诂术语。

(1)运用形式:被训词=训释词+术语。

(2)译语:……的样子。

(3)功用:专门解释形容词(单音词、叠音词、联绵词)、副词的术语。

如《诗经·齐风·载驱》:“汶水汤汤,行人彭彭。”毛传:“汤汤,大貌。彭彭,多貌。”汤,古读shāng。彭,古读(bāng)。

《楚辞·涉江》:“带长铗之陆离兮,冠切云之崔嵬。”汉王逸注:“崔嵬,高貌也。”崔嵬,属叠韵联绵词。

三、犹

“犹”的作用主要是解词。

(1)运用形式:被训词=术语+训释词。

(2)译语:相当于,等于说。

(3)功用:点明词的临时义、引申义。用今语释古语,或以本字破假借字。

如《诗经·魏风·葛屦》:“纠纠葛屦,可以履霜。掺掺女手,可以缝裳。”毛传:“纠纠犹缭缭也。”“掺掺犹纤纤也。”段注《说文·十二上·手部》“攕”下云:“传以今喻古,故曰‘犹’。其字本作‘攕’,俗改为‘掺’。非是。”

按:毛亨用训诂术语“犹”,段玉裁认为是以汉代语释《诗经》时代语词。

四、读如、读若

“读如”“读若”的功用是标音。

(1)运用形式:被训词=术语+训释词。

(2)译语:按训释词读音来念,即“读作……”。

(3)功用:标明被训词的读音(有时不光是标出读音,还兼释义)。

如《说文·一下·艸部》:“莠,禾粟下生莠。从艸秀声,读若酉。”

按:“莠”“酉”皆读yoǔ。莠:狗尾草,一年生草本植物,样子有些像谷子,高一至二尺,茎顶有绿芒,集合为穗,似狗尾。此例纯粹是标音不释义。

《周礼·舆人》:“参分车广,去一以为隧。”郑玄注:“隧(suì),玄谓读如邃宇之邃。”贾公彦疏:“隧谓车舆之纵。凡人所乘车,皆取横阔,以或参乘,或四乘,故横则六尺六寸。此隧舆之纵,三分六尺六寸,取二分,以四尺四寸为之。”

按:郑注以“邃宇之邃”释“隧”读音,乃标音兼释义也。

五、读为、读曰

“读为”“读曰”的功用是明假借,即以本字破假借字。

(1)运用形式:被训词=术语+训释词。

(2)译语:当成某字来读,古人称为“破读”,即以本字读音破假借字读音。

(3)功用:明假借,以本字读音破假借字读音。

如《汉书·司马迁传》:“至于采经摭传,分散数家之事,甚多疏略,或有抵梧。”三国魏如淳注:“梧,读曰迕。相触迕也。”

按:原文用“抵梧”。而“梧(wú)”乃落叶之乔木。“抵梧”之“梧”应写为“迕”,当抵触、违背义。故如淳以本字“迕”破假借字“梧”。

六、之言、为之言

“之言”“为之言”的功用是解词。无论意义相通与否,声音必相同、相近。

(1)运用形式:被训词=术语+训释词。

(2)译语:说的是,指的是。

(3)功用:明假借,求本字;用同源词相训,沟通两词音义关系。

如《诗经·召南·甘棠》:“蔽芾甘棠,勿翦勿拜。”郑笺:“拜之言拔也。”

按："拜"无"拔""掰""擘"用手把东西分开、折断义。郑玄以本字破假借字。

《礼记·王制》："古者公田藉而不税。"郑玄注："藉之言借也。"

按："藉(jiè)"本意是垫、草垫。古人祭天凭借草垫为祭祀，引申为借助义。古代公田制时，划出公田，借助民力，耕种收获，不再交税。它得名于"借"助民力之义。故术语用"之言"，指明"藉"与"借"实为同源词。

七、曰、为、谓之

其功用为解词义。

(1)运用形式：训释词+术语=被训释词。

(2)译语：叫作、称作。

(3)功用：强调被训词的特征，兼具辨析同义词、同类词的作用。

如《尔雅·释天》："谷不熟为饥，蔬不熟为馑，果不熟为荒，仍饥为荐。"

《尔雅·释宫》："西南隅谓之奥，西北隅谓之屋漏，东北隅谓之宧，东南隅谓之窔。"

《楚辞·离骚》："惟草木之零落兮，恐美人之迟暮。"汉王逸注："零、落，皆堕也。草曰零，木曰落。"

《诗经·鲁颂·駉(jiōng)》："駉駉牡马，在坰之野。"朱熹注云："邑外谓之郊，郊外谓之牧，牧外谓之野，野外谓之林，林外谓之坰。"

以上所举四例，既有直训"草曰零，木曰落"，又有义界"谷不熟为饥""邑外谓之郊"等，再于中间加上训诂术语，精密极矣。

八、谓、言

"谓"和"言"诠释的对象既包括词，又包括句。

(1)运用形式：被训词=术语+训释词。

(2)译语：说的是，指的是。

(3)功用:解词时确指语境中具体义、临时义,解句时包括句意的概括和发明言外之意。

如《楚辞·涉江》:“阴阳易位,时不当兮。”朱熹注:“阴谓小人,阳谓君子。”

按:朱熹注“阴”“阳”二词,乃从语境中确指其具体义、临时义。

《左传·隐公元年》:“(郑庄公)公曰:‘无庸,将自及。’”杜注:“言无用除之,祸将自及。”

按:杜预注用“言”这一术语,乃概括文句含义。

《左传·昭公三年》:“国之诸市,屦贱踊贵。”杜注:“踊,刖足者履。言刖多。”

按:杜预注用“言”这一术语,乃点明“屦贱踊贵”的言外之意。

九、当作、当为

术语“当作”“当为”用于校勘、纠正文献中传抄刻写的错字、误字。

(1)运用形式:被训词=术语+训释词。

(2)译语:应当是……

(3)功用:校勘、纠正文献中刻写的错误字,指出正确的原字。

如《周礼·夏官·训方氏》:“诵四方之傳(传)道。”郑玄注:“故书‘傳’(传)为‘傅’。杜子春云:‘傅当作傳。’”按:“傳(传)错写为“傅”,乃字形相近之故。郑玄进行了纠正。

《礼祀·檀弓下》:“叔仲皮学子柳。叔仲皮死,其(子柳)妻鲁人也。衣衰而缪绖。”郑玄注:“衣当为齐,坏字也。”按:衣衰(zī cuī),古丧服名,为“五服”之一,次于“斩衰”。服用粗麻布做成,缉边,故曰“衣衰”。本字应为“齊衰”。因传抄、刻写之误,把“齊(zī)”误刻成“衣”,故郑玄纠正之。缪绖(jiū dié):绞麻为绖,即缭绕麻丝做的丧帽丧带。

十、统言(浑言)、析言,对文、散文

这两对术语专用为辨析同义词。

(一)概述

(1)统言、析言:是从语言(概括义)角度,区别词义的不同。

(2)对文、散文:是从言语(具体文中)角度,对同义词的运用进行区别。

"统言""析言"用于"训诂专著",即字典、词典。"对文""散文"用于"随文而释"注释书。前者是由后者发展而来,是古人对词义认识加深的产物。

(二)分述

(1)统言、析言:训释角度不同。

统言:就一组同义词共同点而言(笼统地说)。
析言:就一组同义词各自特点而言(分析着说)。

如:《说文·四下·肉部》:"腨(shuàn),腓(féi)肠也。"段注:"腨者,胫之一耑。举腨不该胫也,然析言之如是。统言之则以腨该全胫。"

按:"腨"与"胫",乃局部与整体关系。"腨"与"腓"皆腿肚子上的筋肉。

《说文·七下·宀部》:"宫,室也。"段注:"按:宫,言其外之围绕。室,言其内。析言则殊,统言不别也。"《尔雅·释宫》:"宫谓之室,室谓之宫。"

按:先秦时"宫""室"同义,只于外内不同。秦朝始,"宫"专指皇帝宫殿矣。

(2)对文、散文:多用于随文而释的注释书。

对文:同一文句中对举的同义词特点各异。
散文:单独使用,未对比同义词,只显示类义。

如《诗经·魏风·园有桃》:"园有桃,其实之殽。心之忧矣,我歌且谣。"毛传:"曲合乐曰歌,徒歌曰谣。"孔疏:"歌谣对文如此,散则歌为总名。"

按:此诗刺魏君不顾惜民,又不施德教,大夫忧之。

《诗经·魏风·伐檀》:"不稼不穑,胡取禾三百廛兮?"毛传:"种之曰稼,敛之曰穑。"孔疏:"以稼穑相对,皆先稼后穑,故知种之曰稼,敛之曰穑。若散则相通。"

按:"廛",古代一夫所居曰廛,具体指一夫之所居及耕种之地也;"三百廛",指三百农夫所耕之田谷,实指收税义。

第五节　两种不同的训诂形式

一、概述

训诂学的产生与发展历经了五个时期。

(1)先秦两汉:训诂的产生期,训诂工作始于汉朝,此时产生了两种不同的训诂形式。

(2)魏晋隋唐:训诂的深入、扩展期,再度注释出现,由注经扩展到注史、子、集。

(3)宋元明:训诂的更新、变革期,宋代理学兴起,钟鼎彝器铭文出土,古文字学开始出现。

(4)清朝:训诂实践的兴盛期,开始训诂理论上的探讨。

(5)近现代:训诂学理论的创建期。

二、训诂的产生期:两种不同训诂形式产生

(一)对经传的“随文释义”训诂形式出现

(1)西汉毛亨《毛诗诂训传》,是我国古文经学的第一部注释书。

(2)东汉郑玄是两汉经学的集大成者,著作有《毛诗笺》与《周礼注》、《礼记注》、《仪礼注》(后三者合称“三礼注”)。

(二)纂集和系统研究训诂材料的专书:汉代有四部开创性的纂集专著

1.《尔雅》

《尔雅》是我国最早的一部按事类编排的同训词典。

(1)编排:按事类编排,分为十九篇。前三篇《释诂》《释训》《释言》是解释一般性词语;后十六篇《释亲》《释宫》《释器》《释乐》《释天》《释地》《释丘》《释

山》《释水》《释草》《释木》《释虫》《释鱼》《释鸟》《释兽》《释畜》用术语、义界等形式解释各种名物。

(2)贡献:汇集、保存了先秦典籍中常用词语及训释,突破了“随文释义”只通于此而不必通于彼的局限,开创了词典式著作的先例。

(3)举例:

《尔雅·释诂》:“初、哉、首、基、肇、祖、元、胎、俶、落、权舆,始也。”

《尔雅·释宫》:“宫谓之室,室谓之宫。”

2.《方言》

西汉扬雄著《方言》,是我国第一部方言学著作。全名叫《輶轩使者绝代语释别国方言》。

(1)编排:按事类编排,共十三卷。用方言释古语,用通语释方言。反映了汉代全国各地错综复杂的方言情况。

(2)说解方式:有两种方式,举例以示之。

①先举一词作为训释对象,再列举各地不同方言的对应词。

如《方言》卷九:“箭,自关而东谓之矢,江淮之间谓之镞,关西曰箭。”

②先举一组同义词,做一个共同的解释,然后分别辨析,指出各地同语之异。

如《方言》卷一:“党、晓、哲,知也。楚谓之党,或曰晓,齐宋之间谓之哲。”

3.《释名》

东汉刘熙《释名》,是我国第一部用声训方法推求名源的语源学专著。

(1)特点:不满足于一般训释书的简单解释词义,而是揭示出词义、音义的来源。全书分八卷,二十七篇,亦是按事类编排。

(2)举例以示之。

《释名·释山》:“山足曰麓。麓,陆也。言水流顺陆燥也。”

《释名·释水》:“山夹水曰涧。涧,间也。言在两山之间也。”

《释名·释水》:“川,穿也。穿地而流也。”

《释名·释宫室》:“室,实也。人物实满其中也。”“宫,穹也。屋见于垣上,穹隆然也。”“房，旁也。室之两旁也。”

4.《说文解字》

东汉许慎《说文解字》，是我国第一部解释字义、分析字形、辨识声读的按部首编排的字书。

（1）特点：从字形出发分析字本义，以“六书”理论为指导，以周秦书面语言为对象，对汉代所能见到的古文字从形、音、义三方面进行综合研究。

（2）编排法：全书共十五卷，五百四十个部首，部首间“以形系联”，部首内则“以义系联”。

（3）举例：综合形、音、义三方面解字。

如《说文·一下·屮部》：“屯，难也。象屮(草)木之初生，屯然而难。从屮贯一。一，地也。尾曲。《易》曰：‘屯，刚柔始交而难生。’”

按：“屯，难也”是声训。“象屮(草)木……尾曲”是形训。“《易》曰……”是义训。

三、训诂学科理论的创建期（近现代）

从两汉产生训诂，有随文释义和训诂专著两种形式以来，时经两千年的历史发展，直到近现代才创建了具有科学理论的训诂学。

近代训诂学代表人物主要有章太炎、黄侃等。

（1）章太炎使传统小学摆脱了附庸于经学的地位，开创了一门独立的语言文字学。其相关著作有《国故论衡》（上）、《新方言》、《小学答问》（因声求义，推寻本字）、《文始》（比次声音，以明语源）。

（2）黄侃在章太炎开创语言文字学的基础上，建立了系统的训诂学理论，使训诂学真正成为一门学科。其成就是构拟了我国第一部训诂学讲义《训诂学讲词》。

现代训诂学的代表人物有胡朴安、齐佩瑢、杨树达、陆宗达等人。其训诂学的主要著作有：胡朴安《中国训诂学史》、齐佩瑢《训诂学概论》、杨树达《训诂学讲义》、陆宗达《训诂简论》《说文解字通论》等。

诗 律

第一节 诗律概论

一、何谓诗律?

诗律是我国传统诗歌发展到最辉煌阶段出现的一种诗体的格式与规律(格律)。格律诗是我国诗歌史上具备完美格律的一种诗体,这种格律完美的诗体,后人学习它要受一定的束缚、制约。学习格律诗,我们不但要了解其思想性、艺术性,还要认识和了解它的形式,才能做到对其全面掌握,才能认识其精华与特色。

二、从格律完美性审视我国两千多年来的诗歌史,应从唐朝来划界

唐朝以前的诗(汉魏晋到南北朝),一律称之为"古诗"。唐朝以来的诗,有两种诗体:一是模仿"古诗"的诗体而作的诗,叫"古体诗",或曰"古风"(继承传统诗体);二是格律完美的诗,称为"近体诗""今体诗""格律诗"(全面创新的诗体)。

注意:"近体诗""今体诗""格律诗"的格律可以概括为"字句有定,用韵严格,平仄协调,讲求对仗"十六字。这"十六字方针"阐明了格律诗的特点与规律。

三、诗歌格律的形成

(一)字句有定

1.先秦时期的诗

先秦时期的诗,《诗经》以四言为主(如《关雎》"关关雎鸠,在河之洲"),《楚辞》以六言为主(如《九歌》"帝子降兮北渚,目眇眇兮愁予"),皆不符合唐朝格律诗五言一句、七言一句的字句要求。

2.五言诗

五言诗以东汉末《古诗十九首》为代表,南北朝刘勰在《文心雕龙》书中称其为"五言之冠冕"(如《行行重行行》:"行行重行行,与君生别离。相去万余里,各在天一涯。道路且阻长,会面安可知?"),奠定了格律诗五言一句的格局。

3.七言诗

七言诗兴盛于汉末至南北朝时期。其中又分两小类:

(1)句句押韵的七言诗,以魏曹丕《燕歌行》为冠:"秋风萧瑟天气凉,草木摇落露为霜。群燕辞归雁南翔,念君客游思断肠。"这种句句押韵的格式不符合格律诗隔句押韵的要求。

(2)隔句押韵的七言诗以南北朝时鲍照《拟行路难十九首》之一、之三为代表,以《拟行路难十九首》第一首为例。

奉君金卮之美酒,玳瑁玉匣之雕琴。
七采芙蓉之羽帐,九华蒲萄之锦衾。
红颜零落岁将暮,寒光宛转时欲沉。
愿君裁悲且减思,听我抵节行路吟。
不见柏梁铜雀上,宁闻古时清吹音。

按:诗中"琴""衾""沉""吟""音"皆押韵字,押平声侵韵。

格律诗形成后,其"字句有定"的形式有二,种类有三。形式有绝句(五绝、七绝)、律诗(五律、七律);种类有绝句、律诗和长律(排律,其中五言长律常见,七言长律罕见)。

(二)用韵严格

每首格律诗在押韵上必须要一韵到底,中间不能换韵,亦不能出韵;押韵的韵脚在偶行(二、四、六、八行)末(首句入韵者除外);一般只押平声韵。

按:南北朝宋鲍照《拟行路难》之一、之三隔句押韵七言诗奠定了用韵格局。

(三)平仄协调

何谓平仄?“平”指发声高而平的声调;“仄”指发音或降升,或全降,或急促收尾入声调。

“平仄”语词源于南北朝齐梁时沈约对汉语“四声”(平、上、去、入)的发现,而后将“四声”具体运用到格律诗的诗句中,形成了独具特色的音乐美。

“平仄”是格律诗的本质特征。平声、仄声交错运用,形成节奏上高低起伏、抑扬顿挫之美感。用四个字概括即“平仄协调”。可用五句话来总句诗句平仄的格式:“一句之内平仄相同,一联之中平仄相对,联与联间平仄相粘,奇行末必仄(首句入韵者除外),偶行末必平。”

(四)讲求对仗

何谓对仗?一联之中出句与对句在相对应的位置上,用字要词性相同、词义对偶、平仄相反。如清朝李渔《笠翁对韵》中云:“天对地,雨对风,大陆对长空,山花对海树,赤日对苍穹。”

唐朝以前,早已有对仗。如《诗经·小雅·采薇》:“昔我往矣,杨柳依依;今我来思,雨雪霏霏。”但那不过是修辞上的一种表现手法,并未形成整体的对仗文体,南北朝时骈体文初创,全篇文章从开始两句,直到末尾两句,一直是两两相对,形成非常整齐的对仗格式,犹如古代建筑美的态式,从而奠定了格律诗对仗的格局。

第二节　近体诗的平仄

一、概论

(1)从字句形式上分类,近体诗的形式有二:绝句和律诗。种类有三:以八句律诗为轴心,八句一半者称为绝句,八句以上者称为长律(排律)。本文讲近体诗的平仄以律诗为主,兼及其他。

(2)从声律特色上品味,近体诗五言、七言诗句中平仄交错使用,读之声调抑扬顿挫,高低起伏,富有音乐美,给人以美的享受。

(3)了解近体诗,要从基本原则上牢记四个字:平仄协调。记住五句话:一句之内平仄相间,一联之中平仄相对,联与联间平仄相粘,奇行末(一、三、五、七行)必仄(首句入韵者除外),偶行末(二、四、六、八行)必平。

二、分述

下面从句式和格式两方面对五言律诗、七言律诗、七言长律、绝句进行分述。

(一)五言律诗的平仄

1.五言津诗的句式

五言律诗的句子由三个音节组成:两个双音节,一个单音节。

可分为四种基本句式:

甲种句式(简称为“甲”),仄起仄收:仄仄—平平—仄

乙种句式(简称为“乙”),平起平收:平平—仄仄—平

丙种句式(简称为“丙”),平起仄收:平平—平仄—仄

丁种句式(简称为“丁”),仄起平收:仄仄—仄平—平

上面甲、乙、丙、丁四种基本句式，每一种句式皆由三个音节组成，前两个音节为双音节，后面一个音节为单音节。做这样的限定、划分，主要是从最后一个音节的一致性上考虑。即奇行（一、三、五、七行）末（首句入韵者除外）一律用仄声收尾，偶行（二、四、六、八行）末一字必用平声作韵脚。

2.五言律诗的四种格式

五言律诗的格式是由上面四种基本句式交错往复而构成，可分为四种。

甲：仄起仄收式（首句不入韵）。

一句之内平仄 ——→（出句）仄仄 平平仄　对　平平 仄仄平（对句）（首联）

联与联间平仄相粘 ——→（平平 仄仄平）粘

但奇行末必仄，故例一、三行互换 ——→（出句）平平 平仄仄　对　仄仄 仄平平（对句）（颔联）

（仄仄仄平平）粘

（出句）仄仄平 平仄　对　平平 仄仄平（对句）（颈联）

（平平仄仄平）粘

（出句）平平 平仄仄　对　仄仄 仄平平（对句）（尾联）

凡仄起仄收，奇行末皆仄，偶行末必平。

按：五言律诗“仄起仄收式”，共八句四十字。分四联：首联、颔联、颈联、尾联。每一联的第一句称为“出句”，每一联的第二句称为“对句”。基本原则中的“五句话”全部贯串其中，按位置皆标志于上。其中多出一条“例一、三互换”者，为符合“奇行末必仄”而加。所谓“粘，对”者，皆属平仄声律之要求，按“五句话”内容之原则而标志出的符号术语。

春望（五律）

杜甫　　　　（诗律格式）

㊁破山河在，城春草木深。　　甲——乙

感时花溅泪，恨(别)鸟惊心。　　丙——丁

烽火连三月，家书抵万金。　　甲——乙

(白)头搔更短，浑欲(不)胜簪。　　丙——丁

（《诗韵新编》平声，十五痕）

旅夜书怀（五律）

杜甫　　　　　　　　　　（诗律格式）

细草微风岸，危樯㊣独夜舟。　　甲——乙

星垂平野阔，月涌大江流。　　丙——丁

名岂文章著，官应老病休。　　甲——乙

飘飘何所似，天地㊀沙鸥　　丙——丁

（《诗韵新编》平声，十二侯）

乙：平起平收式（首句入韵）。

（出句）平平仄仄平　　仄仄仄平平（对句）　　（首联）

（仄仄仄平平）

（出句）仄仄平平仄　　平平仄仄平（对句）　　（颔联）

（平平仄仄平）

（出句）平平平仄仄　　仄仄仄平平（对句）　　（颈联）

（仄仄仄平平）

（出句）仄仄平平仄　　平平仄仄平（对句）　　（尾联）

凡平收，除首句外，奇行末必仄，偶行末必平。

风雨（五律）

李商隐　　　　　　　　　　（诗律格式）

凄凉宝剑篇，羁泊欲穷年。　　乙——丁

黄叶仍风雨，青楼自管弦。　　甲——乙

新知遭薄俗，旧好隔良缘。　　丙——丁

心断新丰酒，销愁斗几千。　　甲——乙

（《诗韵新编》平声，十四寒）

晚晴（五律）

李商隐　　　　　　　　　　（诗律格式）

深居俯夹城，春去夏犹清。　　　　乙——丁

天意怜幽草，人间重晚晴。　　　　甲——乙

并添高阁迥，微注小窗明。　　　　丙——丁

越鸟巢干后，归飞体更轻。　　　　甲——乙

（《诗韵新编》平声，十七庚）

丙：平起仄收式（首句不入韵）。

（出句）平平平仄仄　　　　仄仄仄平平（对句）　　（首联）

（仄仄仄平平）

（出句）仄仄平平仄　　　　平平仄仄平（对句）　　（颔联）

（平平仄仄平）

（出句）平平平仄仄　　　　仄仄仄平平（对句）　　（颈联）

（仄仄仄平平）

（出句）仄仄平平仄　　　　平平仄仄平（对句）　　（尾联）

凡仄收，奇行末皆仄，偶行末必平。

山居秋暝（五律）

王维　　　　　　　　　　（诗律格式）

空山新雨后，天气晚来秋。　　　　丙——丁

明月松间照，清泉石上流。　　　　甲——乙

竹喧归浣女，莲动下渔舟。　　　　丙——丁

随意春芳歇，王孙自可留。　　　　甲——乙

（《诗韵新编》平声，十二侯）

酬张少府（五律）

王维　　　　　　　　　　（诗律格式）

晚年惟好静，万事不关心。　　丙——丁

自顾无长策，空知返旧林。　　甲——乙

松风吹解带，山月照弹琴。　　丙——丁

君问穷通理，渔歌入浦深。　　甲——乙

（《诗韵新编》平声，十五痕）

丁：仄起平收式（首句入韵）。

（出句）仄仄仄平平　　平平仄仄平（对句）　（首联）
　　（平平仄仄平）
（出句）平平平仄仄　　仄仄仄平平（对句）　（颔联）
　　（仄仄仄平平）
（出句）仄仄平平仄　　平平仄仄平（对句）　（颈联）
　　（平平仄仄平）
（出句）平平平仄仄　　仄仄仄平平（对句）　（尾联）

凡平收，除首句外，奇行末必仄，偶行末必平。

终南山（五律）

王维　　　　　　　　　　（诗律格式）

太乙近天都，连山接海隅。　　丁——乙

白云回望合，青霭入看无。　　丙——丁

分野中峰变，阴晴众壑殊。　　甲——乙

欲投人处宿，隔水问樵夫。　　丙——丁

（《诗韵新编》平声，十姑、十一鱼通押）

送梓州李使君(五律)

王维　　　　　　　　　　　　(诗律格式)

万壑树参天,千山响杜鹃。　　　　丁——乙

山中㊀夜雨,树杪百重泉。　　　　丙——丁

汉女输橦布,巴人讼芋田。　　　　甲——乙

文翁翻教授,㊀敢倚先贤。　　　　丙——丁

(《诗韵新编》平声,十四寒)

(二)七言律诗的平仄

1.七言律诗的四种基本句式

七言律诗的句式是在五言律诗甲、乙、丙、丁四种基本句式的每一种句式前面,再加上一个平仄相反的双音节结构,形成三个双音节,一个单音节,由四个音节组成。

甲种句式(简称为“甲”),平起仄收:平平—仄仄—平平—仄

乙种句式(简称为“乙”),仄起平收:仄仄—平平—仄仄—平

丙种句式(简称为“丙”),仄起仄收:仄仄—平平—平仄—仄

丁种句式(简称为“丁”),平起平收:平平—仄仄—仄平—平

奇行(一、三、五、七行)末(首句入韵者除外)一律用仄声收尾,偶行(二、四、六、八行)末一字必用平声作韵脚。

2.七言律诗的四种格式

七言律诗的格式由上面四种基本句式交错往复而构成。

甲:平起仄收式(首句不入韵)。

(出句)平平仄仄平平仄　　　仄仄平平仄仄平(对句)(首联)

(仄仄平平仄仄平)

(出句)仄仄平平平仄仄　　　平平仄仄仄平平(对句)(颔联)

(平平仄仄仄平平)

(出句)平平仄仄平平仄　　仄仄平平仄仄平　(对句)(颈联)

(仄仄平平仄仄平)

(出句)仄仄平平平仄仄　　平平仄仄仄平平　(对句)(尾联)

凡仄收,奇行末皆仄,偶行末必平。

酬乐天扬州初逢席上见赠(七律)

刘禹锡　　(诗律格式)

巴山楚水凄凉地,二十三年弃置身。　甲——乙
怀旧空吟闻笛赋,到乡翻似烂柯人。　丙——丁
沉舟侧畔千帆过,病树前头万木春。　甲——丁
今日听君歌一曲,暂凭杯酒长精神。　丙——丁

(《诗韵新编》平声,十五痕)

乙:仄起平收式(首句入韵)。

(出句)仄仄平平仄仄平　　平平仄仄仄平平(对句)　(首联)

(平平仄仄仄平平)

(出句)平平仄仄平平仄　　仄仄平平仄仄平(对句)　(颔联)

(仄仄平平仄仄平)

(出句)仄仄平平平仄仄　　平平仄仄仄平平(对句)　(颈联)

(平平仄仄仄平平)

(出句)平平仄仄平平仄　　仄仄平平仄仄平(对句)　(尾联)

凡平收,除首句外,奇行末必仄,偶行末必平。

登高(七律)

杜甫　　(诗律格式)

风急天高猿啸哀,渚清沙白鸟飞回。　乙——丁
无边落木萧萧下,不尽长江滚滚来。　甲——乙
万里悲秋常作客,百年多病独登台。　丙——丁
艰难苦恨繁霜鬓,潦倒新停浊酒杯。　甲——乙

(《诗韵新编》平声,八微)

到韶山(七律)

毛泽东

(1959年6月)

一九五九年六月二十五日到韶山,离别这个地方已有三十二周年了。

(诗律格式)

别梦依稀咒逝川,故园三十二年前。　乙——丁

红旗卷起农奴戟,黑手高悬霸主鞭。　甲——乙

为有牺牲多壮志,敢教日月换新天。　丙——丁

喜看稻菽千重浪,遍地英雄下夕烟。　甲——乙

(《诗韵新编》平声,十四寒)

按:1927年毛主席回湖南考察和领导农民运动,掀起了农村大暴动,写出了《湖南农民运动考察报告》。

丙:仄起仄收式(首句不入韵)。

(出句)仄仄平平平仄仄　平平仄仄仄平平(对句)(首联)

(平平仄仄仄平平)

(出句)平平仄仄平平仄　仄仄平平仄仄平(对句)(颔联)

(仄仄平平仄仄平)

(出句)仄仄平平平仄仄　平平仄仄仄平平(对句)(颈联)

(平平仄仄仄平平)

(出句)平平仄仄平平仄　仄仄平平仄仄平(对句)(尾联)

凡仄收,奇行末皆仄,偶行末必平。

阁夜(七律)

杜甫

(诗律格式)

岁暮阴阳催短景,天涯霜雪霁寒宵。　丙——丁

五更鼓角声悲壮,三峡星河影动摇。　甲——乙

野哭几家闻战伐,夷歌数处起渔樵。　丙——丁

卧龙跃马终黄土,人事音书漫寂寥。　甲——乙

(《诗韵新编》平声,十三豪)

建党八旬功赫赫（七律）

黄宝生
（2001年6月18日）

中国共产党建党八十周年前夕，应汉中师院离退处之约，写此诗庆贺并在全校大会上朗诵。

	（诗律格式）
建党八旬功赫赫，江山如画物丰盈。	丙——丁
宾朋频往神州旅，科技腾飞环宇惊。	甲——乙
万众齐心除腐恶，精诚团结倡廉明。	丙——丁
将持梦笔高声赞，国泰民安万事兴。	甲——乙

（《诗韵新编》平声，十七庚）

醉赠刘二十八使君（七律）

白居易

	（诗律格式）
为我引杯添酒饮，与君把箸击盘歌。	丙——丁
诗称国手徒为尔，命压人头奈不何。	甲——乙
举眼风光长寂寞，满朝官职独蹉跎。	丙——丁
亦知合被才名折，二十三年折太多。	甲——乙

（《诗韵新编》平声，二波、三歌通押）

丁：平起平收式（首句入韵）

(出句)平平仄仄仄平平　　仄仄平平仄仄平(对句)　(首联)
　　(仄仄平平仄仄平)
(出句)仄仄平平平仄仄　　平平仄仄仄平平(对句)　(颔联)
　　(平平仄仄仄平平)
(出句)平平仄仄平平仄　　仄仄平平仄仄平(对句)　(颈联)
　　(仄仄平平仄仄平)
(出句)仄仄平平平仄仄　　平平仄仄仄平平(对句)　(尾联)

凡平收，除首句外，奇行末必仄，偶行末必平。

钱塘湖春行（七律）

白居易	（诗律格式）
孤山寺北贾亭西，水面初平云脚低。	丁——乙
几处早莺争暖树，谁家新燕啄春泥。	丙——丁
乱花渐欲迷人眼，浅草才能没马蹄。	甲——乙
最爱湖东行不足，绿杨阴里白沙堤。	丙——丁
	（《诗韵新编》平声，十三豪）

深切怀念陆宗达导师（七律）

黄宝生

（1988年1月14日）

思念陆宗达，先生不幸于1988年1月13日逝世，噩耗传来，不胜悲恸，赋七律一首，以作悼念。

	（诗律格式）
追思二十五年前，一代宗师伟业传。	丁——乙
精讲《说文》传道艺，聆听《左传》享华筵。	丙——丁
幸蒙《考释》亲为序，力读宏文遗世篇。	甲——乙
恸悼恩师仙逝早，永怀教诲继先贤。	丙——丁
	（《诗韵新编》平声，十四寒）

祝汉中师院院刊再创辉煌（七律）

黄宝生

（2001年1月8日）	（诗律格式）
莘莘学子笔如椽，不朽诗文铭院刊。	丁——乙
字字欢腾歌盛世，期期更迭谱新篇。	丙——丁
丹心泼洒文章著，妙手回春色彩斑。	甲——乙
二百期逢新世转，挥毫庆贺更前瞻。	丙——丁
	（《诗韵新编》平声，十四寒）

(三)五言长律

律诗是八句。律诗的一半是绝句,分五绝(五言绝句)、七绝(七言绝句)两种类别,皆是四句一首。超过八句以上者称为长律或排律。长律(排律)以五言一句者最常见,七言一句的排律较罕见。排律(长律)是律诗的一种类型,其特征是除首联与尾联外,中间不论多少联都得对仗,此其一;其二是长律不管多少联,完全按"粘""对"原则延长。如:

学诸进士作精卫衔石填海(五言长律)

韩愈	(诗律格式)
鸟有偿冤者,终年抱寸诚。	甲——乙
口衔山㊂细,心望海波平。	丙——丁
渺渺功难见,区区命已轻。	甲——乙
人皆讥造次,我㊃赏专精。	丙——丁
岂计休无日,惟应尽此生。	甲——乙
何惭刺客传,㊄著报仇名。	丙——丁
	(《诗韵新编》平声,十七庚)

(四)绝句

绝句分五言绝句、七言绝句,皆四句一首。我们学了律诗(五言、七言)的平仄,绝句的平仄便迎刃而解,故省略其介绍,只举例以析之。

山行(七绝)

杜牧	(诗律格式)
远上寒山石径斜,白云生处有人家。	乙——丁
停车坐爱枫林晚,霜叶红于二月花。	甲——乙
	(《诗韵新编》平声,一麻)

登大雁塔(七绝)

黄宝生

(1964年2月23日)　　　　　(诗律格式)

独上西安雁塔楼,风光秀丽不知愁。　　乙——丁

若非群鸟低空过,忘却身居云上头。　　甲——乙

(《诗韵新编》平声,十二侯)

第三节　近体诗平仄应注意的几个问题

一、乙种句式的"犯孤平"和"孤平拗救"

(一)犯孤平

犯孤平是专指近体诗的乙种句式而言。

常式句:平平仄仄平　仄仄平平仄仄平

犯孤平:仄平仄仄平　仄仄仄平仄仄平

即乙种句式五言第一字、七言第三字宜平而用仄,这时除句末一个平声押韵字外,句中只有一个平声字了,这叫犯孤平。犯孤平是诗人作诗的大忌讳。王力教授在《汉语诗律学》"拗救"一节中云:"孤平是诗家之大忌;我们曾在一部《全唐诗》里寻觅犯孤平的诗句,结果只找到了两个例子。……即使我们有所遗漏,但是,犯孤平的句子少到几乎找不着的程度,已经足以证明它是诗人们极力避忌的一种形式。"

这里列出王力先生觅见的两个犯孤平的诗句:"醉多适不愁"(高适《淇上送韦司仓》);"百岁老翁不种田"(李颀《野老曝背》)。另外我再补充一个犯孤平的例子:

寄赠王十将军承俊（五律）

杜甫	正常格式	诗作格式
将军胆气雄，臂悬两角弓。	乙——丁	乙——乙
缠结青骢马，出入锦城中。	甲——乙	甲——乙
时危未授钺，势屈难为功。	丙——丁	丙——丁
宾客满堂上，何人高义同。	甲——乙	甲——乙

按：明末清初的钱谦益引李（因笃？）云："臂字宜平而仄，应于第三字还之，且无粘联，拗体也。集中只此一首，人藉口不得。"

从五律正常格式审视，此诗属"拗体"之因，有三点失误：第一，有两处失对、两处失粘；第二，首联对句又犯乙种孤平；第三，颈联对句又犯丁种句式"三平调"。皆为格律诗之大忌讳，盛唐尚放宽。从中唐至宋朝绝无犯此错误者。

（二）孤平拗救（凡犯乙种孤平者，需本句自救）

常式句：平平仄仄平　　仄仄平平仄仄平

犯孤平：仄平仄仄平　　仄仄仄平仄仄平

孤平拗救：仄平平仄平　　仄仄仄平平仄平

本句拗而本句救。

按诗律常式句规则，乙种句式五言第一字、七言第三字宜平而用仄，犯了乙种句式的孤平。犯了孤平可以补救，即在本句五言第三字、七言第五字改仄为平，补救上来叫孤平拗救。属本句拗而本句救，依然合律。如：

夜宿山寺（五绝）

李白	（诗律格式）
危楼高百尺，手可摘星辰。	丙——甲
不敢高声语，恐惊天上人。	甲——乙 孤平拗救

（《诗韵新编》平声，三歌）

二、甲种句式的拗救(本句拗而对句救)

甲种句式的拗救分为大拗、小拗和大小拗三小类。

(一)甲种句式的大拗

凡大拗,对句一定要补救。

五言{常式句:仄仄平平仄　平平仄仄平
大　拗:仄仄平仄仄　平平平仄平

七言{常式句:平平仄仄平平仄　仄仄平平仄仄平
大　拗:平平仄仄平仄仄　仄仄平平平仄平

即甲种句式五言第四字、七言第六字宜平而用仄,犯了大拗。凡甲种句式犯了大拗,作为对句的乙种句式必须要补救,即乙种句式的五言第三字、七言第五字改仄为平补救之。凡甲种句式犯了大拗而得到拗救者依然合诗律,属律句。如:

赋得古原草送别(五律)

白居易　　　　(诗律格式)

离离原上草,一岁一枯荣。　　丙——丁

野火烧不尽,春风吹又生。　　大拗甲——乙已救

远芳侵古道,晴翠接荒城。　　丙——丁

又送王孙去,萋萋满别情。　　甲——乙

(平水韵,平声,八庚)

迎秋有感而作(七律)

黄宝生

(1988年9月)　　　　(诗律格式)

1988年秋,我担任汉中师范学院中文系主任,9月迎接新生时,却深深忆念往昔毕业的学生,故赋此迎新忆旧的感怀诗。

(诗律格式)

一年一度迎送事,送往迎来情不同。　　大拗甲——乙已救

桃李芬芳香万里,园丁辛苦费千功。　　丙——甲

风风雨雨读书日,暮暮朝朝学子风。　　小拗甲——乙

喜看春华争斗妍,他年秋实傲长空。　　丙——丁

(平水韵,平声,一东)

（二）甲种句式的小拗

凡小拗，对句可救亦可不救，不属原则性问题。

五言{常式句：仄仄平平仄　平平仄仄平
小　拗：仄仄仄平仄　平平仄仄平（犯小拗，对句未救）
仄仄仄平仄　平平平仄平（犯小拗，对句补救）

七言{常式句：平平仄仄平平仄　仄仄平平仄仄平
小　拗：平平仄仄仄平仄　仄仄平平仄仄平（犯小拗，对句未救）
平平仄仄仄平仄　仄仄平平平仄平（犯小拗，对句补救）

即甲种句式小拗，五言第三字、七言第五字宜平而用仄，犯了小拗。作为对句的乙种句式五言第三字、七言第五字改仄为平，补救上来。

但值得注意的是，凡犯甲种小拗者，乙种对句可救亦可不救，不属原则性问题。

送友人（五律）

李白

（诗律格式）

青山横北郭，白水绕东城。	丙——丁
此地一为别，孤蓬万里征。	小拗甲——乙未救
浮云游子意，落日故人情。	丙——丁
挥手自兹去，萧萧班马鸣。	小拗甲——乙已救

（平水韵，平声，八庚）

长虹万丈壮山河（七律）

黄宝生

（1988年11月14日）

此诗为庆贺汉中师范学院建校三十周年而作。

（诗律格式）

秦巴拂袖凌空舞，汉水扬波动地歌。	甲——乙
三十婷婷凝伫立，一朝济济起婆娑。	丙——丁
莫云昔日学堂小，喜看今朝人杰多。	小拗甲——乙已救
把酒高朋欢聚日，长虹万丈壮山河。	丙——丁

（《诗韵新编》平声，十四寒韵）

要预防非典型肺炎传播(七绝)

黄宝生

(2003年4月26日)

非典肺炎传九州,人心惶恐不堪愁。

预防为主要牢记,不可偷闲出外游。

(诗律格式)

孤平拗救乙——丁

小拗甲——乙未救

(平水韵,平声,十一尤)

(三)甲种句式的大小拗

五言{常式句:仄仄平平仄　平平仄仄平
大小拗:仄仄仄仄仄　平平平仄平　(本句拗而对句救)

七言{常式句:平平仄仄平平仄　仄仄平平仄仄平
大小拗:平平仄仄仄仄仄　仄仄平平平仄平　(本句拗而对句救)

即甲种句式五言第三、四字,七言第五、六字宜平而皆仄,犯了大小拗。作为对句的乙种句式一定要补救,即对句的五言第三字、七言第五字改仄为平,补救上来。如:

登乐游原(五绝)

李商隐

向晚意不适,驱车登古原。

夕阳无限好,只是近黄昏。

(诗律格式)

大小拗甲——乙已救

丙——丁

(平水韵,平声,十三元)

三、丁种句式的"三平调"

五言{常式句:仄仄仄平平
三平调:仄仄平平平

七言{常式句:平平仄仄仄平平
三平调:平平仄仄平平平

四、甲乙两种句式联袂的“一字两救”

所谓“一字两救”，专指甲乙两种句式联袂产生，即乙种句式的五言第三字，七言第五字，不但对甲种句式的大拗、小拗和大小拗要进行他救，而且对乙种句式本身犯孤平要自救。这就叫作“一字两救”。

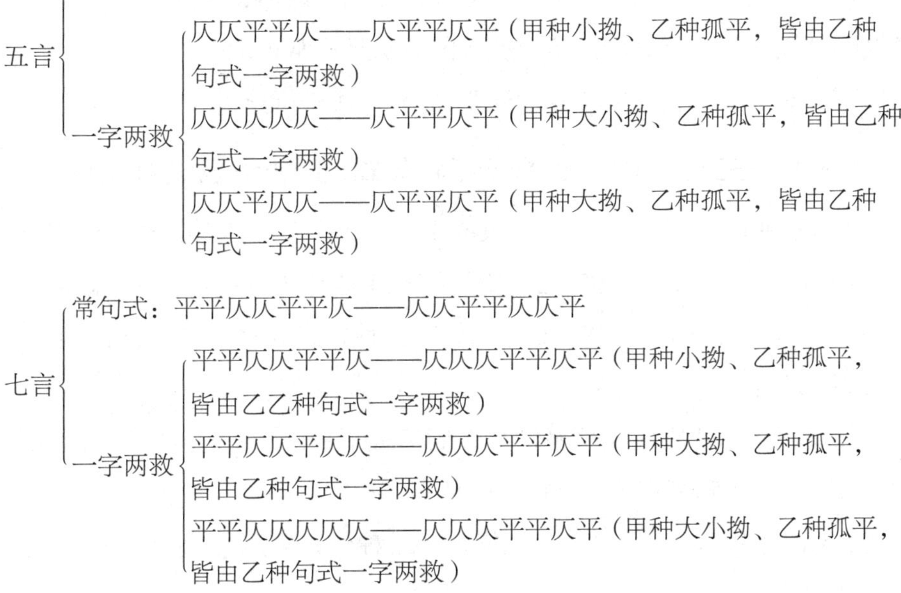

回乡偶书（七绝）

贺知章

少小离家老大回，乡音无改鬓毛衰。

儿童相见不相识，笑问客从何处来。

（诗律格式）

乙——丁

小拗甲——乙一字两救

（平水韵，平声，十灰）

五、对“一三五不论，二四六分明”诗歌口诀的评析

传统有“一三五不论，二四六分明”诗歌口诀，即指近体诗中第一字、第三字、第五字，平仄可以不论，而第二字、第四字、第六字平仄一定要分明。但这

个口诀是否精确？王力教授在《汉语诗律学》第一章第七节“关于一三五不论”中阐述：“这两句口诀不知是谁造出来的(《切韵指南》后面载有这个口诀)。其实这只是很肤浅的观察，和事实颇不相符。事实上，一三五不一定可以不论，二四六不一定要分明。因此，这口诀在表面上虽给予人们一种简单明快的感觉，实际上却极容易引起初学做诗的人的误解。”

通过本文第二节“近体诗的平仄”和第三节“近体诗平仄应注意的几个问题”所介绍的具体情况来看，王力教授的看法是非常正确的。

下面对“一三五不论，二四六分明”诗歌口诀进行分析。

(一)“一三五不论”不适合于乙种句式、丁种句式和甲种小拗

(1)乙种句式“平平仄仄平”“仄仄平平仄仄平”中五言第一字、七言第三字宜平而用仄，而五言第三字，七言第五字又不改仄为平拯救上来，就犯了乙种孤平。这是诗人作诗之大禁忌。因此，对乙种句式五言第一字、七言第三字的平仄不能不论。

(2)丁种句式“仄仄仄平平”“平平仄仄仄平平”中五言第三字、七言第五字如果改仄为平，就成了“三平调”。这是古体诗特有的句式，是近体诗不允许存在的，越出近体诗格律的范畴，凡格律诗丁种句式犯了“三平调”失误，是没办法补救的。

(3)甲种句式“仄仄平平仄”“平平仄仄平平仄”中五言第三字、七言第五字宜平而用仄，犯了小拗，本句不能自救，需要对句乙种句式五言第三字、七言第五字改仄为平拯救上来，对句相救。可见甲种句式五言第三字，七言第五字平仄亦不能不论。以上情况说明了“一三五不论”的口诀在具体诗作当中带有的片面性。

(二)“二四六分明”不适合于丙种句式、甲种大拗

(1)丙种句式“平平平仄仄”“仄仄平平平仄仄”中五言第四字、七言第六字宜用仄而不用平，拗下去了，那么本句五言第三字，七言第五字必须改平为仄拯救上来，成为丙种特定拗救句。可见丙种句式五言第四字、七言第六字的平仄可以不分明。

(2)甲种句式“仄仄平平仄”“平平仄仄平平仄”中五言第四字、七言第六字宜平而用仄，犯了甲种大拗。犯了甲种大拗，乙种句式对句五言第三字、七言第五字必须改仄为平拯救上来。以上情况说明“二四六分明”的口诀在具体诗作当中亦带有片面性。

（三）总结（以七言句式为例）

1. 近体诗四种基本句式（原则性句式）

（甲） 平平仄仄平平仄——仄仄平平仄仄平 （乙）

（丙） 仄仄平平平仄仄——平平仄仄仄平平 （丁）

2. 近体诗拗救句式（灵活性句式）

（甲） 平⃝平仄⃝仄平̣平̣仄——仄⃝仄平̣平仄⃝仄平 （乙）

（丙） 仄⃝仄平⃝平平⃝仄̣仄——平⃝平仄⃝仄仄平平 （丁）

3. 有三点要说

(1)字下不带任何标记者，是不能变更处；

(2)字下带“·”标记者，是带有条件的变更处；

(3)字外加圈，改字平仄不限，乃不带任何条件的变更处。

第四节 近体诗的对仗

一、何为对仗？

近体诗的每一联的出句与对句在相应位置上的词，要词性相同，词义对偶，平仄相对。如李渔《笠翁对韵》一“东”韵云：“天对地，雨对风，大陆对长空，山花对海树，赤日对苍穹。”近体诗对仗最忌讳“合掌”。所谓“合掌”即同义词相对。如：“云泽清光满，洞庭月色深。”其中“云泽”是“洞庭”的古名，“清光”就是“月色”。“满”即“深”，都是月朗光足之意。因此上下联完全同义，称为“合掌”。

二、近体诗在什么地方用对仗？

（一）律诗

（1）中间两联对仗为正例。如：

客至

杜甫

舍南舍北皆春水，但见群鸥日日来。
花径不曾缘客扫，蓬门今始为君开。
盘飧市远无兼味，樽酒家贫只旧醅。
肯与邻翁相对饮，隔篱呼取尽余杯。

（2）少至颔联或颈联一联对仗。如：

蝉

李商隐

本以高难饱，徒劳恨费声。
五更疏欲断，一树碧无情。
薄宦梗犹泛，故园芜已平。
烦君最相警，我亦举家清。

（3）多至有三联对仗。如：

春望

杜甫

国破山河在，城春草木深。
感时花溅泪，恨别鸟惊心。
烽火连三月，家书抵万金。
白头搔更短，浑欲不胜簪。

(4)四联皆对仗少见。如：

登高

杜甫

风急天高猿啸哀，渚清沙白鸟飞回。

无边落木萧萧下，不尽长江滚滚来。

万里悲秋常作客，百年多病独登台。

艰难苦恨繁霜鬓，潦倒新停浊酒杯。

(二)绝句

绝句是律诗的一半，以律诗的轴来分析绝句的对仗。

(1)截取律诗中间两联对仗者。如：

绝句

杜甫

两个黄鹂鸣翠柳，一行白鹭上青天。

窗含西岭千秋雪，门泊东吴万里船。

(2)截取律诗首颔两联，下联对仗。如：

清平调

李白

云想衣裳花想容，春风拂槛露华浓。

若非群玉山头见，会向瑶台月下逢。

(3)截取律诗颈尾两联，上联对仗。如：

饮湖上初晴后雨

苏轼

水光潋滟晴方好，山色空濛雨亦奇。

欲把西湖比西子，淡妆浓抹总相宜。

(4)截取律诗首尾两联，皆不对仗。如：

题西林壁

苏轼

横看成岭侧成峰，远近高低各不同。
不识庐山真面目，只缘身在此山中。

(三)长律

长律除首与尾两联外，中间各联皆要对仗；有时为灵活起见，首联可对亦可不对。但尾联不能对仗，以便收束。应该注意的是，长律以五言形式多，七言形式少。如：

花发上林苑

王表

御苑春何早，繁花已绣林。
笑迎明主仗，香拂美人簪。
地接楼台近，天垂雨露深。
晴光来戏蝶，夕景动栖禽。
欲托凌云势，先开捧日心。
方知桃李树，从此别成阴。

三、近体诗对仗的要求

(一)结构相同的句型构成对仗是对仗的基本要求

即是说并列结构对并列结构，偏正结构对偏正结构，主谓结构对主谓结构，动宾结构对动宾结构，复句对复句。

(二)注意词语对仗，即字面相对。总体要求是“实对实，虚对虚”

1. 工对

凡同类的词语相对仗叫工对。

(1)工对中名词的对仗最有讲究，因此要求用以对仗的名词必须是同类的词语或者义类相近的词语。前人将名词又划分为许多细类，王力曾归并成十四小类。包括：天文（日月风云等）、时令（年节朝夕等）、地理（山水江河等）、宫室（楼台门户等）、器物（刀剑杯盘等）、衣饰（衣冠巾带等）、饮食（茶酒餐饭等）、文具（笔墨纸砚等）、文学（诗赋书画等）、草木花果、鸟兽虫鱼、形体（身心手足等）、人事、人伦等。其次还有颜色对、数目对、方位对等。如：

绝句

杜甫

两个黄鹂鸣翠柳，一行白鹭上青天。

窗含西岭千秋雪，门泊东吴万里船。

（2）句中自对而后两句相对亦属工对。如：

江流天地外，山色有无中。

（王维《汉江临眺》）

草深莺断续，花落水东西。

（郑锡《送客至江西》）

（3）反义词相对，亦算工对。如：

古宫闲地少，水巷小桥多。

（杜荀鹤《送人游吴》）

（4）联绵词相对，亦算工对。如：

外地见花终寂寞，异乡闻乐更凄凉。

（韦庄《思归》）

2.宽对

凡词性相同的词语构成对仗叫宽对。

（1）词性相同而不是此类相同者。

岭上晴云披絮帽，树头初日挂铜钲。

（苏轼《新城道中》）

两个黄鹂鸣翠柳，一行白鹭上青天。

窗含西岭千秋雪，门泊东吴万里船。

（杜甫《绝句》）

(2)词组相对不甚工整者，亦属宽对。如：

两个黄鹂鸣翠柳，一行白鹭上青天。

（杜甫《绝句》）

三山半落青天外，二水中分白鹭洲。

（李白《登金陵凤凰台》）

（三）独特的对仗

1.借对

利用汉字一字多义和同音异义词所构成的对仗叫借对。借对又细分为借义对和借音对两小类。

(1)借义对：利用汉字一字多义的特点构成对仗。具体地说，即诗句中用该词甲义，另借该词的乙义同对句进行的对仗。如：

江南逢李龟年

杜甫

岐王宅里寻常见，崔九堂前几度闻。

正是江南好风景，落花时节又逢君。

"寻常"在该句中是平常的意思。古代八尺为寻，倍寻为常。所以借来同对句"几度"数目相对。

此日六军同驻马，当时七夕笑牵牛。

（李商隐《马嵬》）

此句中的"牛"指牵牛星；借其马牛之牛同"马"相对。

花迎喜气皆知笑，鸟识欢心亦解歌。

（王维《既蒙有罪旋复拜官伏感圣恩窃书鄙意兼奉简新除使君等诸公》）

句中的"气"指气氛；借其气息之"气"与"心"相对。

(2)借音对：利用汉字音同义异的特点构成对仗。多为颜色对，如：

江州重别薛六柳八二员外

刘长卿

生涯岂料承优诏，世事空知学醉歌。
江上月明胡雁过，淮南木落楚山多。
寄身且喜沧洲近，顾影无如白发何。
今日龙钟人共弃，愧君犹遣慎风波。

2.流水对

一句话的意思分两句话说，两句话的关系不是并列的，而是连贯而下的。如：

登鹳雀楼

王之涣

白日依山尽，黄河入海流。
欲穷千里目，更上一层楼。

闻官军收河南河北

杜甫

剑外忽传收蓟北，初闻涕泪满衣裳。
却看妻子愁何在，漫卷诗书喜欲狂。
白日放歌须纵酒，青春作伴好还乡。
即从巴峡穿巫峡，便下襄阳向洛阳。

遣悲怀

元稹

闲坐悲君亦自悲，百年都是几多时。
邓攸无子寻知命，潘岳悼亡犹费词。
同穴窅冥何所望？他生缘会更难期。
惟将终夜长开眼，报答平生未展眉。

上面三首的最后一联皆属流水对。

第五节　近体诗的句式及其语法特点

一、近体诗的句式

从平仄相间、吟咏节奏分析，对近体诗应有如下认识：

（一）从一句之中的平仄相间考虑

近体诗的诗句音乐节奏与意义单位基本一致。具体一点说，一个节奏单位是由双音节构成，每一个双音节节奏相当于一个双音词或词组。如：

少小—离家—老大—回，乡音—未改—鬓毛—衰。

（贺知章《回乡偶书》）

无边—落木—萧萧—下，不尽—长江—滚滚—来。

（杜甫《登高》）

白日—依山—尽，黄河—入海—流。

欲穷—千里—目，更上—一层—楼。

（王之涣《登鹳雀楼》）

一般说来，一个双音词或双音的名词性词组不跨越两个节奏单位，如果遇到一个多音节词或多音的名词性词组，就不能不跨越两个节奏单位，这样，音乐节奏和意义单位就不协调了，虽然这种现象在近体诗的诗句中很少见，但应该注意。

如：

青山—隐隐—水—迢迢，秋尽—江南—草—未凋。

二十四—桥—明月—夜，玉人—何处—教—吹箫。

（杜牧《寄扬州韩绰判官》）

相见时—难—别—亦难，东风—无力—百花—残。

（李商隐《无题》）

按：两首诗中“二十四”“相见时”多音节词，在一句之中的平仄相间规则上，不得不有所节奏上的跨越了，如按一句平仄相间考虑，就应该是：“二十—四桥—明月—夜”；“相见—时难—别—亦难”。“二十四”“相见时”多音节词都跨越两个节奏单位。这样,音乐节奏和意义单位就不协调了。但诗例少见。

(二)从吟咏角度考虑

近体诗句式的节奏可分成两个较大的节奏,即五言一句的二三式节奏,七言一句的四三式节奏。两者有一个共同点,即后三个字连读结束。这充分表明近体诗的诗句后三个字保持有相当的独立性,虽然这连读的后三个字还可以再细分为"二一"或"一二"两个音节,但它们总是构成一个整体节奏。

如:

悯农二首(五绝)

李绅

春种——一粒粟,秋收—万颗子。
四海—无闲田,农夫—犹饿死。

锄禾—日当午,汗滴—禾下土。
谁知—盘中餐,粒粒—皆辛苦。

枫桥夜泊(七绝)

张继

月落乌啼—霜满天,江枫渔火—对愁眠。
姑苏城外—寒山寺,夜半钟声—到客船。

二、近体诗的语法特点

关于近体诗的语法特点,我们可以从活用、错位、省略、紧缩等四点来认识。

(一)活用

所谓诗句的语法活用,专指锤炼谓语动词,即专门锤炼"诗眼"。如名词用如一般动词,名词用如使动,名词用如意动;形容词用如使动,形容词用如意动;动词用如使动等。在散文句式中称为"词类活用"。其主旨为精炼语句,丰富内涵。如:

泊船瓜洲(七绝)

王安石

京口瓜洲一水间,钟山只隔数重山。

春风又绿江南岸,明月何时照我还?

按:"春风又绿江南岸"诗句,据宋洪迈《容斋续笔》卷八云:"吴中士人家藏其草,初云"又到江南岸",圈去'到'字,注曰:'不好。'改为'过',复圈去而改为'入',旋改为'满'。凡如是十许字,始定为'绿'。"翻译此句为"春风又使江南岸变成绿色"。形容词为"绿"在句中用如使动义,即"使……变成绿色"。

子能渠细石,吾亦沼清泉。

(杜甫《自瀼西荆扉且移居东屯茅屋》)

按:诗句中"渠"是名词用如一般动词,开出水渠义。"沼"是名词用如使动,当"使……蓄成池沼"。译文为:你能在细石上开出水渠,我也能使清水蓄成池沼。

月明垂叶露,云逐渡溪风。

(杜甫《秦川杂诗》其二)

按:句中"明"是形容词用作使动,即"使……明亮",句意是露珠从树叶上垂下来,月光使垂叶的露珠更加明亮;风从小溪边渡过,云却追逐着渡溪的风。

(二)错位

所谓错位者,近体诗句为了押韵、平仄、对仗,不按通常散文词序安排主语、宾语、定语和状语位置,而有意错综其正常词序。如:

云掩初弦月,香传小树花。

(杜甫《遣意》)

按:第二句通常语序为"小树花传香"。若此,既不符合原诗甲句与乙句构成一联的平仄要求,又不能构成与出句的对仗格局,故改正常语序的诗句为"香传小树花"。

柳色春山映,梨花夕鸟藏。

(王维《春日上方即事》)

按:通常语序应为:"春山映柳色,夕鸟藏梨花。"若此违背了甲乙句式,故有意错位。

(三)省略

(1)省略比喻句中“如”“同”等。如：

山河破碎风飘絮，身世浮沉雨打萍。

(文天祥《过零丁洋》)

山名天竺堆青黛，湖号钱唐泻绿油。

(白居易《答客问杭州》)

(2)省略副词后面的动词。如：

映阶碧草自春色，隔叶黄鹂空好音。

(杜甫《蜀相》)

秋窗犹曙色，落木更天风。

(杜甫《客亭》)

(3)省略动词谓词，只剩下一个名词或名词性词组。如：

鸡声茅店月，人迹板桥霜。

(温庭筠《商山早行》)

巴山楚水凄凉地，二十三年弃置身。

(刘禹锡《酬乐天初逢席上见赠》)

细草微风岸，危樯独夜舟。

(杜甫《旅夜书怀》)

香雾云鬟湿，清辉玉臂寒。

(杜甫《月夜》)

(四)紧缩

由一个复句(两个分句)紧缩而成，中间没有任何关联词。

国破山河在，城春草木深。

感时花溅泪，恨别鸟惊心。

(杜甫《春望》)

潮平两岸阔，风正一帆悬。

(王湾《次北固山下》)

第六节　古体诗

一、概述

（一）唐代以来的古体诗不同于近体诗

（1）古体诗源于唐朝以前的古诗，但在古诗的基础上有所发展与变化。如在一句之中的二、四、六字节奏点上产生了叠平与叠仄的现象，一句之末的三个字上出现了与近体诗不同的“三字脚”。

（2）古体诗与近体诗两者并行向前发展，且不同于近体诗格律，很显然是与近体诗分庭抗礼的另外一种诗体。

（二）古体诗与近体诗的主要区别

其不同之处有下面四点。

（1）近体诗“字句有定”，而古体诗字句不定。

近体诗字句或是五言（五绝、五律）或是七言（七绝、七律），只有这两种句式。而古体诗一句少至三个字，多至七个字以上；句数亦不是四句一首（绝句）、八句一首（律诗），一首诗句子少的可少到四句以下，多的多到数十句不等。如李白《蜀道难》：“噫吁嚱，危乎高哉！蜀道之难，难于上青天……”

（2）近体诗押韵严格，而古体诗押韵不规则。

近体诗押韵上须注意三点：其一，一首诗要一韵到底，中间不能出韵亦不能换韵；其二，韵脚限于偶行末一字（首句入韵者除外）；其三，一般押平声韵。而古体诗就不同了，或押平声一韵到底，或押仄声一韵到底，或中间换韵，还允许上声与去声通押；韵脚位置除出现在偶行末，奇行末亦可入韵；入韵的字还不回避重复。

（3）近体诗“平仄协调”，皆为律句；而古体诗多用拗句，少用律句，以示区别。

（4）近体诗“讲究对仗”，而古体诗对仗自由。

二、分述

古体诗分为两小类:一类属纯粹古风,一类属入律古风。

(一)纯粹古风

其特点有二:

(1)有独特的"三字脚""三平调"。以五言句为例进行对比:

近体诗	古体诗
仄仄平平仄	仄仄仄平仄
平平仄仄平	平平平仄平
平平平仄仄	平平仄仄仄
仄仄仄平平	仄仄平平平

从以上对比可见,近体诗"三字尾":平平仄、仄仄平、平仄仄、仄平平,不讲对称。而古体诗"三字脚":仄平仄、平仄平、仄仄仄、平平平,颇讲对称,特别是"平平平"三平调,是古体诗独具特色的"三字脚"。要注意的是,古体诗独具特色的"三平调"("三字脚"),在近体诗中是绝对不允许出现的。

(2)古体诗在一句之中的节奏点上(第二字、第四句、第六字)多用叠平、叠仄。以七言句式为例:

近体诗	古体诗
平平仄仄平平仄	○平○平○平○
仄仄平平仄仄平	○仄○仄○仄○
仄仄平平平仄仄	○平○平○○○
平平仄仄仄平平	○仄○仄○○○
	○○○仄○仄○
	○○○平○平○

所谓一句之中的叠平、叠仄现象,是指第二、第四、第六字节奏点上的平仄,要平皆平,要仄皆仄,不是指相连两字的平仄而言。

(3)下面结合两方面特点,举例分析。

望岳

杜甫

岱宗夫如何,齐鲁青未了。
造化钟神秀,阴阳割昏晓。
荡胸生曾云,决眦入归鸟。
会当凌绝顶,一览众山小。

分析:

从字句上看,共八句,皆五言一句。难以分清是近体诗还是古体诗。

从押韵上看,押的是“平水韵”上声仄韵,且一韵到底。但不符合近体诗押平声韵的规则。

从“三字脚”上看,八句中有古体诗“三字脚”者五处,最关键的是有两处“三平调”:“夫如何”“生曾云”。这是近体诗不允许出现的。因此,本诗显示出古体诗的特色。

从节奏上看:有三处叠平,一处叠仄。这是近体诗不应有的。特别是甲句式出现于偶行。

从奇行(一、三、五、七)末一字看:“何”与“云”都是平声,不合近体诗原则。

结论:本诗属古体诗中纯粹古风。

游子吟

孟郊

慈母手中线,游子身上衣。
临行密密缝,意恐迟迟归。
谁言寸草心,报得三春晖。

分析:

从字句上看,共六句,不属近体诗的绝句与律诗。

从押韵上看,后两句押平声微韵,但一韵到底,符合近体诗押韵规则。

从“三字脚”上看,六句中有四句属古体诗三字脚,且有两处“三平调”——

“迟迟归”“三春晖”,体现出古体诗特色。

从叠平、叠仄上看:只有一处叠仄,“游子身上衣”,不符合近体诗句式。

从奇行(一、三、五行)末一字看,“缝”与“心”都是平声字,不符合近体诗格式。

结论:本诗属古体诗中的纯粹古风。

放歌行

——祝贺汉中师院首届教代会召开

黄宝生

(1993年11月30日)

老师爱学生,将军怜士兵。

领导疼群众,众志能成城。

市场爱商品,人间重真情。

春风送温暖,春意醉融融。

但愿春常驻,满园春光明。

寄语声声切,举杯赞成功。

从字句上看,共十二句,可能是近体诗长律。

从押韵上看,“兵”“诚”“情”“明”押平声庚韵,“融”与“功”押平声东韵,近体诗不允许出韵。

从“三字脚”看,五句属“三字脚”,且有两处“三平调”,体现出古体诗的特色。

从叠平、叠仄上看,有四处叠平,三句不能构成近体诗平仄句式。

从奇行末一字看,除首句入韵外,没有平声字。

结论:本诗属古体诗中的纯粹古风。

(二)入律古风

古体诗中入律古风的特点,其一是多用律句,少用拗句,其二是押韵不严,平声韵与仄声韵交替使用。这是近体诗所不允许的。

如：

滕王阁

王勃

滕王高阁临江渚，佩玉鸣鸾罢歌舞。
画栋朝飞南浦云，珠帘暮卷西山雨。
闲云潭影日悠悠，物换星移几度秋。
阁中帝子今安在？槛外长江空自流！

分析：

从字句上看，共八句，与近体诗七律在字句上没有区别。

从押韵上看，平声“悠”“秋”“流”与仄声“渚”“舞”“雨”交替换韵；前四句押仄声上声“语”与“麌”韵；后四句押平声“尤”韵。不合近体诗押韵“一韵到底”的规则。

有三处“三字脚”，但没有古体诗独特的“三平调”。

叠平、叠仄只有一处“佩玉鸣鸾罢歌舞”。

从奇行（一、三、五、七）末一字看，第三行“云”、第五行“悠”是平声字，这是近体诗不允许的。

结论：从句式上看皆合律，属古体诗中入律古风。

春江花月夜

张若虚

春江潮水连海平，海上明月共潮生。
滟滟随波千万里，何处春江无月明！
江流宛转绕芳甸，月照花林皆似霰。
空里流霜不觉飞，汀上白沙看不见。
江天一色无纤尘，皎皎空中孤月轮。
江畔何人初见月？江月何年初照人？
人生代代无穷已，江月年年望相似。
不知江月待何人，但见长江送流水。
白云一片去悠悠，青枫浦上不胜愁。

谁家今夜扁舟子？何处相思明月楼？
可怜楼上月徘徊，应照离人妆镜台。
玉户帘中卷不去，捣衣砧上拂还来。
此时相望不相闻，愿逐月华流照君。
鸿雁长飞光不度，鱼龙潜跃水成文。
昨夜闲潭梦落花，可怜春半不还家。
江水流春去欲尽，江潭落月复西斜。
斜月沉沉藏海雾，碣石潇湘无限路。
不知乘月几人归，落月摇情满江树。

分析:

从字句上看，共三十六句，可能是近体诗七言长律。

从押韵上看，平声仄声交替押韵，且不断换韵，这是不符合近体诗要求的。

从“三字脚”看，三十六句有十五处“三字脚”，只有一处“江天一色无纤尘”属“三平调”。

叠平、叠仄共有五处。

从奇行末一字看，“飞”“尘”“人”“悠”“徊”“闻”“花”“归”八字皆为平声，不是近体诗。

从近体诗格律上审视：三十六句中仅两句不成句式（律句句式），一处“三平调”，从数量上衡量，律句多而拗句极少。

结论：属古体诗中的入律古风。

《中学古文注解考释》说明

《中学古文注解考释》是对中学语文教材中某些古文注解的考证和解释。中学语文教材对其所选古文中比较难懂的词语都做了注解，这些注解简明扼要，很有助于教学和阅读。但是由于教材本身体例和篇幅的限制，其注解不可能写得太详细，如果教者或学者要想再多了解一些关于这个注解的情况，教材上的注解就没有办法满足了。有一些在中学任教的同志，经常来探讨，这个词为什么要这样注释？那句话为什么要那样解释？笔者有鉴于此，根据某些中学老师提供的线索，编写了这本《中学古文注解考释》(以下简称《考释》)。

考虑到教材的使用和改革情况，《考释》从目前通行的中学语文课本和人民教育出版社出版的某些重点中学试行的语文试教本教材中，选出二百条注解，就其历史根据和词义引申发展的情况，进行了考证和解释。它是一本工具书，也是一本训诂书，既可以供中学教师查阅，也可以供中学生、古文爱好者和自学古文的同志们参考。

《考释》在编写过程中，得到了导师陆宗达先生和同门王宁同志的支持，并蒙陆先生写了序文。书稿在写作过程中还曾参考和采用了一些师友们的研究成果，于此一并致谢意，由于编者水平和资料的限制，又兼时间仓促，书中疏漏和错误之处一定不少，望同志们批评指正。

1985年10月

深切怀念陆宗达先生

永怀教诲继先贤——悼念陆宗达先生

追思二十五年前，一代宗师伟业传。
指点《说文》呕心血，聆听《左传》享华筵。
幸蒙《考释》①亲为序，力读《浅谈》②遗世篇。
恸悼恩师仙逝早，永怀教诲继先贤。

惊悉先生于1988年2月13日在北京逝世的噩耗，悲痛欲绝，因故未能奔赴吊唁，遂挥泪写下这首《永怀教诲继先贤——悼念陆宗达先生》诗来寄托我的哀思。

我于1961年从北京师范大学毕业后，被保送进了北师大古汉语研究班，跟随陆宗达、萧璋、俞敏先生学习，时至今日，已逾三十四个春秋了，抚今追昔，感慨万端。陆宗达先生是中国传统语言学的重要继承人，在学术上造诣精深，在学术界享有崇高的声誉和威望。自1926年起，先生师从近代国学大师黄侃(季刚)先生，学习以《说文解字》为中心的文字、音韵、训诂之学，精研经史子集典籍，是我国著名的训诂学家。特别是于70年代末、80年代初，先生亲自建立了中国训诂学会，为中国训诂学的复兴，为训诂知识的普及与发展作出了卓越贡献。先生继1964年《训诂浅谈》问世后，晚年又陆续出版了《训诂简论》《说文解字通论》《训诂方法论》等专著，在国内外的学术界产生了重大影响，他的这一系列著作是我国传统语言学的宝贵财富。

先生虽然离开我们已有七年了，但是恩师的深情厚谊却永远铭记在我的心中，他的音容笑貌一直还呈现在我的眼前，有这么几件事给我留下了极为深

① 我和张庆绵合编的《中学古文注解考释》由辽宁大学出版社出版，书稿寄给先生，先生十分高兴，亲自为序。

② 指先生的《训诂浅谈》及其他专著。

刻的印象。先生在教授我们研究生课期间，是他痔疮病犯得最厉害的时候，那时我们上课有三个地点，先生行动困难时，我们就到他家里听课，先生坐着救生圈，还不时向左右挪动，但一讲起课来就神采奕奕。他声音洪亮，面容上丝毫没有流露出一点难受的样子，使我们十分感动。病略微轻一点，偶尔到市民盟礼堂上课，但绝大部分时间先生是从宣武门外乘公共汽车来校上课，先生每逢到站下车，见到我们七八个学生在车站等候，都面带微笑和我们一个个亲切地打招呼，先生一面跟我们问这问那，我们一面簇拥着先生走进校门，两年如一日，无论刮风下雨，从未间断。先生这种执着敬业的精神，刚毅无私的品格，诲人不倦的态度，不但在治学方面熏陶着我们，更在为人处世方面给我们树立了光辉的榜样。

研究生毕业后，我被分到了西安，后到汉中大学（汉中师范学院前身）任教，从此，我远离了先生。“文革”期间，我听说先生受到迫害，便利用“串联”之机，冒着风险，登门拜谒。先生见到我此时此刻专门来看望他，显得格外激动、振奋。这次在先生家里攀谈的时间很长，我怕先生疲劳，一再起身要走，却一再被先生留住。我们从共同回忆美好的过去，一直谈到彼此的现况，互相感慨，互相安慰。先生知道我的家事，特别关心地问及我的老母在汉中的生活状况……先生和蔼可亲的面容，感人肺腑的话语，暖人心肠，催人泪下。为了打破这种气氛，我向先生汇报了尽管时局混乱，我还能静下心来学习《说文》，整理先生的《说文》笔记，先生这时瞪大了眼睛，神情显得十分高兴。这是我同先生单独晤面最长的一次，也是我终生最难忘的一件事。后来我患肠胃神经官能症，干呕不止，又转成喉疾，先生听说后，非常关心我的身体。使我感激涕零的是，先生在精神受到压抑的境况下，还来信问讯我的病况，令我振奋不已。先生在信中说道：

“回忆十余年前，与吾弟游憩盘旋，切磋研讨，其情其景，犹见心目。又不禁使人神驰也。前数年吾弟辱临敝舍，离别忽忽，未能尽欢。去年钱超尘偕延安大学教员张某（付子东弟子）来访，彼云曾在西安开会，会晤吾弟，并云吾弟喉病已愈，以此知近况，亦可慰萦怀。”

先生与我天各一方，但互相惦念的情怀，把我们紧紧地联系在一起。我最后同先生见面是在1982年苏州训诂年会上，这时先生已是七十七岁高龄，看上去虽有些老态龙钟，但洪亮的声音和风趣的谈吐，神韵不减当年。会间来拜访先生的人很多，我们也常常侍坐在先生左右，奉陪到最后。先生临睡前，有用热水泡脚的习惯。他微笑着对我们说："用水泡脚，以先温后热为宜，直到浑身发热为止。"我见先生行动不便，就蹲下给先生洗脚，先生婉言谢绝。这时王宁劝着说："宝生离您最远，就让他尽这点心吧！"先生这才勉强接受。以后，我们便每晚轮流给先生打水侍候，直到先生躺下方才退出。此次年会，同窗最多，大家建议同先生合影留念，先生欣然同意。先生坐在一张藤椅上，右手伸进衣兜，左手夹着一支香烟，我们——许嘉璐、王宁、余国庆、谢栋元、陆敬和我围在先生的身后合照了一张照片。这就是我同先生最后一次的合影，也是我一生中最有纪念意义的、最珍贵的一张照片。我每次看到这张照片，便追忆起我和先生在一起的岁月。这张照片在我的后半生更激励着我，永远要向先生那种"学而不厌，诲人不倦"的精神学习。

先生不仅在生活方面给予我关怀，更关心我学业的长进。记得1979年5月21日，我给先生寄去了一篇文章，恳请先生指正。万没想到先生在百忙中，收到信的当天就伏案挥毫，给我写了近千字的回信，信中给予了我热情的鼓励：

"大作《古汉语定语分置中心词前后例析》，读后以为举例精审，辨析清晰，堪称语法论文之杰作。我决定推荐师大学报登载。去年我在学报里曾发两篇：一篇是《说文的评价及其价值》，一篇是《六书简论》，不知吾弟已见到否，希吾弟提出意见以指正之。

大作所说的'定语后置'，似乎现代汉语比较稀见，但不是没有这类现象。如广东有一种食物叫做'鱼生粥'，其实即生鱼所做的粥，此即为定语后置中心词之一证。汉台语系的定语并不限制在中心语之前，吾弟还可积累这些资料，并阐述这类语序的发展变化（至于介词结构作定语在中心词之后尤属常见），可成宏文。著书以积累而成，更望吾弟积累为语法专书，有贡献于后学也。"

我手捧着先生这封对我寄予厚望的信而深感愧疚，因教学繁忙，未能就此课题继续研究下去，但我一定朝着先生教诲我的治学勤于积累资料的方向努力去做。

1982年春夏之交，我到北师大参加古汉语教学会议，又拜见了先生，同时把我的科研计划禀告了先生。先生听到我要对中学文言文的注解进行考释，连声说："好！好！"经过我同张庆绵同志三年的努力，于1985年9月将《中学古文注解考释》样稿寄给先生，先生阅后亲自作了序。事后王宁告诉我："先生近来身体不好，很少给人写书序，这次先生很高兴，亲笔给你的书写了序。"我听后被先生对我学业的关心与支持深深感动。

先生的关心不止于此，还令我感动的是，1983年汉中师院学报创刊，急需国内知名学者赐稿支持。负责学报的同志诚挚地邀我写信给先生，希望先生赐稿。先生见到我的信，立即命王宁寄来了他们合写的《论求本字》论文，对我院学报的开创工作给予了极大的关怀和扶持，提高了学报的知名度。学报的负责同志多次让我转达他们对先生的谢意。在时隔十一年后的今天，我院学报得以公开发行，是与先生的支持分不开的。

先生治学严谨弘通，令人敬仰。对于《说文解字》，重于综合研究，强调形、音、义相互依存、相互贯通，却又不平列齐量视之，其中应以声音为主导、为基础、为纲领。他在《说文解字通论》中指出："以'声音'统帅'形'、'义'是研究文献语言学的重要方法，也是汉语研究史上最可宝贵的经验。"(陆宗达《说文解字通论》，北京出版社，1981年版)先生不但把这种治学方法提到语言学的理论高度来说明语言文字发展的重要性，而且用这种治学方法身体力行来启示后学。一次，先生见到我刚刚买的成都古籍书店影印的《说文解字段注》，便在书的扉页上写下了一段文字：

"清人注《说文》者，应以段氏为优，然亦有谬误之处，例如：'牛，大牲也。牛，件也。件，事理也。'段以'件'字为后人所加，改为'牛，事也，理也'，使人无法理解。'件'即'健'之后出字，而'健'语出于筋(或作'腱')，此健由筋衍之证。筋为健之本。此牛为牲畜之有力者，故'牛，件也'不应删。况后代一件事之件，即象征筋之条理(一件即一条)。可见语言之发展有线索可寻。段氏无知，湮没语言的发展变化。举此一例，不足以掩段氏之精确，有缺点，有错误，是符合马克思主义者。"

先生在《说文解字通论》中，对段玉裁形、音、义三者相互依存、相互贯通的认识做过极高的评价，他说："段玉裁作《说文解字注》，于字形分析最为疏略，其书超越前人之处，乃在以声音为线索，贯串故训，辨明本义、引申义和通借，并联系了语词的派生现象。段玉裁于《说文》所收的九千三百五十三文之下逐字注明古韵韵部，可见他对语音的极度重视。"可在这里又对段氏乱改《说文》，从而湮没了语言的发展变化，进行了严厉的批评。就先生所举例证看来，段氏不该删而删去了《说文》"牛，件也"三字，正是湮没了件、健、腱、筋四字双声韵近，具有共同词义特点的一组同一语源关系的词及其语言的发展变化。先生对段玉裁一分为二的评析是完全正确的。从这里我们又一次看到先生在综合治理《说文》，训释字义，推溯语源，寻求文字孳乳关系方面独得之精义，突破前人并发扬光大的地方。

在缅怀先生的此时此刻，我的心情很沉重，因为我又想起了三十四年前，先生谆谆教导我们的一句话："你们要用十年的工夫研究《说文》，到四十多岁见出成效。"我辜负了先生的教诲，蹉跎了岁月，现已年近六旬而无所成效，只好用《论语》中"往者不可谏，来者犹可追"之语自警。我暗自下决心，从现在开始，再用十年工夫弥补前缺，以告慰先生在天之灵。

1995年2月13日

我写《史记》“三家注”的语法、词义、考证、校勘注释分析文章的经过

1982年5月，全国高校训诂学课教学大纲讨论会在北师大举行。我参加了这次讨论会。会上，聆听了杨潜斋等七八位老专家做的训诂专题报告，聆听了王力先生关于自己治学经验的报告，受益颇深。当时全国有43所高校已开设了训诂学课，充分说明社会和教育界对这一学科的重视。面对这一形势，我压力很大，内心焦灼万分。

我很想在训诂方面写点东西，但由于教学范围所限，加上学业旷疏，颇感力不从心。在京期间，老同学晤面，对于我过去搞的“再”字文章和“所”字文章提出意见，希望我把科研的视野再扩大一点。回汉中后，见到我的同学写的《学问文章皆宜由章句训诂起》，受到很大触动，于是我决心把在研究班所学的训诂知识用于《史记》“三家注”研究上，算是练练兵。暑假开始后，我便开始啃《史记》，一头扎进传统训诂学的知识海洋中。我一边阅读，一边做卡片，碰到困惑，便查工具书，一步步探索前进，从中尝到了温故而知新的无限乐趣。

同年11月，我又赴苏州参加了中国训诂学第二次学术研讨会。会上，我向导师陆宗达教授汇报了我学习《史记》的过程和想分析《史记》“三家注”的想法，得到了先生的支持和鼓励。

回汉中后，我又继续阅读《史记》“三家注”。经过半年多的努力，寒假时，我已积累卡片三百多张。又整理卡片，将其分类归纳，分为语法、词义、修辞、注音、考证、文字校勘、章句等类。每类中又归纳出若干细目。面对用心血汗水换取来的第一手资料，内心充满了无比的喜悦。曾想写一篇综合性的文章，但转念一想，综合性全面论述，篇幅过大，时间不允，有了这些资料，不如分门

别类，一个问题一个问题地写。这样做可以使每一类的分析都具有一定的深度。汇集在一块，就可以窥见《史记》“三家注”的全貌。

我在动笔之前，都列出详细提纲，对每一个引例都一一地核对原文，以加深写作时的印象。《〈史记〉“三家注”的语法注释浅析》一文，内容充实，框架怎么搭？我想，这些材料没有构成语法的系统性、完整性，都是片段性的东西，为把这些片段性的东西捋出带有规律性的条目，以便于驾驭，我参照了清代学者俞樾著《古书疑义举例》的目录写法，列出八条细目。

使我欣慰的是，在写作这一篇文章时，我发现裴骃《集解》引韦昭注时，出现了“被”字后带施事者的被动句式。韦昭是三国时人，三国时代的韦昭能用“被”字后带施事者的被动句式注释《史记》正文中的“为”字后带施事者的被动句式，充分说明了“被+名词（施事者）+动词”格式的被动句式在三国时期已普遍使用，已经成为三国常用的被动句式。我的理由是，“作为注释”，一般采用的都是用当时人们的通用语。因此我做卡片近四百张，摘抄例句一千多条，通过亲自实践而获得的这一宝贵资料，对我今后进一步深入钻研《史记》“三家注”打下了基础。

在学习、阅读的过程中，我参看过不少高校训诂学课的教学大纲，认真读了训诂学会第二次年会的不少论文。这些教学大纲和年会论文给了我很深的教益和启示。其中，也包括有赵英翘同志的《试论〈史记〉“三家注”》的论文。尽管我们的文章是同一个内容，但是我们立论的总观点（包括分观点）、论据和论证方法是不同的。虽然如此，赵英翘同志的文章在我之先，我参考和借鉴过他的文章，在我的《〈史记〉“三家注”的语法注释浅析》和《〈史记〉“三家注”的词义注释浅析》的两文中，还于前言里引用了该文的字句，这是我应该感谢他的。在《〈史记〉“三家注”的词义注释浅析》一文中，不仅引用了赵英翘同志的论文，还引用了别的文章，如萧璋先生和清代训诂大师们的字句。我对这些大师们的引文都一一注出引处，而唯独对赵英翘同志的引文没有注明，这是我的轻忽而做出来的对赵英翘同志不尊重的做法。在这里，我诚恳地向赵英翘同志道歉，并通过此事，在我今后治学中引以为戒，还望赵英翘同志给以谅解。

我虽然学过训诂的基本知识，但在这一学科当中还仅仅是一个新兵。在我国传统训诂学振兴的今天，中国训诂学研究会的成立，是前辈带后辈，后辈学前辈，大家在“百花齐放，百家争鸣”的正确方针指导下，为振兴训诂学，应该互相学习，互相帮助，互相团结，共同奋进。在研究会这个学术团体里，大家都是我的老师，我参加过几次会议，结识了许多良师益友。虽然都是初次见面，但是大家在探讨学术时诚挚的交谈，热情的鼓励，虚心的态度，无私的交流，使我感到我们的事业是兴旺发达的，到处都投递给你温和的眼光，到处都对你伸出友谊的双手，使你感到在这个团体里是温暖的。作为一个新兵，我一定不辜负老前辈对我的期望，我将用在训诂学研究上所取得的点滴成绩，在第四次学会年会上做报告。

1984年9月17日

文言文教材注解考释

为了便于阅读文言文，中学、大学的文言文教材都对一些词义做了注解，这对学习文言文的人帮助很大，可以使其扫清词汇障碍。但一般文言文注解比较简单，有的同学对教材的注解仍不得要领，很有必要把注解的由来、根据考订出来，并加以通俗的解释，这是对文言文词义进一步的考评、分析。

我们在全国通行的中学语文课本和大学正式教材的文言文注释中摘取若干例子，进行考释，以供教学研究之用。

索

《扁鹊见蔡桓公》(选自《韩非子·喻老》)“使人索扁鹊”。初中语文课本第二册138页注18:“索，寻找。”

【考】原注以“寻找”训“索”，是用“索”的引申义。《礼记·曲礼》:“大夫以索牛。”(大夫用求得的牛)郑注:“索，求得而用之。”《经典释文》云:“索，所百反。注同，求也。”原注“索”用此说。

【释】“索”有“寻找”“探寻”等意义，是“索”的引申义。《说文》:“索，艸(草)有茎叶，可作绳索。”段注云:“当云:‘索，绳也。’与糸部‘绳，索也’为转注。”段是也。索当绳子讲，是其本义。如《尚书·五子之歌》:“若朽索之驭六马。”(如同用腐朽的绳索驾驭六匹马)此例用的是本义。绳子是编绞而成的，因此引申为“绞”，即用茎叶纠缭如丝。《淮南子·主术训》:“索铁歙金。”(把铁绞成绳状，歙合金属)高诱注:“索，绞也。”编绞绳索的原料定要精细“选择”，又可引申为“选择”。《左传·襄公二年》:“莱人使正舆子赂夙沙卫以索马牛，皆百匹。”(莱国人派正舆子用挑选好的马牛贿赂夙沙卫，都是一百匹)杜预注:“索，简择好者。”要挑选好的质料编绞绳索，必定经过一番寻求，因此又可引申为“寻求”

“寻找”。《易·说卦》：“一索而得男。”（求一次而得男孩）孔疏引王氏云：“索，求也。”“使人索扁鹊”，大意是“派人寻找扁鹊”。

等

《马说》（选自《昌黎先生集》）：“且欲与常马等不可得。”初中语文课本第二册190页注11：“等，等同，一样。”

【考】原注根据《淮南子》高诱注。《淮南子·主术训》：“有法者而不用，与无法等。”（有法却不使用，跟没有法律一样）高诱注：“等，同。”

【释】“等”有“等同”“齐等”“一样”等意义，是用“等”的引申义。《说文·竹部》：“等，齐简也。”这是本义，即把累叠的竹简书册开整齐。由此可引申为一切抽象的整齐、相同、一样的意思。《周礼·春官·大宗伯》：“以等邦国。”（使诸侯齐等）郑注：“等犹齐等也。”又《汉书·张良传》：“今诸将皆陛下故等夷。”（现在这些众将官都是陛下您过去的同辈人）师古曰：“夷，平也。言故时皆齐等。”又《昌黎先生集·马说》：“且欲与常马等不可得。”意思是“尚且想跟一般的马一样都做不到”。

还

《扁鹊见蔡桓公》（选自《韩非子》）：“扁鹊望桓侯而还走。”初中语文课本第二册188页注：“还（xuán）走，转身就跑。还，同‘旋’，回转、掉转。”

【考】原注根据《韩非子》王先慎注，认为“还”是“旋”的声借字，所以读同“旋”（xuán）。上古“还”与“旋”声近，叠韵，古书多通用。《汉书·徐乐传》：“不得还踵而身为禽。”（还来不及转身就被捉住）注：“还读曰‘旋’。”《礼记·少仪》：“还履。”（掉转鞋子的方向）陆德明《经典释文》云：“还音旋。”《汉书·龚遂传》：“遂还问其故。”（龚遂掉转头问其故）师古曰：“还，回也。”又《庄子·庚桑楚》：“夫寻常之沟，巨鱼无所还其体。”（一条小河沟，大鲸鱼没有旋转身体的可能）《经典释文》云：“音旋，回也。”

【释】“旋”有“回转”“掉转”等意义。《庄子·秋水》：“河伯始旋其面目。”（河伯这才掉转他的脸)成玄英疏云:“方始回旋面目。”又《庄子·达生》:“工倕旋而盖规矩。”(工倕只用手旋转而巧过规矩)王夫之解云:“回旋顾视而中,方园过于规矩。”《文选·神女赋》:“若将来而复旋。”(好像要朝这边来却又掉转而去)李善注引《字林》曰:“旋,回也。”

材

《马说》(选自《昌黎先生集》):“食之不能尽其材。”初中语文课本第二册191页注:“尽其材:竭尽它的才能。‘材’同‘才’。”

【考】原注根据《汉书·王嘉传》师古注,认为“材”是“才”的声借字。“材”与“才”上古双声、叠韵。二字确有声借的先例:《论语·子路》“举贤才”(提拔优秀的人才),《汉书·平帝纪》作“举贤材”。又《论语·泰伯》“才难”(人才难得),而《汉书·王嘉传》作“材难”。师古曰:“《论语》载孔子之言也。材难谓有贤才者难得也。”

【释】“才”有“才能”“智能”等意义。《论语·子罕》“既竭吾才”(已经用尽我的才能),刘宝楠正义:“才者,能也。”《淮南子·主术训》“任人之才,难以至治”(听任人的才能,难以治理好国政),高诱注:“才,智也。”“食之不能尽其材”,意思是“喂马(喂不饱),不能充分发挥它日行千里的才能”。

輮

《劝学》(选自《荀子》):“木直中绳,輮以为轮。”王力主编《古代汉语》(修订本)第二册396页注:“輮,通煣,用火熨木使弯曲。”

【考】原注以“輮通煣,用火熨木使弯曲”解释“輮”,是以“輮”为“煣”的同源假借字。凡“輮”“煣”,都从“柔”得声。《说文·六上·木部》:“柔,木曲直也。”又《说文·十上·火部》:“煣,屈伸木也。”而段注《说文》“輮”下引《释名·释车》云:“罔也。罔罗周轮之外也。关西曰輮,言曲揉之也。”王宗涑解《周礼·考工记·轮人》云:“一木之屈曰輮,合众輮以成大圜曰辋,两輮交合之牡齿曰牙。”可见“輮”“煣”“柔”,皆为屈伸木的意思。段玉裁注“柔”下云:“凡木曲者可直,直者可曲曰柔。《考工记》多言揉，许作煣，云：‘屈申木也。’必木有可曲可直之性，而后以火屈之、申之。比柔与煣之分别次弟也。”段注的这种解释亦包括“鞣”义，所以它们是同源通用。《周易·说卦》“为矫鞣”（使曲者直为矫，使直者曲为鞣），《经典释文》云：“宋衷王（廙）作揉，京作柔。”

【释】“煣”训“用火熨木使弯曲”意义，见《汉书·食货志》“煣木为耒”（用火熨木使之弯曲作耒），宋祁曰：“煣木当为揉木。煣，《玉》篇曰：‘而久切，以火屈木曲。’案《易》作揉。”“木直中绳，鞣以为轮”，意思是“木性本直，合乎绳墨，但通过用火熨木使之弯曲，可做成车轮”。

郤

《鸿门宴》（选自《史记》）：“令将军与臣有郤。”高中语文课本第二册210页注：“郤（xì）同‘隙’，隔阂、嫌怨。”

【考】原注根据《汉书》师古注，认为“郤”是“隙”的声借字，“郤”与“隙”上古双声，叠韵。二字确有声借的先例：《左传·襄公廿八年》传注“宋盟有衷甲之隙……”（在宋国订立盟约，楚国把兵器藏在衣内，晋楚有此事之隔阂），《经典释文》云：“本或作郤。”《汉书·孙宝传》：“与红阳侯有郤。”（孙宝与红阳侯有了嫌怨）师古曰：“郤与隙同。”

【释】“隙”有“隔阂”“嫌怨”意义。《国语·周语》“则可以上下无隙矣”（君臣上下可以没有隔阂了），韦昭注：“隙，瑕衅也。”“令将军与臣有郤”，意思是“使将军您同我有了嫌怨”。

识

《石钟山记》（选自《苏东坡全集》）：“汝识之乎。”高中语文课本第二册224页注：“识同志，记住。”

原注以“记住”解释“识”，是认为“识”是“志”的同源通用字。郑玄注《周礼·春官·保章氏》云：“志，古文识。识，记也。”贾公彦疏云：“古之文字少，志意之，志与记识之志同。后代自有记识之字，不复以志为识。故云：志，古文识。

识即记也。”段玉裁注《说文》“志”下云：“盖古文有志无识，小篆乃有识字。《诗序》曰：‘诗者，志之所之也。在心为志，发言为诗。’志之所之，不能为言，故识从言。《哀公问》注云‘志读为识’者，汉时志、识已殊字也。”又阮元《论语·子张》校勘记云：“《汉石经》识作志。案志、识，古今字。”综上所述，上古“志”兼职多，汉时的“识”字分担了“志”的“记住”这一词义。故阮元认为“志、识，古今字”。从词义上看，在“记住”这一词义上，志、识是同义。从古音上看，上古“志”与“识”，双声，韵是“之”“职”对转，故音近义同，为同源通用字，古多通用。《论语·子张》“贤者识其大者，不贤者识其小者”（贤能的人记住大处，不贤能的人记住小处），而《汉书·刘向传》作“贤者识其大者，不贤者识其小者”。又《论语·子张》“博学而笃志”（广泛地学习，深深地记住），集解引孔安国：“广学而厚识也。”“汝识之乎？”大意是“你记住这个了吗？”

——《**中学语文教学参考**》1984 **年第** 5 **期**

编著《中学古文注解考释》一书的几点感受

一、《考释》的说明及体例

我和张庆绵同志编著的《中学古文注解考释》(简称《考释》)一书,辽宁大学出版社于1986年6月出版。从1985年10月定稿交出版社上推到1982年下半年开始编写,前后共用三年的时间。

《考释》是对中学语文教材古文注解的考证和解释。中学语文教材对其所选古文中比较难懂的词语都做了注解,这些注解简明扼要,有助于教学和阅读。但是由于教材本身体例和篇幅的限制,其注解不可能写得太详细,如果教学者或者学者想要再多了解一点关于这个注解的情况,教材上的注解就没有办法满足了。有一些在中学任教的同志经常来探讨:这个词为什么要这样注解?那句话为什么要那样注解?我们为了给中学教师提供一些方便,从目前通行的中学语文课本和人民教育出版社出版的某些重点中学试行的语文试教本教材中选出两百条注释。为此,它既是一本工具书,又是一本训诂书。既可以供中学教师查阅,也可以提供给中学生、古文爱好者和自学古文的同志们参考。

《考释》的凡例,每一词条分三项内容:(1)词条来源;(2)【考】;(3)【释】。词条来源部分:首先列出教材的篇名及所出的书名,其次列出含有这个词的原句,再列出教材版本、页码、注号及注解原文。【考】的部分:首先考证该注解的历史根据以及与这个注解相同的其他古代文献的佐证;其次列举新中国成立后常见的古文注本对词语的注解。因《考释》系供查阅的工具书,为了便于引用,在考证历史根据时,尽量注明古注的朝代和注释者的姓名。如在同一词条内,同一个注释人重复出现时,则只写姓或姓名,而不再写朝代。考证今注时,也都写明出版时间、书名、书名、出版社或作者名，以便于查阅。【释】的部分：分析这个词语为什么要这么注解而不是那样注解。或从词的本义引申义上分析，或从通假字、同源字上分析。对于考与释的部分一般都加以翻译，以便读者理解。

《考释》的编写，得到了导师陆宗达先生和同门王宁同志的大力支持。陆先生为《考释》亲自写了序文："友生黄宝生、张庆绵两同志，六一年曾问学于予，转相启发，有三载矣。今二子以所著《中学古文注解考释》见示，予读之，知其体例和方法皆有所本，所谓'非徒无主而生'者也。此书对中学教师与同学皆有裨益，故为之序。"书稿在写作过程中还曾参考和采用了一些师友们的研究成果，于此一并致以谢意。由于我们的水平和资料所限，又兼时间仓促，该书疏漏和错误之处一定不少，望专家、同志们批评指正。

二、举三个例子以明《考释》之体例

惠

《愚公移山》(选自《列子》)："甚矣，汝之不惠。"1982年版六年制重点中学初中语文课本(试教本)《阅读》第二册55页注⑲："惠，同慧，聪明。"

【考】原注根据清人段玉裁《说文解字注》和清人王引之《经义述闻》。《说文》："惠，仁也。"段注云："经传或假惠为慧。"又《说文》："慧，儇也。"段注云："古多假惠为之。"又清人王引之《经义述闻》卷十一："惠而不俭。"(《大戴礼记》)下云："引之谨案，惠与慧同。……凡人之慧黠者，多流于险陂，惟君子不然，故曰慧而不俭。俭与险古字通。"又《经义述闻》卷三十二"经文假借"下云："若是者，由借字之古音以考同音之本字，惟求合于经文，不敢株守旧说。他如借子为慈，借惠为慧，借俭为险……"(说见《大戴礼记·卷四·曾子立事》)

又，1963年版《古代散文选》上册《愚公移山》注15："惠，同'慧'。"又1981年版郭锡良等编《古代汉语》上册《愚公移山》注此句为："惠：通'慧'，聪明。"

【释】原注用"聪明"训"惠"，是认为惠是慧的通假字。"惠"与"慧"，上古双声，声在匣纽。韵为旁转，“惠”在质部，“慧”在月部。“慧”有聪明义，而“惠”没有这个意义。故“惠”是通假字，“慧”是本字。如《左传·成公十八年》：“周子有兄而无慧，不能辨菽麦。”（周子有一个哥哥是白痴，不能辨别豆子和麦子）晋人杜预注：“不慧，盖世所谓白痴。”《论语·卫灵公》：“好行小慧。”（好耍小聪明）。魏人何晏《集解》引郑注：“小慧，谓小小之才智。”《史记·五帝纪》：“幼而徇齐。”（黄帝幼小就聪明）唐人司马贞《索引》：“按《孔子家语》及《大戴礼》并作‘叡齐’，一本作‘慧齐’。叡、慧，皆智也。”而清人王聘珍《大戴礼记解诂》卷七《五帝德》作“幼而慧齐”。因为它们声近，古多通假。如《论语·卫灵公》：“好行小慧。”清人刘宝楠正义云：“《释文》：‘惠音慧’，皇本作惠。”又《韩诗外传》卷五第十八章：“主明者其臣慧。”（君主英明，他的大臣就有才智）今人许维遹《集释》云：“沈本、张本、毛本、刘本同。元本、钟本、黄本、杨本、程本、赵本‘慧’作‘惠’。”并引清人赵怀玉注：“惠，慧同。”“甚矣，汝之不惠”大意是“你太不聪明了”。

——见《考释》74页至76页

曾

《生于忧患，死于安乐》（选自《孟子·告子下》）：“曾益其所不能。”1982年版初级中学语文课本第五册153页注⑫：“曾益，增强。曾同增。”

【考】原注依据朱熹《孟子集注》。《孟子·告子下》：“曾益其所不能。”宋人朱熹注：“曾与增同。”清人焦循《孟子正义》云：“《音义》云：‘张云：曾与增同。’丁云：‘依注曾读当作增。依字训义亦通。’”又《楚辞·离骚》：“曾歔欷余郁邑兮。”（止不住地哀泣我心中的忧愁）东汉王依注：“曾，累也。”

又，1957年版北京大学中国文学史教研室选注《先秦文学史参考资料》中《离骚》：“曾歔欷余郁邑兮。”注：“‘曾’同‘增’。”1963年版《古代散文选》上册《舜发于畎亩之中》：“曾益其所不能。”注：“〔曾益〕增加。曾，同‘增’。”又1960年版杨伯峻《孟子译注》注此句为：“曾同增。”又1981年版王力主编《古代汉语》（修订本）第一册《舜发于畎亩之中》注此句为：“曾，通增。益，与增同义。增益其所不能，大意是说对他们本来不能做的事有所增加，等于说增加了他们的能力。”

【释】原注用“增”训“曾”，认为“曾”与“增”是同源通用字。上古“曾”与“增”，双声、叠韵，是同音字。且在增加、增益的意义上同义，故而为同源字。清人王筠《说文句读》云：“曾下虽云：‘词之舒也。’而会下则云：‘曾，益也。’知增即曾之分别文。”王力《同源字典·序》云：“王筠讲分别字、累增字，徐灏讲古今字。其实都是同源字。”这还可以从同训上得到证明。《说文》：“增，益也。”又《说文》“会”下云：“曾，益也。”又《广雅·释诂四》：“增，累也。”又《楚辞·离骚》：“曾歔欷余郁邑兮。”东汉王逸注：“曾，累也。”清人蒋骥注：“曾，累。”既然是同源字，所以在古代典籍里经常通用。《荀子·法行》篇：“鹰鸢犹以山为卑而曾巢其上。”又《楚辞·离骚》：“曾歔欷余郁邑兮。”朱熹注：“曾，一作增。”又《淮南子·本经训》：“残高增下。”（削减高的、增加低的）有的版本“增”作“曾”。“曾益其所不能”大意是“增加他不能做的事情”。

——见《考释》22 页至 23 页

毛

《出师表》（选自《诸葛亮集》）：“故五月渡泸，深入不毛。”1984 年版六年制重点中学初中语文课本（试教本）《阅读》第六册 274 页注②：“不毛，不长庄稼（的地方）。意思是荒凉的地方。毛，苗。”

【考】原注依据《公羊传》何休注。《公羊传·宣公十二年》：“君如矜此丧人，锡之不毛之地。”（您如果怜悯这个亡国的人，恩赐给他不生长庄稼的地方）汉人何休注：“垸埆不生五谷曰不毛。谦不敢求肥饶。”又《左传·昭公七年》：“食土之毛，谁非君臣？”（吃着土地上的出产，哪个不是国君的臣民？）晋人杜预注：“毛，草也。”今人杨伯峻《春秋左传注·昭公七年》注：“杜注：‘毛，草也。’《公羊·宣十二年〈传〉》‘不毛之地’，据何休注，毛谓五谷。此谓食生产于土者。”《左传·隐公三年》：“涧、溪、沼、沚之毛。”（即使是山沟、池塘里生长的植物）晋人杜预注：“毛，草也。”今人杨伯峻《春秋左传注·隐公三年》注：“凡地所生曰‘毛’。”

《后汉书·冯衍传上》："饥者毛食。"（饥饿的人吃草）唐人颜师古注曰："毛，草也。"

又，1962年版冯其庸等编《历代文选》上册《出师表》注："不毛：不毛之地，即寸草不生，不能垦殖的地方。"又人民教育出版社1963年版《古代散文选》上册《出师表》注"不毛"："不生草木（的地方），意思是荒凉的地方。毛，指草木。"又1980年版刘盼遂、郭预衡主编《中国历代散文选》上册《出师表》注："不毛，不生长五谷，即荒瘠或未开发的地方。"又1982年版郭锡良等编的《古代汉语》中册《出师表》注此句："不毛，不生草木，指不长粮食的荒凉地方。毛，指草木，用作动词。当时西南少数民族地区经济、文化还很落后，因此说'深入不毛'。"

【释】"毛"有"苗""凡地所生长的可食者"的意思，这些是它的引申义。东汉许慎《说文》："毛，眉发之属及兽毛也。"清人段玉裁注："眉者，目上毛也。发者，首上毛也。而者须也，须者而也。颐下之毛也。髯者，颊须也。髭，口上须也。及兽毛者，贵人贱畜也。"可见"毛"本义指人或动物表皮上的胡须、发、毛。《穀梁传·僖公二十二年》："不禽二毛。"（不逮头发花白的老年人）晋人范宁注："鬓发白为二毛。"此为用本义。由此引申为凡地上所生之植物叫毛。如《穀梁传·定公元年》："毛泽未尽。"（植物尚润泽没有枯竭）范宁注："邵曰：'凡地之所生谓之毛。'"凡地之所生者，既可指五谷，如《公羊传·宣公十二年》"锡之不毛之地"，又可指野草，如《广雅·释草》"地毛，莎隋也"。《唐本草》注："莎，草根。名香附子，周币多毛。"但教材中"深入不毛"，不是指草，而是指庄稼。"故五月渡泸，深入不毛"是说"所以五月渡过泸水，深入不长庄稼的荒凉地方"。

诸葛亮《出师表》中的"五月渡泸，深入不毛"的"毛"字到底指的是什么？新中国成立后的古代文选注解本有两种解释：一种解释认为"毛"指"苗，庄稼"，"不毛"就是不长庄稼(例如教材的解释)；另一种解释认为"毛"指"草木"，"不毛"是不长草木(例如人民教育出版社1963年出版的《古代散文选》)。到底哪种解释对呢？我们认为教材的注解是正确的。导师陆宗达先生在《训诂简论》中谈及过这一问题。他指出："举例来说：成语'不毛之地'，不少词书解释成'寸草不生之地'、'不长草的荒地'……这些解释都把'毛'作为草木的比喻之词来理解，这是一种不通训诂的错误解释。"接着举例分析云："《说文解字·

虎部》：'虦（zhàn栈），虎窃毛谓之虦苗。'段注：'按毛苗古同音，苗亦曰毛，如不毛之地是。'《说文·见部》'覒，从见，毛声。读若苗'可证'毛'是'苗'的假借，义为五谷、庄稼。'不毛之地'应解释成'不长庄稼的荒芜之地'，并不是连草也不长。这一点在文献中有多处证明。《公羊传·宣公十二年》'君如矜此丧人，锡之不毛之地，使帅一二耋老而绥焉'，何休《公羊解诂》'墝埆不生五谷曰不毛'，《左传·昭公七年》'封略之内何非君土，食土之毛，谁非君臣'均可证'毛'是五谷。《周礼·地官·载师》：'凡宅不毛者，有里布；凡田不耕者，出屋粟。'郑众注：'宅不毛者，谓不树桑麻也。'这里的'桑麻'不是只指桑和麻，而是农作物的总称。《孟子·梁惠王上》：'五亩之宅，树之以桑。'《汉书·食货志》：'还庐树桑。'何休《公羊解诂》：'还庐舍，种桑荻杂菜。'可证桑麻代一切农作物，凡农作物都叫'毛'。更可证明这一点的是诸葛亮《出师表》的'五月渡泸，深入不毛'一句。这里说的是云南，云南非沙漠之地，岂能不长草？只是土地荒芜，不种五谷而已！"最后强调指出："由此可见，不通训诂，对一些词语的解释，不可能确切，常会望文生义而降低工具书的科学性和使用价值。"我们认为陆先生的分析是正确的。

从陆先生这段分析里，我们可以体会到，不论是编写辞书还是注解古文，要想对具体词语作出准确的解释，必须了解必要的训诂知识。

——见《考释》106页至109页

三、编写《考释》过程中的几点感受

1.教材中某些词应注音而未注音

《论积贮疏》："大命将泛。"注："泛，这里是倾覆、覆灭的意思。"

按：教材对"大命将泛"的"泛"未注音，大概是按"泛"的通常读音（fàn）认读，误也。唐人颜师古注《汉书·食货志》："泛音方勇反。泛，覆也。"又注：《汉书·武帝纪》"夫泛驾之马"云"泛，覆也。音方勇反。字本作覂，后通用耳"。查《广韵·上声·肿第二》："覂，覆也，或作庋，又作泛，此覂驾之马，非良者。《说文》

曰：'反，覆也，方勇切。'"又1982年版郭锡良等编《古代汉语》中册《论积贮疏》注："泛(fěng)：通'覂'，倾覆。"1979年版《古汉语常用字字典》"泛²"4下云："fěng(讽)。通'覂'。翻，覆。"又《说文解字·七下·襾部》："覂，覆也。"段注："《武帝纪》'泛驾之马'。师古曰：'泛，覆也，音方勇反。字本作覂，后通用耳。'《广韵》正作'覂驾之马'。《食货志》'大命将泛'。孟康曰：'泛，音方勇反。'《玉篇》正作'大命将覂'。"

综上引例证明当倾覆、覆灭意义的"泛"字字音，应按颜师古注音为准，读fěng。教材未注。

《论积贮疏》："则物力必屈。"注："屈，匮乏、缺乏。"

按：教材对"则物力必屈"的"屈"未注音，大概是按"屈"的通常读音(qū)认读，误也。唐人颜师古注《汉书·食货志》："屈，尽也。音其勿反。"《说文解字·尾部》："屈，无尾也。"段注："九勿切，十五部。按九勿当衢勿。"而《广韵·入声·物韵》把"倔、踀、崛、裾……掘"排在一组，证明这一组都读(jué)，而和"屈、诎"一组读(qū)音不同。1979年版《古汉语常用字字典》"屈"3下云："jué"(决)：竭，尽。贾谊《论积贮疏》：'生之有时，而用之亡度，则物力必屈。'"《辞源》(修订本)"屈"字第2义项注音"jué"，释义"短小""竭尽，穷尽"。又王力《同源字典》"屈"下云："按，《说文》：'屈，无尾也。'那是另一字，读九勿切，与屈曲的'屈'无关。"

综上引例证明当"匮乏、穷尽"意义的"屈"字字音，应按jué音认读，而教材未注。

2.教材中"某通某""某同某"的注释，不能一律按通假字对待，其中有同源字、异体字。同源字还可分析有古今字

(1)"某通某""某同某"者，有的属于音近或音同而词义毫无关系的，我们归为通假字。

如："罢通疲""仓同苍""惠同慧""畔同叛""蚤通早"等等。

(2)"某通某""某同某"者，有的属于音义皆近，音近义同，或音同义同的字，我们归为同源字。

如："颁通班、斑""徧同遍""材同才""曾同增""雠同仇""厝同措""唱同倡""殆同怠""得通德""而通尔""衡通横""还同旋""惛通昏""贾同价""见同现""距同拒""眄同氓""内同纳""诎同屈""善通缮""生同性""识同志""枝同肢""帅同率""廷同庭""希同稀""郤同隙""畜同蓄""圉同御""羞同馐"等等。

其中包括有古今字。如"希同稀"，稀是后起的分别字。"直同值"，值是唐代以后才产生的后起字。"羞同馐"，馐是后起的分别字。"曾同增"，增是曾的后起分别字，等等。

(3)"某通某""某同某"者，有的属一个字的两种或两种以上的不同写法，实则一字，我们归为异体字。

如："愬同诉"。《说文解字·三上·言部》："诉，告也。从言厈省声。……诉，或从言朔。愬，诉或从朔心。"陆宗达先生《说文解字通论》云："《说文》所收集的正篆（即篆书的正体字）重文（即篆书的异体字）总数为一万零五百一十六字。"陆先生把《说文》中的重文当正篆的异体字看待。

从编写《考释》中，我们觉得教材一律把"某通某""某同某"的注释当作"古字通假"是不妥帖的［见1982年版初中语文课本第二册166页的"思考和练习四"："古汉语中，常有用一个声音相同或者相近（有时形体也相近）的字来代替另一个字使用的现象，叫做'古字通假'（通是通用，假是借用）。《卖炭翁》里的'直'用'值'，本文的'还'用'旋'，'汤'用'烫'，'齐'用'剂'，都属于这种通假字。阅读古代作品时，要注意这个现象，便于确切了解文章的意思"］。

教材中的这种看法还是"从文字的角度上研究问题，不是从语言的角度上研究问题"（见王力《同源字典》）。我们依据古代训诂中的互训、同训、通训和声训方法，发现教材注解的"某同某""某通某"，大量是属于同源字，只有少数属于通假字，也就是说，过去认为只是声音相同或相近而意义不同的"古字通假"，"有许多词在意义上是相互联系着的"（王力《同源字典》）。在事实面前，我们不得不从所谓的"古字通假"的藩篱中冲出来，在同源字的范畴里考虑问题、分析问题。从清代语言大师段玉裁、王念孙等主张以声音明训诂，到章太炎先生以《文始》巨著对汉语同源字作出全面探索、研究，直至王力教授《同源字典》问世，一个从语言角度研究词汇的体系已经确定。它坚定了我们在编著

《考释》中建立的同源字说的观念。我们认为只有这样认识、分析，才能更确切地了解词义，才能更确切地了解文章的意思，才能真正领略古文大家遣词用字的用意和面目。

我们认为，应该把同源字的研究成果具体运用到中学古文教材中去。

3. 从词的引申义的分析中认识到名词用于动词的词类活用和词的兼类的语法现象是段玉裁的“字之体用同称”说的一种发展

《考释》中的“释”，是从引申义、同源字、通假字上去分析词义的。其中从引申义的角度分析词义的发展过程，往往牵涉到工具性的名词向动词发展的痕迹。不过有的已从工具性名词词类转变成动词词类，如《愚公移山》“北山愚公者，年且九十，面山而居”的“面”，教材注：“面，向着。”《古汉语常用字字典》“面”下云：“面向，面对着。”王力主编的《古代汉语》(校订重排本)第二册常用词(七)“面”下(二)云：“动词。面向，面对着。”如《寓言三则·智子疑邻》“不筑，必将有盗”的“筑”，教材注：“筑，修筑。”《古汉语常用字字典》“筑[2]”下云：“筑墙。古代用夹板夹住泥土，用木杵把土砸实。”有的尚未从工具性名词词类转变成动词词类，一般称之为“名词用如动词”。如《荀子·劝学》“假舟楫者，非能水也，而绝江河”的“水”。教材注：“水，指游泳，这里用作动词。”王力主编的《古代汉语》(校订重排本)第二册《劝学》注：“能水，指能泅水，‘水’用如动词。”一般称前者即工具性名词词类转变成动词词类，叫词的兼类。一般称后者即名词词类尚未转变成动词词类，叫词类活用。所谓“词类活用”者，即它仍保留名词的性质，但在句中临时充当动词，作谓语。究其实，这种现象全是词义的引申，而这种词义引申的发展过程，清人段玉裁在《说文解字注·六上·木部》“梳”下注云：“器曰梳，用之理发，因亦曰梳。凡字之体用同称如此。”段氏的“字之体用同称”说，是他把词义引申具体运用到语法现象的理论概括和认识。其他如“椎”下云：“器曰椎，用之亦曰椎。”“筑”下云：“其器名筑，因之人用之亦曰筑。”所谓“字之体”者，即字本来具有的名词性质。所谓“字之用”者，即字本来具有的名词性质，或已转变成动词性质，或尚未完全转变成动词性质。具体一点说，字之“体”在“用”之时，仍保留着名词词类的性质，但在句中可临时充当动词，作谓语。所谓“字之体用同称”者，即一词的性质及其功用之间的内在联系和本质区别。从词义学上看，这是词的本义和引申义的关系。从语法学上看，这种“体用”分明的字已具备两种词类性质的特点，当我们把这种字放进具体的句中，如果占据着谓语的位置，它的功能就发挥出谓语动词的功能，虽然这时它的内容包括比较丰富、复杂，和一般单纯动词有些区别，但从特点上看，它已不是“字之体”，而是“用之体”。这种字之体用的语法分工在句子中已明显地表现出来。我们不妨统统当动词看待。

上面的几点感受与认识不知对否，请专家及同志们指正。

——《学苑》1987年第1期

扎根秦巴 艰苦奋斗书怀录

一、智力资源的追溯

1937年我出生于天津市宝坻县，1945年来到北平，小学、中学、大学、研究生都在北京攻读。初中毕业考上国立北师大第一附属中学念高中，高中毕业以优异的成绩保送上北京师范大学中文系，大学本科毕业又被保送进入北京师范大学古汉语研究班。导师陆宗达教授教《左传》和《说文解字》，俞敏教授教古音韵，萧璋教授教毛诗训诂。三位导师的培育之恩，我铭记在心；当年的听课笔记，作为一生智力资源完好保存，作为永久纪念。

二、智力发挥的岁月（从1963年7月至1998年3月）

（一）回眸我怎么走进秦巴山区、迈入汉中大学美丽校园的

我于1963年研究生毕业，教育部把六名研究生分到西北局，我是其中一个。原因是李先念的秘书齐光同志在西北局任要职，要编一部《孙子兵法》注释书。经教育部批准，从上海复旦大学中文系、华东师大历史系、北京师大中文系和北京外国语学院四所大学招来六名研究生到西北局。未料，齐光向周恩来总理申报这项科研项目，因各种困扰而未获批准，我们六名研究生被派往陕西省教育厅重新分配。其间，西安教育学院邀我任教，咸阳中医学院和武功西北农学院专家学者要出专著，要我做副手。我正在考虑之时，未料汉中大学人事处派王邦余同志正在省教育厅要一名古汉语课的老师，一见到我的档案，不见我本人，不与我交谈，就把我的档案拿到汉中大学。当时我真的无可奈何，就在这种情况下，我于1964年4月走进物阜民丰、西北的小江南——秦巴山区，踏进汉中大学美丽的校园。从1964年27岁的青年，至2007年70岁的老人，我始终如秦巴青松笔直挺立，毫不动摇。回眸四十三年的风风雨雨，坎坎

坷坷，我用三句话概括之：我出生于天津，成长于北京，永远扎根于秦巴。

（二）扎根秦巴服从命令，服务基层十四年艰苦生涯

我从大城市走进秦巴山区，为社会服务，为基层服务，为群众服务。下面按时序简述。

1964年4月进校，于下半年便和段永华老师一起参加西乡县龙头公社社会主义教育活动，和当地农民同吃同住同劳动，农民的淳朴，农村的山清水秀，让我受益匪浅，感慨颇多。1965年上半年我又被派到汉中二中语文组蹲点实习，学习中学语文老师的实践经验，结交了好多师友。1965年下半年返回中文科，自编教材给66届学生上古代汉语课。1966年至1968年"文革"势头猛烈，1969年5月，汉中地区组织一支汉中大学青年教师到镇巴县渔渡镇支援三夏，我积极参加，收获巨大。从镇巴县返回不久，我又被抽调到汉中地委政工组参与"汉中地区第一届工农兵积极分子代表大会"材料组工作。给我的任务是到西乡县杨河坝公社马家村调查、撰写党支部书记马家才所领导的马家村的先进事迹（马家才所领导的马家村是毛泽东主席亲自批示过的政治先进大队，也是毛泽东主席对汉中地区唯一批示的政治先进单位）。我写的材料得到县、地区党政领导认可后，又在材料组修改了若干次，被大会定稿使用。在大会开幕前，政工组又交给我一个任务，让我和汉中地区党校王建业老师代表汉中地区给毛主席写一封致敬电，并让我在大会开幕式上用普通话朗读，我深深感到无上荣光。从1969年至1971年我都在汉中地区政工组工作。其间，为修筑阳光铁路，我被派到西乡县指挥部搞简报工作，曾到镇巴县煤矿体验矿工生活并撰写材料、修改其他材料。这中间，汉中地委又先后召开汉中地区妇代会、学习毛泽东思想积极分子代表大会，我为这些大会修改了所有材料。

1971年下半年返回汉中大学，正值汉大决定停办，人员重新分配。我被分到汉中师范学校任教。曾经教72级三个班的汉语课。1975年汉中大学恢复，更名为陕西师大汉中分校，李公书记邀我回校。在开学前让我写汉中分校成立开幕词及材料准备工作。1976年5月，我校到甘肃武山县洛门镇学军，我和宋保宗、兰正学三人负责学军简报的撰写工作。1976年下半年陕西师大编写《古汉语虚词词典》，汉中分校中文系承担部分《古汉语虚词词典》及《左传》

十六篇虚词词目的编写内容。中文系党政领导让我挑重担，负责编写。我从76级学生中挑选李锐等几名学生参加这次编写工作，如期完成任务。编写《古汉语虚词词典》既是科研任务融进古汉语教学之中的深钻细研，又是将古汉语教学开拓成专业技能的实践培养与锻炼。1977年7月至1978年元月，中文系党政领导决定派我一个人到城固县南沙河“五七”干校劳动锻炼半年。张德祥同志任“五七”干校校长，王振刚同志具体指导劳动训练。我在半年中除劳动任务外，还兼写劳动简报和辅导队员学习毛主席著作。

十四年来，我经历了无数的风风雨雨，长期扎根在秦巴山区，服从祖国需要，以服务基层为己任，克服了各种艰难困苦，在社会服务中作出了自己应有的贡献。

（三）扎根秦巴，重师育才，加强学科专业建设，全面提高办学实力和水平

1.随着政治体制的改革，经济现代化建设的迅猛发展，社会迫切需要各方面的专业人才

自1984年开始，中文系进行了教育改革，在本科教育结构的基础上，招收中文专科班。形成了本科、专科相结合的教育结构。自1985年至1987年，又先后开设了成人文秘班和政工干部大专班，形成了多层次、多结构、多渠道的多级发展的教育结构，为社会的需要培育了多方面的人才。1994年，学院决定采用联合有硕士学位授予权的院校共同培养研究生的形式来培养学院资源，开展研究生教育，当时确定了七位教授为首届兼职（协助）导师，我又被列入其中。从1995年起开始联合招生，首批确定三个名额，其中一名即中文系刘忠华老师，1998年这三名教师毕业并获得硕士学位。

2.拓宽专业面，全面提高办学实力和水平，是中文系加强学科建设的基本目标

为了沟通、了解、掌握有关学科的新消息、新观点、新成绩，具有良好的教学素质及一定的科研能力，20世纪90年代，中文系对传统学科专业进行拓宽，

除开设专业课外，还增设了诗词格律、文献检索与利用、电影电视艺术等专业选修课，同时还开设了文秘辅修课程，包括办公自动化、公共关系学、秘书学和文书学等，并规定学生在校学习期间必须用普通话交流，必须参加普通话等级测试。这样加强学科专业建设，强化了社会需求面。为基层服务的目的不但使中文系办学实力和办学水平得到全面提高，而且培养出一批又一批适应社会需求的高素质人才。

3. 从1978年至1998年，二十年来，我是怎样进行教学与科研的

在职期间，我主讲古代汉语、文字学、训诂学和诗词格律课程。总结我的教学思维和教学方法、科研论文与著作撰写过程，皆是吃透教材而不迷信教材，深挖资源来悟透原理，精心探索又博取众长，钻研剖析边教边写。七部著作（包括专著与参编）、二十余篇论文都是这样出版与公开发表的。发表后得到语言学界的充分认可肯定。如《史记》“三家注”注释的相关论文等多篇论文公开发表后，1984年12月28日被评为汉中师范学院科学研究成果一等奖，并获得获奖证书。1986年出版的第一部专著《中学古文注解考释》一书，得到恩师陆宗达先生的全力支持，书稿寄去，恩师阅后当即写序言。序中云：“予读之，知其体例与方法皆有所本，所谓‘非徒无主而生’者也。此书对中学教师与同学皆有裨益，故之为序。”此书荣获陕西省教委1991年优秀教学成果三等奖，荣获陕西省语言学优秀成果一等奖。

我在教学过程中，绝不照本宣科，拘泥于教材，缺乏创造性地来讲课。堂堂课的讲稿皆是先细致而后步步浓缩，篇篇讲稿框架分明、突出理论、举例生动扼要、剖析透彻，课堂上绝不死盯着书本讲稿而要上下交融，活跃课堂气氛。讲授时以教材为底线，对教材中的观点不明、分析不足，字有失误处，都博取众长，补充我的看法，两者汇合教给学生，讲授完毕让学生充分讨论，课堂气氛十分活跃，收效颇大。这种教学方法得到历届学生的充分肯定与赞许。同时我的《试论上古时期的“再”字义》《古汉语定语分置中心词前后例析》《上古对话誓礼辞文中“所”字义新探》《古汉语“所字结构”图示语法分析》多篇论文就是在这种教学思维与方法实践下产生的。我用十六个字概括我的课堂教学：深

钻细研，吃透于心，脱之于口，上下交融。

我用20世纪80年代中期中文系开设的诗词格律课为例简述课程形成经过。80年代前期，中文系所有教师都不讲唐朝兴起的诗律，对唐朝格律诗，中国古典文学课只讲唐代大诗人诗歌的思想性和艺术性，对格律诗的内在形式不会分析。应历届学生的要求，系主任王缃教授颇为重视，先后邀请了勉县的方老先生、渭南师院的刘老师来给学生讲诗律，我聆听了两位老师的讲课，颇受启迪，联系我上研究生时学的古音韵学，把唐代"平上去入"四种声调的中古音实际运用到唐代李白、杜甫、白居易等大诗人的诗作中分析平仄、押韵和格式。我全部吃透于心、整体掌握后，从80年代中期承担了中文系诗词格律课讲授的重担，自编教材讲稿，以唐朝划界，唐朝以前的诗统称为"古诗"，唐朝以来以有无格律划分：有格律者为近体诗或今体诗，无格律者为古体诗，又叫古风。这门课的开设与教学，不但辅助了中国古典文学课教学中对唐代诗歌韵文内涵的认识，还帮助学生掌握了唐代格律诗的内在形式，认识到唐代诗歌有无格律的区别点，总体上增加了师生对中华民族诗歌基本知识点的了解。这是开设诗词格律课的宗旨。另外，我再谈一点：在我授课的十多年间，有一个质的变化。90年代前只重讲格律理论，只能让学生懂律诗而已；1990年9月我到江西庐山参加"中国古典诗词研讨会"，会议宗旨是继承与发扬中华民族优秀诗歌传统，促进中国古典诗词的研究和创作。在研讨会上我看到从上海名牌大学来的老师都带着自己的研究生，师生当场写格律诗，吟格律诗，受到很大的启发。于是我从1991年开始，改变原有的教学模式，每学期讲完理论课后，都让该班学生人人写一首格律诗，我全收全改全批，然后在班上依名次逐个进行公开评析，最后出一本诗集，我写序言，班委会写后记，以作永久纪念。今日荟萃一起，已有16本诗集。如用数字统计，每班以五十人计，十六个班约有八百人，写出八百首各具匠心、独具特色的五绝、七绝、七律和长律；厚厚一摞，乃学生呕心沥血之结晶，翻阅之皆赏心悦目之佳作。借此良机，我手捧中文系94级肖剑同学给我写的两首诗收束。

七绝·无题

——献给全体教师

一枝粉笔手中握，三尺高台眼底收。
默默无闻传弟子，谆谆教诲度春秋。

古风·致中文系系主任黄宝生教授

卿本来自北京地，一连报送升三级；
师大考研攻学位，毕业自愿援陕西。
激昂文字正少年，落得如今华发稀；
主任头衔不为过，培育人才无数批。
辛勤耕耘四十载，落叶归根陕西籍；
高风亮节师生爱，赢得美誉教授级。
全系上下一统帅，带动师生互学习。
人才市场中文俏，乐得教授笑嘻嘻。
青春虽过亦无悔，只因奉献出成绩。
如能重新再择业，还选教师献才艺。

肖剑同学的这首古风，可以说是概括了我扎根秦巴，艰苦创业，重师育才的一生教学生涯。抄录于此，以表深深的谢意。

（四）扎根秦巴，狠抓教师教育，注重实践锻炼，发挥师生作用，以培养高素质人才为重任

（1）《陕西文化概览》一书，于1992年启动，至1998年4月由太白文艺出版社出版，历经多年奋斗，终于完成中文系党政领导和全体教师的夙愿，圆了陕西汉中、安康、商洛三大地区文化界学者的梦。它既填补了陕南文化研究的空白，又成为地方特色的教材，在神圣的讲坛上正哺育着下一代。

（2）为提高教师业务素质，强化院级重点课程建设，突出专业特色，中文系于1992年起，以古代文学为主导，全系师生参加，在全院举办了“传统文化与现代化”大型系列学术报告会，先后有十余位教师做了学术报告。这不但对重点

课程的建设起到了展示与推荐作用，对广大学生接受传统文化的教育也非常重要。

（3）中文系古典文学教研室于1995年又在全学院举办了“三国文化与汉中”学术报告会，学院反响很大。在科研处的大力支持下，省教委批准立项，于1995年9月成立了“三国文化与汉中”课题组。经过一年多的努力，学院于1997年2月20日推出了“三国文化与汉中”研究专辑。1997年11月，学院又与中国《三国演义》研究会联合，在汉中师范学院承办了“中国第十一届《三国演义》学术研讨会”。参会代表100多人，国内著名学者多人以及日本、韩国等国专家出席会议并到校进行了学术交流。学院与会代表提交的数篇论文受到关注与称赞。

（4）1997年6月30日，为庆祝香港回归祖国，中文系组织全体师生编导演出百人大型诗歌朗诵文艺节目。文艺节目的演出既是对香港回归祖国的隆重庆贺，又是提高师生文化素质的一次实践锻炼活动。这次朗诵会是汉中大学建校40年来首次大型诗歌朗诵会，赢得了学院的高度赞赏和肯定。

三、智力康泰的晚年（从1998年4月至2007年）

我于1998年退休，至今已有九年，其间我的活动可分两点展现。

（一）夕阳未落勤耕耘

（1）1999至2001年，学院聘请我为教学督导副主任，监督指导全校各系教学工作。

（2）从1999年到2004年，参编《人文科学概论》一书中第五章“汉语语言学的历史发展和许慎的《说文解字》”并讲课。

（3）1999年10月我参加略阳县首届《郙阁颂》国际书法展暨学术研讨会。会前受李锐委托，让我给汉代摩崖刻石《郙阁颂》作原文注释，我如期完成重任，这篇《郙阁颂》文章刊登在《汉中师范学院学报》2000年增刊上。

（4）2002年正值北师大建校100周年，百年校庆，毕业生达20多万人，其中两千多人在科研与教学中取得了优异的成绩而获得了北师大校友荣誉证书，我属其中一个。这是我自1963年离开母校以后，来到祖国大西北近四十年所获得的殊荣。

(5)退休至今，我还一直在教课。真乃是“退休虽休闲，师生仍趣谈。书斋问答曰，切磋开心颜”。

(二)积极参与政治及群体活动

2005年我参加“保先教育”学习，作为一个普通党员，我深深认识到应该做什么，不应该做什么，应该怎么做，不应该怎么做。2006年我又被学院党委评为优秀共产党员，并发给荣誉证书。这是我退休以来又一次获得的极大殊荣。

我校申硕成功后，在本科教学水平评估知识竞赛试题中，我写出《提高评估思想认识，增强评建的使命感》一文。以该文最后表态收束本文：“我虽已退休，却还应该具有‘老骥伏枥，志在千里。烈士暮年，壮心不已’的进取精神和奉献气概。只要评估、评建工作需要，一声令下，我决心以一个共产党员的标准做到唯命是听，唯力是视，唯精唯一。”

2007年6月7日

春华秋实诗集

序言

我受王徐明书记委托，从1990年开始到汉中老年大学诗文班任教，由讲历代散文、诗论、五四以来新诗、毛主席诗词、诗律、词律、元曲、对联基本知识、历代文人吟汉中等感性作品，到讲诗律、对联等抽象理论，至今已有多年。

老年大学学友酷爱学习，耕耘不辍，学员不断增多，学习要求不断提高，宏文巨作如雨后春笋，遍及中华大地，收进各类知名刊物、名人辞典。此外，个人出版的诗词集，举不胜举，美不胜收。许多学友虽已至耄耋之年，但壮心不已，真乃“高山仰止，景行行止”，令人敬仰叹羡。

面对发奋勤学的老人，余赧然惭愧，立志以诸君为学习之楷模，奋进之典范。

经学友诚挚恳求，令我将浅陋习作公之于众，君命难违，不揆梼昧，妄自应允，以求就教于大方之家。写此序言，望多指正！

上篇：20世纪五六十年代

清平乐

栉风沐雨逞英豪

“大跃进”年代，大学生活边劳动边学习，成为一时风尚。此词描写我在北京师范大学中文系读书时，某夜前往西便门出勤归来之感。

夜深人静，
哨响声惊梦。
踏破京城街道径，
试问何人夜铤？

出勤劳动通宵，
荷锄归校辛劳。
驻足行人称道，
栉风沐雨英豪！

1958年7月

自由诗

假日陪母随感录

时值我攻读北京师范大学古汉语研究生的第二年，每逢周末我便回家同母亲一起欢度假日。用这首诗描述一下母子是如何度过假日的。

天将晓，
寒意惊晨觉。
几上时钟催我起，
临窗将书瞧。
《说文解字》又《尔雅》，
诱我力最高。
一寸光阴一寸金，
发奋攻读趁年少。
时将午，
帮母把饭煮。
东买酱油西买醋，
奔波不知苦。
菜碗来去母子间，
笑让皆饱肚。
华发今添几缕银？
孝母心志不悖忤。
日已晚，
挽母闲逛街巷间。
冷食铺内冰花盘，

愁云化笑颜。
推盘起座兴致尽，
衣卷凉风心里暖。
夜星稀，
幼儿园静谧。
待到幼儿入梦里，
陪母谈笑将衣洗。
爱园如家无倦意，
母亲一夜洗百衣。
社会主义好，
母子瞻宏图，
党恩铭心底。

1962年10月5日

注：从1956年起，母亲在北京宣武门外西草厂胡同居委会工作，嗣后又在山西街幼儿园工作，并参加扫盲班学习文化。多年来因全心全意为党工作，曾多次荣获宣武区委员会奖状，并参与宣武区（今属西城区）积极分子、先进工作者代表大会。1964年我分配到汉中大学任教，1965年母亲也离开北京，迁居汉中。

西江月

高峰无限好风光

喜读古汉语研究班《学习》墙报创刊，感慨万千，乘兴填词一阕，以示情怀。

日月苦思冥想，
如今笔下成章。
推敲手底字千行，
心血全都用上。
夫子循循开导，
岂能举步轻狂。
高峰无限好风光，

策马扬鞭神爽。

1962年12月

注：夫子指恩师陆宗达教授、萧璋教授、俞敏教授。

古体诗

壮志高如日

时值研究生毕业、等待分配之际，赋诗以明志。

壮志高如日，勤学在平时。
不为艳色动，无以家贫嗤。
亲贤愿比肩，不仁将远之。
愿君明日看，龙飞鱼跃时。

1964年2月1日深夜

古体诗

泪中吟

赋诗铭记慈母茹泣吞悲的坎坷一生。

冀北家乡惊险多，倭寇入侵兴干戈。
提携老幼经门户，悠悠良人隐南国。
一日忽闻倭寇遁，疾驱京城忘坎坷。
掷悲弹愁道故音，弦断琴绝生裂痕。
不负青天天诛殛，不辜亲情情变心。
满腹愁肠何处诉？一壶冰心独自怜。
雨落伴我眼中泪，风吹应我泪中吟。
白日高悬云里隐，岁月永记孝节贞。
五十立志学文化，幼儿园内度六春。
常以世道训爱子："克己奉公报党恩。"
年近耳顺不曾老，日将正道箴后人。
泪诉平生多少事，后人勿忘泪中吟。
不可忘者不能忘，应记心者永记心。

一脚踢开旧世界，双手缔造新乾坤。
忍气吞声俱往矣，扬眉吐气在今春。

1964年2月11日

七绝三首

登大雁塔

独上西安雁塔楼，风光秀美不知愁。
若非群鸟低空过，忘却身居云上头。

1964年2月23日

雪赴碑林

值闲踏雪赴碑林，经典重温慰我心。
感谢国家珍古物，留存真迹给今人。

1964年2月24日

游大兴善寺感怀

从前全仗施斋活，今日念经兼务农。
兴善寺中宗旨变，众僧不是寄生虫。

1964年2月25日

七律

瞻礼杜公祠感怀

今日是阴历正月十五，上午逛大雁塔庙会，午饭后，遂乘车顺东南林荫大道前往，下午二时到达韦曲，瞻仰杜甫祠堂，赋诗铭记。

径直向南二十里，疾奔瞻礼杜公祠。
院庭碧草映春色，松柏黄鹂鸣树枝。
潏水清流叙古事，乾元真迹系吾思。
文坛诗圣传佳句，千载后人吟杜诗。

1964年2月27日

古体诗

西安吟

窗外红杏笑问客，西京孰与北京娇？
含情脉脉酿诗意，凝思片刻兴挥毫。
南被苍翠兮秦岭，北带碧绿兮渭川。
汩汩西流兮沣滈，洋洋东逝兮灞浐。
黄壤肥腴泽膏润，沃田丰饶植麦棉。
自古造化钟神秀，史称文化之摇篮。
蓝田猿人留遗骨，半坡彩陶六千年。
不肖桀纣多暴虐，文丰武镐定雍汧。
列国争雄终有尽，嬴政咸阳一江山。
异言殊语绝沉响，斑驳文字形一般。
只因焚书坑儒事，阿房烈火烧云天。
楚王草莽没垓下，赤帝举仁天祚汉。
周秦汉唐珍玩在，歌馆楼台尽尘烟。
枯木千载逢春雨，古老皇城易童颜。
雁塔端头话往事，独立翠微看今天。
陇海横卧贯于地，京成纵掠飞于天。
美物云屯车如水，良才荟萃人并肩。
先生遗风藏家室，淳朴习俗绕廛闬。
云浮高楼幢幢起，天耸烟囱丛丛连。
红杏幽香飘万里，绿柳摇风拂花颜。
俯瞰九衢花丛内，人头攒动舞蹁跹。
花团锦簇城池地，歌吹鼎沸声闻天。
丽人踏翠游郊外，野老肩担履市间。
夕阳唢呐声声远，寺院晨钟频频传。
游客日日寻古迹，行踪处处说丰年。

诗思涌动古城里，人间春色在西安。

1964年3月30日

中篇：20世纪八九十年代

七律

永怀教诲继先贤

恩师陆宗达先生不幸于1988年1月13日逝世，噩耗传来。不胜悲恸，当即赋七律一首，以作悼念。

追思二十五年前，一代宗师伟业传。[1]
精讲《说文》传道艺，聆听《左传》享华筵。
幸蒙《考释》亲为序[2]，力读《浅谈》遗世篇。[3]
恸悼恩师仙逝早，永怀教诲继先贤。

1988年1月

注：〔1〕1961年至1963年我是北京师范大学古汉语专业研究生。导师陆宗达教授讲《说文解字》和《左传》，萧璋教授讲"毛诗训诂"，俞敏教授讲古音韵。

〔2〕1984年我开始撰写《中学古文注解考释》一书，1986年完成。陆宗达先生为此书亲自写了序言。

〔3〕陆先生著《训诂浅谈》一书，1964年北京出版社出版。

七律

喜迎新生感怀诗

1988年秋，我任汉中师范学院中文系主任，9月迎接新生时，却深深忆念往昔毕业的学生，赋此感怀诗。

一年一度迎送事，送往迎来情不同。
桃李芬芳香万里，园丁辛苦费千功。
风风雨雨读书日，暮暮朝朝学子风。
喜看春华争斗妍，他年秋实傲长空。

1988年9月

七律

长虹万丈壮山河

庆祝汉中师范学院建校三十周年而作。

秦巴拂袖凌空舞，汉水扬波动地歌。
三十婷婷凝伫立，一朝济济起婆娑。
莫云昔日学堂小，喜看今朝人杰多。
把酒高朋欢聚日，长虹万丈壮山河。

1988年11月

七律

庐山吟

余携带长子黄大宏，参加《中国诗词研讨会》，会间游览了庐山胜地，仰望(庐山山峰大多在海拔1100米至1400米之间，大汉阳峰为最高，海拔达1474米)高耸入云的奇峰，飞流直下的瀑布，奇形怪状的石洞，碧波如镜的山湖……风景迷人，美不胜收。即兴赋出《庐山吟》：

携子同游名胜地，买舟东下上葱茏。
汉阳矗立云端里，五老高悬雾海中。
绝顶湖光压群色，峭崖瀑布泻长空。
人间天上钟神秀，何处名山与此同！

1990年盛夏

五绝

白鹿洞书院

庚午盛夏，余应白鹿洞书院邀请，参加了《中国诗词研讨会》。归而咏五绝三首。

(一)

白鹿鸣山脚，声鸿洞九天。
自从书院落，胜地美名传。

（二）

庐山白鹿洞，山秀水融融。

景色成佳句，天然诗最工。

（三）

书院千秋业，功勋日月辉。

群公八方至，意振格诗威。

1990年盛夏

古风

放歌行

庆祝汉中师范学院首届教代会召开。

老师爱学生，将军怜士兵。

领导疼群众，众志能成城。

市场爱商品，人间重真情。

春风送温暖，春意醉融融。

但愿春常驻，满园春光明。

寄语声声慢，举杯赞成功。

1993年11月30日

七律

永远怀念毛泽东

纪念毛泽东同志诞辰一百周年而作。

中华自古数英豪，唯有君心比日昭。

重整神州成大业，喜看环宇起狂飙。

雄文五卷垂青史，尚武忆民皆舜尧。

领袖光辉照千古，振兴华夏在今朝。

1993年12月

七律

书赠杜济元、杜寿祥二大夫

1997年秋，余突患疾，腰痛难耐，经李锐和雷勇老师介绍，到五一路汉中大药房坐堂大夫杜济元处医治。病愈后，写此七律以致谢意。

出诊城中大药房，精通医术美名扬。
望闻问切诚待客，老幼妇孺常满堂。
入穴银针病行瘥，合汤一剂见春光。
华佗扁鹊精神在，医德崇高事业昌。

1997年秋

古风

秋菊盛开日

阳历11月2日，宏儿硕士导师房日晰教授莅临汉中参加全国第十一届《三国演义》学术研讨会。儿媳王晓从秋交会上买来黄、白菊花两盆，摆设室中，以添色彩，颇受房教授赞赏。隔数日，儿媳接宏儿从西安归来，菊仍盛开，故作古风一首，纪念他们三个多月新婚。

秋菊盛开日，宏儿归家时。
室中添艳色，心意汝可知？

1997年11月14日

七律

赋诗讴歌邓小平

神州处处卷惊涛，一洗贫穷变富饶。
眼望环球谋国策，胸装改革涌春潮。
如今天下皆朋友，物阜民丰步步高。
理念更新路宽阔，腾飞科技数今朝。

1997年12月6日

自由诗

喜庆《陕南文化概览》问世

1998年9月10日，汉中有线电视台对《陕南文化概览》主编、副主编进行采访并录像，在有线电视台《文化广场·新书架》栏目中，我同刘清和、李锐、张正国四人被采访，当即朗诵了这首诗。

这本《陕南文化概览》：
是陕南文人学者智慧和汗水的结晶，
是耕耘八年而结出的丰收果实，
亮出了中国文化源流中的一滴清泉；
她的问世，
填补了陕南文化研究的空白，
如今已成为汉中师院地方特色的教材，
在神圣的讲坛上正哺育着下一代。
我希望她：
随着经天的日月，
内容不断充实、丰满、完善；
我希望她：
随着岁月的延绵，
永远伴随在美好的人间！

1998年9月9日

五律

安闲可长寿

表兄王成章身居锦州，但经常书信往来。不久前信函中赋诗一首赠我，经我润色后，改成五律回赠之。

遥隔三千里，手书频往还。
蜷居虽异地，宛似在身边。
陋室诗书满，心胸天地宽。
安闲可长寿，老迈竟神仙。

1999年1月11日

七律

书赠3201医院眼科主任王力大夫

长子黄大宏突遭四岁幼儿举玩具手枪伤眼，先住进市医院诊治，无效。继转3201医院，经王力大夫手术后，基本好转。故书赠一幅中堂以表谢忱。

励志从医三十年，专攻眼患技精尖。
一生敬业呕心血，桃李满园双鬓斑。
妙手回春玄点去，神刀除病美名传。
妇孺老少八方至，德艺双馨誉陕南。

1999年1月15日

七律

读任君亚夫续家谱感怀诗一首

任亚夫，山西人。原任中国建设银行汉中分行行长，现年八旬有余，离休居家。因其追续家谱，曾一起切磋，成为好友，故赠诗一首附于其家谱中。

吕梁山里有任家，耕读传香乡曲夸。
四世同堂极和睦，宗亲六代不偏斜。
继仁怀德垂千古，懿范遗风万代佳。
感念任君续家谱，赋诗铭记振中华。

1999年2月

七绝

晚年自勉诗二首

要学萤虫夜放光

春夏秋冬日日忙，如今两鬓染成霜。
虽云耄耋天年近，要学萤虫夜放光。

难得糊涂唯圣贤

万首诗歌咏老年，春华秋实乃天然。
人生自古谁无死，难得糊涂唯圣贤。

1999年7月12日

七律

寄任君亚夫恩师任正南

奉任亚夫先生之托，为其师天年立碑撰写此诗。其师任正南妻亡，无子，教了一辈子书，又当过村长。亚夫受命将此诗寄去，已获得其师同意，故抄录如下：

一生执教桃李艳，闲坐悼亡形影单。
革命生涯钦霞举，吕梁脚下伴妻眠。
黄泉含笑任嗣旺，侄与侄孙兴故园。
千里迢迢寄诗语，举觞酹酒祭兄前。

1999年7月21日

七律

喜庆澳门回归日

1999年12月19日晚，汉中师院召开喜庆澳门回归政权交接盛典座谈会，邀我参加，遂即吟成七律一首，诵读于座谈会诸君。

九九今宵不夜天，莺歌燕舞庆团圆。
心潮涌起千层浪，泪水横飞万里山。
今日澳门归故土，明朝宝岛起狂澜。
引吭高唱辉煌曲，喜庆神州新纪元。

1999年12月19日晚

下篇：21世纪初

七律

贺李铎老先生八十寿辰而作

十年礼遇成知己，八秩高龄福寿康。
品格高标人敬仰，世途坎坷志轩昂。
辞章名播三秦远，江畔吟成四海扬。
革命风光若霞举，举觞庆贺寿无疆。

附：同时撰寿联一幅

文星与寿星同明，明哲一世。

八秩同千禧并誉，誉满百年。

2000年2月13日

七律

祝贺宏儿考上博士学位

2000年6月7日晚十时半，大宏来电云已考上陕西师大博士生，6月30日收到录取通知书。惊喜之下，赋诗以表庆贺。

九七门联有三好，虎年迅毓乐桑榆。

龙腾虎跃人丁旺，四世同堂汉水居。

企盼宏儿再展翅，攀登博士以娱余。

惊闻中榜全家喜，冀北黄门不掩瑜。

2000年7月1日

古风

为子定要孝

2000年12月20日应邀参加汉中老年首届学术研讨会，会上诸专家、学者宣读了保护老年人论文，听后颇受启发，联想自己94岁高龄老母身心依健，下有儿孙满堂，自己首先要作出表率，以示后代。

家家有老人，人人都要老。

勿谓华年俏，内心欺耋耄。

老年学术会，启发真不小。

从今往后日，为子定要孝。

发扬好传统，榜样最重要。

七绝

永远缅怀恩师萧璋先生

2001年1月2日恩师萧璋先生逝世，不胜悲痛，赋七绝一首，以示悼念。

精讲毛诗永铭记，倏闻噩耗不胜悲。

恩师授业传道艺，人品高标青史垂。

2001年1月3日

七律

祝汉中师院院刊再创辉煌

汉中师院院刊已出刊二百期，庆祝大会前夕，应肖建昌、强红之邀，参加了庆祝会，并即席朗诵了第二百期第三版刊登的我的这首诗。

莘莘学子笔如椽，不朽诗文铭院刊。

字字欢腾歌盛世，期期更迭谱新篇。

丹心泼墨宏文展，握笔凝神意境宽。

二百期逢新世纪，挥毫庆贺更前瞻。

2001年1月18日

七绝

让人半步路途宽

2001年4月9日，因事与孟永明副教授在督导室吵了一架，事后颇后悔。反思几日，于4月13日向孟老师赔礼致歉，又握手言欢，相归于好。为永记终生要“让人一步天地宽”“温良恭俭让”格言，赋诗铭记之。

让人半步路途宽，遇事沉思和睦谈。

勿为一时气不忿，重逢再遇太难堪。

2001年4月16日

七绝

敲响终生奋斗钟

今天上午原本赴汉中老年大学授课，学院突来电话云：上午省教委陈书记来学院检查教学，并安排到寒舍看望慰问。仓促中，只好向老年大学请假。上午九点半，叶孟理院长、王兴林副院长、赵堂华书记陪同陈书记来到家中，我用一杯清茶款待嘉宾。作此七绝以铭记。

教学生涯四十载，退休重用夕阳红。

嘉宾陋室问寒暖，擂响终生奋斗钟。

2001年6月12日

七律

建党八旬功赫赫

中国共产党建党八十周年前夕，应学院老干处之约，写一首诗庆贺，并在全校庆祝大会上吟咏之。

建党八旬功赫赫，江山如画物丰盈。

宾朋频往神州旅，科技腾飞寰宇惊。

万众齐心除腐恶，精诚团结倡廉明。

将持梦笔高声赞，国泰民安万事兴。

2001年6月18日

五绝

学无止境感怀诗

6月21日，任君亚夫携同其女任敏来寒舍一叙。6月23日下午吾回访之。闲谈中我误将“逄(pang)”读成“绛(jiang)”，任敏(现在深圳宝安区工作，20世纪80年代在汉中〇一二系统工作。我给电大授课时，乃师生关系)当即纠正，我受益匪浅，回家后写此五绝铭记之。

逄音误读绛，任敏座纠之。

一字纠差错，终生为我师。

2001年6月23日

七绝

合唱辉煌科技歌

7月8日，汉中师院召开质量管理年研讨会，会上宣布了教育部2001年163号文件精神：陕西工学院与汉中师院合并为陕西理工学院。

7月9日，学院请督导室成员赴海逸宾馆就餐。为此赋诗一首，以告别汉中师院四十三年建校史。

四十三年建校史，如今师范并工科。
大局已定人心定，合唱辉煌科技歌。

2001年7月9日

七律

恸悼曹毅教授仙逝

9月初，汉中师院曹毅教授次子曹卫星来家，言其父患肝癌，正在抢救中。请我提前为其父撰写一碑文。当天便撰写出此诗。曹毅于2001年10月1日13时去世。我参加了追悼大会。其间体育系书记刘万成让我修改追悼大会祭文，将此诗作为祭文结束语。

执教精诚育桃李，清淳耿介著春秋。
风流温雅师生赞，蜡炬熔金壮志酬。
陕北读书立大志，汉中敬业运宏筹。
贤妻酹酒儿孙奠，体界英豪仙境游。

2001年9月7日

七绝

读任君亚夫八旬赋子女诗有感

任亚夫先生在回忆录书中，有四首家教诗。拜读后，各诗皆加上题目:《我去儿女莫落泪》《报母养育恩》《诚祝后嗣代代兴》《永做清白人》。改动后，感慨万千，乃赋一首七绝以赠之。

当窗独坐抒文墨，吟出人间正气歌。
金玉良言出肺腑，做人正直莫偏颇。

2002年1月3日

七律

为汉王药业大展宏图抒怀

1月5日，汉中师院社科部主任王忠锋教授来电云，其妻（汉中中药厂厂长、汉中汉王药业公司董事长兼经理陈敏女士）写了一首元旦抒怀诗，嘱我润饰。原诗很好，但属古体诗。在原诗基础上，改成格律诗。

秦巴处处无闲草，芎仲参麻灵气幽。
天宝物华凝汉水，一花独秀出神州。
风流入世逢机遇，网络超群决胜筹。
绿地琼花争斗妍，汉王跨骥骋全球。

2002年1月7日

七律

重读《忆我一生的坎坷历程》

任亚夫先生的回忆录，定名为《忆我一生的坎坷历程》，定稿时，我赋诗一首，附于书内。

八旬守直不偷闲，革命生涯意志坚。
弃学从军建功绩，赴汤蹈火闯难关。
永丰战役彪史册，爱国精神留世间。
刚直不阿人赞颂，斯文回忆臭如兰。

2002年2月1日

注：臭(xiù)，气味。

七绝

为黄院长先考先妣构拟碑文

2月1日晚，黄祥林副院长同翟院长来寒舍，要我为其先考先妣构拟碑文，遂即概述其父母生前情况。经两天推敲，写出两首七绝。

先考碑文七绝诗

平生创业多磨难，重义轻财境界宽。
坎坷经营拓生路，勤劳一生卧长眠。

先妣碑文七绝诗

持家勤俭人堪美，办事认真乡曲传。
子女成才耗心血，慈祥睿智一生贤。

2002年2月3日

七律

人才荟萃展强颜

热烈庆贺陕西理工学院成立，赋七律一首，刊在《陕西理工学院报》2002年第1期上。

往昔人文汇自然，宏儒雾列古今传。
樊篱紧守氛围窄，水乳交融学术宽。
天汉飞虹连广宇，人才荟萃展强颜。
前瞻远景风光璨，合校辉煌着意看。

2002年5月30日

七律

学习《历代名人吟汉中》感怀

在汉中老年大学诗文研讨班讲授王素芬、王本元编注的《历代名人吟汉中》一书时，对于两位好朋友播扬汉中传统文化精神的努力与耗费的心血，十分敬佩，故赋诗仰慕之。

名人吟汉汉增光，天汉声名远播扬。
汉水澄清豪杰出，巴山秀美殖钱粮。
昨天胜迹令今羡，明日宏图比古强。
识古知今神气爽，发扬传统创辉煌。

2002年5月31日

七律

观《残翁诗书画》有感

我在老年大学讲诗律，勉县陈荣吉先生每次都骑着自行车来听课，十分令人感动。特别是他在编写的精美的《残翁诗书画》一书中，将所学的诗律，编织成诗歌吟诵，余当晚阅读后，叹羡不已，遂即赋七律诗赠之。

定军山下一残翁，天命之年壮志雄。
书画风流堪叹美，诗文儒雅胜群公。
高山岩石苍松敬，湖岸河旁绿柳恭。
天汉奇才安可仰？赋诗徒揖赞成功。

2002年6月11日

七律

歌颂汉中导游员

2002年秋冬之季，余给汉中导游员授课。在开学典礼上吟诗两首，以表祝贺。

（一）

歌颂导游员

导游事业史空前，处处景观魂梦牵。
汉水奔流映日月，秦巴苍翠笼云烟。
山川锦绣人潮涌，胜迹登临游子欢。
文雅风流高素质，骚人墨客喜攀缘。

（二）

祝愿导游学员考试一举成功

导游培训导游员，世纪之交春满园。
刺股悬梁苦鏖战，囊萤映雪闯难关。
专心致志课堂上，分秒必争心志坚。
待到诸君中榜日，秦巴汉水笑开颜。

2002年10月15日

七律

银发越添心越宽

喻贵林先生撰写的《银发相伴心想宽》宏文，读后给人以启迪。命我于文后赋诗收束，遵嘱，写此七律赠之。

银发越添心越宽，居高望远乐无边。
泰然处事精神爽，烦恼高抛云外天。
世态炎凉随意去，人情冷暖顺天然。
彩霞夕照回眸笑，沧海桑田越百年。

2002年11月9日

七律

道德应从自己修

喻贵林先生《代际心理冲突与调适》佳作阅后，赋诗于文末收束。

吟咏宏文苦闷抛，宽容大度涌心头。
代沟差异时时在，调适和谐日日筹。
缩短距离靠谦让，互相理解化哀愁。
今天年少明天老，道德应从自己修。

2003年5月23日

七律

中华宝树银香木

汉中财经学校原党委书记丁怀德先生，晚年酷爱银杏树，并将其亲自培育的银杏树送往陕北家乡，奉献一片扶贫爱心。自己又伏案撰写《天下宝树数银杏》匠心之作，嘱其妹丁畔将宏文送我寒舍。拜读后，激情澎湃，赋七律一首回赠之。

中华宝树银香木，播遍寰球传吉祥。
果叶皮根一身宝，真良善美满园香。
延年益寿抗衰老，致富脱贫科技昌。
绿色珍珠喜无价，为民造福要弘扬。

2003年7月13日

七律

再祝辉煌创未来

汉中师院中文系七九级学子，相约于二十年后的今天从八方重聚相逢。四十多位学生请当年授过课的老师聚会于郁金香酒楼二楼郁金厅座谈，随后又在郁金香酒楼门外合影留念。座谈中余乘兴赋诗吟咏以抒师生深厚情谊。

学子重逢新世纪，青枝遍地栋梁材。
当年雨露润桃李，今日根深绽蕊开。
敬佩精英结硕果，弘扬母校展雄才。
神州奏响殊荣曲，再祝辉煌创未来。

2003年10月2日

七律

坦坦然然过一生

喻贵林先生《老年人要有个好心情》论文奉读后，赋诗一首置于文末收束。

坦坦然然过一生，何寻烦恼毁真情。
乐观豁达身心健，放浪吟哦岁月增。
美好心情靠营造，皮顽兴阔觉身轻。
谦和宽厚常微笑，满目青山夕照明。

2003年11月17日

七律

莘莘学子栋梁材

汉中财经学校学生会采风文学社《风华》诗文集创刊问世，赏读后赋诗以表祝贺。

宏文问世展雄才，天汉黉宫抒壮怀。
手捧华章心境乐，莘莘学子栋梁材。
丹心泼洒诗文集，妙手生辉胸臆开。
儒雅风流高素质，赋诗叹美寄情哉！

2003年11月18日

附 录

陆宗达、萧璋先生的来信

陆宗达先生的来信

宝生同志：

五月二十一日读来书，并读大作。雒诵反复，极为欣慰。回忆十余年前，与吾弟游憩盘旋，切磋研讨，其情其景，犹见心目。又不禁使人神驰也。前数年吾弟辱临敝舍，离别匆匆，未能尽欢。去年钱超尘偕延安大学教员张某(付子东的弟子)来访，彼云曾在西安开会，会晤吾弟，并云吾弟喉病已愈，以此知近况，亦可慰萦怀。王宁去岁调文化部审查剧本，今年三月又回青海，师大已同意调回王宁做我的科研助手，惟北京户口很严，或先以进修员名义借调来京耳。谢栋元去年亦来京，盘桓数日，彼现任辽宁教育学院讲师职。我辈数人知其情况者仅仅如此而已。

一九七七年经医生诊断，谓我患陈旧性心肌性梗塞并有肺气肿之症状，急思把我五十年的点滴学术体会，写成专书。去年已写成《说文通论》十三余万言，《训诂简论》约七八万余字，现已由北京出版社出版，《训诂简论》今年十月刊出，作为三十年国庆献礼。《说文通论》或在今冬明春出书。出书后决奉寄于左右，望你指正。我还有一种设想，就是《中国训诂学》，计划卅余万字。这部书需要有助手，恐非垂死老翁独立完成耳。

大作《古汉语定语分置中心词前后例析》，读后认为举例精审，辨析清晰，堪称语法论文之杰作。我决定推荐师大学报登载。去年我在学报曾发两篇：一篇是《说文的评价及其价值》(应当是《〈说文解字〉的价值和功用》，编者注)，一篇是《六书简论》，不知吾弟已见到否，希吾弟提出意见以指正之。

大作所说的“定语后置”，似乎现代汉语比较稀见，但不是没有这类现象。如广东有一种食物叫做“鱼生粥”，其实即生鱼所做的粥，此即定语后置之一证。汉台语系的定语并不限制在中心语之前，吾弟还可积累这些资料，并阐述这类语序的发展变化（至于介词结构作定语在中心词之后尤属常见），可成宏文。著书以积累而成，更望吾弟积累为语法专书，有贡献于后学也。

此致

敬礼！并问体安。

陆宗达　于廿一日

萧璋先生的来信

黄宝生同学：

一别十数年。接读来书，知你现任教汉中师院，颇有著述，闻之甚慰。两文都很好。“再”字说有据，可补《古代汉语》说之不足。我没有什么新的说法，只就你的意见，略加斟酌，陈述于下。

你说：“‘一举而二’的‘二’应理解为重复的最低限，暗含包括多次的重复在内。”这个说法很对。按“一举而二”，实际上是“一举而二之”的意思。“二”是动词，有“使之（一举）二”的意思。所以段谓“一而又有加”，“又有加者，又加一次也”。“又加”即谓续增一次。因此，“再”既可代表两次或第二次（即“重复的最低限”），又可代表多次（即在“一”的基础上加一次又加一次，以至一次一次地连续不已），所以“再”既有“复”义，又有“固”义。

不过“再”虽与“重复”“连续”意义相近，但毕竟有其独特含义。其独特含义即说文所谓“一举而二”，用现代汉语表示，恐怕就是“一次又一次”的意思。“一次又一次”可以理解为两次，现代汉语也说“再一次”或说“再”。如《左传》“不可以再辱国君”“再败君师”，《礼记》“过言不再”的几个“再”字，都可以这样讲。“一次又一次”也可以理解为多次，现代汉语说“一再”或说“一次又一次地”。如《左传》“乃射，再发，尽殪”，《庄子》“君再欲杀之，再欲活之”的几个“再”字，都可以这样讲。

至于“再三”是“再而三”的意思，也是“再而加一，加下去”的意思。它和“一再”比起来，“一再”是说以“第一次”为起点，一次一次加下去；“再三”是说以“第二次”为起点，一次又一次地加下去。所以二者虽全都是表示“多次”，但“再三”显得比“一再”的感情色彩重些。

以上所说，都是临时想出，未加深思，很不成熟，提出来供你参考。“无再失”是《逸周书·大开武解》的话，解为“复失”是晋孔晁的注，不是《尚书·周书》的话，也不是伪孔传。专此奉复，并颂教祺。

萧璋

80.2.6

自注：此为北师大教授萧璋对《试论上古时期的“再”字义》一文的回信。

《中学古文注解考释》序

陆宗达

我国注释古典文献的工作，始自先秦，盛于两汉。《十翼》之解《易卦》，《墨说》之释《墨经》，其内容虽重在阐发哲理，而其方式则应列入注释之苑。至于《大戴记》载虞史之言，云："明，孟也。幽，幼也。"则已展示声训原理，探求引申线索，为后世字源学的产生奠定了基址。《韩非》之说"厶""公"，分析了汉字字形，对后世因形说义，有所示范。迨及两汉，提倡解释六艺，故师说训诂风靡一时。此外，文学艺术作品的分析亦扩大了注释园地(如王逸《楚辞章句》)。许慎作《说文解字》，创建出世界上第一部字典(许书出后，注释家多引许书作注)。郑玄的《三礼注》，综合古今文师说，成为文献注释之典范。以上，便是我国注释的起源和发展之梗概。

降及南北朝之际，承学之士对汉代经师之注释，不能尽通，于是义疏之学崛起。义疏专门解释汉人注的根据、来源、体例、注音、语法、意义，并加以译释，而不能批汉注之谬误。当时语云："宁道孔孟误，不言贾马非。"或说义疏之学，始创于佛经，南北朝人因之，故以遵守师说为主。隋陆德明《经典释文》即集合前人义疏，成为以注音为主的巨帙。古人注音即释义，故称训释为"读"。唐人孔颖达的《五经正义》，亦为总结义疏之学而成的专书，此则以训诂为主。训诂内容包括极广泛。一般地说，凡词义、语意、语法、修辞、章句、句读等皆属训诂范畴。

有清一代的学者最重视的是小学，小学是针对着经学而命名的，凡治经学必以小学为工具。其实清代所说的小学，内容包括文字、声音、训诂。挽世太炎先生始命名为文字声音训诂学，简称文字学。用文字学解释古代文献即清代整理古书的科学方法。清人解释古书有三派，一曰钩沈之学，此派以惠栋、江藩为代表，盖不仅训释其当然，亦推求其所以然。季刚师有言曰："尽通各家之说而无所是非。"是此派之旨也。二曰变革派，此派以段玉裁、王念孙为代表，盖以改正文字、纠正旧注为主。三曰记账派，此派以郭庆藩、王先谦为代表，盖汇集旧注不加选择，如记账然。

友生黄宝生、张庆绵两同志，六一年曾问学于予，转相启发，有三载矣。今二子以所著《中学古文注解考释》见示，予读之，知其体例和方法皆有所本，所谓"非徒无主而生"者也。此书对中学教师与同学皆有裨益，故为之序。

后记

我父亲生于1937年秋，八年全面抗战期间，一直随着我奶奶在天津宝坻生活。直到1945年底，因为抗战胜利和党的安排，我祖父退出军队，从陪都重庆回到北平，才把他们母子接到一起生活。我父亲经历了新旧中国交替的历史变迁，在旧北平、新北京生活学习了十九年。1963年，他从北京师范大学中文系研究生毕业后，先被分配到西北局，继而调入新成立的汉中大学中文系任教，并在1965年携母南下，定居于秦岭南麓的汉中盆地，迄今已将届六十年。我父亲大约在七十岁以后，很喜欢讲他的这番人生经历，即出生于天津，成长于北京，扎根于秦巴，其中有辉煌，也有磨难。

抗战全面爆发时，我祖父黄柏馨从北京师范大学教育系毕业，即加入国民党军队，来到重庆做了一名军需官。在大后方的八年里，他清楚地看到国民党的黑暗腐败，真心钦佩和同情共产党坚持抗战挽救民族危亡的坚定意志和卓绝斗争，因此与中共四川省委有了密切的交往，成为靠拢我党的进步人士。在国共两党和谈之初，董必武布置了在北平开展情报和统战工作的任务。时任南方局统战委员会秘书的王梓木责成冯玉祥、鹿钟麟将军的机要秘书王倬如、梁蔼然草拟了工作计划，包括建立长城印刷厂，并向冯玉祥等人士募集250余两黄金作为办厂资金的内容。我祖父就是资金捐助人和股东之一。长城印刷厂位于宣武门外大街路东124号，原是李大钊担任总编的《晨报》的旧址，1946年4月正式营业时，由第十一战区司令孙连仲题写厂名，梁蔼然任董事长，王倬如任厂长。由此到全国解放，该厂都是从事秘密工作的革命组织。1947年10月，国民党军统破获了中共秘密电台，北平地下组织遭到严重破坏，上百位地下工作者被捕，“这是我党情报史上最严重的一次损失”（李力《从秘密战线走出的开国上将——怀念家父李克农》，人民出版社2008年版），也暴露了梁、王等人的身份，导致长城印刷厂被国民党北平行辕二处接管。经鹿钟麟等人的交涉，以及我祖父等股东们的申请，1948年由南京国防部批准发还。我祖父也在此时担任副厂长，组织恢复生产。新中国成立后，长城印刷厂被中央社会部情报总署接收，又于1952年交给北京市，成为北京印刷四厂，并扩建为北京胶印二厂，继续为新中国作出贡献（参见王倬如撰《在北平办印刷厂做秘密工作的经过》，见政协全国委员会文史资料研究委员会编《革命史资料》17，中国文史出版社1987年版；苏文洋著《交道口24号》，江苏人民出版社2009年版，曾连载于2009年10月《北京晚报》；北京西城区社科联编《先声与火种——北京西城红色故事集萃》之靳潇飒撰《长城印刷厂掩护下的地下党工作》）。但我祖父却因此历经政治波折，先在1952年“三反”运动中受到冲击，终因一身清白，又继续工作；后在十年浩劫中被扣上国民党反动军官的帽子，下放农村老家劳动达十年之久。直到70年代末，老病缠身的祖父艰难找到在全国人大常委会办公厅任职的梁蔼然证明身份，才得以平反，恢复政治名誉。此后，我祖父还曾到汉中探亲治病。

我祖父的政治命运带给我父亲很大的影响，他希望能靠自己的力量保护母亲，过上安定平静的生活。这是他的人生动力。而他唯一能做的就是好好学习。我父亲先在一家私立中学读初中，后来毅然退学，重新投考北京五中，因为五中声誉高、质量好、费用低，能够减轻母亲的负担。他多次说过，每次走过五中的大门，都要拱手默立，念叨着希望考取的心愿。从五中毕业，又考取了北师大附中，1957年毕业时，因为成绩优异，被保送北师大中文系读本科。我父亲在校时，正是三年困难时期，因为粮食短缺，食堂的发糕在蒸熟后要添水再蒸一次，让发糕变得更大，以充分膨胀的体积补充分量的不足，这是饥荒年代的智慧，也让包括我父亲在内的人们饿得更快营养不良。但他还是把自己的一份省下来，带回家和母亲一起吃。1961年临近毕业时，我父亲原本想投考北大，适值文化部和教育部启动了文科研究生培养计划，又以成绩优异被保送本校研究生，与王宁、王玉堂等同学一起成为著名训诂学家陆宗达先生的弟子（参见王宁先生的序。按全国当年招收研究生2198人，其中文科410人，见中国大百科全书出版社1984年版《中国教育年鉴（1949—1981）》）。两次被保送北师大的经历，是他的人生骄傲，也让他对新中国有深厚的感情。他在这个时期写下一些诗篇，记录求学的生活和陪伴母亲的幸福。但是，无论我父亲的学业有多么优秀，始终都是国民党反动军官的儿子，没有资格入团，更没有资格入党，这是长在红旗下很沉重的打击。研究生毕业时，仍然因为家庭成份问题不能留京工作，遂决意携母南下，虽然京音难改，但余生已是陕南人。

我母亲的祖籍是湖南溆浦。晚清的时候，我外曾祖父因担任汉中府守备而举家西迁，后来在南大街开有药行，但一直住在城南守备府衙后面的大院里，即草堂寺巷1号，人称傅家大院。傅家大院原本的规模不小，后来有一部分被划给伞铺街小学，只留下大门和一进的院子。院子里有两棵繁茂的桂花树，树后是高大的照壁，也是和小学的隔墙。多年以后，有一本图册有拍摄于汉中的代表性民居，傅家大院是其中之一，现在已经因为旧城改造中消失了。我们小时候去外婆家，总要从院子背后穿出去玩，向左是汉高祖刘邦拜韩信为大将的拜将坛，再向左是古汉台，向南是横亘而过的汉江，江对面是南郑，当时只有一座桥沟通南北。汉江在春天草长水满，秋天芦苇沿江，芦花盛开时，夕阳远远地照过来，有一种静谧而壮丽的美。1960年代的时候，我外公60来岁，还保留着湖南人的习惯，要在火塘边煨罐罐茶喝；两个姨姨已经出嫁了，家里还有舅舅一家和我母亲，她是家里最小的，当时是小学教师（我母亲的理想是和我舅舅一样考上西安医学院，成为一名医生，可惜未能实现。我舅舅在汉中市医院工作，长期担任科主任，以副主任医师退休）。从那时起到后来很多年，傅家大院都很热闹，尤其是小孩子多，我们表兄弟姐妹就有十几个。这与初到汉中的我父亲和我奶奶的情况是不同的。我母亲多次提起，在她和我父亲结婚时，我外婆叮嘱她，宝生和他妈是外地人，你要好好过日子！我母亲一辈子都记着我外婆的话。我外婆是四川人，叫谭芝英，我至今记得她的样子。我母亲很坚强，一直是我父亲和全家的精神支柱。1960、70年代的生活很艰难，我父亲的学校在汉中城内，我母亲在一所乡下小学教书，我奶奶和我们兄弟俩跟着她住在小学里。每次在城里和小学之间往返，我母亲都带着老幼三人，提着大包小包上车下车，像是探亲，也如逃难。小学给了一间小平房，房间里全是床，只能在门口砌个煤炉子做饭，墙和顶是用报纸糊的，一下暴雨，顶篷就会垮下来！

有一回我母亲一个人拖着架子车回汉中拉东西,在返回途中要爬一个大陡坡,快上到坡顶的时候,实在是拉不动了,眼看车子就要滑下去,幸亏有路人援手,才避免了一场灾难!这样的伤心事是那个年代刻下的伤痕,没有我母亲的坚强面对,这伤痕会刻得更深。当然也有快乐和幸福的记忆,我是在母亲的课堂上开蒙的,也记得提着一串刚从地里挖出来的红薯飞奔回家、过年打元宵粉时被狗追咬的往事,还有庄稼、野花和猪牛混合的气息等等,至今都记忆犹新。自从和我父亲结婚之后,无论在哪里,处境如何,我母亲都尽心尽力地侍奉我奶奶,一直没有分开过。2006年冬,我奶奶以百岁高龄寿终,她们在一起生活了将近五十个春秋,也融入了彼此的生命里。

我父亲于1998年从陕西理工学院(即由汉中师范学院与陕西工学院合并组建后的校名)退休,他经历了汉中大学从创建、下马到恢复重办的全过程,从一名普通教师成长为语言学教授,又担任了十几年的中文系副主任、主任,终于在1980年代成为一名光荣的共产党员。退休之后,又被返聘做了近十年的教学督导工作,在汉中老年大学任教则一直延续到2015年夏。总算起来,我父亲的从教生涯长达五十余年。在这漫长的岁月里,他用全部的热情和责任感教书,又凭借深厚的学术功底,把在教学中发现的问题写成论文和著作,舍此而外,别无所求(有关他从教的详细经历,他撰写有《扎根秦巴艰苦奋斗书怀录》,读者可以参阅)。我父亲就是那种一直有着极好口碑的老师,一生桃李满天下,在校内外都极受人尊重。他备课极为认真,每上一次课前,都要把教案写上很多遍,不断地化繁为简,不断地口读心诵,直到谙熟于心,能够脱之于口才罢休。几门课上了几十年,年年如是,从不懈怠。他给老年大学学员们上课也是这个态度,还指导他们写诗,为他们修改诗稿,编集作品,伴随他们度过充实的晚年。他每次备熟了课,都要讲给我母亲听,就象身在课堂一样激扬投入。每写完一篇文章后也是如此。我母亲就是他的第一个听众和读者。到了1980年代后期,我、我弟弟、我弟媳相继成了他的学生,他也就不仅只是我们的父亲,也是我们的老师。因为有我奶奶一直陪伴,后来又有我母亲操持家务,我父亲几乎没有做过什么家务事,极其缺乏生活能力,如果不是我母亲给他准备,他甚至不知道自己该吃什么药。在今天的人看来,这是多么奇特而又难以复制的人生啊！但是我父亲在为人为学的态度和精神上给予我们的影响，又是无法替代的深刻。我后来努力深造，获得博士学位，从事科研与教学工作；我弟弟从事经营，开办公司，兼任政协委员，都与这种影响有着密切的关系，但临纸提笔，却也难以尽言。

2015年夏，我父亲突然得了一场重病。虽然幸得痊愈，但人生无常之感已然是挥之不去了，我就产生了编纂这部集子的想法。在与陕西理工大学人文学院交流时，又得到学院领导的支持，同意把这部集子列入学科建设的成果，并参与编事，广搜旧文，使这个心愿终得落实。这部集子原本只想收入父亲未曾结集的论文，题为《黄宝生语言学论文集》。在征询父亲的意见时，他希望将所撰讲义和诗文一并收入，以见毕生写作的基本面貌。这是父亲的最后一部书，我们尊重他的意见，因此改题为今名，以合于全书内容的实际。尤为难得的是，这次编集收入了陆宗达、萧璋二位先生赐予的书信！又蒙父亲年愈八秩的同门师姊、北京师范大学教授王宁先生赐予大序，并得陕西师范大学教授王晖先生回顾多年的师生情谊，他们都是我父亲的人生与事业的见证人。感谢西南大学出版社的大力支持。感谢责编秦俭女士的精心编校，她的专业水准为全书增辉良多。我和我的家人们对以上所有人的付出深怀感激之情。

2022年3月28日黄大宏写定于西南大学